U0941477

贵州省民营经济发展研究

马 艺／主 编

图书在版编目（CIP）数据

贵州省民营经济发展研究 / 马艺主编. -- 贵阳：
贵州大学出版社, 2020.11
ISBN 978-7-5691-0409-7

Ⅰ. ①贵… Ⅱ. ①马… Ⅲ. ①民营经济－经济发展－
研究－贵州 Ⅳ. ①F127.63

中国版本图书馆CIP数据核字(2020)第231032号

贵州省民营经济发展研究

GUIZHOUSHENG MINYING JINGJI FAZHAN YANJIU

编　　者：马　艺

出 版 人：闵　军
责任编辑：钟昭会　申　云
校　　对：谢广林
装帧设计：马佳雪　陈　艺

出版发行：贵州大学出版社有限责任公司
　　　　　地址：贵阳市花溪区贵州大学北校区出版大楼
　　　　　邮编：550025　电话：0851-88291180
印　　刷：贵阳精彩数字印刷有限公司
开　　本：710毫米×1000毫米　1/16
印　　张：21.75
字　　数：401千字
版　　次：2020 年 11 月第 1 版
印　　次：2021 年 1 月第 1 次印刷

书　　号：ISBN 978-7-5691-0409-7
定　　价：65.00元

贵州省民营经济发展研究课题研究组

组　　长：杨　勇

副 组 长：马　艺　马贤惠　林光进

成　　员：洪名勇　苟以勇　袁建华　吴启进

宋山梅　杜　剑　刘峻岭　杨　柳

主　　编：马　艺

专家组成员：马　艺　马贤惠　林光进　刘峻岭

吴启进　王清池　宋山梅　杜　剑

孙祈文　洪名勇　苟以勇　吕敬堂

袁建华　熊师辉　陈立生　杨　柳

文　雯　李正贵　杜　海　谯　勇

黄　莹　陈远云　杨　英

主　　审：马贤惠

前　言

2018年11月1日，习近平总书记在北京主持召开民营企业座谈会并发表重要讲话，重申国家毫不动摇鼓励、支持、引导民营经济发展的方针政策没有变；高度肯定40年来民营经济已经成为推动我国发展不可或缺的力量，我国经济发展能够创造中国奇迹，民营经济功不可没；任何否定、怀疑、动摇我国基本经济制度的言行都不符合党和国家的方针政策；当前，要不断为民营经济营造更好的发展环境，帮助民营经济解决发展中的困难，各级党委和政府要把支持民营企业发展作为一项重要任务，花更多的时间和精力关心民营企业发展；民营企业家要继承和发扬老一辈人艰苦奋斗、敢闯敢干、聚焦实业、做精主业的精神，努力把企业做强做优，拓展国际视野，增强创新能力和核心竞争力，形成更多具有全球竞争力的世界一流企业。习近平总书记的重要讲话和指示，为全国及我省民营经济发展指明了方向。《中共中央关于制定国民经济和社会发展第十三个五年规划的建议》再次重申，切实把公有制为主体、多种所有制经济共同发展这一基本经济制度坚持好、完善好，对于推动经济社会持续健康发展、实现全面建成小康社会具有十分重大的意义。

2018年11月15日，贵州省委副书记、省长谌贻琴主持召开全省民营企业座谈会，深入学习贯彻习近平总书记在民营企业座谈会上的重要讲话精神，听取民营企业家对全省民营经济发展的意见建议。谌贻琴强调，改革开放40年贵州实现大发展大跨越，民营经济的功劳不可磨灭、不可替代，新时代贵州实现后发赶超、后来居上，民营经济的作用不可或缺、不可限量。当前要深刻领会习近平总书记重要讲话精神，坚持“两个毫不动摇”“三个没有变”，尽心竭力为民营企业创造良好环境，千方百计为民营企业排忧解难，担当负责为民营企业撑腰鼓劲，全力支持贵州民营经济大发展大突破。继《中共贵州省委 贵州省人民政府关于进一步加快全省民营经济发展的意见》（黔党发〔2011〕10号）文件后，2018年12月1日，中共贵州省委、贵州省人民政府印发了《关于进一步促进民营经济发展的政策措施》（黔党发〔2018〕29号）通知，进一步深入强调落实习近平总书记关于民营经济发展的重要讲话指示精神和党中央、国务院决策部署，全力支持民营企业做大做强做优，推动全省民营经济高质量发展。

2001年6月13日—15日，中国（海南）改革发展研究院与贵州省人民政府发展研究中心等单位联合主办西部大开发与非国有经济发展国际研讨会，马贤惠提交的《关于发展非公有制经济问题的思考》论文入选参会，并入选会后整理出版的《西部大开发与非国有经济发展》[中国（海南）改革发展研究院编，一书中国经济出版社出版]一书。马贤惠和刘峻岭申报的"加快贵州非国有经济的发展与对策研究"课题列入贵州省科技厅2002年度软科学研究项目（黔科合软字〔2002〕7001号），经过近一年的调查研究，课题对贵州非国有经济的发展问题作了较全面的分析研究。2003年3月，《西部发展评论》（季刊）（四川大学社会发展与西部开发研究院主办）2003年第1期上，刊登了马贤惠论《西部大开发与加入WTO后民营经济发展空间研究》。为纪念邓小平同志100周年诞辰，经中共中央批准，中共中央宣传部、中共中央文献研究室、中共中央党校、中国人民解放军总政治部、中国社会科学院、教育部于2004年8月21日至24日在北京联合举办了全国邓小平生平和思想研讨会。马贤惠撰写的《以邓小平理论和"三个代表"重要思想为指导加快非公有制经济的发展》论文经贵州省委宣传部初评、推荐，研讨会论文评选组复评后确定参会，论文收入《邓小平百周年纪念——全国邓小平生平和思想研讨会论文集》（全国邓小平生平和思想研讨会组织委员会编，中央文献出版社出版）。2005年5月，马贤惠撰写的《民族地区民营经济发展空间与对策研究》论文获贵州省第六次社科优秀成果三等奖。2005年6月，贵州省政府发展研究中心、贵州省政府研究室组织编撰《新世纪贵州非公有制经济》文集。马艺撰写的《对贵州省民营经济发展问题的思考》及马贤惠撰写的《关于加快非公有制经济发展问题的思考》论文入选该文集。2007年1月31日—2月2日，为纪念邓小平同志逝世10周年，中共中央文献研究室当代文献研究中心、四川省邓小平理论和"三个代表"重要思想研究中心与中共广安市委在邓小平同志的家乡联合召开了邓小平改革与发展思想学术研讨会。马贤惠撰写的《邓小平关于所有制问题的思想研究》论文入选参会，论文收入《邓小平改革与发展思想研究》（邓小平改革与发展思想学术研讨会组委会编，四川出版集团、四川人民出版社出版）一书。2007年12月，林光进、肖进源主编的《贵州民营科技孵化器发展研究》一书由贵州人民出版社出版。本书对贵州省民营科技孵化器的创新和发展进行了深入的研究。2017 年 2 月,《贵州经济》(贵州省发改委经济研究所主办)2017 年第 1 期上，刊登了马艺《加快贵州民营经济发展的对策和建议》论文。2019 年 6 月,《贵州信息与未来》(贵州省信息中心主办)2019 年第 3—4 期上，刊登了马艺《贵州省民营经济发展研究(上、下)》论文。

《贵州省民营经济发展研究》是一本用经济学观点，全面、系统、深入地介绍贵州省民营经济发展研究的经典力作，立题鲜明、结构严谨、资料翔实、文风朴实，意义深远。本书是对新中国成立 70 周年和对我省“十四五”献上的一份厚礼，包含着贵州民营经济学者、专家、企业对贵州民营经济发展多年的贡献和期盼，对研究和指导贵州省民营经济发展，具有参考价值和现实意义。

贵州财经大学对《贵州省民营经济发展研究》十分重视，成立了由贵州财经大学、贵州省技术经济研究会、贵州大学、贵州省社科院、贵州省农科院、贵州理工学院、贵阳学院及我省有关民营经济企业等单位的专家、教授组成的课题研究组。课题研究组以贯彻落实习近平总书记在北京重要讲话和指示为指导，以及《中共贵州省委 贵州省人民政府关于进一步加快全省民营经济发展的意见》一系列文件精神，在全国和贵州经济发展大视野下，应用马克思主义所有制理论，结合全国、东西部民营经济发展实践进行比较研究，在对改革开放以来贵州民营经济发展现状和重要作用进行分析的基础上，对贵州民营经济发展历史沿革、前沿问题和科技发展，以及存在问题和制约因素等重要问题进行研究，同时为确保 2020 年贵州与全国同步实现全面小康，对当前及“十四五”全省关注的贵州民营经济发展问题提出对策建议，这对于加快贵州经济社会发展改革，具有十分重要的战略意义和现实作用。

本课题研究组按照制定的课题研究大纲，在资料收集整理的基础上，对省内外民营经济发展问题进行了深入调查研究，并与我省和地区有关部门的领导和专家座谈讨论，经过对课题研究文本进行多次修改、补充和完善，最终完成付梓。在此，对我省和地区有关部门的领导和专家的大力支持和合作表示衷心感谢。

由于作者水平有限，在研究过程中难免有疏漏，存在不足和亟待改进之处，恳请专家、学者批评、指正。

贵州财经大学

“贵州省民营经济发展研究”课题研究组

2020 年 11 月于贵阳

目　　录

第一章　绪　　论

改革开放以来，贵州省民营经济发展不断壮大，已成为国民经济的重要组成部分。当前，如何加快贵州民营经济发展，迅速赶上全国和周边省（市）区民营经济的发展水平，已成为全省上下和省委、省政府领导十分关注的经济社会发展重大问题。2018 年 11 月 15 日，贵州省委副书记、省长谌贻琴主持召开全省民营企业座谈会，深入学习贯彻习近平总书记在北京民营企业座谈会上的重要讲话精神，强调要深刻领会习近平总书记重要讲话精神，全力支持贵州民营经济大发展大突破。为认真贯彻执行《中共贵州省委 贵州省人民政府关于进一步加快全省民营经济发展的意见》（黔党发〔2011〕10 号）文件精神，实现到 2020 年民营经济占全省生产总值的比重达到 50% 左右，个体工商户超过 100 万户，私营企业超过 40 万户的发展目标。贵州财经大学和贵州省技术经济研究会组织省有关部门、高等院校的专家和教授对民营经济发展这一重要问题进行全面、深入地研究，为省委、省政府提供有价值的措施建议和决策参考，对全省和地区有关部门、单位、企业在当前及研究“十四五”贵州民营经济工作，确保 2020 年贵州与全国同步实现全面小康，具有十分重要的战略意义和现实作用。

《贵州省民营经济发展研究》一书，以贯彻落实习近平总书记在北京人民大会堂的重要讲话和指示为指导，以及《中共贵州省委 贵州省人民政府关于进一步加快全省民营经济发展的意见》一系列文件精神，应用发展改革和经济学的理论，对加快贵州民营经济发展问题进行全面深入地研究。一是在全国和贵州经济发展大视野下，对贵州民营经济发展现状和重要作用进行研究；二是对贵州与西南及东部民营经济发展进行比较研究；三是对贵州民营经济发展前沿问题和科技企业发展进行分析研究；四是贵州民营经济发展中存在的问题、差距和制约因素；五是提出加快贵州民营经济发展的对策建议。通过征求有关部门领导和专家的意见，本课题研究组对文本进行多次修改和补充，希望能为加快贵州民营经济发展贡献力量。

一、研究背景

（一）习近平总书记在北京的重要讲话和指示，为全国及我省民营经济发展指明了方向

2018 年 11 月 1 日，习近平总书记在北京人民大会堂主持召开民营企业座谈会并发表重要讲话，重申国家毫不动摇鼓励、支持、引导民营经济发展的方针政策没有变；高度肯定 40 年来民营经济已经成为推动我国发展不可或缺的力量，我国经济发展能够创造中国奇迹，民营经济功不可没；任何否定、怀疑、动摇我国基本经济制度的言行都不符合党和国家方针政策；当前，要不断为民营经济营造更好的发展环境，帮助民营经济解决发展中的困难，各级党委和政府要把支持民营企业发展作为一项重要任务，花更多时间和精力关心民营企业发展。习近平强调，希望广大民营经济人士加强自我学习、自我教育、自我提升，珍视自身的社会形象，做爱国敬业、守法经营、创业创新、回报社会的典范。民营企业家要讲正气、走正道，做到聚精会神办企业、遵纪守法搞经营，在合法合规中提高企业竞争能力。要练好企业内功，特别是要提高经营能力、管理水平，完善法人治理结构，鼓励有条件的民营企业建立现代企业制度。新一代民营企业家要继承和发扬老一辈人艰苦奋斗、敢闯敢干、聚焦实业、做精主业的精神，努力把企业做强做优。还要拓展国际视野，增强创新能力和核心竞争力，形成更多具有全球竞争力的世界一流企业。习近平总书记在北京的重要讲话和指示，为全国及我省民营经济发展指明了方向。2015 年 10 月 29 日党的十八届五中全会通过的《中共中央关于制定国民经济和社会发展第十三个五年规划的建议》再次重申，切实把公有制为主体、多种所有制经济共同发展这一基本经济制度坚持好、完善好，对于推动经济社会持续健康发展、实现全面建成小康社会具有十分重大的意义。

2018 年 11 月 15 日，贵州省委副书记、省长谌贻琴主持召开全省民营企业座谈会，深入学习贯彻习近平总书记在民营企业座谈会上的重要讲话精神，听取民营企业家对全省民营经济发展的意见建议。谌贻琴强调，改革开放 40 年贵州实现大发展大跨越，民营经济的功劳不可磨灭、不可替代，新时代贵州实现后发赶

超、后来居上，民营经济的作用不可或缺、不可限量。当前要深刻领会习近平总书记重要讲话精神，坚持“两个毫不动摇”“三个没有变”，尽心竭力为民营企业创造良好环境，千方百计为民营企业排忧解难，担当负责为民营企业撑腰鼓劲，全力支持贵州民营经济大发展大突破。继《中共贵州省委 贵州省人民政府关于进一步加快全省民营经济发展的意见》（黔党发〔2011〕10 号）文件后，2018 年 12 月 1 日，中共贵州省委、贵州省人民政府印发了《关于进一步促进民营经济发展的政策措施》（黔党发〔2018〕29 号）通知，进一步深入强调落实习近平总书记关于民营经济发展的重要讲话指示精神和党中央、国务院决策部署，全力支持民营企业做大做强做优，推动全省民营经济高质量发展。

（二）把进一步加快民营经济发展摆在更加突出的战略位置，促进民营经济又好又快地发展

改革开放以来，贵州省民营经济不断壮大，已成为国民经济的重要组成部分。为认真贯彻执行《中共贵州省委 贵州省人民政府关于进一步加快全省民营经济发展的意见》（黔党发〔2011〕10 号文件）精神，实现到 2020 年民营经济占全省生产总值的比重达到 50% 左右，个体工商户超过 100 万户，私营企业超过 40 万户的发展目标。当前和今后一个时期，我省民营经济的发展，应深入贯彻落实习近平总书记关于民营经济发展的重要讲话指示精神和贵州省委、贵州省人民政府关于加快全省民营经济发展一系列文件精神，把加快民营经济发展摆在更加突出的战略位置，促进全省民营经济又好又快地发展。

一是全面深化改革，加快转变政府职能。清理和修订与党的十八届三中全会精神不一致的影响民间投资活力的行政法规、部门规章及制度，制定清晰透明、公平公正、操作性强的市场准入规则，从思想上消除所有制偏见，彻底打破“玻璃门”“弹簧门”“旋转门”等隐性障碍。各级党委、政府要把发展民营经济列入重要议事日程，主要领导亲自抓，定期研究和协调解决民营经济发展中的重大问题，并加强同民营企业的沟通和联系。在理顺民营经济管理体制，搞好民营经济的发展规划、政策协调、日常管理和服务工作的同时，要把推进民营经济发展情况纳入对各地和各有关部门的目标绩效管理中，进行考核评价。

二是从“精简、放权、服务、高效”的要求出发。深入推行行政体制改革，加快转变政府职能。深入研究深化行政体制改革的顶层设计和总体规划，根据全省民营经济发展目标，明确具体内容、任务和要求。各级政府要加快转变观念，清晰界

定在经济调节、市场监管和社会管理方面的职能，更多地把对民营经济的服务重点放在营造公平环境和提供公共服务上。加快推进政府政务公开和信息公开制度，努力实现政府权力“阳光化”运作，不断提升政府公信力。通过尽快形成各种所有制经济依法平等使用生产要素、公平参与市场竞争、同等受到法律保护的新格局，使企业能够一心一意谋发展。

三是坚持权利平等、机会平等、规则平等。废除对民营经济各种形式的不合理规定，消除各种隐性壁垒，制定民营企业进入特许经营领域的具体办法。强调实行统一的市场准入制度，在制定负面清单的基础上，各类市场主体可依法平等进入清单之外的领域。坚持发展与提高并重。在促进民营经济总量增长的同时，着力优化产品和产业结构，进一步转变发展方式，提高民营企业的素质，不断增强民营经济的活力和竞争力。

四是进一步深化行政审批制度改革，加大取消、缩减核准的力度。要全面梳理各部门职责，优化审批工作流程，特别是在项目核准、用地预审、环评审批、节能审批等方面同步下放权限；要加强部门间的沟通协调，尽快建立项目审批的联合会商、一站式窗口服务等制度，将各部门独立审核的串联方式，改为各部门联动协同的并联模式；要进一步加强对中介的管理和监督力度，规范其市场经营活动和中介行为，从制度上防止出现权力寻租和隐蔽审批；完善政策信息公开制度，畅通政企沟通渠道，提供政策解读和政务服务，为企业投资提供便利。

二、研究目的及意义

（一）贵州要赶上东部先进省区的发展水平，加快民营经济发展是一条可选择的必由之路

改革开放以来，贵州省民营经济不断壮大，已成为国民经济的重要组成部分和促进生产力发展的重要力量。特别是“十二五”以来，全省民营经济实现了加速跨越和发展。据统计，全省私营企业、个体工商户数由2013年的19.55万户、106.06万户，上升到2015年10月的32.03万户、144.47万户。全省注册资本总量从2004年的1 810.40亿元上升到2015年10月的12 041.12亿元，年均增长25.87%，高于全国平均水平。截至2015年10月，全省民营企业就业人数的比例从2010年的8.53%上升到2015年的62.76%。民间投资完成7 000亿元，在全省

占比也基本维持在 45.1%。全省私营企业、个体工商户从业人员分别达 231.2 万和 238.4 万，民营经济税收贡献达 1 099.64 亿元。同期，全省民营经济增加值占当年地区生产总值的比重从 2005 年的 27.84% 上升到 2014 年的 45.93%，10 年提高了 18.09 个百分点，平均每年提高近 2 个百分点。自 2010 年以来全省民营经济增加值增速高于同期地区生产总值增速。

在贵州省民营经济不断壮大发展的同时应该看到，贵州与东部发达地区经济发展的差距还有拉大的趋势，一个突出的原因就是贵州省国有经济比重较大，民营经济发展还相对缓慢。东部地区除国家政策支持外，民营经济占到经济总量的 50% 以上，有的地区超过 70%，成为当地经济发展的主导力量。

如果说，党的十八大以来，邓小平理论、“三个代表”重要思想、科学发展观、习近平新时代中国特色社会主义思想为开创中国特色社会主义事业新局面、全面建设小康社会、推进社会主义现代化指明了方向，那么，对于目前经济基础还比较落后的贵州省来说，要实现经济和社会跨越发展，赶上东部先进省区的水平，加快民营经济发展是一条可选择的必由之路。

（二）把发展民营经济与加快农村脱贫致富和城市再就业工程结合起来，是实现贫困人口精准脱贫的战略保障

2015 年 6 月 16 日至 18 日，习近平总书记在我省视察调研时指出，“十三五”时期是我们确定的全面建成小康社会的时间节点，全面建成小康社会最艰巨最繁重的任务在农村，特别是在贫困地区。当前，我省要深刻学习和贯彻习近平总书记的重要指示精神，加强对“十三五”时期扶贫攻坚重要性、紧迫性、艰巨性的认识，进一步坚定信心和决心，以时不我待、只争朝夕的精神抓好扶贫开发工作，绝不让贵州省贫困地区和贫困群众在全面建成小康社会进程中掉队。同时，按照习近平总书记强调精准扶贫的意见，扶贫开发贵在精准，重在精准，成败之举在于精准。各地都要在扶持对象精准、项目安排精准、资金使用精准、措施到户精准、因村派人（第一书记）精准、脱贫成效精准上想办法、出实招、见真效。要坚持因人因地施策，因贫困原因施策，因贫困类型施策，区别不同情况，做到对症下药、精准滴灌、靶向治疗，不搞大水漫灌、走马观花、大而化之。要因地制宜研究实施“四个一批”的扶贫攻坚行动计划，即通过扶持生产和就业发展一批，通过移民搬迁安置一批，通过低保政策兜底一批，通过医疗救助扶持一批，实现贫困人口精准脱贫。

其中，把发展民营经济与加快农村脱贫致富和城市再就业工程结合起来，是我

省经济发展中的一项重要任务，也是实现贫困人口精准脱贫的战略保障。2014 年，全国贫困人口 7 017 万人，贫困发生率 7.2%；贵州有贫困人口 637 万人，贫困发生率 18.0%。由于自然条件恶劣，生态环境脆弱，脱贫致富十分艰巨。特别是我省众多的少数民族地区贫困人口比例较高，基础设施薄弱，经济和社会发展水平十分落后。这些都直接关系和影响到民族团结和社会稳定。所以，要通过加强引导，把发展民营经济作为一项重要战略措施，与我省农村脱贫致富和城市再就业工程结合起来。通过从贫困地区的资源条件和实际情况出发，制定更加优惠的政策，鼓励和发展各类个体、私营经济，帮助民族贫困地区的广大农户找到一条脱贫致富奔小康的新路子。一是通过发展民营经济引导并帮助农民依托资源优势，按照市场需求，开发高附加值的名特稀优和无污染的“绿色食品”；二是组织民营经济扩大规模经营和专业化生产，发展支柱性产业，兴办贸工农一体化、产供销一条龙的龙头企业和具有生产竞争力的乡镇企业，加快贫困地区迅速脱贫致富；三是鼓励和支持城市下岗职工和失业人员兴办个人、私营企业，实现再就业。通过加强就业培训，引导下岗职工转变择业观念，参加民营企业实现再就业；四是各级政府部门应鼓励和支持民营企业兴办投资少、见效快、劳动密集、为生产和生活服务的行业，对下岗职工和失业人员创办的个体、私营企业给予优惠和照顾。确保我省坚决打赢脱贫攻坚战，到 2020 年如期完成脱贫攻坚战略任务，同全国一道进入全面小康社会。

（三）推动民营经济高质量发展，为促进我省经济社会又好又快发展贡献力量

2012 年 1 月 12 日，国务院出台了《关于进一步促进贵州经济社会又好又快发展的若干意见》（国发〔2012〕2 号），让贵州迎来了加快经济社会全面发展的特佳机遇、特别机遇、特殊机遇。贵州全省上下按照党中央、国务院和省委、省政府的要求和安排部署，迅速行动起来，抢抓机遇，全面无缝对接，改革创新体制机制，科学发展突出特色，求真务实，真抓实干，发展为大，奋发作为，努力实现贵州经济社会发展历史性的跨越。改革开放特别是实施西部大开发战略以来，贵州经济社会发展取得显著成就，进入了历史上的最好时期。但由于自然地理等原因，贵州发展仍存在特殊困难，与全国的差距仍在拉大。贵州存在的特殊困难中，一个就是县域经济不强，县域经济在全省经济当中占的比重比较低，只有 30% 左右。还有一个是民营经济比较弱，民营经济在全省经济当中占的比重比较低，只有 35% 左右。所以，贵州全省和地方要加快发展，必须深化改革、扩大开放，通过建立和完

善市场经济体制，提高三个比重：一是提高县域经济占全省经济的比重；二是提高民营经济占全省经济的比重；三是提高科技创新对经济增长贡献的比重。

2 号文件的出台，把贵州与全国同步实现全面建设小康上升为国家战略，凸显了加快贵州经济社会发展的重要性和全局性意义，必然助推贵州加快赶超全国的历史进程，走出一条符合贵州实际和时代要求的后发赶超之路。在发展民营经济的问题上，围绕贯彻落实《国务院关于进一步促进贵州经济社会又好又快发展的若干意见》，结合工作实际，出台了《中共贵州省委 贵州省人民政府关于进一步加快全省民营经济发展的意见》（黔党发〔2011〕10 号，共 38 条）。为贯彻落实黔党发〔2011〕10 号文件，制定了《贵州省民营经济倍增计划》和《贵州省提高民营经济比重五年行动计划》。2018 年 12 月 1 日，中共贵州省委、贵州省人民政府印发了《关于进一步促进民营经济发展的政策措施》（黔党发〔2018〕29 号）通知，进一步深入强调落实习近平总书记关于民营经济发展的重要讲话指示精神和党中央、国务院决策部署，全力支持民营企业做大做强做优，推动全省民营经济高质量发展，为促进我省经济社会又好又快发展贡献力量。

三、民营经济的概念和类型

民营经济是整个国民经济体系的重要组成部分，它的发展直接关系到社会主义市场经济的发展过程。因此，正确认识和探讨民营经济发展的相关理论，对于促进民营经济的健康发展和加快地区经济社会发展具有重要的现实意义和理论意义。

1. 民营经济的概念

民营经济的界定是一个复杂问题，对其概念大体有三种观点：第一种是广义的概念，即认为民营经济是相对于国有经济而言的，把国有经济之外的经济形式都认定为民营经济，范围包括集体、个体、私营、联营及非国有控股企业、三资企业等。第二种是狭义的概念，即从所有制角度出发，认为民营经济是与公有制经济相对应的概念，把民营经济界定为非公有制经济，专指个体经济与私营经济。第三种观点介于前两者之间，从经营主体的角度，把民营经济界定为非政府、“非官营”的民间经济形式，范围包括个体、私营、集体、联营以及非国有控股企业等。所以，我们可以把民营经济的概念归纳为：在社会主义经济条件下，由公民或公民集体按照商业原则和市场规则，自主经营其自有资产或国有资产、集体资产、混合所有制资产，并自负盈亏的微观经济形式。这一概念突破了我国以往按照所有制划分经济类型的方式，其最基本、最核心的特征是由社会公众而不是由国家来经营，是以民为本的经济。

2. 民营经济的类型

根据对民营经济的界定，民营经济可以划分为民有民营、国有民营和公私混合经营三种类型。民有民营是民营经济最基本的部分，是民营经济的主体，包括个体经济、私营经济、集体合作经济和外资经济。国有民营是指原国有企业在所有制不变的情况下，将经营权转让给民间组织或个人经营，经营形式主要有：租赁、承包、委托、代理等。公私混合经营是指国有经济、私有经济等不同性质的经济成分，进行资本联合、融合或相互参股，是混合所有制经济的经营方式。公私混合经营可分为公有经济主导的混合经营和私有经济主导的混合经营。

以上三种类型中涵盖了以下的经济成分和企业形式：一是在国家工商行政管理部门登记的个体工商户，包括个人所有、个人经营的工商户；家庭所有、家庭经营的工商户；若干自然人合伙经营的工商户。二是按照《公司法》《合伙企业法》《私营企业暂行条例》规定登记注册的私营有限责任公司、私营股份有限公司、私营合伙企业和私营独资企业。三是集体合作经济。其主要形态是农村社队集体经济和乡镇企业。合作经济中各种形式的合作社是这种合作经济关系中的典型组织形式。四是外资经济。包括中外（港澳台）合资经营企业、中外（港澳台）合作经营企业、外（港澳台）资企业和外（港澳台）商投资合伙企业四种形式。五是混合所有制经济。它是指在社会经济形态中，不同的产权主体多元投资、互相渗透、互相贯通、互相融合而形成的新的产权配置结构和经济形式。

四、国内外民营经济发展现状

1. 国外民营经济发展现状

国外（西方国家）经济主要划分为国有经济、民营经济，以及混合所有制经济。20 世纪 80 年代以来，西方各国主要形成了三种不同的混合经济模式：一是以美国和英国为代表的自由市场经济模式。主要特征是：私人经济占绝对主导，国有经济比重小；私人资本集中程度高，垄断性强；市场自发调节作用很大，国家干预少；劳动力市场自由开放程度高，就业竞争压力大。二是以德国、法国等为代表的欧洲大陆的社会市场经济模式。欧洲大陆市场经济模式不同于英美模式的主要之处在于：混合经济体制特征明显；注重市场机制和国家调节（或计划）的结合；强调社会福利、社会保障和公平。三是以日本等亚洲国家的政府主导的市场经济模式，即政府主导的市场经济模式。这种模式同欧洲大陆模式有类似的地方，但政府干预的力度和作用的范围更大，对经济有较强的约束力和指导作用。

此外，西方国家企业成立了各种私人股份公司、国家政府公司、社会公众公司，以及各类公众基金，并建立了发达的资本市场，这些都是混合经济在企业层面的具体体现。各国混合所有制企业的组织模式和管理构架各具特色。例如，在国有股权规范管理上，英美国家主要形式是代表一定数量的非银行金融组织，如养老金基金会，共同基金等投资基金持股。日本的法人持股主要表现为企业间的相互持股，其中银行持股起着重要作用。在国有资本功能定位上，德国政府在市场经济下，政府退出对经济活动的直接干预和管理，将其转移给具有竞争力的民营企业。日本政府的混合所有制经济主要集中在重工业和金融领域，对于一般的生产和服务性领域的混合所有制企业为数不多。混合所有制经济的发展改变了西方发达国家经济运行机制，对经济社会快速发展起到促进作用，在建立完善的法律制度，明确界定国有资本功能作用，以及平等严格保护私人财产等方面，其成功经验对我国有一定启示作用。

2. 国内民营经济发展现状

改革开放以前，我国在“左”的思想指导下，片面追求所有制的“一大二公”形式，轻视集体经济，消灭个体经济和私营经济的做法，严重阻碍了生产力的发展，给国民经济发展带来很多的困难和问题。粉碎“四人帮”后，1978 年 12 月召开了党的十一届三中全会。十一届三中全会的伟大功绩，就在于从根本上冲破了长期“左倾”错误的严重束缚，端正了党的指导思想，重新确立了马克思主义的思想路线、政治路线和组织路线。在对所有制结构的认识上，对所有制及其结构的评判标准上，以及在对公有制的形式上，进行了一系列大胆和艰苦的探索。从 1978 年 12 月（党的十一届三中全会召开）到 2019 年 11 月（党的十九届四中全会召开），民营经济走过了 40 年，经历了由小到大、由弱到强、与时俱进的发展历程。这段时期是新中国发生举世瞩目巨大变化的重要历史时期。40 年民营经济作为改革开放后成长起来的新生事物，得到了长足发展，已经成为国民经济的基础和社会主义市场经济的重要组成部分，成为促进社会生产力发展的重要力量。民营经济是千千万万老百姓通过自主创业而从事的经济事业，是发展生产力、解放生产力的经济，是先进生产力的重要承担者，是人民群众实现共同富裕的重要手段，是创造社会财富的基本源泉。

改革开放 40 年来，民营经济对经济社会发展作出突出的贡献。一是改变了我国市场主体结构和投资增长格局。1978 年，我国个体工商户 15 万家，没有一家私营企业；全国城镇就业人员 9 514 万人中，国有单位 7 451 万人，占 78.3%。2016 年，城镇就业人员 41 428 万人，私营单位 12 083 万人，个体 8 627 万人，二者占 50%。到 2017 年，全社会投资中的民营企业、民间投资已经占 60% 以上；多数行业民间投资占比超过 50%。二是改变了我国制造业发展格局和消费商品供给格局。2016 年，全国制造业投资，私营占 77.2%，全部民营占 85% 以上。2017 年，民营企业提供了全国 80% 日用消费品、60% 以上中高档消费品。三是改变了我国商业服务格局和房产供给结构。2016 年，服务业中民营企业的数量、从业人员与销售总额超过一半。特别是生活与消费服务业，民营经济占 3/4 以上。2017 年，民营企业承建了全国城镇 75% 建筑与房屋。四是改变了我国对外经济贸易格局和科技创新发展格局。2017 年，中国出口总额为 22 635 亿美元，其中国企占 10.2%、外资占 43.2%、民企占 46.6%，民营企业成为第一出口主力。2016 年，全国规模以上工业企业研发经费 10 945 亿元，其中，全部民营企业超过 6 000 亿元；有效发明专利 77 万件。五是改变了我国税收来源格局。2017 年，全国税收总额为 15.6 万亿元，其中，全部民营经济 8.2 万亿元，占 52.6%；全国税收增加额为 15 235 亿元，其中民营经济税收增加额为 10 228 亿元，占全国税收增量的 67.1%。六是改变了中国大企业在国内国际的竞争结构。2001 年，中国民企 500 强进入门槛只有中国企业 500 强的近 15%，2016 年提高到 43%；中国企业 500 强中的民营企业数量从 2002 年的 79 家增长到 2016 年的 226 家，年均增长 10 家以上。七是民营企业是全国公益慈善事业的重要贡献者。从光彩事业到希望工程，从扶危济困到抗震救灾，从支持社区建设到投身精准扶贫，等等。民营企业、民营企业家都是全国的重要支持者和参与者。八是民营企业与社会人士已经成为我国文化产业与事业的生力军。民营企业机构单位已经成为中国电影、电视、戏剧、工艺美术、休闲娱乐等各类文化产品与服务的重要提供者。2017 年，全国规模以上文化及相关产业企业 5.5 万家，营业收入 9 万多亿元。其中，民营企业营业收入占一半以上。

五、研究方法及技术路线

1. 研究方法

（1）文献归纳法。通过大量收集并阅读相关的文献资料，整理出关于我国民营经济发展的理论研究，结合贵州省情，从而为本文的写作奠定理论依据。

(2) 定性与定量相结合的方法。采用定性研究方法，对当前贵州民营经济发展状况、存在的问题等内容进行分析。在定量研究方面，通过文献资料，获取民营经济在市场经济发展中的统计数据并进行整理和分析。

(3) 案例分析法。对全省和地区民营经济发展案例进行分析，总结其中的创新之处、存在的问题，为“十三五”时期民营经济发展提供必要的参考。

(4) 比较分析法和因果分析法。本研究对于获取的民营经济相关资料进行分析，一方面采取的是比较分析法，对其发展成绩及存在问题进行一致性和差异性的比较；另一方面，采用因果分析的方法，从贵州民营经济发展中存在的问题等方面进行原因分析，从而剖析存在的问题，进而提出下一步发展的建议和对策。

2. 技术路线

技术路线如图 1.1 所示。

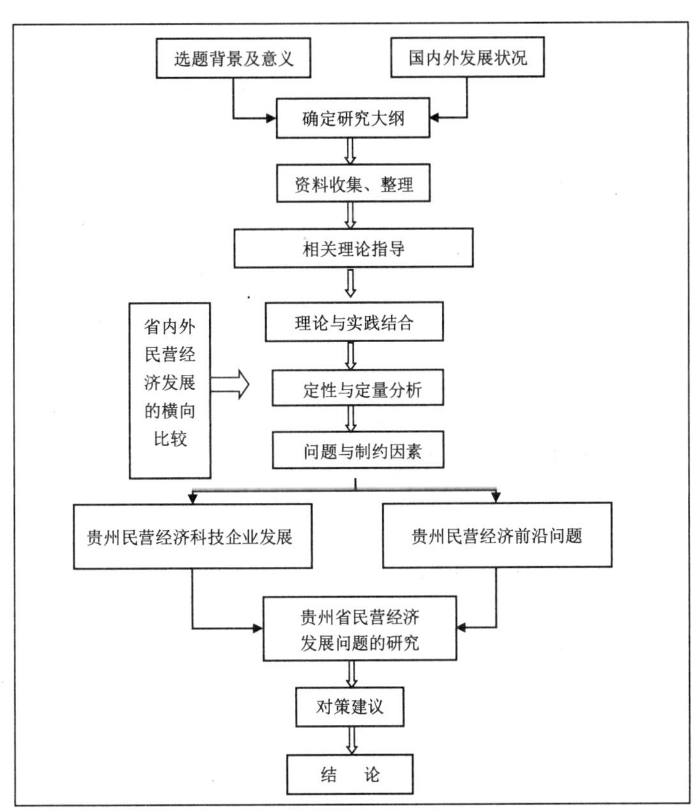

图 1.1　技术路线

第二章　马克思主义的所有制理论

马克思 (Karl Marx，1818—1883) 和恩格斯 (Friedrich Engels，1820—1895) 在19世纪中叶创立的以社会主义关系为研究对象的经济发展理论，包括了对所有制理论的研究和论述。马克思主义的科学特色在于研究人类社会时，把社会形态归结为社会经济生活，并将社会生活归结为所有制。马克思主义认为，所有制问题不仅是社会主义运动的基本问题，而且是指导社会主义实践的理论基础。马克思和恩格斯在《共产党宣言》中指出，共产党人“特别强调所有制问题，把它作为运动的基本问题。”[①] 所有制理论在马克思经济发展理论中占有十分重要的地位和作用。历史的发展和实践表明，社会主义所有制和资本主义所有制是研究所有制问题的主要内容，但二者有本质的区别和不同，建立和完善社会主义公有制不仅是社会主义经济实践的重要内容，而且对促进经济改革与发展具有重大的理论和实践意义。

一、马克思主义的所有制理论

（一）马克思主义所有制理论的形成

1. 所有制理论形成的条件

任何理论都是在一定的历史发展背景下形成的，历史发展背景的差异性必然影响到理论的基本原理及其内容。世界经济的发展是一个历史范畴，它既是社会

---

① 马克思、恩格斯:《马克思恩格斯选集(第1卷)》,中共中央马克思恩格斯列宁斯大林著作编译局译,人民出版社,1972,第110页。

生产发展的必然结果，也是资本主义生产方式的产物。从 14 世纪、15 世纪在西欧地中海沿岸稀疏地出现资本主义生产的最初萌芽开始，随着对全球地理的大发现，意大利等西方国家航海业和对外贸易的繁荣，以及以雇佣劳动为基础的资本主义生产方式应运而生，经过资本原始积累，到 16 世纪西方国家走上了资本主义经济的发展道路。到 18 世纪中叶、19 世纪初，英国率先完成了工业革命，以蒸汽机为代表的科学技术获得了惊人的发展。当时，英国及其他欧洲先进国家和美国，相继完成了工业革命，资本主义的生产从工场手工业过渡到机器大工业，导致了工农业生产和交通运输得到了前所未有的大发展。19 世纪 70 年代以后，以电动机发明为标志的第二次科技革命兴起，致使西方国家的产业结构出现重工业化趋势，规模经济水平达到新的高度，推动着社会关系和国际关系的深刻变革，标志着 19 世纪末 20 世纪初资本主义生产方式最终形成，并为马克思、恩格斯的所有制理论形成准备了必要的条件。

一是在西方资本主义国家发生的第一次工业革命。18 世纪 60 年代在英国开始的工业革命，到 19 世纪 40 年代基本完成，工业革命不仅使机器大工业代替了原来的家庭工业和工场手工业，同时，农业生产方式也发生了根本变革，封建制农业已基本改变为资本主义方式的农业经营。随着机器大工业的迅速发展，资本主义生产越来越社会化，生产资料越来越集中到大资本家的手中，雇佣工人对资本家的隶属关系，从过去手工工场时期形式上的隶属关系，转变为现在事实上的隶属关系。这种雇佣劳动制度最终形成了资本主义社会两个基本阶级——资产阶级和无产阶级。恩格斯在《英国工人阶级状况》一书中写道："英国工人阶级的历史是从 18 世纪后半期，从蒸汽机和棉花加工机的发明开始的。大家知道，这些发明推动了产业革命，产业革命同时又引起了市民社会中的全面变革，而它的世界意义只是现在才开始被认识清楚。"[①]

二是无产阶级作为一支独立的政治力量登上历史舞台。继 1789 年在法国爆发了广泛而深刻的政治革命和社会革命后，1831 年和 1834 年，法国无产阶级率先在里昂爆发了新的工人起义，对资产阶级发动了武装进攻。到 1848 年的二月革命时，革命的浪潮波及德意志邦联地区，引起了维也纳和柏林的三月革命。在二月革命到来之前，欧洲"共产主义者同盟"已经成立，受"共产主义者同盟"的委托，

---

① 马克思、恩格斯:《马克思恩格斯全集(第 2 卷)》，中共中央马克思恩格斯列宁斯大林著作编译局译，人民出版社，1972，第 281 页。

马克思和恩格斯撰写和出版了《共产党宣言》，号召全世界的无产者联合起来，推翻资本主义并最终建立一个无产阶级的社会。尤其是，继 1831 年和 1834 法国里昂两次工人起义后，1838 年到 1842 年英国的宪章运动和 1844 年德国西里西亚织布工人和波希米亚纺织厂工人的起义，这三大工人运动表明无产阶级和资产阶级之间的阶级斗争，已经在欧洲最发达国家的历史中上升到了重要的地位，无产阶级已经作为一支独立的政治力量登上历史舞台，成为社会历史发展的伟大力量。正如马克思强调的："可见，在资本主义生产方式的对抗性质在法英两国通过历史斗争而明显地暴露出来之后，资本主义生产方式才在德国成熟起来，同时，德国无产阶级比德国无产阶级在理论上有了更明确的阶级意识。"① 就是在这样的历史条件下，"德国成了科学社会主义的诞生地，德国无产阶级和领袖马克思和恩格斯成了科学社会主义的创造者。"②

三是马克思和恩格斯通过对股份公司和工人合作工厂的研究，深化了对资本主义私有制的认识。马克思和恩格斯认为："股份制度——它是在资本主义体系本身的基础上对资本主义的私人产业的扬弃；它越是扩大，越是侵入新的生产部门，它就越会消灭私人产业。"③"这种向股份形式的转化本身，还是局限在资本主义界限之内；因此，这种转化并没有克服财富作为社会财富的性质和作为私人财富的性质之间的对立。而只是在新的形态上发展了这种对立。"④"工人自己的合作工厂，是在旧形式内打开的第一个缺口，虽然它在自己的实际组织中，当然到处都再生产并且必然会再生产出现制度的一切缺点。但是，资本和劳动之间的对立在这种工厂内已经被扬弃，虽然起初只是在下述形式上被扬弃，即工人作为联合体是他们自己的资本家，也就是说，他们利用生产资料来使他们自己的劳动增值。这种工厂表明，在物质生产力和与之相适应的社会生产形式的一定的发展阶段上，一种新的生产方式怎样会自然而然地从一种生产方式中发展并形成起来。没有从资本主义生产方式中产生的工厂制度，合作工厂就不可能发展起来；同样，没

---

① 马克思、恩格斯：《马克思恩格斯全集（第23卷）》，中共中央马克思恩格斯列宁斯大林著作编译局译，人民出版社，1974，第 18 页。

② 斯大林：《斯大林全集（第6卷）》，中共中央马克思恩格斯列宁斯大林著作编译局译，人民出版社，1956，第 70 页。

③ 马克思、恩格斯：《马克思恩格斯选集（第2卷）》，中共中央马克思恩格斯列宁斯大林著作编译局译，人民出版社，1974，第 519 页。

④ 同上书，第 520 页。

有从资本主义生产方式中产生的信用制度，合作工厂也不可能发展起来。信用制度是资本主义的私人企业逐渐转化为资本主义的股份公司的主要基础，同样，它又是按或大或小的国家规模逐渐扩大合作企业的手段。资本主义的股份企业，也和合作工厂一样，应当被看作是由资本主义生产方式转化为联合的生产方式的过渡形式，只不过在前者那里，对立是消极地扬弃的，而在后者那里，对立是积极地扬弃的。"[①]"资本主义生产是一种社会形式，是一个经济阶段，而资本主义私人生产则是在这个阶段内这样或那样表现出来的现象。但是究竟什么是资本主义私人生产呢？那是由单个企业家所经营的生产，可是这种生产已经越来越成为例外了，由股份公司经营的资本主义生产，已经不再是私人生产，而是由许多人联合负责的生产，如果我们从股份公司来看支配着和垄断着整个工业部门的托拉斯，那么，那里不仅没有了私人生产，而且也没有了无计划性。"[②]

2. 马克思主义产生的主要来源

马克思主义产生的主要来源，是19世纪在欧洲主要国家发展起来的古典哲学、古典政治经济学和空想社会主义。以空想社会主义为例，这种学说无情地揭露和批判了封建社会和资本主义社会制度的弊端，把这些制度看作是历史发展过程的一个阶段，主张由社会主义社会制度来代替它们，由工人协会和生产者合作社来管理生产。但空想社会主义否认阶级斗争和暴力革命，找不到以社会主义代替资本主义的正确途径和社会力量。

著名的空想社会主义者是法国的圣西门（Claude Henride Saint-Simon，1760—1825）、傅立叶（Charles Fourier，1772—1837）和英国的欧文（Robert Owen，1771—1858）。圣西门认为"现在的社会完全是个是非颠倒的世界"，"从事最有益劳动的阶级"[③]得不到社会的尊重而陷于贫困之中，因而在他看来，重建所有制是欧洲各国人民争取自由和巩固自由的"天赋的手段"[④]，但他始终没有明确提出废除私有制，建立公有制的主张，甚至认为，私有制和利润的存在，并不妨碍他的理想的社

① 马克思、恩格斯：《马克思恩格斯选集（第2卷）》，中共中央马克思恩格斯列宁斯大林著作编译局译，人民出版社，1972，第524页。

② 同上书，第528页。

③ 圣西门：《圣西门选集（第1卷）》，王燕生、徐仲年、徐基恩等译，商务印书馆，1979，第238—239页。

④ 同上书，第210页。

会制度会给广大贫困的劳动群众带来普遍的福利。傅立叶认为雇佣劳动制度实际上是“恢复奴隶制度”[①]，这一制度的必要性、优越性和永久性都是值得怀疑的。他认为应当以保留私有财产为基础建立协作制度，但又不主张废除私有制，所以，他设想的协作制度和协作社会只能是一种空想。欧文认为“私有财产是贫困以及由此而在全世界造成的无数罪行和灾难的唯一原因”，“在合理组织起来的社会里，私有财产将不再存在”，“个人日常用品以外的一切东西都变成公有财产”[②]。但欧文缺乏对社会经济发展客观规律的认识和了解，幻想用社会主义来和平地改造资本主义社会。

马克思和恩格斯在运用历史唯物主义的观点，提示社会发展的规律中，不仅批判地吸取了以上凝结着当时人类思想文化发展的最新成就，正确回答了时代提出的问题，而且还置身于工人运动之中领导着工人运动，进行大量的深刻科学研究工作，并对以前所做过的一切都重新进行了审查和研究，从而完成了以《资本论》为代表的许多伟大的著作，使他们的理论成为时代精神的精华。正如列宁所说：“马克思主义这一革命无产阶级的思想体系赢得了世界历史性意义，是因为它并没有抛弃资产阶级时代最宝贵的成就，相反地却吸收和改造了两千多年来人类思想和文化发展中一切有价值的东西”[③]。

3. 所有制的概念和范畴

关于所有制的概念最早是圣西门提出来的。后来马克思通过研究，把所有制的概念作为生产关系的基本范畴，反映在马克思的《道德化的批评和批评化的道德》和《哲学的贫困》的著作中。《哲学的贫困》是马克思的一系列伟大经济著作的第一本，是用法文写成的。马克思写这本书的目的是为了反对法国小资产阶级哲学家蒲鲁东的改良主义观点。蒲鲁东在1846年出版了《贫困的哲学》一书，认为生产资料私有制和交换是任何社会的永恒不变的基础，宣称生产资料私有制和交换在“本质上是正义的”。蒲鲁东指望不经过阶级斗争和社会革命，而用和平的改良主义的方法来消灭贫困。马克思针锋相对地写作了《哲学的贫困》一书，书的题名是：《〈哲学的贫困〉答蒲鲁东先生的〈贫困的哲学〉》。马克思指出：只有在商品

---

① 傅立叶：《傅立叶选集（第3卷）》，汪耀三、庞龙、冀甫译，商务印书馆，2016，第53页。

② 欧文：《欧文选集（第1卷）》，柯象峰、何光来、秦果显译，商务印书馆，2009，第14页。

③ 列宁：《列宁选集（第4卷）》，中共中央马克思恩格斯列宁斯大林著作编译局译，人民出版社，1996，第362页。

生产中，劳动才创造价值，商品生产一旦消灭，也就无所谓劳动创造价值了。马克思认为，一定经济形态的经济范畴，表现该经济形态的生产关系，并随着该经济形态的消失而消失。马克思说："经济范畴只不过是生产方面社会关系的理论表现，即其抽象。""所以，这些观念、范畴及它们所表现的关系一样，不是永恒的。它们是历史的暂时的产物。"马克思指出："私有制不是一种简单的关系，也绝不是什么抽象的概念或原理，而是资产阶级生产关系的总和（不是指从属的、已趋没落的，而正好指现存的资产阶级私有制）。""给资产阶级的所有权下定义不外是把资产阶级生产的全部社会关系描述一番。"[①] 在马克思看来，所有制的概念和范畴是随社会经济条件的变化而变化的。社会经济条件就是人口、资源和技术三者之间的关系。其中，人是生产的主体，资源是生产的客体，技术是人作用于资源的手段。马克思把这三者结合产生的生产能力称为生产力。恩格斯也指出，政治经济学所研究的生产关系，包括社会生产、交换和分配的条件和形式。

问题是苏联政府领导人斯大林（Joseph Vissarionovich Stalin，1879—1953）在《苏联社会主义经济问题》一书中，却把所有制独立出来，把生产关系定义为包括：(1) 生产资料所有制形式；(2) 由此产生的各种不同的社会集团在生产中的地位以及它们的相互关系；(3) 完全以它们为转移的产品分配形式。斯大林执政时期是以高度集权和行政命令为主要特征的经济管理体制，停止了列宁的新经济政策。斯大林在所有制关系上，实行全民（国家）所有和集体农庄所有两种基本形式；在国家所有制内部实行部门管理原则；经济活动由国家实行直接的指令性计划管理，企业基本上不存在经营自主权；国有经济内部不存在商品货币关系；在经济发展战略上，强调工业尤其是重工业的优先发展。斯大林传统的计划经济模式，在冲破帝国主义对苏联经济封锁和实现工业化中起过积极的作用，但国家集权过多，而且用行政命令方法管理经济，排斥市场的基础调节作用，效益必然低下。

对此，我国学术界著名经济学家孙冶方在《经济研究》上发表文章指出，恩格斯在《反杜林论》说政治经济学研究的生产关系应该包括社会生产、交换和分配三个方面，而斯大林的定义中不仅没有交换，而且在生产、交换、分配这些关系之外把所有制抽取出来，因而这不是前进，而是后退。这种"三分法"观点，不符合马

---

① 马克思、恩格斯：《马克思恩格斯全集（第4卷）》，中共中央马克思恩格斯列宁斯大林著作编译局译，人民出版社，1974，第 143—144 页。

克思的原意。林子力认为，斯大林明确地把所有制规定为生产关系的一个方面，并决定着其他两个方面，从而就使得所有制成为可以脱离生产、流通和分配而存在的独立概念，实际上就是把所有制简单地等同于生产资料的归属。这种“三分法”是马克思生前批判过的形而上学。[①] 高海燕认为，“从马克思论述所有制的不同语境中，我们可以发现，他是从一般、特殊、个别三种意义上分析和研究所有制问题的。这三种不同含义的所有制实际上揭示的是同一种经济关系，只不过在揭示的层次和角度上有所不同罢了。这三个层次和角度上的所有制内涵只有结成一个不可分割的整体，才能全面揭示现实社会经济中的所有制范畴。”“因此，完整意义的所有制范畴具有三个层次的规定性，即一般意义上对生产条件的分配和占有、特殊意义上对生产条件占有的方式、个别意义上生产条件不同占有方式的实现形式。我们可以从不同的层次和角度运用确定含义的所有制概念。但是，不论所运用的是哪一个层次的所有制概念，它都必然涉及到其他层次的含义。”[②] 晓亮认为，“所有制概念可以区分为广义的所有制和狭义的所有制两种。广义的所有制包括生产资料所有制、生活资料所有制、劳动力所有制。这些概念，马克思和恩格斯在著作中都采用过。我们现实生活中采用的是狭义的所有制，是指生产资料所有制，也即生产条件所有制，或称财产关系。所有制的基本内涵包括：所有关系、占有关系、支配关系、使用关系。这四种关系作为所有制关系的内涵，贯穿社会生产的全过程（生产、分配、交换、消费）。从这个意义上看，斯大林确实犯了简单化错误。”[③]

通过以上这场经济学专家的学术争鸣，我们认识到马克思所认为的所有制是生产关系的同义语，是通过社会生产全过程的四个环节实实在在地体现出来的。根据马克思科学理论体系，我们不难得出如下的结论：一是所有制是一种客观存在的经济事实，是人民从事生产的社会形式或生产关系；二是所有制是生产关系主体凭借对生产条件的关系而发生的利益责任机制；三是所有制是随生产力的发展而变化的，在不同的历史条件下，有不同的形式。同时，我们在探索社会主义所有制关系的改革问题时，决不能忘记马克思的忠告：“要想把所有权作为一种独立的关系，一种特殊的范畴，一种抽象的和永恒的观念来下定义，这只能是形而上学

① 林子力：《经济理论研究的若干方法问题》，《红旗》1979 年第 12 期。

② 高海燕：《马克思所有制范畴研究》，《教学与研究》1988 年第 6 期。

③ 晓亮：《我国的所有制改革及现阶段的所有制关系》，《财贸研究》1990 年第 5 期。

或法学的幻想。”[①]

二、关于社会主义所有制和资本主义所有制的问题

（一）社会主义所有制的问题

1. 社会主义的构想

社会主义是共产主义的初级阶段。世界经济社会的发展表明，社会主义制度同资本主义制度和其他剥削制度具有本质的区别，社会主义制度是人类历史上的一种崭新的社会制度。社会主义是作为资本主义的直接对立物而产生和发展起来的。社会主义制度的建立不仅是对资本主义剥削制度的否定，而且也是对一切以私有制为基础的剥削制度的否定。社会主义制度的建立和发展，决定了社会主义市场经济的所有制必然与资本主义和其他以私有制为基础的社会经济形态具有根本不同的特征。马克思和恩格斯所构想的社会主义社会，是生产社会化程度很高的社会。构想在那里将没有商品货币关系和没有市场，所以他们对未来社会即共产主义社会的低级阶段的公有制经济，只作了一种预见性的理论分析。马克思在《资本论》中指出：“从资本主义生产方式产生的资本主义占有方式，从而资本主义的私有制，是对个人的、以自己劳动为基础的私有制的第一个否定。但资本主义生产由自然过程的必然性，造成了对自身的否定。这是否定的否定。这种否定不是重新建立私有制，而是在资本主义时代成就的基础上，也就是说，在协作和对土地及靠劳动本身生产的生产资料的共同占有的基础上，重新建立个人所有制。”[②] 马克思指出，未来社会的低级阶段即社会主义社会，是“一个集体的、以共同占有生产资料为基础”的社会。但是，它是“刚刚从资本主义社会中产生出来的，因此它在各方面，在经济、道德和精神方面都还带着它脱胎出来的那个旧社会的痕迹。”[③]

---

① 马克思、恩格斯：《马克思恩格斯选集（第1卷）》，中共中央马克思恩格斯列宁斯大林著作编译局译，人民出版社，1972，第144页。

② 马克思、恩格斯：《马克思恩格斯全集（第23卷）》，中共中央马克思恩格斯列宁斯大林著作编译局译，人民出版社，1972，第232页。

③ 马克思、恩格斯：《马克思恩格斯选集（第3卷）》，中共中央马克思恩格斯列宁斯大林著作编译局译，人民出版社，1972，第11页。

2. 社会主义的所有制

一是生产资料所有制。生产资料所有制是通过人们对生产资料占有的关系而形成的人与人之间的经济关系。一般认为，生产资料所有制有狭义的生产资料所有制和广义的生产资料所有制。狭义的生产资料所有制是指人们对生产资料的所有关系。广义的生产资料所有制，不仅包括生产资料的所有关系，而且包括对生产资料的占有关系、支配关系、使用关系和收益关系。其中，占有关系是指人们所掌握和控制的生产资料关系；支配关系又称处置关系，是指人们处置安排和决定生产资料使用方向的关系；使用关系是指人们具体运用生产资料，从事经济活动的关系；而收益关系则是指人们通过对生产资料的所有、占有、支配、使用后，所获取的经济利益关系。以上生产资料所有制的关系在一定的社会条件下，都要经过法律体系的认可后取得，表现为对生产资料的所有权、占有权、支配权、使用权、和收益权。其中，所有权具有决定性的作用。一般来讲，谁掌握了生产资料的所有权，谁就掌握了生产资料的占有权、支配权、使用权和收益权，就能从事进行生产经营活动。社会经济的发展表明，占有权、支配权、使用权和收益权等各项权能是可以分离使用的，但只要所有制的性质保持不变，生产资料所有制的基本性质就保持不变。此外，生产资料所有制不仅是生产关系的基础，决定了人们在生产中的地位、作用和相互关系，而且生产资料所有制是由生产力的状况决定的。如果所有制适应生产力发展的要求，就能够促进生产力的发展，反之，就会阻碍生产力的进步。所以，判断所有制的优劣，必须坚持从发展生产力的客观要求出发，只要有利于生产力的发展就应该坚持；只要不利于生产力的发展，就应该调整和改革，甚至除掉。

二是所有制结构。所有制结构包括所有制内部结构和所有制外部结构。所有制内部结构指所有制关系中，所有权、占有权、支配权、使用权以及收益权的相互关系。所有制的外部结构又称为所有制的社会结构，是指各种所有制形式在社会经济中所占的比重以及相互之间的关系。这里主要指的是所有制的社会结构。社会经济的发展表明，在一定的社会形态中，生产资料所有制的形式往往是多元的，各种不同的所有制形式因所占比重的不同，具有不同的地位和作用。这种相互之间的联系和影响关系的总和，构成了生产资料所有制的社会结构。一方面，生产资料所有制的结构是由生产力发展水平决定的。生产力的发展水平可以分为生产力的总体水平和生产力的具体水平。总体水平反映了生产力的基本性质，具体水平表现为生产力的结构。两者决定和影响了所有制的结构。通常，生产力的性质决定了社会经济中占统治地位的所有制形式、性质和作用。生产力的结构决定了各种所有制在社会经济中的比重和相互作用。另一方面，所有制结构对生产力的发展具有十分重要的作用和影响。所有制的结构适合生产力的状况时，就能促进生产力的发展，否则，将制约生产力的发展。因此，在大力发展社会主义市场经济的过程中，我们必须根据我国生产力发展的具体状况，努力完善所有制结构，在坚持公有制主体地位的同时，大力发展多种所有制形式，促进社会主义市场经济和生产力的发展和繁荣。

三是社会主义公有制的形式。马克思在《资本论》中指出："设想有一个自由人联合体，他们用公共的生产资料进行劳动，并且自觉地把他们许多个人劳动力当作一个社会劳动力来使用……这样，劳动时间就会起双重作用。劳动时间在社会中有计划地进行分配，调节着各种劳动职能同各种需要的适当的比例。另一方面，劳动时间又是计量生产中这个人在共同劳动中所占份额的尺度。在那里，人们同他们的劳动和劳动产品的社会关系，无论在生产上还是在分配上，都是简单明了的。"① 所以，马克思和恩格斯在设想未来社会公有制经济的一般特征和运行机制时，是"把一切生产资料收归国有，即不仅把工业中的生产资料，而且把农业中的生产资料都转归全民所有"，即实现全部生产资料公有制。虽然他们没有对生产资料公有制，能否实现单一的全民所有制展开分析，但是，从马克思和恩格斯用过的"集体的、自由人联合体"等词句，是对未来社会的描述，可以理解为全民所有制，也可以理解为集体所有制。如马克思在谈到资本主义的合作工厂时说："如果它要排斥资本主义制度……这不就是共产主义"吗？在谈到无产阶级政权如何对待作为土地私有者的农民时，马克思说："无产阶级将以政府的身份采取措施，直接改善农民的状况，从而把他们吸引到革命方面来；这些措施，一开始就应当促进土地私有制向集体私有制过渡。"恩格斯在《法德农民问题》中进一步阐述了马克思的观点，提出掌握国家政权的无产阶级引导、帮助小农组织合作社的完整设想。既然社会主义公有制存在两种形式，但马克思将集体私有制视为其中的一种过渡形式并没有指明需要过渡多久，两种公有制之间怎样实现经济的联系？马克思和恩格斯也没有作出具体的回答。

① 马克思、恩格斯：《马克思恩格斯全集（第23卷）》，中共中央马克思恩格斯列宁斯大林著作编译局译，人民出版社，1972，第95—96页。

3. 建立社会主义公有制的条件、形式和措施

早在19世纪中叶，马克思和恩格斯就已经把变革现存私有制关系，作为无产阶级改造现代化社会的首要任务提出来，并具体地论述了废除私有制和建立社会主义公有制的条件、形式和措施。马克思认为，由资本主义社会转变到社会主义需要一个过渡时期，这一时期在政治上只能是无产阶级专政。掌握政权的无产阶级应“夺取资产阶级的全部资本”，但必须“一步一步”地进行。如在无产阶级取得政权的初期，首先应把土地、银行、全部运输业，以及进行反抗的资产阶级的财产收归国有；对于其他资本家的财产，马克思并没有明确规定要立即进行没收。恩格斯也指出，改造整个旧社会不可能一下子完成，“正像不能一下子把现有的生产力扩大到为建立公有制所必要的程度一样。因此，即将来临的无产阶级革命，只能逐步改造现存的社会，并且只有在废除私有制所必需的大量生产资料创造出来之后才能废除私有制。”[①] 基于这种认识，马克思和恩格斯十分关注过渡时期的私有制问题。他们认为对于整个私有制，只能进行逐步地改造，不能立即予以废除；私有制何时废除，视生产力的发展水平而定，这就是说，相对于剥夺资本家来说，对整个私有制的改造将是一个更加长期的过程。在关于过渡时期公有制形式的多样性的论述中，马克思和恩格斯还认为，在把以雇佣劳动为基础的私有制变为公有制时，可以采取没收和赎买的两种方式；在把以雇佣劳动为基础的私有制变为公有制时，只能通过合作化的道路。恩格斯在晚年的重要著作《法德农民问题》中，不仅全面论述了合作社的理论及原则，而且还设想了合作社的各种形式，如股份合作制、集体所有制等。

对于公有制经济的组织管理措施，人们通常认为马克思和恩格斯预料的社会主义社会将实行计划经济，并将计划经济界定为社会主义的特征。社会主义社会不仅实行计划经济，而且实行的是一种社会高度的计划管理体制。马克思和恩格斯对公有制经济的组织管理问题的论述，是针对发达资本主义国家而言的。对在小农生产者占绝大多数的国家里建设社会主义，以及在经济落后的国家建立公有制以后，应该如何去管理？马克思和恩格斯没有具体回答。应该指出，对于公有制经济的组织管理问题，马克思和恩格斯为我们已经勾画出了蓝图，只是由于历史条件限制的原因，他们没有对其提出具体的设想，当然也就没有结合不同国家的

---

① 马克思、恩格斯：《马克思恩格斯选集（第1卷）》，中共中央马克思恩格斯列宁斯大林著作编译局译，人民出版社，1972，第219页。

情况，提出各种不同的可能性。

（二）资本主义所有制的问题

1. 资本主义所有制的产生

资本主义所有制是资本家占有生产资料并用以剥削雇佣劳动者的一种私有制形式。在资本主义社会里，资本家只是占有生产资料和劳动产品，并不占有劳动者的人身，劳动者在形式上是自由的。“这里所说的自由，具有双重意义：一方面，工人是自由人，能够把自己的劳动力当作自己的商品来支配；另一方面，他没有别的商品可以出卖，自由得一无所有，没有任何实现自己的劳动力所必需的东西”①。资本主义所有制的产生，主要通过两条途径：一是小商品生产者的两极分化，一些条件好又积累了较多财富的商品生产者开始雇工生产，上升为资本家；另一些破产的小生产者，由于丧失了生产资料，不得不出卖劳动力，沦为雇佣工人。二是商人变成劳动力买主直接支配生产和流通，使手工业者丧失独立性，成为雇佣工人，而这些商人变成了工业资本家。早在14—15世纪，地中海沿岸的某些城市已出现了资本主义所有制的萌芽。后来经过几个世纪的发展历程，一方面通过资产阶级革命推翻封建专制制度，建立资产阶级政权，为资本主义所有制的巩固和发展扫清障碍；另一方面，通过实现产业革命，工场手工业被机器大工业所代替，从而使资本主义所有制最终取得了统治地位。

19世纪下半叶，由于一系列重大科技发明的出现和应用，资本主义工业化从轻工业转向重工业。随着社会生产力的提高，资本主义所有制形式由独资经营的企业开始向股份公司转化，资本加快集中和积聚。到19世纪末和20世纪初，自由资本主义发展为垄断资本主义，股份公司已成为资本主义所有制的主要形式。在股份公司发展的同时，作为资本家总代表的资产阶级国家在矿山、铁路、河道、港口、邮电等部门进行投资，产生了资本主义国家所有制。正如恩格斯所指出：“无论转化为股份公司和托拉斯，还是转化为国家财产，都没有消除生产力的资本属性。……现代国家，不管它的形式如何，本质上都是资本主义的机器，资本家的

① 马克思、恩格斯：《马克思恩格斯全集（第23卷）》，中共中央马克思恩格斯列宁斯大林著作编译局译，人民出版社，1972，第192页。

国家，理想的总资本家”[1]。

2. 资本主义所有制的本质及其历史性进步

资本主义制度和其他社会制度一样，它继承了以往社会所创造的生产力，并且在继承的基础上又极大地推动了社会生产力的迅速发展。马克思在揭示资本主义生产关系的剥削本质的同时，也充分地肯定了它的历史性进步。实践和研究表明，一定的上层建筑是由一定的经济基础决定的，并且服务于一定的经济基础，资本主义社会的经济基础是生产资料的私有制，因而产生了维护私有制资产阶级专政国家政权的资产阶级思想体系。用议会制取代了君主制，用普选制否定了世袭制，用任期制废止了终身制，资产阶级的民主与以往各个剥削阶级民主制相比，应该说是比较完备的，在政治、法律和意识领域有着历史性的进步和建树。

资本主义私有制存在和发展的原因。资本主义私有制是建立在对直接生产者小私有制剥夺基础上的。它从一开始就以货币和财富的集聚为前提，把社会生产资料和劳动力集结起来，通过资本所有和雇佣劳动相结合，适应了生产要素流动的客观要求，有效地组织社会化的商品生产。由于资本主义经济是高度发达的商品经济，商品经济是以社会分工为基础，以生产资料和产品属于不同的商品生产者为决定条件的，是直接以市场交换为目的的经济形式。此外，商品的价值取决于生产商品的社会必要劳动时间，商品生产者必然要使自己生产商品所耗费的个别劳动时间低于社会必要劳动时间，加上市场供求关系的变化商品价格围绕价值上下波动，商品生产者又必然为市场上供不应求的商品展开激烈竞争，促进社会生产力得到迅速发展。所以，资本主义无论生产领域还是流通领域，社会经济到处都是剧烈的竞争，蕴含着不断发展和前进的动力。这既是资本主义私有制存在和发展的原因，也是其历史进步性的重要体现。

资本主义自由竞争推动了生产力不断提高。资本主义在自由竞争时期经历了简单协作、工场手工业和机器大工业三个阶段。其中，机器大工业的生产过程中利用巨大的能源和动力，为创造新的生产力和广泛应用科学技术开辟了道路。在高度发达的资本主义商品经济运行过程中，价值规律始终充当着调节经济的角色，市场机制和竞争机制不仅使资本主义经济各部门在大体保持平衡的状态下向前发展，而且推动了生产力的不断提高。资本主义国家的资产阶级为适应生产力

---

① 马克思、恩格斯：《马克思恩格斯选集（第3卷）》，中共中央马克思恩格斯列宁斯大林著作编译局译，人民出版社，1972，第436页。

发展规律的要求，推动劳动方式的变革，通过开拓世界市场，不断进行所有制形式的调整，对资本主义生产的发展起到了巨大的推进作用。

第二次世界大战后，各主要资本主义国家，尤其是美国的跨国公司获得了空前的发展。跨国公司把资本主义所有制由国内引申到国外，在许多国家和地区从事世界规模的生产、销售及其他业务活动，这是资本大量输出在资本主义所有制形式上所引起的一种新变化。到 19 世纪后期，由于以电力和内燃机为主体的科技革命的出现和应用，资本主义工业化从轻工业转向重工业。随着社会生产力的提高，资本主义所有制形式由独资经营的企业开始向股份公司转化，加快了资本的集中和积聚。到 19 世纪末和 20 世纪初，资本主义完成了由自由竞争向垄断集中的过程，股份公司已成为资本主义所有制的主要形式，产生了资本主义国家所有制。垄断组织在争夺世界市场的过程中建立起国际垄断联盟，它们不但从经济上分割世界，而且从领土上把世界瓜分完毕，形成帝国主义的殖民体系。

（三）西方资本主义国家的所有制

1. 资本主义国家所有制的产生

首先，资本主义国家所有制的产生，是生产社会化与私人占有形式之间矛盾深化的必然结果。由于资本主义私有制决定了私人资本以追求利润的最大化为目标，很难保证和满足社会经济按比例的发展，迫使国家必须直接参与社会资本的再生产过程，由国家出资兴办国有企业，包括一些投资大、建设周期长、利润低的基础设施及公共事业。据统计，19 世纪末和 20 世纪初以来，西方资本主义国家的国有企业大部分属于这类企业。如：美国的基础设施总投资中国家占 60%，英国的国有企业提供了基础设施部门产品占 70%。其次，国家出资兴办一些企业都需要巨额资金。如现代化的汽车制造厂，年产汽车必须在 100 万辆以上才能取得规模效益。如果需要巨额资金，仅仅依靠私人垄断资本的力量，难以提供建设大规模的现代化企业所需要的巨额资金。如：意大利、法国等都在战后由国家拨款创办了汽车、钢铁等行业的国有企业。最后，在科学技术转化为现实生产力之前，新技术都有一个开发、研制、实验的过程。资本主义国家通过集中人、财、物从事这一工作，可以为资本主义生产的长远发展创造条件。此外，资本主义国家通过对国有企业在投资、就业、产品定价、销售范围、收入分配等各个环节上的直接管理，全面介入再生产过程，实现对全社会再生产的宏观调节。表现为国有企业已扩展到国民经济的各个部门和领域。国有企业的建立主要是通过两条途径：通过国家拨款，直接投资兴办；以及通过高价收买，把一些私人企业转变为国有企业即国有化。如：英国的石油公司等都是很著名的国营和私营的混合公司。此外，国有企业涉及的部门和领域范围，从基础产业部门，如：石油、钢铁、电力，到公共事业部门，如：铁路、公路、航空、邮政通信，以及新兴的尖端工业部门，如：原子能、宇航、海洋工程、环境保护等。如英国，不仅在公用事业、交通运输、邮政电信等方面，国有企业占绝对优势，而且在造船、飞机制造、采煤、汽车和石油等行业中，国有企业也占有重要地位。

2. 资本主义国家所有制的形式

从资本主义国家企业的组织形式看，资本主义国家所有制的形式可以分为独资企业、合伙企业和股份公司三类。独资企业在资本主义企业中数量最多，但一般为小资本企业，为资本家个人或家族拥有，一般由他们亲自经营，承担企业债务的无限责任。独资企业主要分布在商业、农业、服务业、建筑业、金融代理等部门。如 1903 年组建的美国福特汽车公司是小型股份公司，1919 年成为完全家族持股公司，并保持到 1943 年。合伙企业由两人以上共同出资组建和经营。同时，对企业债务共同承担无限责任。合伙企业一般较独资企业雇佣较多职工。主要分布于律师事务、医药、会计、有价证券、投资银行等部门。据统计，1965 年，美国合伙企业占企业总数的 10%。股份公司大致上又可分为四种，即股份有限公司、有限责任公司、两合公司和股份两合公司。除两合公司和股份两合公司外，有限责任公司是股份公司中数量最大、地位也比较重要的组织形式。有限责任公司多数是中小企业，但也有少数大企业垄断集团。据统计，20 世纪 80 年代，法国的有限责任公司 30 万家以上，而股份有限公司约 3 万家；同期，德国约 28 万家和 1 500 家。股份有限公司是股份公司中的高级形式，虽然数量不多，但在其国家经济生活中具有举足轻重的作用。

资本主义国家所有制的另一种主要形式是私人垄断所有制。资本主义国家大企业中的私人垄断公司，采用股份有限公司的组织形式。股份有限公司具有如下的重要特点：一是法人股东日益重要，其法人（机构投资者）所持有的股票日益增多。据美国证券委员会资料，美国商业银行、保险公司、投资银行等金融机构持有的股票比重，1939 年为 17%，1952 年为 18.9%，1968 年为 24.6%，1974 年为 33.3%，比重不断增加。过去个人资本通过股份公司转化为社会资本，而现在，股东本身也社会化了。二是股票虽然明显分散，但经济权利却更趋集中。在当代资本主义条件下，大股份公司的股东总人数以十、百、千、万计，所以分散的小股东实际上对大股份公司的决策和经营根本无力施加影响。在股东大会上，投票权总是集中在大银行和大股东手中。例如，德国大银行在许多大公司股东大会上拥有绝对多数的投票权，拜耳、赫斯特等大公司中，大银行平均拥有 82.2% 的投票权，其中 81.9% 来自寄存股票，而来自大银行自有股票的投票权仅 0.3%。三是随着经济生活的全球化，跨国公司和跨国银行的迅猛发展，合资企业的蓬勃兴起，国际私人垄断资本所有制大大发展了。四是在各种股份公司组织形式中，股份有限公司的地位和作用进一步提高。由于科技革命和资本有机构成的提高，股份公司成为大资本控制小资本的工具，加快了股份公司资本所有权与使用权的分离。

3. 国家垄断所有制

在当代资本主义条件下，随着国家垄断所有制的发展，私人垄断所有制已成为资本主义国家经济中的主导力量。资本主义国家中，经济主要集中在对全国社会经济生活运转至关重要的基础设施和公用事业领域，包括部分尖端工业部门在内。西方资本主义国家的国有经济，其主体是国家参股制企业，而不是纯粹的国有企业。以西欧国家意大利为例。1979—1982 年四年间，国家参股企业占国有企业投资总额的比例，分别为 54%、55%、56% 和 60%；1990 年，在法国全部 2 268 家国有企业中，国家直接经营的尚不足 5%，95% 以上均为国家参股企业。在资本主义制度下，国家是资产阶级的代表，国家所有制与私人垄断所有制相比，虽然在资本社会化方面进了一步，表面上有了“公有”形式，但实质上仍然是资本主义所有制。

4. 资本主义国家所有制的其他形式

一是非垄断性的资本主义所有制——中小企业。在资本主义国家企业中，90% 以上为中小企业。除了占统治地位的垄断性部门外，尚有大量中小企业存在，例如 1982 年美国汽车行业有 284 家公司，而且还有一些行业或部门，如美国的纺织、建筑、木材、皮革、印刷等，也有大量的中小企业存在。虽然中小企业具有不稳定性，每年有大量的企业破产或歇业，但是同时更多的新企业又在建立，结果是中小企业的数量有增无减。

二是合作所有制——合作社（合作工厂，下同）。在资本主义制度下，合作社是劳动人民和其他人员共同反对大资本家和垄断资本家的剥削，成立的经济和社会组织。合作社成立的主要目的是为社员提供生产和生活服务，维护他们的经济利益。合作社以私有制为基础。资本主义国家的合作社组织，基本上都是由个体的生产者和消费者集资组织起来的，一般都不把社员的土地或其他生产资料转变为合作社所有。合作社实行民主管理，社员有权决定合作社的一切重大事务。合作社的分配比较公平合理。除服务型的合作社外，也有生产型合作社和消费者合作社。据不完全统计，20 世纪 80 年代，美国服务型的合作社大约有 10 万个；由农业生产者及与有关农业生产组成的生产型农业合作社有 25 300 多个；由消费者为满足自身的生活需要，避免中间商剥削而组成的消费者合作社有 78 400 多个；由商人、制造商、矿主、手工业者等为满足自己的生产需要，组织起来的合作社有 7 700 多个。

三是国有经济。美国的国有经济规模较小，地方州和联邦政府的国有企业在国民收入中所占份额低于 2%，因此，在经济上的重要性作用不大。如果从国家收入占整个国民收入的比重作为衡量美国国有化的综合指标，那么美国的国有经济也具有一定的规模。1869—1981 年政府在国民收入中的份额从 1869 年的 4.2% 增至 1919 年的 8.5%，并且上升到 1981 年的 12.5%。雇佣人员的比例，从 1899 年的 2% 增至 1981 年的 16%。统计表明，美国政府部门大约生产了国民收入的 14%，政府的购买份额大量增加，已占全国销售额的 20%。这说明，美国政府对资源配置起着重要的作用。英国 1657 年就成立了邮政总局，由国家经营邮政业，但国有经济规模一直很小。从第一次世界大战爆发后开始，英国政府组建了一批国有企业，从事经营煤矿、铁路、船队、建筑，买卖食糖和谷物等。这是英国第一次国有化经济的浪潮，第二次国有经济高涨起因于 20 世纪 30 年代大萧条，出现了如复兴金融公司、住宅所有者贷款公司等，第三次国有经济的高涨是第二次世界大战期间，建立了许多国有企业，但这些战时建立的国有企业在时间上比较短暂。二战后的国有化企业使英国国有化规模有了很大提高，国有化后的工业企业占整个英国工业的 20%，国有公司的固定资本投资从 1938 年占全国总额的 1.5% 增加到 1955 年的 20%，国有化的邮电、钢铁、燃料、电力、运输等基础结构部门，掌握了国家经济命脉和左右经济的发展。法国国有企业的历史比较长，但整个国有经济规模不很大。法国国有经济真正形成规模是在 1936 年的大规模国有化运动之后。第二次世界大战结束后，戴高乐政府颁布了一系列国有化法律和法令，将一些国民经济中的关键部门收归国有，先后建立了国营雷诺汽车公司、法兰西电力公司、法兰西煤气公司和法兰西煤矿公司等一批国有企业。1981 年 5 月，密特朗就任法国总统后，提出和通过国有化法案，全部收归国有的有五大工业集团、两大金融公司和 36 家在国家信贷委员会注册的企业。这样，国家直接或间接控制的企业达 4 000 多家；在银行信贷系统，国家控制了 90% 的银行存款和 85% 的信贷业务。

5. 西方发达国家的私有化

一是西方发达国家私有化的产生及发展。第二次世界大战结束后，西方发达国家所有制经济得到广泛的发展。进入 20 世纪 80 年代后，西方发达国家又掀起了一股与国有化相悖的私有化浪潮。在这次私有化浪潮中，英国到 1988 年已有 40% 的国有企业转为私有。在美国，自 1986 年起用 5 年时间，将其政府的 5 个电力机构、2 个石油仓库、1 个客运铁路、5 个卫星遥感站的资产出售给私人经营。在法国，计划从 1986 年起用 5 年时间，把 65 家国有的金融公司、银行、工业企业私有化。二是西方发达国家私有化产生的原因。首先，国有企业普遍存在经济效益差、亏损严重、缺乏活力等问题，导致国家财政收入有限，政府为摆脱企业困境，把部分经济亏损严重的企业转卖给私人，以减轻政府的财政负担。其次，为适应第三次科技革命所带来的产业结构调整，西方发达国家几乎都把战时兴建的军事工业企业实行了私有化。伴随着科技革命的发展，把国有企业转向新兴产业。三是政治上的原因，从某种意义上说是西方国家左右翼两大政党的一次政治较量，如：英国的私有化反映了保守党和工党之争。法国从私有化到国有化再到私有化，反映了社会党等左翼和右翼党派的斗争。总之，在资本主义制度范围内，私人垄断企业不可能完全国有化，而国有企业也不可能都私有化，二者在资本主义经济发展中各具有不可取代的作用。

其中，英国的私有化按性质可以分为两个阶段：第一阶段是 1984 年前，出售的都是竞争性的国有企业。如英国宇航公司、全国货运公司、英国国家石油公司、电报和无线公司等。第二阶段以英国电信公司开始，国有企业私有化渗透到公用事业等拥有一定垄断权利的非竞争性公司，标志着政府政策的根本转向。1979—1987 年，英国共有 17 家全国性大型国有企业实行了私有化，如果以 1979 年国有经济规模为基础，将近有 40% 的国有经济为私有经济所取代。此外，法国 1985 年 4 月举行的一项民意调查表明，44% 的法国人赞成银行的私有化，26% 的人反对私有化，另有 36% 的人赞成除电信、邮政等外的国有企业私有化，26% 的人反对。1986 年，代表右翼的希拉克总理上台后，明确把私有化作为政府的主要许诺之一。私有化的进展速度很快，仅头 12 个月，原来的 5 年私有化计划完成近 50%，出售的整个收入接近 100 亿英镑。1988 年 5 月密特朗连任总统，宣布“不搞私有化，也不搞国有化”。

（四）前东欧国家的所有制

1. 前东欧国家的所有制

前东欧国家中，除南斯拉夫外，其他国家都建立并坚持了传统的、高度集中的公有制模式，普遍接受苏联的传统理论观点，认为社会主义所有制只能由国家所有制和集体所有制构成。在这种思想的指导下，大多数东欧国家都积极主张合作社所有制，要逐步实行国有企业的经营方式或直接向国家所有制过渡。表现为东欧国家在20世纪60年代以后的一个时期中曾普遍出现的合作社所有制向国家所有制过渡的趋向。然而，以国家所有制为主体的传统公有制模式，造成经济管理的过分集中，并由此产生种种弊病，从而使在有关所有制问题上，进行不断地探索和改革。早在20世纪80年代初，波兰经济学家布·明兹指出："由于生产资料国家所有制产生的矛盾，对经济效益将产生不良的影响，并造成经济比例严重失调，经济增长速度和技术进步的速度下降。同时，也会影响消费水平的提高。"在对传统所有制模式（特别是国家所有制）进行一定批判的基础上，人们否定了那种在国家所有制与合作社所有制中作高低之分，和盲目实行从合作社所有制向国家所有制过渡的做法，普遍主张进一步发展合作社所有制经济。波兰经济学家指出，合作社所有制向国家所有制的过渡，既不是必然的，也不是必需的。由于经济条件的多样性，需要有多种所有制形式。在东欧国家中，南斯拉夫和波兰保留了较大比重的个体经济，特别是在农业中，个体经济仍占优势。匈牙利经济学家把个体所有制称为"社会主义公民所有制"。这就是说，即使是个体所有制经济，也是社会主义性质的经济。确定个体经济性质，主要是它与整个国民经济体系的联系，以及它在整个国民经济中起的作用。关于国有企业所有权与经营权分离的理论。保加利亚在20世纪80年代初，提出了实行企业资金自筹和自负盈亏的主张，即"在新的条件下，不允许经济组织不赢利和依靠预算补贴"，企业"活动所需资金应主要靠销售产品或提供服务来自筹"。这种实行企业自负盈亏、自筹资金的思想为后来的改革提供了理论上的思想准备。

此外，前东欧国家对所有制形式和经营形式进行了调整。如：匈牙利在扩大企业的经营自主权方面进行了尝试，企业较普遍地采用了各种形式的经营承包责任制：在1～80名职工的商店，一般实行经理（负责人）承包责任制。对职工人数较少的一些零售小食品点、小服装店、小工业品店、小旅馆和小饭店，一般实行合同承包制。有些商店还实行出租经营制，即把商店的一部分或某个小商业网点出租给个人经营；承租人除按时向出租企业交纳一定的租金外，与原出租单位无其他关系，可以像经营自己的企业一样进行经营活动。

2. 俄罗斯、乌克兰、白俄罗斯及波兰的私有化

俄罗斯的私有化分为两个阶段进行。第一阶段始于 1992 年，这是开始实施小私有化计划并为开展大私有化做准备的阶段。第二阶段是 1993—1994 年。政府计划在 1993 年基本完成小私有化的同时，要加速推行股份制，开始出售大私有化企业的股票。1993 年私有化进展很快，从 1—11 月有 3.8 万个企业实行了私有化，其中 31% 通过股份制转化为私有制，69% 通过出售来完成。同时，运输部门的私有化达到 46%。已实行私有化的住房达 630 万套，占应进行私有化住房总数的 19%。俄罗斯政府认为，土地改革是农业改革的关键问题。土地改革的目标是在重新分配土地、在实行土地私有制、建立土地市场和在形成土地使用的合理结构的基础上，综合改造土地关系。1993 年 10 月，俄罗斯的家庭农场发展到 25 万个，拥有的土地约占全国耕地总面积的 10%，生产的粮食占总产量的 6%。有关私有化的一系列重大问题，在前议会和政府之间、政府成员之间、不同党派之间都存在着不同观点，争论十分激烈。主要集中在：关于私有化目的；进行私有化的方法；私有化的发展速度；土地私有化问题及其解决方法。

乌克兰的私有化从以下三方面进行。一是国有企业财产私有化。乌克兰国有企业财产私有化是指将国家、共和国政府（克里米亚共和国）和地方政府所有制的财产转让给自然法人和非国家法人。其形式主要是：(1) 以拍卖和招标形式出售国有财产。(2) 把国有企业和组织的国家财产改造成股份公司。(3) 以赎买的方式出售私有化项目。二是国有住房私有化。国有住房私有化是指将属于国家住宅基金所有的住房及其杂用房屋转让给乌克兰公民。为了进行住房私有化，政府向乌克兰公民发放了总价值为 6 060 亿卢布的住房支票（按 1992 年 7 月 1 日的物价计算）平均每个公民为 1.2 万卢布。住房私有化的实施程序是，首先由公民提出住房所有权转让的申请，有关的私有化机构在收到申请后的一个月内做出同意与否的决定。准备和办理有关公民住房所有权的文件及组织出售住房的工作可委托私有化专门机构办理。私有化机构无权拒绝居民依法对其所居住的住房实行私有化。私有化住房的款项可在 10 年内分期支付，但第一次缴款额不应少于总数的 10%。此外，公民还应向私有化机构提交关于偿还剩余欠款的保证书。三是土地私有化。乌克兰的土地私有制有三种形式，即国家、集体和私人所有制。《乌克兰土地法》规定：国家所有制的土地可以转让给集体或私人所有，或提供使

用，其中包括租赁。《土地法》规定，土地可以作为集体共同所有权属于公民。《土地法》还规定，每个乌克兰公民都有权获得土地所有权。提供给公民的农业用地主要用于以下目的：(1) 从事私人农场经营。(2) 用于从事个人副业。(3) 用于从事园艺业。(4) 用于从事蔬菜栽培、刈晒干草和放牧家畜。根据《土地法》规定，土地可以实行租赁制。1993 年 4 月 26 日，乌克兰内阁审核了一项土地改革纲要。根据这项纲要，1993—1995 年期间，乌克兰对 2 000 万公顷的农业用地实行私有化。但乌克兰私有化受到以下因素的制约：一是乌克兰私有化进程缺乏一个良好的宏观环境。二是与巨额的国有资产相比，私人资本十分短缺。三是私有化没有得到公众的大力支持。四是缺乏一个完善的资本市场、与其相配套的金融机构和健全的法律体系。由于导致这一进程发展缓慢的以上原因，私有化难以在短时间内克服制约因素，因此，乌克兰私有化进程处于“雷声大、雨点小”的状况之中。

白俄罗斯的私有化始于 1991 年，主要从建立市场结构、非国有化和私有化等三方面进行。在吸引外国资本用于国家财产私有化方面，实行鼓励、保护和给予优惠的政策，根据《白俄罗斯共和国外国投资法》规定，外资企业自赢利之时起 3 年免税，此后 3 年也可减免 50% 的利税。到 1993 年年初，登记注册的外资企业达 830 家。其中合资企业为 714 家，外国独资企业为 116 家。这些外资企业的法定资金总额为 24 亿卢布，其中外国投资者的资金占一半，为 12 亿卢布。白俄罗斯私有化和国有化发展具有以下几个主要特点：一是循序渐进的发展。这与国家实行经济改革向市场经济过渡的总政策的方针是一致的。二是实际进程比计划预期的要慢。三是已实行私有化的企业大多是商业、公共饮食业和居民的生活服务业行业中的中小型企业，至于大型工业企业实行私有化的数量极少。1992 年，白俄罗斯实行私有化计划共有 800 多个项目，其中商业企业为 400 个，公共饮食业为 140 个，居民生活服务业为 200 个，地方工业仅 20 多个。表现为白俄罗斯在实行私有化上，主要是小私有化，先小后大，先易后难。

波兰国有企业的私有化。波兰政府在推行国有企业私有化之前，首先修改了《国有企业法》，并重新制订了《波兰合资企业法》等。随后，波兰众议院于 1990 年 7 月 13 日通过了《国有企业私有化法》和《设置所有制改造部长职位的法令》。波兰《国有企业私有化法》规定，议会根据部长会议的建议，每年确定一次私有化的基本原则，并决定从私有化活动中所获得收入的用途。波兰在推行国有企业私有化方面，主要采取以下几种方式：把国有企业改造成国库单股的股份公司，亦称资本私有化方式；通过撤销国有企业的方式实行私有化，称之为直接私有化；由国库农业所有制委员会接管国有农场。波兰政府于 1991 年 4 月提交国际货币基金组织的备忘录指出，1991—1993 年期间，政府将加快私有化的速度，计划在 1991 年把 15% 的国有企业私有化，1992 年和 1993 年达到私有化 20%。3 年后，国有企业将减少 50%。

三、列宁对马克思所有制理论的发展

（一）列宁关于社会主义建设的新经济政策

(1) 列宁（Vladimir Ilyich Lenin，1870—1924）领导下的苏维埃共和国为了国内革命战争的需要，实行战时共产主义。

马克思和恩格斯设想的社会主义社会，是在资本主义的废墟上建立起来的、社会化程度更高的经济形式。社会主义社会生产资料归社会公有，不存在经济利益的矛盾，社会生产根据社会需要，按照统一的社会计划来进行。在这种条件下，人们的劳动，一开始就具有直接的社会性。劳动产品由社会在劳动者之间进行直接分配。因此，马克思和恩格斯认为，社会主义条件下不存在商品与货币，当然也不会存在市场问题。所以，十月革命成功后，列宁在理论上曾一度坚持社会主义的传统观点，把社会主义描述为一个“全民的、国家的”辛迪加。并依据马克思无偿剥夺资本主义工厂主的没收方式的理论，提出了国有化理论，在较短的时间里实现了银行、铁路、商船和大工业企业的国有化，建立了社会主义全民所有制，开始了向社会主义的过渡。但由于国内革命战争的需要，列宁领导下的苏维埃政权提出了实行“战时共产主义”。“实行战时共产主义”虽然有反对国际帝国主义武装干涉和国内反革命叛乱的原因和必要，但用简捷、迅速、直接的办法实现社会主义和分配原则的尝试未能成功。

(2) 新经济政策是苏联在 1921 年由国内战争转变到和平经济建设时改变“战时共产主义”体制后所实行的经济政策。

当时在列宁领导下，苏维埃政权结束了“战时共产主义”政策，而采取利用商品经济关系的政策。新经济政策的主要内容是：一是用粮食税代替余粮收集制，农民缴税后的剩余粮食可以自由出售；二是发展商业，在一定限度内允许自由贸易和私商存在；三是在国有企业中，实现经济核算制，并以租让、租赁等国家资本主义形式把某些国有企业租给外国资本家或私人经营。列宁在《论粮食税》一书中指出，新经济政策的背景是，苏维埃共和国正处在资本主义到社会主义的过渡时期，这一时期在经济上存在着多种所有制成分，即宗法式的自然和农民经济、小商品经济、私人资本主义经济、国家资本主义经济和社会主义经济。在这种背景下采用粮食税取代余粮收集制，就是用社会主义产品交换作为过渡形式。虽然列宁把市场看作资本主义的东西，无产阶级利用市场只是一种临时的退却，就退却到国家调节商业和货币流通。但这毕竟承认了社会主义社会有市场。这就突破了马克思的社会主义有计划而无市场的理论。正如列宁在 1921 年 10 月召开的莫斯科省第七次党代表会议上的关于新经济政策的报告指出的："现在我们处于必须再后退一些的境地，不仅要退到国家资本主义上去，而且要退到由国家调节商业和货币流通。这条道路比我们预料的要长，但是只有经过这条道路我们才能恢复经济生活。必须恢复正常的经济关系体系，恢复小农经济，用我们自己的力量来恢复和振兴大工业。不这样我们就不能摆脱危机。别的出路是没有的。"[①]

（二）列宁对马克思主义的理论研究

(1) 十月社会主义革命的胜利，标志着社会主义开始由理论变为现实，开创了人类历史的新纪元。

列宁从一开始研究经济理论以来，就用马克思主义来分析俄国当时的经济问题、农民问题、土地问题和关于帝国主义的理论，以及关于社会主义建设的计划和理论，在马克思主义的基础上加以发展和具体化。特别是在帝国主义和无产阶级革命时代的历史条件下，在同机会主义斗争的实践中，捍卫并进一步发展了马克思主义。十月社会主义革命的胜利，标志着社会主义开始由理论变为现实，开创了人类历史的新纪元。

(2) 1917 年列宁在苏维埃第二次代表大会上的报告中，提出了具有历史意义的《和平法令》和《土地法令》的草案。

1918 年列宁发表了《苏维埃政权的当前任务》和《无产阶级革命和叛徒考茨基》，提出了无产阶级进行社会主义建设的计划，领导苏维埃人民在极其艰苦的条件下，击败了来自国内外反革命的破坏，保卫了年轻的苏维埃人民国家。1919 年列宁发表了《无产阶级专政时代的经济和政治》和《伟大的创举》，阐明了由资本主

---

① 列宁：《列宁全集（第42卷）》，中共中央马克思恩格斯列宁斯大林著作编译局译，人民出版社，1996，第 229 页。

义向社会主义过渡时期的问题，以及社会主义和共产主义的基本特征，加强了苏维埃人民建设社会主义国家的信心。1920 年 12 月列宁在全俄苏维埃第八次代表大会上，提出了“共产主义是苏维埃政权加全国电气化”的著名公式；1921 年列宁在苏共第十次代表大会上提出从余粮收集制过渡到粮食税制的决议。1923 年 3 月下半月，列宁的病势已很沉重，但仍在莫斯科苏维埃全会上发表重要演讲，教导和鼓励苏维埃人民认清形势，学会经营，顺利地完成国民经济建设任务。1923 年列宁不顾重病，继续研究巩固苏维埃政权和建设社会主义国家的问题，写了《日记摘录》《论合作制》《论我国革命》《我们怎样改组工农检察院》《宁肯少些，但要好些》等著作。这些著作总结了在革命年代中的工作；确定了社会主义革命以后的发展阶段，制定了苏维埃人民建设社会主义国家的纲领；规定了苏维埃国家工业化、农业社会主义改造的步骤。

（三）列宁对马克思公有制理论的突破

(1) 1921 年苏维埃实行新经济政策后，列宁认识到在一个小农国家里，采取高度集中的国家计划来调节生产和分配是行不通的，提出了恢复“商品交换”，实行了“商业原则”等一系列措施，恢复了市场制度。

列宁根据在经济上存在着多种所有制成分的客观条件，指出立即消灭商品货币关系是不可能的，而组织商品交换，才是关系工农政权生死存亡的问题。列宁进一步提出了在建设社会主义过程中，通过发展商品货币关系和遵循等价交换的原则，在承认个人利益、局部利益的前提下，把个人利益、局部利益与共同利益有机结合起来。具体来说，把商品货币关系与社会主义物质利益原则结合起来的切入点，就是发展合作制。合作制的实质就是在国有化的基础上，承认农民的土地经营权，允许农民的自由贸易，并通过自愿原则以及流通领域中的合作，把农民的生产与更大的市场空间联系起来，促进农业生产和社会分工的发展，促进农业生产的商品化、社会化和现代化。列宁认为这正是合作制的巨大意义所在。所以，合作制的意义已超出了农村这一狭小的范围，合作制的发展就等于社会主义的发展，因而，“我们不得不承认我们对社会主义的整个看法根本改变了。”[①]

(2) 在所有制方面，列宁提出要给国有企业一定的独立性，发挥大企业在支配

① 列宁：《列宁全集（第4卷）》，中共中央马克思恩格斯列宁斯大林著作编译局译，人民出版社，1996，第 687 页。

资金和物质方面的独立性、主动性，并提出国有企业要实行经济核算制。

国有企业实行商业原则，实行经济核算，不给予企业生产经营的独立性和自主权是办不到的。这表明在实行计划经济的条件下，市场也在发挥作用。这是列宁对马克思公有制理论的又一次突破。在全俄苏维埃第九次代表大会上，通过的关于新经济政策的工业问题的决议中，把国营大工业的发展作为无产阶级专政的基础，要求保证国营工业企业不间断地进行生产。又规定大工业必须在国内市场上寻求国家向它提供的货源作补充，允许企业及其联合组织有权在市场上销售它们的部分产品，但要按照已批准的业务计划进行。实际上这里已提出计划分配为主、市场调节为辅的资源配置模式。此外，列宁还针对发展对外经济关系，提出了国有企业同外商“实行合营的公司制度”，创办合营公司，以及实行国有企业的“租让制”，将部分生产条件租给外国资本家，由外商经营。他还亲自领导实施租让制的具体计划，制定租让制的原则，以及研究市场条件下公有制经济的两权分离问题，并使之具体化，这是列宁对马克思公有制理论的再一次突破。

四、现代西方产权理论与马克思产权学说

（一）现代西方产权理论

1. 产权的概念

19 世纪末至 20 世纪初产生于美国的制度经济学，对包括产权制度在内的经济学分析，贯穿于人类经济思想史的始终。但对于产权理论只有到了 20 世纪 30 年代，产权理论才作为较为系统的理论产生。20 世纪 60 年代产权理论（又称“产权学派”“产权经济学”）发展起来，并成为 90 年代兴盛的一个新制度主义经济学派。产权理论主要致力于产权、激励与经济行为关系的研究，探讨不同的产权结构对收益——报酬制度及资源制度及资源配置的影响，强调产权在经济交易中的作用。

现代西方产权理论中，产权一般是指一定的所有制关系在法律上的表现，也就是法律上确认的经济主体对自己所拥有的财产的权利。其中，原始产权即出资者的所有权，包括出资者依法对自己的财产享有占有、使用、收益、处分的权利，反映资产的最终归属关系。法人产权，即法人财产权，是指资产经营者（企业法人）根据资产所有者的授予和委托，对经营管理的资产占有、使用及依法处分的权利。

产权有资产性产权，如矿产、专利、技术等；有知识性产权，如商标、专利、技术等；有企业性产权，如企业部分产权、股权以及整体产权等。产权具有两个最基本的权能，是判定与某一财产相关的经济主体是否拥有产权和产权是否完整的基本标志。其中，一个是收益分享权能，即分享财产营运所带来的部分收益的权利，只有通过分享财产经营收益才能证明产权的经济存在，而且产权的经济意义也就在于收益。另一个是收益支配权能，即在合法范围内，产权主体不受任何干扰，自主支配财产的权利，特别是对收益的支配权利。由于产权的经济价值在于它可能带来收益，所以对产权主体来说最有影响的是对收益的支配权利。此外，产权具有三个基本特征。一是产权主体具有经济实体性。必须有一定的财产作为参与社会再生产的前提；必须直接参加社会再生产活动；有自己独立的经济利益。二是产权主体具有独立性。即产权一经确定，产权主体就可以在合法范围内自主地运用，以谋求自身利益的最大化，而不受同一财产上其他财产主体的随意干扰。三是产权使用具有可分性。在现代市场经济中，财产的价值形态的价值运动与使用价值形态运动，因信用制度等的发展而分离，不同的主体以财产不同形态的运动为控制对象，使得单一的财产所有权分离开来，并掌握在不同的产权主体手中。

19 世纪末至 20 世纪初，产生于美国的制度经济学及其代表人物，对产权的定义进行了概括和论述。德姆塞茨认为："产权是界定人们如何受益或受损的权利，因而谁必须向谁提供补偿以使他修正人们所采取的行动"；E.G. 菲吕博腾和 S. 配杰威齐把产权定义为："产权不是指人与物之间的关系，而是指由物的存在及关于它们的使用所引起的人们之间相互认可的行为关系"。对于产权的作用描述为："产权安排确定了每个人相应于物时的行为规范，每个人都必须遵守他与其他人之间的相互关系，或承担不遵守这种关系的成本。"对于共同体中通行的产权制度可以描述为："它是一系列用来确定每个人相对于稀缺资源使用时的地位的经济和社会关系。"[①] 总之，西方现代产权学派对产权的定义和解释中，一方面承认狭义所有权的重要性和神圣不可侵犯，另一方面又自觉不自觉地回避产权的归属权。他们强调，产权是指对财产的权利，包括对财产的所有权、支配权、使用权等，其基本原则是财产归谁所有，谁就拥有对财产支配和分享财产运用的利益。并提出对明晰产权的要求，就是明确不同产权之间的边界和自己的权利范围，以更好地保护自己对财产的权利。如果产权没有明晰，将使既得利益受到了损失。一

① 沈建芳、姚华峰：《关于产权理论的研究综述》，《沿海企业与科技》2005 年第 5 期。

个有效的产权制度的建立，不仅能够抑制各种机会主义者的行为倾向，激励人们通过生产性努力来增加收益，而且深化和丰富了人们对市场经济中对明晰产权的认识。

2. 西方现代学者对有关产权理论的论述

(1) 关于产权的起源问题。西方现代学者认为，当资源相对于人口的需求充裕时，人类没有必要对其规定排他性的产权。但随着人口的增长，财产的非排他性最终会导致资源利用效率的下降和自然资源的枯竭。这必将引起需求与稀缺的矛盾，并使得建立排他性产权成为必要。这就是说，随着人口和资源稀缺程度的增加而引起人们之间竞争的加剧，这就产生了界定产权以维护经济和社会秩序的必要性。同时，当界定和实施产权的收益大于它所耗费的成本，即它对社会或个人是有利可图的时候，才有产权制度出现的可能。在产权本质的问题上，西方现代学者也有不同的看法。一是认为产权即财产所有权，包括使用权、收益权、处置权和交易权。二是认为产权包含一切关于财产权能在内的范畴。三是认为产权是由法律或国家强制规定的人对物的权利。四是认为产权是远较人对物的权利更为宽泛的人的各类权利的综合，是人与人的社会关系。将产权视为一种经济性质的权利，即人们在社会中使用资产过程中发生的经济、社会关系。五是认为产权只能从产权的功能作用出发具体地加以概括，而不能脱离对其功能的分析抽象地定义。六是认为产权不是一种静态的客体，而是一系列旨在保障人们对资产的排他性权威的规则和维持资产有效运行的社会制度。上述西方现代学者对产权的代表性观点，集中反映在著名的《新帕尔格雷夫经济学大辞典》对产权的定义："是一种通过社会强制而实现的对某种经济物品的多种用途进行选择权利"①。包括：①产权是依赖政府的力量、法律的规定以及社会的伦理道德规范强制实施的，是全社会普遍接受的；②产权的所有者主体在社会强制范围内是自由地、不受他人干涉地行使对其财产的权利；③社会的强制本身同时意味着产权是受到限制的，即产权不能被滥用。

(2) 对产权本质六种不同的代表性观点。第一种是认为产权即财产所有权，进而被解释为包含多方面的产权权能。其代表性人物是佩乔维奇，他认为，所有权包括使用权、收益权、处置权和交易权。作为这四种权利统一的所有权就是产权。第二种是认为产权是一个比所有权更为宽泛，包含一切关于财产权能在内的

① 伊特韦尔等：《新帕尔格雷夫经济学大辞典》，经济科学出版社，1996。

范畴。代表性人物同是佩乔维奇，他认为产权包括所有权、管理权、分享残余收益或承担负债的权利，以及对资本的权利、安全的权利、转让权、重新获得的权利及其他权利。第三种是认为产权是由法律或国家强制规定的人对物的权利。这一规定反映了一批西方法学家，以及经济学家的观点，并出现在法兰西民法和《新大不列颠百科全书》中。第四种是西方一些学者认为，产权是远较人对物的权利更为宽泛的人的各类权利的综合，是人与人的社会关系。但有许多经济学家不赞同这种把产权归结为人对物的权利的观点，而认为产权是由于物而发生的人与人的社会关系。人与人的社会关系是其产权的本质所在，是一种经济性质的权利，是人与人的社会关系中使用资产过程中发生的经济、社会关系。第五种是认为产权只能从产权的功能作用出发具体地加以概括，而不能脱离对其功能的分析抽象地定义。如法国经济学家的重要代表 R.A. 波斯纳对产权的定义，是通过他所提出的衡量一定产权是否有效的三个标准体现出来的。他从产权的功能出发，根据对产权社会作用的理解，从如何保障产权社会作用的有效发挥这一目的出发，概括了产权有效体系的三个标准：①个人所有的普遍性；②产权独占性；③产权的可转让。第六种是认为产权不是一种静态的客体，而是一系列旨在保障人们对资产的排他性权威的规则和维持资产有效运行的社会制度。这种观点的代表阿尔钦就是从产权的形成机制上来定义产权的。由于他将产权理解并定义为由政府和市场强制所形成的两方面相互统一的权利，所以，这一定义被称为“产权范式”。

(3) 对产权调节社会经济运行的诸多功能的论述。德姆塞茨在《关于产权的理论》中指出：产权的功能是客观存在的。在任何社会制度里，只要界定了或实施了产权，它就不以人的意志为转移，必然发挥其作用。即：具有调节社会经济运行的诸多功能。包括：一是产权的激励功能。由于产权理论中所强调的关系是一种物质利益关系，所以，产权主体的经济行为，都是出自为实现产权主体收益最大化的动机和心理预期。对要做出什么可以做，什么可以不做的选择，从而为产权主体追求最大收益提供了激励。所以，有效率的产权制度是实现激励功能的保证，它使产权主体通过行使产权的经济努力与其产权收益尽可能接近一致，为产权当事人的利益能够得到充分的保护和实现。二是产权的约束功能。相对于产权的激励功能，产权的约束功能是指产权对产权主体在行使产权的经济活动中所施加的强制，即：产权必须在社会许可的范畴内来行使，超出了社会许可的范畴即为越权或侵权，是社会所不允许的。由于产权与产权主体切身利益存在相关的责任关系，即：实现激励功能中物质利益关系。所以，当产权主体取得了界定明晰的产权的同时，从关心自身财产的运营效果和最大利益出发，必然存在产权对产权主体进行约束功能的行为机制。三是产权的外部性内部化功能。所谓外部性是指，如果某主体（或企业）在从事经济活动时，给其他个体带来直接性的危害（或利益），而该主体（或企业）并没有因此而承担责任（或得到报酬），对这种存在的危害（或利益）称为外部性。显然，外部性的存在将直接影响其他个体的生产或消费的可能性。对于解释产权的外部性内部化功能，亨利·勒帕日在《美国新自由主义经济学》中举例说，在产权界定不清的情况下，在一块属于（100 户成员）公有的土地，其中某一成员在这块土地上放牧了比其他成员多一倍的牲畜，他给其他每户成员带来的损失为 1 / 99，但他的收益却增加了 1 倍。由于 99 人的群体要阻止其外部性行为的成本过高而只得容忍。但如果把这块土地以私有形式分给每户成员，则他必须负担其扩大经营规模的成本。为此，他可能与群体中的某几个成员协商（而不必征得每个成员的同意）以购买他扩大土地经营面积的权利。这样，外部性就被内在化了，为资源的有效利用提供了激励。所以，通过产权界定，使个人尽可能地获得其努力的全部成果（收益内在化），从而给个人提供经济努力的激励。四是产权的资源配置功能。产权的资源配置功能是指产权制度的安排本身所具有的调节或影响资源配置状态的作用。市场交换的实质是交易双方财产权利的交换。在产权界定不清的情况下，由于交易当事人双方对交易的结果毫无把握，不仅交易无法实现，而且有效的资源配置也无法实现。产权不仅界定了交易当事人双方对交易结果的预期，有助于交易的实现，而且使资源配置由评价较低的地方流向评价较高的地方。所以，市场经济的制度安排，本质上是产权制度的安排。市场机制实现社会资源配置效率的一个必要条件，就是要求不同市场主体间的产权界定有明确的界定，即产权明晰。由于产权不是人与物的关系，而是人与人之间受益受损的权、责、利关系，所以，要实现产权在资源配置的功能，权、责、利关系必须是明晰的。五是产权的协调功能。在现代市场经济条件下，人与人之间的产权关系十分复杂，需要通过建立和规范产权制度，对各种产权主体进行定位，从而协调产权主体之间的关系，保证社会秩序的正常运行。产权的协调功能表现为通过产权制度的建立，对各种产权主体之间的权、责、利关系明确规定，实现资源配置用于整个生产、交换、流通和消费的各种经济活动的顺利进行。总之，产权理论中的激励功能、约束功能、外部性内部化功能、资源配置功能和协调功能等是客观存在的，如何发挥这些功能的效用取决于具体的产权制度的安排。当某种产权制度安排低效率的时候，可以通过对产权制度进行调整，以实现帕累托最优的改善。

(4) 强调产权在经济交易中的作用。产权理论中的产权，是指人们对其所交易的东西的所有权，也就是人们在交易活动中使自己或他人在经济利益上收益或受损的权利。产权理论的基本观点是：市场交换是一种配置资源的最有效的方式，但要使它有效地运转起来，交易者还必须对所要交换的东西有一种明确的、排他性的、可以自由转让的所有权。只有合理界定了产权，才能通过市场本身来降低交易成本，提高资源配置和经济运行的效率。这就促使人们探讨产权的制度和安排，分析不同的产权结构对人类行为的影响。一些西方学者还运用这种思路，分析了产权在经济交易中的激励作用。认为对社会来说，重要的不是企业的所有权采取哪种形式，而是这种形式的产权结构能否解决激励问题，是否能够让那些与资本无关的企业成员或多或少分享到一部分企业剩余价值。

（二）马克思的产权学说

1. 马克思所有制理论与产权学说的研究发展过程

马克思的所有制与产权学说是一个内容丰富的理论体系，是整个马克思主义经济学的中心内容。马克思说："每个历史时代的所有权，以各种不同的方式，在完全不同的社会关系下面发展着。因此，给资产阶级的所有权下定义不外是把资产阶级生产的全部关系描述一番。"① 西方学者佩乔维奇在《马克思产权学派和社会演变过程》一文中指出："马克思是第一位有产权学说的社会科学家"②。我们可以从马克思的所有制与产权学说的产生及其历史发展过程的四个阶段，对马克思所有制中的产权学说进行回顾和全面准确地理解和领会。

第一阶段（从19世纪40年代初至19世纪40年代中期）。马克思从经济利益问题入手，研究和揭示所有制关系的本质内涵。1842年10月，马克思就任《莱茵报》的编辑后，他从各个等级不同的物质利益关系来审视其不同的政治主张。对现实物质利益关系的关注，使马克思把研究视角转向了政治经济学领域。随后，马克思通过对西欧封建社会末期以来所有制和政治法律制的历史变迁的研究，发现各国的政治法律制度都伴随所有制的发展而变迁，每个等级的政治态度取决于本阶级的经济利益。马克思在他与恩格斯合写的《德意志意识形态》中，对决定国

① 马克思、恩格斯：《马克思恩格斯全集（第4卷）》，中共中央马克思恩格斯列宁斯大林著作编译局译，人民出版社，1972，第180页。

② 吴易风：《马克思的产权理论与国有企业改革》，《中国社会科学》1995年第1期。

家和法的私有财产的起源和本质问题进行了科学的回答。他们首先把私有制与分工联系起来，说明私有制的起源在于生产力的发展，所有制形式的变化反映了分工发展的不同阶段。并指出私有财产是社会生产力发展到一定阶段的必然产物，而一定的所有制形式是直接的物质生产所必不可少的条件。由于“国家是属于统治阶级个人借以实现其共同利益的形式”①，为了保护和实现这种利益，统治阶级的国家总要使对其有利的所有制形态上升为法律，所有制的经济形态就有了法权的表现形式。所以，作为上层建筑的所有权是以现实的所有制关系作为经济基础的。

第二阶段（19 世纪 40 年代后期）。马克思在揭示所有制的本质内涵以后，进一步从所有制主体和客体方面考察所有制关系，为建立完整的所有制理论体系奠定了基础。所谓从主体方面来把握所有制关系，就是从占有生产资料的主体（如阶级、集团及个人等）出发，来认识不同的所有制形式。在《共产党宣言》中，马克思、恩格斯指出：“把资本变为属于社会全体成员的集体财产，并不是把个人财产变为社会财产。这里所改变的只不过是所有制的社会性质。它将失掉它的阶级性质。”② 所谓从客体方面来把握所有制关系，就是从生产条件（包括生产资料、交换资料、劳动产品及劳动力等，其中主要指的是生产资料）方面来分析所有制。这就是说，任何社会的生产都必然发生对自然客体的占有，社会形式、所有制、产品生产是有机地联系在一起的。正如马克思后来所说的，各种经济时代的区别，不在于生产什么，而在于怎样生产，用什么劳动资料生产。这是因为不同的经济时代一般生产总和与不同的劳动资料（所有制的客体）是相匹配的。所以，从主体和客体方面来划分所有制，既能够说明各种所有制形式的联系与区别，又能够反映这些所有制关系的历史性质，这就为建立完整的所有制理论体系奠定了基础。

第三阶段（19 世纪 60 年代中期）。马克思在揭示所有制本质问题和解决把握所有制关系方法论的基础上，对所有制问题进行了全方位的研究，从而形成了较为完整的所有制理论体系。一是对于所有制与生产关系的问题，马克思在《雇佣劳动与资本》中指出，人们在生产中，“如果不以一定方式结合起来共同活动和

① 马克思、恩格斯：《马克思恩格斯全集（第 3 卷）》，中共中央马克思恩格斯列宁斯大林著作编译局译，人民出版社，1972，第 70 页。

② 马克思、恩格斯：《马克思恩格斯全集（第 4 卷）》，中共中央马克思恩格斯列宁斯大林著作编译局译，人民出版社，1972，第 481 页。

相互交换其活动，便不能进行生产。为了进行生产，人们便发生一定的联系和关系”。而这种各个人借以进行生产的社会关系，就是生产关系。“生产关系总合起来就构成所谓社会关系，构成为所谓社会。”[①] 所以，生产资料所有制并不是生产关系的全部或总和，生产资料所有制与所有制有着含义上的不同，又与生产关系有着概念上的区别。二是对于生产资料所有制在生产关系中的地位和作用问题。马克思指出，生产资料所有制不仅决定了生产，而且决定了一定的消费、分配和交换，以及这些不同环节相互间的关系。生产资料所有制还决定了一个经济社会生产关系的基本性质，反映经济社会生产关系的基本特征。此外，生产资料还是生产关系发生变动乃至于发生根本性变革的主导环节。这是由于生产的物质技术条件的改进与变革，必然或迟或早地引起生产资料所有制以及整个社会生产关系的变革与革命。正因为如此，马克思把所有制问题看作是社会生产关系的核心问题和无产阶级运动的基本问题。三是所有制关系。所谓所有制关系，就是由于生产条件归某个特定的个人（集团）所有而产生的各种关系，包括互相联系的两个方面：外部关系和内部关系。外部关系指所有者主体与非所有者之间形成的所有制主体所占有的生产条件，而排斥非所有者主体并得到社会承认的关系，这种关系滋生了阶层或阶级及其相互矛盾。内部关系指在一定生产资料所有制基础上，由财产的所有制自身而派生出来的主体对财产单纯的所有、占有、支配、使用及其相互关系，即：人们经常所说的所有权权能结构中的“四权”关系。在马克思看来，所有权是所有制的法律表现，而“四权”则是所有权在经济运作过程中不同的分解与组合关系。他认为：“所有制是对他人劳动力的支配，不能使其支配任何甚至是最少量的他人劳动的东西，这是谈不上所有的。”[②] 四是“四权”的三种组合形式：第一，所有权和经营权（占有权、支配权、使用权）由同一个主体行使，其典型形式是小生产方式。如以自己劳动为基础的小农经济，地租也就不必表现为剩余价值的一个单独的形式。[③] 第二，所有者和经营者是彼此对立的、不同的权利主体。这种分离在一切所有制社会中存在。不仅资本的终极所有权与资本的支配权相分

---

① 马克思、恩格斯：《马克思恩格斯全集（第 6 卷）》，中共中央马克思恩格斯列宁斯大林著作编译局译，人民出版社，1972，第 486、487 页。

② 马克思、恩格斯：《马克思恩格斯全集（第 3 卷）》，中共中央马克思恩格斯列宁斯大林著作编译局译，人民出版社，1972，第 254 页。

③ 同上书，第 906 页。

离，而且资本的支配权同资本的经营管理权相分离。第三，所有者和经营者是同一所有制主体的不同部分，这是公有制下两权分离的一种形式。如公有制的实质就在于生产的条件是属于全体成员组成的集体所有的，只有这个集体才是所有者；如果生产条件能够清楚地细化到其内部的每个成员，那就是不折不扣的私有制而非公有制。

第四阶段（19世纪60年代后期）。马克思进一步完善所有者理论，并科学地分析了资本主义所有制关系的过渡性质。19世纪60年代后期，马克思在《资本论》《哥达纲领批判》《法兰西内战》《论土地国有化》等一系列著作中，通过对资本主义所有制关系的科学分析，揭示了资本主义经济制度与社会主义生产力发展的不可调和的矛盾，以及为社会主义公有制所取代的客观必然性，并预示了未来社会生产资料公有制的基本特征，从而进一步完善了马克思所有制理论体系。一是马克思在《资本论》中通过对所有制关系的分析和判断，提出了社会生产方式和社会结构及其分支变化的一般方法论原则。由于马克思主义经济学是以社会生产关系为研究对象的，对其中任何社会生产关系的研究，都坚持了这一方法论原则。二是马克思运用所有制理论，对包括小生产的生产方式和资本主义生产方式，以及资本主义所有制和个人所有制等范例，都进行了深入地科学分析和研究。

2. 马克思所有制与产权理论的基本内容

马克思的所有制与产权理论是一个内容丰富、博大精深的理论体系，给后人留下了一笔宝贵的科学遗产。马克思的所有制与产权理论，包括以下基本内容和理论要点：

一是马克思总是在具体而非一般意义上来论述所有制和产权制度。马克思对于所有制关系的变化，归结为生产力发展的必然结果，从根本上讲是在技术约束下，解决人口压力与资源稀缺的矛盾。同时，马克思把一般的排他性产权与资本的私有权区分开来。资本的私有权不仅要以商品生产和商品交换的发展为基础，而且要以产权在社会成员中分配的不对称性为条件。因此，资本的私有权是以劳动力的买卖为前提的。马克思把所有制归结为生产主体及主体之间的利益责任关系，产权（即所有权）的本质是对这种利益责任的法律上的肯定和存在。所以，所有权不是一种单纯的人对物的权力关系，而是通过排他性界定人与物的关系所发生的人与人之间的社会关系。马克思把所有制归结为生产主体及其主体之间的利益责任关系，产权（即所有权）的本质是对这种利益责任的法律所肯定和存在形式。马克思通过对土地所有制和股份公司的考察，把所有权作为一个整体对产权的结构进行分析，区分了广义的所有权和狭义的所有权。广义的所有权是由狭义的所有权、占有权、支配权、使用权、处置权和收益权等权能构成的权利束。在马克思看来，广义所有权的权能结构中，隶属权即狭义所有权具有重要的作用，表现为在经济上，资产的隶属权与剩余索取权的内在联系是不可动摇的。因此，在西方国家的法律中，狭义的私人所有权具有神圣不可侵犯性。

二是产权关系是所有制关系（生产关系）的法律形式，它是在物的外壳掩盖下的人与人的社会经济关系。马克思主义经济学认为，对生产条件的所有制及其法律表现的所有权关系，“归根到底是体现了经济利益关系。生产资料的所有者一般总是生产中的利益主体，是这种利益的享有者，而这种利益在阶级社会中又主要是由劳动阶级的剩余劳动创造的。因此在马克思的所有制理论中，对生产资料所有制关系的内含，是剥削阶级对劳动阶级剩余劳动的支配与占有，而对生产资料和劳动产品的支配只是手段与方式”[①]。他重点研究的资本主义条件下的所有制和产权制度是这样，资本主义社会以前的所有制和产权制度也是这样。关于未来社会的所有制和产权制度，由于马克思主义是在批判空想社会主义的基础上产生的，马克思主义创始人从没有为它设计过详细方案和拒绝设计任何细节，从来都是仅仅揭示出社会发展的趋势。这一点对于我们认识某一社会的所有制和产权制度具有重要的方法论意义。

三是所有制与产权是一个随社会经济条件的变化而不断运动的范畴。马克思潜心地研究了历史上存在过的与不同经济制度相匹配的所有制与产权的形式，重点剖析了资本主义产权形式。由于资本家占有生产资料，从而在所谓的平等交往中占据有利地位，取得了占有别人剩余劳动的权利；而劳动者阶级不占有任何生产资料，而只占有自己不可侵犯的劳动力，通过劳动力的出卖而与生产资料实现结合，在必要劳动时间里生产出自身劳动力的等价产品，而剩余劳动时间创造的剩余价值则归资本家占有。在产权交易的问题上，马克思认为所有权是存在于市场机制中的可交易的财产权利。由于财产的使用价值不同，所有权交易分为商品所有权交易、资本所有权交易和劳动力所有权交易三种类型。商品所有权交易“在每一次买和卖的行为上，既然有交换过程发生，就一定有物品被转让出去。由于物品的所有权总是不会放弃，所以人们不会放弃它的价值”。总之，这三种产权交易是交织在一起的，都是资本主义再生产过程的内在环节或必要条件，但它们

① 何炼成：《何炼成选集》，山西经济出版社，1992，第405页。

的性质是不能混为一谈的。马克思还认为，由于资本主义的产权制度向公有产权制度变迁需要一个过渡时期，这一时期是多种所有制形式及其产权关系并存的时期。当然，要过渡到单纯的公有产权制度所需的时期比马克思预料的要长。

四是判定对所有制及其结构上的生产力标准。马克思和恩格斯是具有高度科学精神的学者，在判定所有制和产权制度的生产力标准上，他们为后人做出了榜样。评价任何一个阶级、任何一个人社会经济形态及其更替过程，无论是血腥奴隶制取代美妙的原始社会，还是资本主义机器大工业粉碎田园诗般的封建的生产方式以及资产阶级在历史上曾经起过的非常革命的作用，马克思主义创始人无不是从当时的生产力发展水平及其发展的要求上进行判定的。

五是对所有权及其结构上的分解与组合。所有制的内部及外部关系，反映了所有者与非所有者由于在生产资料占有上的不平等，以及所有者支配非所有者劳动的关系，这种关系滋生了阶层或阶级之间相互的矛盾。其内部关系是指由一定的生产资料所有制自身派生出来的不同主体对同一财产的单纯的所有权、占有权、支配权和使用权等四权的权力分割关系。马克思具体分析了所有权与经营权（占有权、支配权、使用权）归属同一主体的情况下，以及所有权和经营权主体彼此分离情况下，以及公有制下由同一所有制主体的不同部分来分别行使所有权和经营权的三种情况。对所有权及其结构上的分解与组合分析，对于我们今天的所有制和产权制度的改革，仍具有重要的指导意义。

六是对于未来社会的所有制和产权制度的明确提示。关于未来社会的所有制和产权制度，马克思和恩格斯并没有做过具体的论述。他们反复提醒后人，他们“不是设计未来的大厦”[①]，未来的大厦要靠后来的社会主义实践者来建设。恩格斯说：“无论如何，共产主义社会中的人们自己会决定，是否应当为此采取某种措施，在什么时候，用什么办法，以及究竟是什么样的措施。我不认为自己有向他们提出这方面的建议和劝导的使命。那些人无论如何也不会比我和您笨。”[②]在马克思主义创始人看来，公有制是未来社会经济制度的基础；但他们却拒绝为未来社会的所有制和产权制度设计详细方案，因为他们清楚地认识到这需要后来的实践者根据社会主义建设的具体实践予以实事求是地解决。

---

① 马克思、恩格斯：《马克思恩格斯全集（第35卷）》，中共中央马克思恩格斯列宁斯大林著作编译局译，人民出版社，1972，第145—146页。

② 同上书，第145—146页。

五、科斯定理与产业集群理论

（一）科斯定理

1. 科斯的主要学术贡献

英国经济学家科斯（Ronald Harry Coase，1910—2013）“因为对经济的体制结构取得突破性的研究成果”荣获1991年诺贝尔经济学奖。他的杰出贡献是发现并阐明了交换成本和产权在经济组织和制度结构中的重要性及其在经济活动中的作用。科斯的代表作是两篇著名的论文，其一是1937年发表的《企业的本质》，该文独辟蹊径地讨论了企业存在的原因及其扩展规模的界限问题，科斯创造了“交易成本”这一重要概念来予以解释。科斯认为，当市场交易成本高于企业内部的管理协调成本时，企业便产生了。企业的存在正是为了节约市场交易费用，即用费用较低的企业内部交易代替费用较高的市场交易；当市场交易的边际成本等于企业内部管理协调的边际成本时，就是企业规模扩张的界限。科斯另一篇著名的论文是1961年发表的《社会成本问题》，该文重新研究了交易成本为零时合约行为的特征，批评了庇古关于“外部性”问题的补偿原则（政府干预），并论证了在产权明确的前提下，市场交易即使在出现社会成本（即外部性）的场合也同样有效。科斯发现，一旦假定交易成本为零，而且对产权（指财产使用权、即运行和操作中的财产权利）界定是清晰的，那么法律规范并不影响合约行为的结果，即最优化结果保持不变。换言之，只要交易成本为零，那么无论产权归谁，都可以通过市场自由交易达到资源的最佳配置。1982年诺贝尔经济学奖得主、美国著名经济学教授斯蒂格勒（George Joseph Stigler）将科斯的思想概括为“在完全竞争条件下，私人成本等于社会成本”，并命名为“科斯定理”。

2. 对科斯基本思想的解释

不同的经济学家从不同的侧面对科斯的基本思想进行如下几种解释：

第一种解释认为，科斯定理说的是，只要法定权利能够自由交换，从效率的角度看，这些权利的最初分配是无关紧要的。这里，法定权利是广义的产权，不仅包括资源的所有权，而且包括其他各种权利，如土地使用权、免于骚扰权、意外事故的赔偿要求权、对合约的履行权等，也就包括是自己或他人受益或受损的一切权利。这里关系到微观经济学的一个中心问题，即在市场经济条件下，自由交换使资源得到最有效率的利用，使资源配置达到帕累托最优。在以往的微观经济学中，只涉及资源的所有权问题，而没有涉及其他的各种权利。科斯把产权的范围扩大到各种权利，以阐明解决外部性问题的新思路。对科斯定理的第一种解释表明，如果由法律所规定的法定权利的最初分配不当，那么可以通过市场的自由交换而得到校正，从而实现资源和效率的有效配置。为此必须消除对法定权利自由交换的障碍，以及法定权利含糊不清，使其难以得到正确的估价。因此，关键是使法定权利明晰化，即必须明确地界定产权，并且交换法定权利的协议能够强制履行。这种解释被称为对科斯定理进行概括与说明的“自由交换论”。

第二种解释认为，科斯定理说的是，只要法定权利交换的交易成本为零，从效率的角度看，这些权利的最初分配是无关紧要的。这种解释认为，市场要有效地配置资源和权利，除了需要自由交换这一条件外，还需要具备交易成本为零的条件。交易成本包括协商谈判和履行协议所需要的一切成本，如花费的时间成本、收集信息的成本、防止各方欺骗行为的成本等。在现实经济生活中，交易成本为零的情况是不存在的。这种解释表明，如果由法律所规定的法定权利的最初分配不当，那么可以通过降低法定权利的交易成本而使其在协商谈判中得到校正，从而实现资源和权利的有效配置。立法者的责任在于降低法定权利的交易成本，鼓励和促进私人通过协商谈判这种权利的交易。这种解释被称为对科斯定理进行概括与说明的“交易成本论”。

第三种解释认为，以科斯定理作为我国经济体制改革的理论依据，其结果必然是使国有企业蜕变为私有制企业，使我国社会主义经济制度蜕变为私有制的自由放任的原始资本主义制度，实际上是西方资本主义制度。有的学者指出，所谓科斯定理，以及建立在科斯定理基础上的新制度经济学，既没有经过学术论证，又与现代市场经济实际相抵触，连科学假说的资格都不具备。这种苍白无力的十分肤浅的学说之所以在西方走红，其代表人物之所以获得诺贝尔奖，完全是西方国家政治的需要。

（二）产业集群理论

1. 产业集群理论的出现

产业集群理论是20世纪20年代出现的一种西方经济理论，是由美国哈佛商学院的竞争战略和国际竞争领域研究权威学者麦克尔·波特创立的。他提出一个国家或地区在国际上具有竞争优势的关键是产业的竞争优势，而产业竞争优势来源于彼此相关的产业集群[①]。表明在一个特定区域的一个特别领域，集聚着一组相互关联的公司、供应商、关联产业和专门化的制度和协会，通过这种区域集聚形成有效的市场竞争，构建出专业化生产要素优化集聚洼地，使企业共享区域公共设施、市场环境和外部经济，降低信息交流和物流成本，形成区域集聚效应、规模效应、外部效应和区域竞争力。

2. 产业集群理论的作用和特点

产业集群不是众多企业的简单堆积，企业间的有机联系是产业集群产生和发展的关键。由于产业集群是一定区域的经济活动的集聚，地理上的邻近不仅节约了运输成本，企业间直接的交流、竞争还带来了信息的传递。同时，产业集群聚集在一起，不仅生产专业的产品，形成规模化的产业形势，而且企业间分工比较明确，具有纵向和横向的产业联系，企业之间发生着频繁的互动活动，形成了复杂的网络关系，通过技术交流和科技创新，进一步提高了产业集群企业的生产效益，创新能力，推动集群制度创新，加快政府进行新的角色定位，形成了以下的作用和特点：

一是能够提高集群内企业的生产效益，使每个企业在不牺牲柔性生产的条件下，从中获益。地理上相互临近的企业之间容易建立起协调、监督和信息机制，使有关产品、技术、声誉等信息的集中与传播更为迅速，并能降低运输成本以及契约的搜寻、谈判与履行成本，机会主义行为大为减少。同时，集群之间专业人才市场的形成，降低了雇员与企业之间的相对搜寻成本及交易成本，有利于吸引优秀的人才到集群内工作。此外，政府及有关机构提供的专业基础设施或教育项目等准公共物品能够被集群内工作。此外，政府及有关机构提供的专业基础设施或教育项目等准公共物品能够被集群内的企业共享。

二是能够增强集群内企业的创新能力，推动技术创新。企业之间通过技术交流和沟通，有助于它们相互学习来改进技术设备，调整产品服务与加强市场观念。集群中的企业，由于机构间的信息较一般条件下的企业得到增加，提高了集群内企业实体之间的收益，减少了集群内企业兼并与垄断的可能性。同时，发生在集群内的竞争压力、潜在压力和企业持续发展，促进了集群创新能力的提高。

三是能够推动集群制度创新。制度创新是指能够使创新者获得追加利益的现存社会经济体制及其运行机制的变革，从而产生的一种更有效益的制度变迁过

---

① 麦克尔·波特：《国家竞争优势》，李明轩、邱如美译，华夏出版社，2002。

程。集群的产生和发展，实际上是制度创新的过程。因为市场的核心是竞争，没有竞争，市场也就难以存在，而集群有利于形成符合市场经济的竞争制度，有利于形成有效率的产权制度，从而推动制度的创新。

四是能够加快政府进行新的角色定位。产业集群不仅提供政府研究区域经济发展并在新的视角下制定相应的政策，还对构建政府与企业的关系提供了新的思考方法。产业集群使政府部门从区域整体系统研究经济、社会的协调发展，而不仅仅局限于考虑个别产业和狭小地理空间的利益，加快政府重新思考自己的角色定位。由于产业集群观点更贴近竞争的本质，要求政府专注于消除妨碍生产力成长的障碍，强调通过竞争来促进集群产业的效率和创新，从而推动市场的不断拓展，促进区域和地方经济的繁荣。

六、邓小平社会主义所有制问题的思想研究

邓小平理论是当代中国发展了的马克思主义。马克思主义认为，所有制问题不仅是社会主义运动的基本问题，而且是指导社会主义实践的理论基础。邓小平同志在领导我国改革开放和现代化建设的伟大实践中，对所有制问题进行了长期地深入探索和创新，提出了社会主义初级阶段的思想和在公有制为主体的前提下发展多种经济成分的思想，以及关于社会主义所有制的理论，从根本上突破了传统计划经济体制下的所有制结构。邓小平关于所有制的理论，为我国社会主义的现代化建设与市场经济建设指明了方向，开辟了一条建设有中国特色的社会主义道路，回答了当今世界在中国这样经济文化落后的东方大国如何建设社会主义的问题。在新世纪、新形势下，研究邓小平关于社会主义所有制问题的思想，对推进中国特色社会主义事业和构建社会主义和谐社会，具有十分重要的意义和作用。

（一）邓小平关于所有制问题的思想形成过程

邓小平以马克思主义者的理论胆略和革命家的博大胸怀，在领导我国改革开放和现代化建设的伟大实践中，对所有制问题进行了长期地深入探索和创新，在总结新中国成立以来正反两方面经验的基础上，把马克思主义关于所有制问题的理论与我国改革开放和现代化建设实践相结合，形成了邓小平关于社会主义所有制问题的思想。

1. 改革开放以前我国所有制结构的情况

实践表明，所有制结构是不以人们的主观意志为转移的，而是由生产关系和生产力发展的客观规律决定的。新中国成立后，由于生产关系和生产力发生根本转变，我国进行了所有制结构的调整。经过三年的经济恢复时期，特别是经过对资本主义工商业、农业和小手工业的社会主义改造，我国所有制结构又一次发生了根本变化，形成了以公有制为基础的所有制格局，尽管“三大改造”有快急和粗的问题，但从总体上看，还是推动了当时生产力的发展。

“一五”时期以后，全国逐步建立起中央权力高度集中的经济管理体制。由于这种体制对经济统得过死，存在严重地束缚地方和企业积极性发挥的弊病。毛泽东在《论十大关系》中，提出了改进经济管理体制的设想。但 1957 年以后，随着在经济建设指导思想上“左”的倾向越来越严重，导致所有制结构朝着单一化的方向发展。这种结构盲目追求“一大二公”，最终导致 1966 年到 1976 的“文化大革命”，使国家经济和社会发展遭受到新中国成立以来的最严重挫折和损失。对此，邓小平尖锐地指出：“中国社会从一九五八年到一九七八年二十年时间，实际上处于停滞和徘徊的状态，国家的经济和人民的生活没有得到多大的发展和提高。这种情况不改革行吗？”①

2. 十一届三中全会对所有制结构的调整

1978 年 12 月，在党的十一届三中全会上，邓小平回顾和总结了我们党过去没有将工作中心转移到经济建设方面来的主要原因，果断地作出把党和国家的工作重心转移到经济建设上来的战略决策，对社会主义所有制结构进行调整。一是 1984 年党的十二届三中全会通过的《中共中央关于经济体制改革的决定》，提出我国社会主义经济是公有制基础上的有计划的商品经济。二是 1987 年在党的十三大会议上，邓小平指出：“中国社会主义是处在一个什么阶段，就是处在初级阶段，是初级阶段的社会主义。”“我们允许个体经济发展，还允许中外合资经营和外资独营的企业发展，但是始终以社会主义公有制为主体。”② 三是 1992 年，党的十四大根据邓小平南方谈话的精神，再一次强调社会主义初级阶段的理论和意义，明确提出了“以公有制为主体、多种经济成分长期共同发展”的方针。在邓小平社会主义初级阶段的理论的指导下，我国对所有制结构进行了深入的调整和改革，极

---

① 邓小平：《邓小平文选（第 3 卷）》，人民出版社，1993，第 237 页。

② 同上书，第 252 页。

大地解放了生产力，调动了广大人民群众的积极性和创造性，为社会主义经济建设注入了强劲的动力。

3. 十五大、十六大以来，我国所有制结构的新发展

1997 年，党的十五大对新中国成立 50 年来，特别是改革开放 20 年来，我们党对在所有制改革理论和实践上所取得的成果，进行了高度概括和总结，实现了理论上的新飞跃，使我国社会主义所有制的改革步入了新的历史阶段。党的十五大第一次提出了“公有制为主体、多种所有制经济共同发展，是我国社会主义初级阶段的一项基本经济制度。”同时还指出“非公有制经济是我国社会主义市场经济的重要组成部分。”党的十六大高举邓小平理论伟大旗帜，全面贯彻“三个代表”重要思想，继往开来，与时俱进，提出了在新世纪头二十年全面建设小康社会，开创中国特色社会主义事业新局面的奋斗目标。江泽民在十六大报告中鲜明地指出：“根据解放和发展生产力的要求，坚持和完善公有制为主体，多种所有制经济共同发展的基本经济制度。”①“一是必须毫不动摇地巩固和发展公有制经济。二是必须毫不动摇地鼓励、支持和引导非公有制经济发展。三是坚持公有制为主体，促进非公有制经济发展，统一于社会主义现代化建设的进程中，不能把这两者对立起来。各种所有制经济完全可以在市场竞争中发挥各自优势，相互促进，共同发展。”② 党的十六届三中全会通过的《中共中央关于完善社会主义市场经济体制若干问题的决定》，根据邓小平理论和“三个代表”重要思想，提出非公有制经济是促进我国社会生产力发展的重要力量，这是理论上的新发展。第十届全国人大二次会议通过的《中华人民共和国宪法修正案》中，将“国家保护个体经济、私营经济等非公有制经济的合法的权利和利益。国家鼓励、支持和引导非公有制经济的发展，并对非公有制经济依法实行监督和管理”以及“公民的合法的私有财产不受侵犯。国家依照法律规定保护公民的私有财产权和继承权。国家为了公共利益的需要。可以依照法律规定对公民的私有财产实行征收或者征用并给予补偿”③ 写进了宪法。进一步丰富和发展了邓小平社会主义初级阶段的所有制理论和“三个代表”重要思想的内容。

---

① 本书编写组：《十六大报告辅导读本》，人民出版社，2002，第 22 页。

② 同上书，第 23 页。

③《中华人民共和国宪法修正案》，第十届全国人民代表大会第二次会议通过中华人民共和国全国人民代表大会公告，2004 年 3 月 14 日。

（二）邓小平关于所有制问题的主要理论

邓小平社会主义初级阶段所有制问题的理论，是对社会主义所有制理论的继续和发展，从根本上突破了传统计划经济体制下对所有制结构的束缚，为我国所有制改革指明了前进的方向，是马克思主义所有制理论在中国的继承和发展。

1. 社会主义初级阶段的理论

党的十一届三中全会以前，由于“左”的错误思想对经济建设的影响，力图在全社会范围内建立起“一大二公三纯”的社会主义公有制。在这种“左”的错误思想指导下，形成了公有制一统天下的单一的所有制结构，严重地扭曲和束缚了生产力的发展。邓小平通过认真总结新中国成立以来社会主义经济建设的经验，科学地分析了我国底子薄、人口多、耕地少的国情，并进一步将我国国情概括为社会主义初级阶段。这就是说我国已进入社会主义社会，但我国的社会主义还处于初级阶段。所以，我国的社会主义经济建设必须从社会主义初级阶段这个实际出发，而不能超越这个阶段。一方面，我国的社会主义性质，决定了公有制在所有制结构中的主体地位；另一方面，我国的生产力状况，必须允许非公有制经济成分的存在和发展。在邓小平社会主义初级阶段理论的指导下，我们党断然抛弃了传统计划经济体制下“一大二公三纯”的“左”的所有制结构的错误政策，形成了以公有制为主体，多种经济成分共同发展的所有制新格局，为我国社会主义的经济社会发展，奠定了坚实的理论基础。

2. 公有制主体地位的理论

我国是社会主义国家，社会主义的社会性质决定了公有制在所有制结构中的主体地位，这是我们必须坚持的社会主义的根本原则。在如何坚持公有制主体地位的问题上，邓小平指出：“要坚持公有制为主体的经济。公有制包括全民所有制和集体所有制，与此同时，我们要发展一点个体经济，吸收外国企业来中国办厂，这些都是社会主义经济的补充……吸收外资也好，允许个体经济的存在和发展也好，归根到底，是要更有力地发展生产力，加强公有制经济。”①

同时，公有制实现形式可以而且应当多样化，一切反映社会化生产规律的经营方式和组织形式都可以大胆利用。党的十五大高举邓小平理论伟大旗帜，承前启后，继往开来，沿着邓小平理论指引的方向，在新世纪全面开创我国社会主义现

① 邓小平：《邓小平文选（第 3 卷）》，人民出版社，1993，第 147 页。

代化建设的新局面。江泽民在党的十五大报告中，明确提出继续调整和完善所有制结构，进一步解放和发展生产力，是我国经济体制改革的重大任务，并郑重宣布把公有制为主体、多种所有制经济共同发展，作为我国社会主义初级阶段的一项基本经济制度加以确定下来，并长期坚持下去。这是我们党在总结了新中国成立以来，特别是改革开放近二十年来经验的基础上，作出的一项重大经济决策，为我国非公有制经济的发展和采取多种形式与国有经济合作提供了理论依据。

3. 非公有制经济的理论

邓小平关于非公有制经济的理论，是对马克思主义所有制理论的一个重大贡献。继 1982 年党的十二大提出“在农村和城市，都要鼓励劳动者个体经济在国家规定的范围内和工商行政管理下适当发展，作为公有制经济的必要的、有益的补充。只有多种经济形式的合理配置和发展，才能繁荣城乡经济，方便人民生活”[①]，1984 年，党的十二届三中全会通过的《中共中央关于经济体制改革的决定》中，进一步提出“实行国家、集体、个人一起上的方针，坚持发展多种经济形式和多种经营方式。”到 1986 年党的十二届六中全会上，不仅使用了“多种经济成分”的提法，而且 1987 年党的十三大鲜明地提出“社会主义初级阶段的所有制结构应以公有制为主体。目前全民所有制以外的其他经济成分，不是发展得太多了，而是还很不够。私营经济一定程度的发展，有利于促进生产，活跃市场，扩大就业，更好地满足人民多方面的生活需求，是公有制经济必要的和有益的补充。中外合资企业、合作经营企业和外商独资企业，也是我国社会主义经济必要的和有益的补充”。[②]1993 年，党的十四届三中全会通过的《中共中央关于建立社会主义市场经济体制若干问题的决定》中，强调“必须坚持以公有制为主体、多种经济成分共同发展的方针。”[③]1997 年，党的十五大明确提出，公有制为主体、多种所有制经济共同发展，是我国社会主义初级阶段的一项基本经济制度，并长期坚持下去。回顾我国改革开放以来，从 1984 年我国经济体制改革，到 1997 年我国社会主义初级阶段基本经济制度的确立，标志着邓小平关于非公有制经济理论进一步的确立和发展。

---

① 中共中央文献研究室:《新时期经济体制改革重要文献选编(上)》，中央文献出版社，1998，第 132 页。

② 同上书，第 289 页。

③ 同上书，第 1001 页。

（三）邓小平关于所有制问题的改革、发展和探索

对于社会主义国家，如何坚持以公有制为主体和多种经济成分共同发展的问题，马克思主义的经典作家没有给出答案，世界各国也没有可以借鉴的模式。邓小平对在改革开放的市场经济条件下，我国所有制（主要包括国有企业、集体所有制经济、个体经济和私营经济、混合所有制经济，以及外商投资经济）的改革和发展问题，进行了长期的探索，不仅多次强调“大胆吸收和借鉴人类社会创造的一切文明成果，吸收和借鉴当今世界各国包括资本主义发达国家的一切反映现代社会化生产规律的先进经营方式、管理方法”①，而且提出了具体的对策方略，指明了我国所有制改革和发展的方向。

1. 国有企业的改革和发展

我国国有企业的改革，已经走过20多个年头，但仍然是我国经济体制改革的关键。国有企业的改革和发展，千头万绪，主要是“三句话”，即坚持“注重充分发挥党组织的政治核心作用，坚持和完善厂长负责制，全心全意依靠工人阶级”的方针。第一，应按照市场经济要求，加大国有经济布局和结构调整力度；第二，加强国有企业领导班子的建设，不断完善和发挥党组织对国有企业的领导；第三，完善国有资产管理体制，依法对国有企业实施破产，有效地化解国有企业沉重的债务负担；第四，加快建立“产权明晰，权责明确，政企分开，管理科学”的现代企业制度，加快国有大型企业的股份制改革；第五，开放搞活国有中小型企业。

2. 关于发展集体所有制经济的问题

社会主义集体所有制是由部分劳动群众共同占有生产资料的一种公有制形式。集体所有制同全民所有制一起构成我国社会主义的经济基础，在国民经济中发挥着重要的作用。集体所有制是农村的主要经济形式，也是城镇经济发展中不可缺少的一种形式，具有广阔的发展前景。邓小平指出：“中国社会主义农业的改革和发展从长远的观点看，要有两个飞跃。第一个飞跃，是废除人民公社，实行家庭联产承包为主的责任制。这是一个很大的前进，要长期坚持不变。第二个飞跃，是适应科学种田和生产社会化的需要，发展适度规模经营，发展集体经济。”② 对城镇的集体所有制经济而言，第一，要转变观念，在认识上把发展集体所有制经济

---

① 邓小平：《邓小平文选（第3卷）》，人民出版社，1993，第373页。

② 同上书，第51页。

提高到应有的地位上；第二，要积极引导集体所有制经济向股份制企业或股份合作制企业发展，建立规范的企业制度；第三，应尽快建立健全劳动保护体制和社会保障体制，解决集体所有制企业职工劳动条件差和待遇过低等问题。

3. 加快个体经济和私营经济的发展

个体经济有着漫长的发展历史，它存在于各种社会形态之中。个体经济是劳动者在个人占有生产资料的基础上，从事个体劳动和个体经营的一种私有制经济。但它是以自己劳动为基础的，因而不剥削他人劳动，不具有剥削性质。个体经济的经营者既是私有者，又是劳动者。在社会主义初级阶段，个体经济作为社会主义市场经济的一个组成部分，发挥着其他经济成分所不能替代的作用。

私营经济是以生产资料私人占有和雇佣劳动为基础，以获取利润为生产经营目的的一种私有制经济。为进一步促进社会生产力的发展，1988 年《中华人民共和国私营企业暂行条例》，对私营经济的法律地位予以确认，并明确规定，国家保护私营经济合法的权利和利益。私营经济作为社会主义市场经济的一个组成部分，对社会经济发展有其积极的作用：有利于充分利用和开发社会资源和技术；有利于弥补公有制经济的不足，更好地满足人民生活多方面的需要；有利于增加社会的商品供给量，活跃市场，并促进竞争的展开；有利于扩大劳动就业机会，减轻国家就业压力；有利于增加国家的税收和劳动者的收入。在私营经济的发展过程中，要加强管理和引导，充分发挥其积极作用，限制其消极作用。

4. 发展混合所有制经济的思考

混合所有制经济是指由多种经济成分联合构成的一种经济形式。改革开放的实践表明，在市场经济条件下，发展混合所有制经济具有历史的必然性。市场经济越发达，不同资本之间的重组和融合就越频繁，越有利于发展混合所有制经济。一是有利于建立开放式的社会融资机制；二是有利于搞好国有经济、巩固和发展公有制经济；三是有利于非公有制经济的发展。混合所有制经济，既可以是由国有经济与集体经济构成的混合所有制经济，也可以是由公有制经济与非公有制经济构成的混合所有制经济，还可以是由各种非公有制经济构成的混合所有制经济。在发展混合所有制经济中，比较典型的形式是股份制经济。

5. 关于外商投资经济发展的问题

外商投资经济（包括港澳台投资经济，下同），是指在对外开放条件下，通过吸引外资在我国兴办企业而形成的经济形式，主要包括中外合资企业、中外合作企业和外商独资企业，简称“三资企业”。外商投资经济也是我国社会主义市场经济的组成部分，已在我国的国民经济中占有一席之地，对国民经济的发展具有积极的作用。一是通过外商投资经济，可以大量吸收外资，有助于弥补建设资金的不足；二是外商投资经济提供新的就业机会，可以增加财政收入；三是通过引进国外先进技术，推动产品的更新换代；四是学习外商投资经济企业的先进管理经验，有利于培养我国的经济管理人才，提高经济管理的水平；五是外商投资经济与国际经济有着比较密切的联系。外资企业及其国内配套企业的产品，能够比较顺利地进入国际市场，促进我国对外经济贸易的发展。

（四）沿着邓小平指引的方向前进

1. 邓小平理论和党的基本路线

2004年8月23日，在邓小平同志诞辰100周年纪念大会上，胡锦涛同志深切缅怀邓小平同志为民族独立、人民解放和国家富强、人民幸福建立的不朽功勋；高度评价邓小平同志为推进党领导的伟大事业和开创党的建设新的伟大工程作出的不可磨灭的贡献；高度评价邓小平同志的崇高品德、博大胸怀、卓越胆识和革命风格，为我们树立了光辉典范。胡锦涛指出："邓小平同志留给我们的最可宝贵的财富，就是他创立的邓小平理论和在这个理论指导下制定的党在社会主义初级阶段的基本路线。党的十三届四中全会以来，以江泽民同志为主要代表的当代中国共产党人，高举邓小平理论伟大旗帜，准确把握时代特征，科学判断我们党所处的历史方位，集中全党智慧，形成了'三个代表'重要思想。邓小平理论和'三个代表'重要思想是指引我们胜利前进的伟大旗帜。无论在什么时候和什么情况下，我们都必须坚持用邓小平理论和'三个代表'重要思想武装全党、教育人民，坚定不移地贯彻党的基本路线、基本纲领、基本经验，在全面建设小康社会的伟大征程上继续开创中国特色社会主义事业发展的新局面。"①

邓小平说："我是个马克思主义者。我一直遵循马克思主义的基本原则。"②在邓小平理论的形成过程中，邓小平始终坚持和捍卫马列主义和毛泽东思想。邓小平指出："我坚信，世界上赞成马克思主义的人会多起来的，因为马克思主义是科学。它运用历史唯物主义揭示了人类社会发展的规律。"③在中国这样经济文化

---

① 胡锦涛：《在邓小平同志诞辰100周年纪念大会上的讲话》，《经济日报》2004年8月23日。

② 邓小平：《邓小平文选（第3卷）》，人民出版社，1993，第173页。

③ 邓小平：《邓小平文选（第3卷）》，人民出版社，1993，第382页。

落后的东方大国中建设社会主义，是马克思主义发展历史上的新课题。必须将马克思主义的基本原理与中国的实际结合起来，在改革开放的实践中开辟一条中国特色的社会主义道路。邓小平明确指出："马克思主义必须发展。我们不把马克思主义当作教条，而是把马克思主义同中国的具体实践相结合……我们建设社会主义，准确地说是建设有中国特色的社会主义，这样才是真正地坚持了马克思主义。"①

从党的十一届三中全会到党的十四大，邓小平对我国改革开放中出现的一系列新问题，深刻论述了中国特色社会主义的一系列新思想、新观点、新概念，为中国特色社会主义道路和理论的形成奠定了坚实的基础。党的十五大将中国特色社会主义理论命名为"邓小平理论"，并将邓小平理论作为全党的指导思想，并指出邓小平理论是发展的、开放的理论体系。邓小平逝世后，我们党和人民不断开拓，不断前进，并郑重地将邓小平理论写在自己的旗帜上，高举着这面大旗走进了21世纪，取得了举世瞩目的伟大成就。党的十六大把"三个代表"重要思想与马克思列宁主义、毛泽东思想和邓小平理论一道确立为党的指导思想，实现了我们党指导思想上的又一次与时俱进和新的发展。

2. 沿着邓小平指引的方向前进

党的十六大指出，当前，我国进入了全面建设小康社会、加快推进社会主义现代化的重要战略机遇期。在这一时期，我国的经济社会发展按照邓小平的"三步走"发展战略部署，以发展为主题，以结构调整为主线，以改革开放和科技进步为动力，以提高人民生活水平为根本出发点，全面推进经济社会发展。在21世纪头20年，我国的经济社会发展，既面临新世纪加快改革开放的重大机遇，也面对经济全球化进展加快和科技革命迅猛发展的严峻挑战，我们必须沿着邓小平指引的方向前进，以邓小平理论和"三个代表"重要思想为指导，全面贯彻落实科学发展观，进一步深化改革，扩大开放，不断创新，促进发展，为实现新世纪经济社会发展战略目标而努力奋斗。

"十一五"时期是我国改革发展的关键时期，也是贯彻落实科学发展观的关键时期。党的十六届五中全会和十届全国人大四次会议通过的"十一五"规划，不仅具体描绘了我国未来五年的发展蓝图，而且提出了经济社会发展的主要任务。其中，对"十一五"时期如何深化体制改革，坚持和完善基本经济制度的问题，作出了

① 同上书，第191页。

具体全面的部署："坚持公有制为主体、多种所有制经济共同发展。国有经济布局和结构调整、国有企业改革已取得重要进展，但仍然需要加大力度，继续推进。要加快国有大型企业股份制改革，健全现代企业制度。深化垄断行业改革，放宽市场准入，实现投资主体和产权多元化。建立健全各类国有资产监管体制和制度。继续深化集体企业改革。同时，认真贯彻落实鼓励、支持和引导非公有制经济发展的方针和政策，为非公有制企业健康发展创造公平竞争的法治环境、政策环境和市场环境。"①

邓小平理论是当代中国发展了的马克思主义。我们学习邓小平同志的光辉思想，缅怀他的丰功伟绩，最好的行动就是高举中国特色社会主义伟大旗帜，深入学习贯彻落实党的十八大、十九大精神和习近平新时代中国特色社会主义思想，以马克思列宁主义、毛泽东思想、邓小平理论、"三个代表"重要思想、科学发展观、习近平新时代中国特色社会主义思想为指导，紧密团结在以习近平同志为核心的党中央周围，振奋精神，扎实工作，锐意进取，开拓创新，为全面建设小康社会和实现中华民族伟大复兴的中国梦，沿着邓小平指引的方向奋勇前进。

---

① 本书编写组：《〈中共中央关于制定国民经济和社会发展第十一个五年规划的建议〉辅导读本》，人民出版社，2005，第 15 页。

第三章　我国所有制结构的变迁和发展研究

我国60多年来社会主义革命和社会主义经济建设的理论和实践表明，所有制结构的变迁和发展，经历了跌宕起伏的发展变化过程。长期以来，由于对马列主义经典作家关于社会主义所有制结构片面认识和受苏联高度集中的单一公有制经济模式的影响，否定和排斥非公有制经济而孤立地去发展公有制经济，阻碍了生产力的发展。党的十一届三中全会以后，在党的解放思想、实事求是的思想路线指导下，对所有制结构变迁大胆探索，从我国生产力的现实状况和发展需要出发，进行了所有制结构调整。经过40年来的改革开放，特别是近20年来社会主义市场经济发展，已形成多种所有制经济共同发展的基本经济制度，是中国特色社会主义制度的重要支柱，也是社会主义市场经济体制的根基。各种所有制经济完全可以在市场竞争中发挥各自优势，相互促进，共同发展。

一、改革开放前我国所有制结构的变迁和发展

（一）改革开放前所有制结构的变迁和发展

1. 新中国成立前我国所有制结构的状况

众所周知，帝国主义、封建主义、官僚资本主义统治下的旧中国的社会经济形态，是半封建、半殖民地的畸形经济。1840年鸦片战争后，外国列强通过对中国的资本输出控制中国的财政金融命脉。他们通过直接投资，提供借款和建立金融机构等方式，在很大程度上垄断中国远洋和内河的航运、铁路的修筑、矿产资源的开采、近现代工业的投资等，从中国攫取了惊人的利润。新中国成立前，封建土地所有制在中国的社会经济生活中，占有明显优势。据估计，1933年全国工农业总产

值为 249.55 亿元，其中农业总产值为 218.94 亿元，占工农业全部产值的 87.7%；工业总产值为 30.61 亿元，仅占 12.3%。1949 年，在全国 5.42 亿人口中，农村人口为 4.84 亿，占总人口的 89.29%。① 中国广大农民承受着残酷的地租剥削。据国民政府统计，安徽省的地租额无论等级如何，都占产量的 70% 以上；四川省、福建省在 60% 以上；陕西省在 55% 左右；而四川省、云南省的个别县，租率竟有高达 100% 以上的。②

虽然所有制结构中，包括外国资本主经济、民族资本主义经济、封建地主经济和劳动者个体经济，但在半封建、半殖民地的旧中国，中国的资本主义经济分为两个部分，即官僚资本主义经济和民族资本主义经济，官僚资本主义经济控制了中国的财政经济命脉，而封建地主经济主宰了广大农村经济。1927 年以后，以蒋、宋、孔、陈四大家族为代表的官僚资本主义经济，垄断了国家的经济命脉。四大家族在当权的 20 多年中，拥有价值 100 亿至 200 亿美元的巨额资本。官僚资本控制的银行达 2 448 家，占全国 3 489 家银行总数的 2/3 以上。全国的铁路、公路、航空运输和将近一半的轮船吨位，以及十几个垄断性的贸易公司，都掌握在官僚资产阶级手中。③

旧中国的民族资本，尽管代表的是一种比较先进的生产关系，但在封建势力和官僚资本的夹缝中艰难地生存和发展，其力量非常微弱。同时，它们在资金、设备、原料、技术、销售等方面，很大程度上依赖外国资本和官僚资本。特别是在外国资本主义经济和官僚资本主义经济的控制下，民族资本主义经济始终未能成为中国工业经济的主要形式。在 1946 年的国民党统治区（不包括东北地区和台湾）的中国工业资本总额中，民族资本主义只占 32.7%④，而且主要集中在轻工业和纺织工业。旧中国的劳动者个体经济主要包括农村的个体农业及城市和乡村的个体手工业、个体商业等。在旧中国腐朽落后的生产关系中，劳动者个体经济在所有制结构中处于从属地位。此外，旧中国的农村，封建地主占有农村的大部分土

① 中华人民共和国国家统计局：《我国的国民经济建设和人民生活》，统计出版社，1958，第 2、5 页。

② 严中平等：《中国近代经济史统计资料选辑》，科学出版社，1955，第 304、305 页。

③ 武力：《中华人民共和国经济史（上册）》，中国经济出版社，1999，第 9 页。

④ 中共中央文献研究室：《三中全会以来重要文献选编（下）》，人民出版社，1982，第 840—841 页。

地，农民为了租种地主的土地，必须把一半以上的收成作为地租缴纳给地主。

旧中国虽然号称“以农立国”，但是农业劳动生产力落后，粮食作物和经济作物年产量低，而且又遭到一系列战乱的破坏，经济处于瘫痪状态。整个社会贫富悬殊。农民受高额地租剥削，一遇灾年就大量流离失所。工人工资微薄不足糊口，大量劳动力处于失业、半失业的状态。加上物价暴涨，民不聊生，经济社会发展十分贫穷落后。所以，新中国成立后，面临的首要和繁重的任务，就是要解决旧的生产关系与生产力之间的矛盾，变革生产资料的所有制。

2. 新中国经济恢复时期，所有制结构的变迁

在新中国成立的前夕，毛泽东在党的七届二中全会上就明确地提出：“在革命胜利以后一个相当长的时期内，还需要尽可能地利用城乡私人资本主义的积极性，以利于国民经济的向前发展。在这个时期内，一切不是于国民经济有害而是于国民经济有利的城乡资本主义成分，都应当容许存在和发展。这不但是不可避免的，而且是经济上必要的。但是，中国资本主义的存在和发展，不是如同资本主义国家那样不受限制任其泛滥的。”同时，他进一步指出组成新民主主义社会的所有制结构：“国营经济是社会主义性质的，合作社经济是半社会主义的，加上私人资本主义，加上个体经济，加上国家和私人合作的国家资本主义经济，这些就是人民共和国的几种主要的经济成分，这些就构成新民主主义的经济形态。”①

新中国成立后的国民经济恢复时期，由于没收了封建地主阶级的土地归农民所有，没收了蒋、宋、孔、陈四大家族为代表的垄断资本归新民主主义的国家所有，民族工商业继续得到发展，从而使我国的所有制结构发生了如下重大的发展和变迁变化：

一是国营经济发展壮大。从 1949 年开始，“经过三年的经济恢复，到 1952 年，全国工业总产值比 1949 年增长了 145%，平均每年递增 34.8%。 其中，国营工业发展更快，三年增长 287%，平均每年递增 51%。国营工业比重增长 41.5%。”②

二是个体经济、集体经济有一定的发展。长期以来，农村中细小分散的个体经济一直占有很大的比例，按照自愿、互利的原则，走上了互助合作的道路，全国个体经济、集体经济有了一定的发展。据统计，到 1952 年，全国组织起来的农户约占全国总农户的 40%，比 1950 年增加 3 倍。其中常年互助组 803 万个，初级合

① 毛泽东：《毛泽东选集（第 4 卷）》，人民出版社，1991，第 1431、1433 页。

② 张兴茂：《中国现阶段的基本经济制度》，中国经济出版社，2003，第 183 页。

作社近 4 000 个。同年，有手工业生产合作社 3 280 个，从业人员 21.8 万人，占手工业从业人员总数的 3%；产值 2.46 亿元，占手工业总产值的 3.4%。

三是在国家“利用、限制、改造”政策的指导下，民族资本主义经济有了较大的发展。同时，国家通过加工订货将其纳入国家计划的轨道，创造了国家资本主义的初级形式。到 1952 年，加工订货、包销、收购的产值已占私营工业总产值的 56%，商业方面也已出现批购、经销、代销等形式。公私合营的工业企业共有 907 家，其产值占全国工业总产值的 5%。经过三年多的经济变革，我国在所有制结构上彻底打碎了帝国主义、官僚资本主义及封建主义的所有制关系，逐步建立了社会主义国有经济领导下的国有经济、集体所有的合作经济、个体经济、私人资本主义经济和国家资本主义经济五种经济成分并存的所有制结构。这种结构适应了当时我国生产力发展的水平，促进了国民经济的恢复和发展。

3. 过渡时期，单一所有制格局的形成

中国革命的任务，第一步是新民主主义革命，第二步是社会主义革命。毛泽东在《新民主主义论》一书中，明确指出：新民主主义社会“是一定历史时期的形式”[①]，在基本实现了国民经济的好转以后，中共中央于 1952 年年底提出了过渡时期的总路线，其核心是“一化三改”，即在一个相当长的时间内，逐步实现社会主义工业化，并逐步实现对农业、手工业和资本主义工商业的社会主义改造。经过“一化三改”，随着生产资料社会主义改造的完成，奠定了社会主义经济制度和政治制度的基础。随着我国生产资料社会主义改造的不断加速，单一所有制的格局初步形成。在国民收入中，1956 年同 1952 年相比，国有经济的比重由 19.1% 上升到 32.2%，集体所有制经济由 1.5% 上升到 53.4%，公私合营经济由 6.9% 上升到 7.3%，私营经济则由 6.9% 下降到 0.1% 以下，个体经济由 71.8% 下降到 7.1%，前三种社会主义公有制经济已达 93%。在工业总产值中，前三种社会主义公有制工业已达 98.8%。在商业领域中，前三种社会主义公有制经济达到 92.4%[②]。以上表明，1953—1957 年，我国生产资料社会主义改造的完成，奠定了社会主义经济制度的基础，但由于“一化三改”要求过急，工作过粗，改变过快，形式单一，我国已从过渡时期的公有制为主导的多种所有制结构，变为一国营二集体的单一公有制的所有制结构。

---

① 毛泽东：《毛泽东选集（第 2 卷）》，人民出版社，1991，第 675 页。

② 陈文辉：《中国经济结构概论》，山西经济出版社，1994，第 30 页。

对此，党中央和国务院采取了措施予以纠正，除继续完成由初级社向高级社的转变、整顿和巩固农业生产合作社外，对手工业生产合作社进行调整，对公私合营企业的内部进行改造。但在“左”的指导思想影响下，1958 年 8 月，中共中央在北戴河召开的政治局扩大会议上，通过了《号召全党全民为生产 1070 万吨钢而奋斗》《关于在农村建立人民公社问题的决议》，发动了“大跃进”运动和农村人民公社化运动。1958—1960 年，由于“大跃进”运动和人民公社化运动，加上农业连续遭受自然灾害，国民经济陷入严重困难。在生产资料所有制方面，急于追求“一大二公”的所有制结构，经过“大跃进”运动和农村人民公社化运动，非公有制经济已所剩无几。1961 年，全国个体经济从业人员大约只有 100 万人①。

1960 年冬起，党中央对国民经济进行“调整、巩固、充实、提高”，国民经济得到了一定程度的恢复和发展。但经济工作中“左倾”错误的指导思想，不仅未能得到彻底纠正反而有所发展，直到“文化大革命”发展到了顶峰。

4. “文化大革命”时期，非公有制经济基本消失

“文化大革命”时期，由于在生产关系的认识上，更加盲目和片面地强调全民所有制的优越性，将“一大二公”作为判断所有制形式先进与否的标准，不仅混淆了全民所有制与集体所有制的界限，而且排斥公有制以外的其他经济成分。据统计，至 1975 年，我国的所有制结构是：在工业总产值中，国家所有制占 81.1%，集体所有制占 18.9%；在社会商品零售额中，国家所有制占 56.8%，集体所有制占 43.0%，个体所有制占 0.2%，非公有制经济基本消失②。到“文化大革命”后期，不仅人民物质生活和文化生活长期得不到改善，而且工农业生产大幅度下降，国民经济濒于崩溃的边缘。

二、改革开放以来，所有制结构的发展和变迁

（一）非公有制经济发展的阶段

1. 非公有制经济的恢复和起步阶段（1979—1984年）

改革开放以前，我国在“左”的思想指导下，片面追求所有制的“一大二公”形

① 刘国光、董志凯：《新中国50年所有制结构的变迁》，《中南财经大学学报》2000 年第 1 期。

② 宗寒：《中国所有制结构探析》，红旗出版社，1996，第 37—38 页。

式，轻视集体经济，消灭个体经济和私营经济的做法，严重阻碍了生产力的发展，给国民经济带来很多的困难和问题。粉碎“四人帮”后，1978 年 12 月，党中央召开了党的十一届三中全会。十一届三中全会的伟大功绩，就在于从根本上冲破了长期“左”的错误思想的严重束缚，端正了党的指导思想，重新确立了马克思主义的思想路线、政治路线和组织路线。在对所有制结构的认识上，对所有制及其结构的评价标准上，以及在对公有制的形式上，进行了一系列大胆和艰苦的探索。

继 1979 年 1 月 11 日，中共中央作出《关于加快农业发展若干问题的决定（草案）》和《农村人民公社工作条例（试行草案）》后，1980 年 9 月 27 日，中共中央印发了《关于进一步加强和完善农业生产责任制的几个问题》。特别是党的十一届六中全会通过的《关于建国以来党的若干历史问题的决议》明确指出：“社会主义生产关系的发展并不存在一套固定的模式。我们的任务是要根据我国生产力发展的要求，在每一个阶段上创造出与之相适应和便于继续前进的生产关系的具体形式”，“国营经济和集体经济是我国基本的经济形式，一定范围的劳动者个体经济是公有制经济的必要补充。必须实行适合于各种经济成分的具体管理制度和分配制度。必须在公有制基础上实行计划经济，同时发挥市场调节的辅助作用。要大力发展社会主义的商品生产和商品交换。”1982 年 12 月，第五届全国人民代表大会第五次会议通过的《中华人民共和国宪法》中提出：“在法律规定范围内的城乡劳动者个体经济，是社会主义公有制经济的补充。国家保护个体经济的合法的权利和利益”。1984 年党的十二届三中全会通过的《中共中央关于经济体制改革的决定》，还就外资在我国社会经济中的地位和作用给予了定位：“利用外资，吸引外商来我国举办合资经营企业、合作经营企业和独资企业，也是对我国社会主义经济必要的有益的补充。”

这一阶段，改革以农村为突破口，以家庭为单位的联产承包责任制极大地调动了农民的生产积极性，长期困扰我国农业生产力低下、农副产品短缺的状况有了好转。20 世纪 80 年代初，农村出现了最早的一批专业户，家庭联产承包责任制逐渐演变出专业户。1982 年以后，非国有经济逐渐向中小城市发展和延伸，全国的城市、城镇都出现了大量的个体户，从业人员中主要有农民、城镇待业人员和回城知识青年。他们中不少是初高中毕业生，许多具有敢闯、敢干、敢拼的冒险精神。随着联产承包责任制在农村广泛推开，农户家庭经营和集体经济相结合的经营形式得到了巨大的发展。乡镇企业在农业集体经济基础上发展起来，成为集体经济的代表，并承担以工补农、建农的重任，有力地壮大、发展和巩固了农村集体经济。同时，城镇集体经济发展速度也明显加快，并不断跃上了新的台阶。

1978 年以后，“文革”期间上山下乡的知识青年返回城市，兴起了大办集体企业的热潮。包括国有企事业单位扶持兴办的集体企业、街道办事处扶持兴办的集体企业和待业人员自发组织起来的集体企业等类型。个体私营经济以惊人的速度成长起来，成为我国社会经济生活中一股不可忽视的力量。据不完全统计，1978 年全国城镇集体经济从业人员有 2 048 万人、乡镇集体企业从业人员有 2 827 万人，到 1985 年，全国城镇集体经济从业人员发展到 3 324 万人，年均增长 8.9%；乡镇集体企业从业人员发展到 6 979 万人，年均增长 21.0%。全国城镇个体工商户，从 1979 年的 31 万人发展到 1984 年的 450 万人，年均增长 70.7%[①]。

2. 非公有制经济的发展阶段（1987—1992年）

1987 年，党的十三大明确提出了我国社会主义初级阶段的基本路线和鼓励发展个体、私营经济的方针。十三大报告指出：“实行所有权与经营权分离，把经营权真正交给企业，理顺企业所有者、经营者和生产者的关系”，“实行所有权与经营权分离的具体形式，可以依产业性质、企业规模、技术特点而有所不同。”[②] 报告还强调：“实践证明，私营经济一定程度的发展，有利于促进生产，活跃市场，扩大就业，更好地满足人民多方面的生活需求，是公有制经济必要的和有益的补充。必须尽快制订有关私营经济的政策和法律，保护它们的合法利益，加强对它们的引导、监督和管理。”随着私营经济的发展，非公有制经济的发展进入了第一次高潮。“到 1988 年年底，全国城乡登记注册的个体工商户发展到 1 454.9 万户，从业人员 2 304.9 万人；全国（除西藏、山西、黑龙江外）已注册的私营企业发展到 40 638 家，雇工人数达到 723 782 人。如果加上大量挂集体企业牌子和混杂于个体工商业、个体合伙及乡镇、街道企业中的私营在内，实际的私营企业估计有 20 多万家。”[③]

这一阶段中的私营企业，即雇工超过 8 人的非公有制企业，以及个体私营企业通过承包或租用国有企业积累了资产，逐渐改变了企业的所有权。随着个体私营企业数量增多，规模扩大，产生了一些万元户。最初，非公有制经济的主要表现形式是乡镇企业，以后，形成个体私营企业、民营企业和三资企业等多种形式共同发展的非公有制经济成分，逐渐成长为国民经济的组成部分。1988 年 6 月，国务

① 凌志军：《沉浮——中国经济改革备忘录（1989—1997）》，湖北人民出版社，2008。

② 中共中央文献研究室：《新时期经济体制改革重要文献选编（上）》，中央文献出版社，1998，第 479 页。

③ 陆百甫：《大重组——中国所有制结构重组的六大问题》，中国发展出版社，1998，第 170 页。

院颁发了《私营企业暂行条例》，规定了三种私有制结构，即独资、合伙和有限责任。相关法律分别在1993年、1997年、1999年公布。1989年后，民营经济曾一度衰落，个体户和私营企业都明显收缩，但非公有制经济从事的行业已上升了一个层次，其中加工业、制造业和服务业已成为城乡的主要行业。

这一阶段的一个重要特征，就是双轨制。双轨制使非国有企业的机会与限制并存。对包括私营经济在内的民营经济，从限制、取缔到允许发展，是一个很大的进步。一方面，开始复苏的城乡经济，以及人们物质生活的改善，形成了对各种产品的巨大需求，大量的企业发展机会随之涌现。另一方面，由于计划体制的色彩还相当浓厚，观念的束缚也才刚刚松动，因而政策上对民营经济的限制仍然很多，如：个体经营户所雇用的工人不能超过8人。民营经济在信贷、市场准入等方面困难很大。在相当一段时间的计划与市场并存中，有些个人利用双轨制下出现的短期机会，得到了迅速的发展，他们舍弃了国有厂矿、教学科研单位和行政机关的工作岗位，自己通过埋头苦干，兴办企业，开发产品，开拓市场，在市场经济的磨炼中逐渐积累，起步发展。当时，非公有制经济总体规模偏小，大多是几万元到几十万元的小型企业。

这一阶段，非公有制经济发展很快，不仅农村个体经济发展较快，而且城镇非公有制经济迅速恢复和发展起来。虽然在1988年以前民营企业只能按个体工商户注册，为无限责任公司，雇用人数不得超过8人。在土地使用、办照、纳税、工商检查、银行贷款，甚至法院判案等方面有许多不公平，但个体、私营经济仍然获得了很快发展。不少个体、私营企业为了避免被歧视，往往假装为集体企业，戴上“红帽子”。私营企业的从业人员中有城镇国有、集体单位干部，乡镇村干部，非国有企业管理人员，普通职工，农民，个体户（包括专业户、手艺人等），其他人员。集体经济也稳步发展。集体经济主要是围绕着为农户发展商品生产提供物质技术服务，采取与社区合作经济和村民自治相结合的方式，发展了多种形式的新型合作经济，把农村集体经济推向新阶段。城镇集体企业职工，从1978年的2 048万人，增加到1990年的3 549万人；城镇集体企业职工在全部城镇从业人员中的比重，从1978年的21.2%，上升到1990年的24.1%，在缓解城市就业压力上起了积极作用[①]。应该指出，这一阶段中股份制企业有了新的发展。一些国有企业和集体企

① 中共中央文献研究室：《新时期经济体制改革重要文献选编（下）》，中央文献出版社，1998，第1007页。

业打破地区、部门和所有制界限，通过组建多种形式的联合体，企业之间逐步从单一的生产技术协作，发展到相互以资金、技术、设备等投资入股，组建成新的股份公司。

1989 年以后，在全国治理经济环境、整顿经济秩序的大背景下，个体、私营经济出现了较大的回落。一方面，个体、私营经济发展受到了资金不足、原材料紧张等问题的困扰；另一方面是由于“左”的思想回潮的影响。到 1989 年 6 月底，全国城乡登记注册的个体户减少到 1 234.3 万户，从业人员减少到 1 943.6 万人，分别比 1988 年年底下降了 15% 和 15.7%。到 1989 年年底，私营企业已经减少了大约一半①。

3. 非公有制经济进一步发展的阶段（1992—2002年）

1992 年，邓小平南方重要讲话冲破长期以来困扰人们的关于姓“资”姓“社”问题的争论。

以邓小平视察南方重要讲话为标志，中国进一步加大了改革开放的力度，经济建设进入了一个加速发展的新时期。改革的深入发展带来了新的机遇和繁荣。非国有经济成长为市场经济中一支活跃的力量。新一轮经济高潮的形成，为非公有制经济提供了更多的发展机会，房地产开发、证券股票市场，以及经济发展对生产资料和商品的需求。在新的形势下，一些集团化的非国有企业开始形成，组织化程度和管理水平逐渐提高。

1992 年 10 月，党的十四大明确提出：“社会主义市场经济体制是同社会主义基本制度结合在一起的。在所有制结构上，以公有制包括的全民所有制和集体所有制经济为主体，个体经济、私营经济、外资经济为补充，多种经济成分长期共同发展，不同经济成分还可以自愿实行多种形式的联合经营。国有企业、集体企业和其他企业都进入市场，通过平等竞争发挥国有企业的主导作用。”②1993 年 11 月，党的十四届三中全会通过的《中共中央关于建立社会主义市场经济体制若干问题的决定》进一步指出：“随着产权的流动和重组，财产混合所有的经济单位越来越多，将会形成新的财产所有结构。就全国来说，公有制在国民经济中应占主体地位，有的地方、有的产业可以有所差别。公有制的主体地位主要体现在国家

① 宗寒：《中国所有制结构探析》，红旗出版社，1996，第 244 页。

② 中共中央文献研究室：《新时期经济体制改革重要文献选编（下）》，中央文献出版社，1998，第 1008 页。

和集体所有的资产在社会总资产中占优势，国有经济控制国民经济命脉及其对经济发展的主导作用等方面。”

在党的鼓励个体、私营经济发展政策的指导下，各地也相继出台了各种有利于个体、私营企业发展的具体措施和办法，使个体、私营经济迅速进入了一个新的发展高潮。据统计，1992 年底，全国城乡共有个体工商户 1 533.9 万家，从业人员 2 467.7 万人，其中登记注册的私营企业 13.9 万家，从业人员 231.9 万人。到 1993 年底，全国城乡共有个体工商户 1 966.99 万家，从业人员 2 939.3 万人，其中私营企业 23.8 万家，从业人员 372.6 万人。1995 年 6 月底与 1987 年相比，私营企业由 22.5 万户上升到 56.3 万户，注册资本由 680.3 亿元上升到 2 460.2 亿元，其资本总额占全国工业资本总额的比重由 3.8% 上升到 13.71%。1997 年，全国城乡个体工商户更是高达 2 850 万户，从业人员 5 441 万人，私营企业达 96 万户，从业人员 1 349 万人①。

1997 年 9 月 12 日，党的十五大召开。十五大的报告明确提出当前继续调整和完善所有制结构，进一步解放和发展生产力，是我国经济体制改革的重大任务，并郑重宣布把公有制为主体、多种所有制经济共同发展，作为我国社会主义初级阶段的一项基本制度加以确定下来，并长期坚持下去。这是我们党在总结了新中国成立以来，特别是改革开放近 20 年来经验的基础上，作出的一项重大经济决策。这项决策对进一步推动我国生产关系的改革走向深化，对在我国建立起比较完善的社会主义市场经济体制，对促进我国生产力的发展和综合国力的迅速增强，具有不可估量的重大历史意义和现实意义。

十五大的报告鲜明地指出，为什么要把公有制为主体的多种所有制经济制度，确定为我国社会主义初级阶段的一项经济制度？这是党中央从我国的社会主义制度性质、基本国情以及今后改革的总体目标的要求，综合考虑得出的科学结论。同时，我国社会主义建设的实际也已经充分证明，确立公有制为主体、多种所有制经济共同发展的制度是完全必要的，是历史的正确选择。根据十五大报告的精神，今后调整和完善所有制结构的重点是，要加大改革力度，通过国有资产重组，优化资本结构，调整国有经济的战略布局，大力发展多种形式的集体所有制经济，着力提高公有制经济的活力和在整个国民经济中的影响力，充分发挥公有制

---

① 朱方明等：《私有经济在中国——私有经济嬗变的现实、困惑与趋势》，中国城市出版社，1998，第 76—79 页。

经济的主体作用，并以此促进个体、私营和其他所有制经济更快更健康的发展。一是因为我国是社会主义国家，必须坚持公有制作为社会主义经济制度的基础。二是因为我国还处在社会主义初级阶段，需要在公有制为主体的条件下，发展多种所有制经济，是发展我国社会生产力的客观需要和必然要求。三是因为根据“三个有利于”的原则，即：一切有利于发展生产力，有利于增强综合国力，有利于提高人民生活水平的所有制形式，都是有利于发展社会主义事业和符合人民根本利益的，都是可以而且应该用来为社会主义服务的。改革开放的实践充分证明，非公有制经济是我国社会主义市场经济的重要组成部分。对个体、私营等非公有制经济要继续鼓励、引导，使之健康发展。这对于满足人们多样化的需要，增加就业，促进国民经济的发展具有重要作用。四是股份合作制是现代企业的一种资本组织形式，是社会化大生产发展的产物。所以，不能笼统地说股份制企业是私有制或公有制。企业实行股份制，有利于企业实现所有权和经营权的分离，有利于企业筹资多样化，有利于提高企业和资产的竞争水平和运作效率。私有制企业可以采用股份制，公有制企业也可以采用股份制。五是个体、私营等非公有制经济是社会主义市场经济的重要组成部分，是公有制经济必要的、有益的补充。在完善我国所有制关系中，继续鼓励个体、私营和外商企业在合法经营前提下的发展同样是必要的，是发展我国社会生产力的需要，也是调动各方面积极性，充分发挥我国一切经济潜力的一种政策需要。六是外资企业是我国对外开放后的新产物，实践证明，引进外资发展经济的政策方向是正确的，对我国社会生产力的发展是有利的，关键是做好政策引导、依法监督，取其利而除其弊。所有制结构的调整和完善，是一个涉及经济制度变革的重大而敏感的问题。既要解放思想，积极探索，大胆实践，又要扎实稳妥，正确引导。不能搞行政命令，更不能“一哄而起”，避免刮“股份化”“股份合作化”之风。各级领导，要鼓励试验，加强领导，及时总结经验，重点抓好规范。同时，应遵循客观经济规律的要求，发挥市场竞争机制的作用，通过结构重组来实现调整和完善，优化所有制关系[①]。

2002 年 11 月 8 日，党的十六大召开。十六大的报告更加鲜明地指出：根据解放和发展生产力的要求，坚持和完善公有制为主体、多种所有制经济共同发展的基本经济制度。第一，必须毫不动摇地巩固和发展公有制经济。发展壮大国有

① 陆百甫：《调整和完善所有制结构》，载本书编写组编《十五大报告辅导读本》，人民出版社，1997，第 138 页。

经济，国有经济控制国民经济命脉，对于发挥社会主义制度的优越性，增强我国的经济实力、国防实力和民族凝聚力，具有关键性作用。集体经济是公有制经济的重要组成部分，对实现共同富裕具有重要作用。第二，必须毫不动摇地鼓励、支持和引导非公有制经济发展。个体、私营等各种形式的非公有制经济是社会主义市场经济的重要组成部分，对充分调动社会各方面的积极性、加快生产力发展具有重要作用。第三，坚持公有制为主体，促进非公有制经济发展，统一于社会主义现代化建设的进程中，不能把这两者对立起来。各种所有制经济完全可以在市场竞争中发挥各自优势，相互促进，共同发展。

在非公有制经济进一步发展的阶段中，一是集体经济在改革开放中不断发展壮大，到 2001 年（下同）已占到整个国民经济的 1/3，占公有制经济的 1/2，集体企业就业人数为 14 377 万人，占全部从业人员的 19.7%，其中，城镇集体单位从业人员 1 291 万人，乡镇集体企业从业人员 13 086 万人。尤其是乡镇企业的“异军突起”和迅猛发展，成为整个国民经济发展中极富活力的一个新增长点，以及增加农民收入和吸纳农村富余劳动力的主力。二是非公有制经济创造的增加值已经占 GDP 的 1/3。到 2001 年年底，城镇非公有单位从业人员已达 4 329 万人，占城镇从业人员的 29.3%。其中外商和港澳台商投资经济单位从业人员达 671 万人，私营个体单位从业人员达 3 658 万人。三是随着非公有制经济的发展，投融资体制由单一投资主体向多元化投资主体转化。到 2001 年年底，非公有制和混合所有制经济投资占社会总投资的比重已达到 38.5%。四是为社会主义市场经济创造了一个多元竞争、充满活力的环境。到 2001 年年底，全国私营企业 202.9 万家，私营企业投资者 460.8 万户，注册资金 18 212.2 亿元，共创产值 12 316.99 亿元，实现销售总额或营业收入 11 484.24 亿元、社会消费品零售额 6 245 亿元；全国登记的个体工商户为 2 433 万户。注册资金 3 435.79 亿元，共创产值 7 320.01 亿元，实现销售总额或营业收入 19 647.87 亿元、社会消费品零售额 11 499.23 亿元。五是促进了一批新兴产业和新兴行业的发展，特别是一些高新技术产业，非公有制经济占了很大比重，为提高我国国民经济整体水平和竞争力发挥了重要作用。

鼓励和支持非公有制经济发展要更加解放思想，大胆实践。一是充分认识现阶段非公有制经济是社会主义经济的重要组成部分，是坚持和完善基本经济制度的重要内容。对非公有制经济及其实现形式，只要有利于社会主义生产力的发展，有利于增加就业，有利于提高人民生活水平，就应支持和鼓励其发展。二是在政策上要清除各种歧视性规定，在市场准入、税收政策等方面给予各种所有制经济同等待遇。要扩大非公有制经济的投资领域，鼓励民间资本和外国资本投资参股能源、交通、电信和供水、供热、供气等基础产业和基础设施领域。鼓励民营企业发展壮大，建立企业集团公司，允许民间资本和外国资本控股现有竞争性领域的国有企业。要支持和帮助包括个体私营企业在内的各类企业提高管理水平，积极引导它们逐步建立现代企业制度。三是在政治上要关心帮助，在参与政治生活方面应当一视同仁。市场经济的发展证明，各种所有制经济完全可以在市场经济中发挥各自的优势，相互融合、相互促进、共同发展。四是进一步完善市场经济的法律制度，努力培育多元的市场主体，完善优化资源配置的市场体系，建立和强化公平、公正、公开的市场秩序，创建多种经济成分平等竞争的市场环境，充分发挥市场机制对所有制结构调整的作用[①]。

4. 非公有制经济不断发展壮大的阶段（2007年以来）

2007 年 10 月 15 日，党的十七大召开。公有制为主体，多种所有制经济共同发展，是我国社会主义初级阶段的基本经济制度。党的十七大报告再次重申了这一制度，强调要形成各种所有制经济平等竞争、相互促进新格局。这就为今后优化我国所有制结构进一步指明了方向。2013 年 11 月 12 日，党的十八届三中全会召开。三中全会通过的《中共中央关于全面深化改革若干重大问题的决定》（以下简称《决定》）指出，公有制为主体、多种所有制经济共同发展的基本经济制度，是中国特色社会主义制度的重要支柱，也是社会主义市场经济体制的根基。这就为今后优化我国所有制结构进一步指明了方向。

一是基本经济制度是一个社会经济制度的基础。改革开放的实践充分证明，我国的基本经济制度符合国情实际，具有巨大优越性，是促进经济社会发展、增强综合国力、提高人民生活水平的必然选择。完善基本经济制度是不断增强国有经济活力、控制力、影响力的需要。这对于深化国有企业改革，国有资本的放大功能、保值增值、提高竞争力，都具有重要意义。完善基础经济制度是激发非公有制经济活力和创造力的需要。非公有制经济发展中，由于企业自身经营模式粗放，核心竞争力不强等弊端，严重制约非公有制经济企业发展壮大。完善基础经济制度，支持非公有制经济发展，对于激发非公有制经济活力和创造力，具有重要意义。坚持社会主义初级阶段基本经济制度，就要坚持公有制为主体，毫不动摇地巩固

① 王岐山：《坚持和完善我国社会主义初级阶段的基本经济制度》，载本书编写组编《十六大报告辅导读本》，人民出版社，2002，第 166 页。

和发展公有制经济。要发挥国有经济在国民经济中的主导作用，促进社会主义市场经济健康发展。到 2005 年年底，国家统计局统计的国家重点企业中的 2 524 家国有及国有控股企业，已有 1 331 家改制为多元股东的股份制企业，改制面为 52.7%。国有中小企业改制面已达 80% 以上，其中县属企业改制面最大，一些已达 90% 以上。中央企业及所属子企业的股份制公司制企业户数比重，已由 2002 年年底的 30.4% 提高到 2006 年的 64.2%。2007 年，美国《财富》杂志公布的全球 500 强中，中国有 30 家，其中内地企业 22 家（比上年增加了 3 家），这些企业全部为国有控股企业（见表 3.1）。

表 3.1　1998—2006 年中国国有工商企业改革发展的若干经济指标

指标及年份	1998	1999	2000	2001	2002	2003	2004	2005	2006
国有企业数 / 万家	23.8	21.7	19.1	17.4	15.9	14.6	13.6	12.6	11.99
资产总额 / 亿元	134 780	145 288	160 068	179 245	180 219	199 971	215 602	242 560	290 000
净资产 / 亿元	50 371	53 813	57 976	61 436	66 543	70 991	76 763	87 387	
销售收入 / 亿元	64 685	69 137	75 082	76 356	85 326	100 161	120 722	140 727	162 000
利润总额 / 亿元	800 (1997)					4 852	7 364	9 190	12 000
销售利润率 /%	0.3	1.7	3.8	3.7	4.4	4.5	6.1	6.5	7.4
上缴税金 / 亿元						8 140		10 075	14 000
职工人数 / 万人	6 394	5 998	5 564	5 017	4 446	3 067	3 660	3 209	
中央企业数 / 家						196			157

注：中央企业资产总额 83 280 亿元（2003 年）、122 000 亿元（2006 年）；中央企业净资产 36 000 亿元（2003 年）、53 900 亿元（2006 年）；中央企业利润总额 3 006 亿元（2003 年）、7 681.5 亿元（2006 年）；中央企业上缴税金 3 563 亿元（2003 年）、6 822.5 亿元（2006 年）。

二是完善产权保护制度是坚持和完善基本经济制度的内在要求。产权是经济所有制关系的法律表现形式。产权是所有制的核心。在所有制中，最重要的是财产关系或财产关系的法律形式，即财产所有权。产权的法律保护，是市场经济制度的内在要求。由于健全的现代产权制度与完善产权保护制度互为前提和基础，只有权责明确，各种产权在具体实现过程中各相关主体权利到位，责任落实，产权保护才能顺利实施。平等保护产权是完善我国产权保护制度的基本要求。非公有制经济与公有制经济具有平等的法律地位，其合法的私有财产同样受法律保护。这就是说，公有制经济产权不可侵犯，非公有制经济财产权同样不可侵犯。国家保护各种所有制经济产权和合法利益。保证各种所有制经济依法平等使用生产要素、公开公平公正参与市场竞争、同样受到法律保护。十七大报告提出，“坚持平等保护物权，形成各种所有制经济平等竞争、相互促进新格局”。2007 年十届全国人大五次会议通过的《中华人民共和国物权法》规定：国家实行社会主义市场经济，保障一切市场主体的平等法律地位和发展权利。国家、集体、私人的物权和其他权利人的物权受法律保护，任何单位和个人不得侵犯。坚持平等保护物权，是各种所有制经济平等竞争、相互促进的基础。

三是积极发展混合所有制经济，是不断壮大我国社会主义市场经济体制根基的重要任务，也是深化国有企业改革、完善基本经济制度的必然要求。第一，需要从思想上明确，公有制经济和非公有制经济都是社会主义市场经济的重要组成部分，都是我国经济社会发展的重要基础。为激发各种所有制经济活力，不仅要同等保护各种所有制经济产权，公有制经济财产权不可侵犯，非公有制经济财产权同样不可侵犯，而且要赋予各种所有制经济同等使用各种生产要素的权利，还要营造公开、公平、公正竞争的市场环境。第二，积极发展混合所有制经济是不断完善基本经济制度的着力点。我国经济改革的实践证明，国有企业进行公司制股份改革，可以实现国有制同市场经济的有机结合，使国有制找到了能有效促进生产力发展的实现形式。改革的实践还证明，在对原有公有制特别是国有制进行改革的同时，允许体制外非公有制经济发展，是一项非常成功的增量改革。随着经济发展和改革深化，产权多元、自主经营、治理规范的混合所有制经济，将会有长足的发展，成为社会主义市场经济的重要微观主体。第三，积极发展混合所有制经济，就要完善国有资产监管体制，国有资产监管机构要从管理国有企业为主向国有资本为主转变。《决定》对今后国有资产管理体制改革作出以下部署：以对资本为主加强国有资产监管，改革国有资本授权经营体制，组建若干国有资本运营公司，支持有条件的国有企业改组为资本投资公司。

四是推动国有企业完善现代企业制度。党的十八届三中全会明确提出，必须适应市场化、国际化的新形势，进一步深化国有企业改革，推动国有企业完善现代企业制度。这是中央对国有企业改革的新要求，是增强国有企业活力和竞争力，提高国有经济发展质量的有效途径和必然选择，对完善以公有制为主体、多种所有制经济共同发展的基本经济制度和社会主义市场经济体制，具有十分重要的意义。经过 30 多年的探索和实践，国有企业面貌发生了根本性变化。全国 90% 以上的国有企业完成了公司制股份制改革，公司治理结构逐步规范。一大批国有企业实现了股权多元化，形成了混合所有制的股份有限公司。2003—2012 年，国有企业营业收入从 10.73 万亿元增长到 42.38 万亿元，年均增长 16.6%。随着国有企业活力和竞争力不断增强，国有经济发展质量大幅提升，已经同市场经济相融合，在经济社会发展中发挥着重要作用。但与新形势、新任务的要求相比，国有企业在现代企业制度总体上还不完善。股份制改革仍有差距，企业治理结构还不完善，垄断行业准入门槛过高，运营效率有待进一步提高，有效竞争的市场环境尚未形成。所以，只有加快完善现代企业制度，才能进一步激发国有企业活力和创造力，推动基本经济制度和社会主义市场经济体制不断发展。按照党的十八届三中全会的重要部署，推动国有企业完善现代企业制度，一方面，要把握市场在资源配中起决定性作用这条主线，以完善公司法人制度为基础，以产权明晰、权责明确、政企分开、管理科学为基本要求，以规范经营决策、资产保值增值、公开参与竞争、提高企业效益、增强企业活力、承担社会责任为重点。另一方面，要规范经营决策、资产保值增值、公平参与竞争、提高企业效率，以及增强企业活力和承担社会责任。同时，实施一系列有针对性的改革措施，包括：准确界定不同国有企业功能，健全公司法人治理结构，建立现代人力资源管理体系，完善国有资产管理体系，推动国有经济战略布局调整和推进国有企业更好履行社会责任等，不断深化国有企业改革，完善现代企业制度。

五是支持非公有制经济健康发展。《决定》强调：“支持非公有制经济健康发展”。围绕这一要求，《决定》提出，“公有制经济和非公有制经济都是社会主义市场经济的重要组成部分，都是我国经济社会发展的重要基础”，“非公有制经济在支撑增长、促进创新、扩大就业、增加税收等方面具有重要作用”。这是对非公有制经济地位和作用的新认识，为支持非公有制经济健康发展奠定了理论基础。《决定》第一次将非公有制经济与公有制经济置于同等重要的地位，表明我们党对非公有制经济的认识达到一个新的高度。

改革开放的实践表明，特别是进入 21 世纪以来，我国个体、私营等非公有制经济发展迅速。到 2006 年，私营企业达 497.4 万家，从业人员约 6 396 万人；个体企业达 2 576 万家，从业人员 7 500 万人；私营和个体企业营业额共计突破 6 万亿元（见表 3.2）。

表 3.2 1992—2006 年个体、私营经济发展变化表[①]

年份	数量 / 万家		人数 / 万人		注册资金 / 亿元		营业额 / 亿元	
	私营	个体	私营	个体	私营	个体	私营	个体
1992	13.9	1 533.9	231.9	2 467.7	221.2	600.9	113.6	2 238.9
1995	65.5	2 528.5	956	4 613.6	2 621.7	1 813.1	1 499.2	8 972.5
2000	176.2	2 571.4	2 406.5	5 070	13 307.7	3 315.3	9 884.1	19 855.5
2002	243	2 377	3 409	4 743	24 756	3 782	14 369	20 834
2005	430	2 464	4 714	5 506	61 475	5 809	30 373.6	26 239.6
2006	497.4	2 576	6 395.5	7 500	75 000	6 517	34 959	25 489.5

另据统计，到 2012 年我国私营企业超过 1 060 万户，注册资金近 30 万亿元；个体工商户已逾 4 000 万户，注册资金近 2 万亿元；非公有制经济对 GDP 的贡献率已超过 60%。改革开放 30 多年来，非公有制经济吸纳了 80% 的城镇就业人员和 90% 的新增就业人员，为 1.8 亿以上的从业人员提供了主要的工资性收入，带动 3.6 亿以上的家庭人口解决了生计问题。

长期以来，由于体制的原因，各种所有制经济的竞争处于不平等状态，非公有制企业受到一些歧视、约束和限制。《决定》提出“三个平等”（即坚持权利平等、机会平等、规则平等），强调权利平等，赋予非公有制经济与公有制经济平等的法律地位和发展权利；强调机会平等，赋予非公有制经济平等进入市场的机会，进一步拓宽了非公有制经济准入领域；强调规则平等，赋予非公有制经济参与竞争的平等市场环境和政策环境，进一步创造了非公有制经济平等参与市场竞争的前提和条件。《决定》围绕推动非公有制经济健康发展，提出了一系列新的任务和举措。包括：提出实行统一的市场准入制度，在制定负面清单基础上，各类市场主体可依法平等进入清单之外领域，实施“非禁即入”“法无禁止皆可为”，将进一步扫清影响非公有制经济发展的制度障碍，极大拓展非公有制经济发展的空间；提出

① 张卓元：《在坚持和完善基本经济制度实践中形成各种所有制经济平等竞争、相互促进新格局》，载本书编写组编《十七大报告辅导读本》，人民出版社，2007，第 165 页。

“消除各种隐性壁垒”，将消除非公有制经济发展障碍上升到实际操作层面，有助于打破“玻璃门”“旋转门”现象，必将极大地焕发和增强非公有制经济的生机与活力；“制定非公有制企业进入特许经营领域具体办法”，增强特许经营领域透明度和规范度，提升非公有制企业进入特许经营领域的可操作性，将有效消除导致非公有制企业不愿、不想、不敢进入特许经营领域的约束，拓展非公有制经济发展的领域；随着非公有制经济参与国有企业改革的制度条件不断完善，非公有制经济已经成为推动国有企业改革的重要力量。鼓励非公有制经济参与国有企业改革，有利于进一步深化国有企业改革，增强国有经济的活力，推进公有制经济与非公有制经济协调发展；提出“鼓励发展非公有资本控股的混合所有制企业”，“允许更多国有经济和其他所有制经济发展成为混合所有制经济”，赋予非公有制经济控股权利，将进一步推动非公有制经济与公有制经济的深度融合和有机统一；提出“鼓励有条件的私营企业建立现代企业制度”，将促进非公有制企业构建与市场经济相适应的科学化、规范化的现代企业组织制度和管理制度，进一步提升非公有制经济的发展能力和水平，实现非公有制经济的持续健康发展①。

2012 年 11 月 8 日，党的十八大召开。2015 年 10 月 29 日，党的十八届五中全会通过的《中共中央关于制定国民经济和社会发展第十三个五年规划的建议》（以下简称《建议》）再次重申“坚持公有制为主体、多种所有制经济共同发展。毫不动摇巩固和发展公有制经济，毫不动摇鼓励、支持、引导非公有制经济发展”。深刻领会和认真贯彻党的十八届五中全会精神，切实把以公有制为主体、多种所有制经济共同发展这一基本经济制度坚持好、完善好，对于推动经济社会持续健康发展，实现全面建设小康社会具有十分重大的意义。

是党的十六大、十七大、十八大及有关中央全会都强调要坚持和完善基本经济制度。基本经济制度的提出和不断丰富完善，体现了中国共产党人将马克思主义理论创造性地运用于中国特色社会主义的伟大实践，丰富和发展了科学社会主义理论，增强了道路自信、理论自信和制度自信，从实践上有力地促进了我国公有制经济和非公有制经济的快速发展。2014 年，全国国有企业（不包括金融类国有企业）资产总额 102.1 万亿元，净资产 35.6 万亿元，实现利润总额 2.5 万亿元，上缴税金 3.8 万亿元，分别是改革开放之初的 141 倍、73 倍、38 倍、65 倍，进入世

① 李鸿忠：《支持非公有制经济健康发展》，载本书编写组编《〈中共中央关于全面深化改革若干重大问题的决定〉辅导读本》，人民出版社，2013，第 92 页。

界500强的94家大陆企业中有84家是国有企业。同时,非公有制经济发展迅速,占国内生产总值的比重超过60%、税收超过50%、新增就业达到90%。在支撑增长、增加税收、扩大就业、促进创新等方面发挥着越来越重要的作用。

二是坚持公有制为主体、多种所有制经济共同发展是实现好、维护好、发展好最广大人民根本利益的必然要求,是社会主义初级阶段生产力发展的客观需要,是完善中国特色社会主义制度体系的重大任务,是全面建成小康社会的重要保障。有利于促进产业结构优化升级,形成以大企业为龙头、中小企业为支撑、分工协作为基础的产业集群,推动我国产业迈向中高端水平;有利于更好实施创新驱动发展战略和制造强国战略,发挥国有企业的骨干和表率作用,促进科技型中小微企业健康发展;有利于推动大众创新、万众创新,使各类市场创业主体如鱼得水,实现创新支持创业、创新带动就业、就业增加收入的良性互动发展;有利于实施走出去战略,推动“一带一路”建设,促进国际产能合作,提高我国国际竞争力和话语权。

三是习近平总书记强调,要坚持国有企业在国家发展中的重要地位不动摇,坚持把国有企业搞好、把国有企业做强做优做大不动摇,推进国有企业改革要有利于国有资本保值增值,有利于提高国有经济竞争力,有利于放大国有资本功能。党的十八届五中全会提出,分类推进国有企业改革,完善现代企业制度。这是提升国有企业活力和竞争力的途径。要继续深化企业内部用人制度改革,建立健全公开招聘、竞争上岗等制度,真正形成企业各类管理人员和员工的合理流动机制。推进国有资本布局战略性调整,是深化国有企业改革的重要任务。要科学把握各类国有资产管理的特殊性,探索以管理资本为主加强监管的模式和方式方法,加快推进国有资本投资、运营公司试点工作,建立健全各类国有资产监督体系,防止资产流失。加强党对国有企业的领导,加强国有企业党的建设,是深化国有企业改革必须坚守的政治方向和政治原则。要把“三严三实”要求贯穿国有企业改革发展全过程,确保国有企业改革发展始终保持正确的前进方向。

四是营造公平竞争、促进企业健康发展的政策和制度环境,实现多种所有制经济共同发展。毫不动摇鼓励、支持、引导非公有制经济发展,更好激发非公有制经济活力和创造力。推进产权保护法制化,依法保护各种所有制经济权益。加快市场配置要素的改革,加快形成全国统一开放、竞争有序的市场体系。进一步转变政府职能,减少涉及企业的行政审批事项。切实降低实体经济企业成本,增强实体经济盈利能力。

五是党的十八届五中全会为实现全面建成小康社会目标描绘了宏伟的蓝图。我们要在以习近平同志为总书记的党中央坚强领导下，坚决贯彻落实《建议》的各项部署要求，坚持和完善公有制为主体、多种所有制经济共同发展的基本经济制度，牢牢把握“两个毫不动摇”方针，更好促进经济社会持续健康发展，为全面建成小康社会、实现中华民族伟大复兴的中国梦作出新的更大贡献！①

三、我国民营经济发展的回顾与分析

（一）民营经济发展的回顾

1. 民营经济的界定范围

民营经济的界定范围是一个复杂的问题。广义的民营经济是对除国有和国有控股企业以外的多种所有制经济的统称，包括个体工商户、私有企业、集体企业、港澳台投资企业和外商投资企业。狭义的民营经济不包括港澳台投资企业和外商投资企业。因此，这里对民营经济问题的研究指的是狭义的民营经济。从1978年12月（党的十一届三中全会召开）到2003年10月（党的十六届三中全会召开），民营经济走过了25年，经历了从小到大、从弱到强、与时俱进的发展历程。这二十五年是新中国发生举世瞩目巨大变化的重要历史时期。25年民营经济作为改革开放后成长起来的新生事物，得到了长足发展，已经成为国民经济的基础和社会主义市场经济的重要组成部分，成为促进社会生产力发展的重要力量。民营经济是千千万万老百姓通过自主创业而从事的经济事业，是发展生产力、解放生产力的经济，是先进生产力的重要承担者，是人民群众实现共同富裕的重要手段，是创造社会财富的基本源泉。

2. 民营经济发展作出的贡献

一是对就业的贡献。2002年我国全社会就业总数为7.374亿人，其中国有单位就业人员7 163万人，占全社会的9.7%，民营经济（含农业劳动力）就业占到全社会的90.3%；如果不包括农业劳动力（3.66亿人），民营经济吸纳的就业量为3.09亿人（其中乡镇企业就业人员为1.33亿人），占全社会就业总量的42%；民营经济在二、

① 王勇：《坚持公有制为主体，多种所有制经济共同发展》，载本书编写组编《〈中共中央关于制定国民经济和社会发展第十三个五年规划的建议〉辅导读本》，人民出版社，2015，第130页。

三产业的就业比重达到 84%，民营经济在城镇中的就业比重已经超过 70%（见表 3.3）。

表 3.3　中国民营经济的就业情况

单位：万人

年份	1991	1997	1998	1999	2000	2001	2002
1. 二三产业民营经济就业人数	16 410	22 787	25 095	26 544	27 869	29 389	30 905
全社会二三产业就业人数	26 393	34 980	35 460	35 626	36 042	36 512	36 870
民营经济占全社会二三产业就业人数的比重 / %	62.2	65.1	70.8	74.5	77.3	80.5	83.8
2. 城镇就业就业人数总数	17 465	20 781	21 616	22 412	23 151	23 040	24 780
全部城镇民营经济就业人数	6 801	9 737	12 558	13 840	15 049	16 300	17 617
民营经济就业人数占全部城镇的就业比重 / %	38.9	46.9	58.1	61.8	65.0	68.1	71.1
3. 全社会就业人数	65 491	69 820	70 637	71 394	72 085	73 025	73 740
全部乡村就业人数	48 026	49 039	49 021	48 982	48 934	49 085	48 960
民营经济(含农村) 就业人数占全社会的就业比重 / %	83.7	84.2	87.2	88.0	88.8	89.5	90.3

资料来源：根据《中国民营经济发展报告》（社会科学文献出版社，2004）整理。

表 3.3 说明，改革开放的顺利进行和实现经转型的前提是社会稳定，而社会稳定的关键是解决国民就业问题。民营经济在孕育、产生和快速发展的过程中，形成了巨大的劳动力需求，为缓解转型时期的就业压力，改善社会就业结构提供了巨大的空间。

二是民营经济对上缴国家税收增长的贡献。在党的富民政策的鼓励和主要依靠自身积累的发展过程中，民营经济为国家创造的税收快速增长。在没有国家投资的情况下，民营经济税收收入的增长率不但高于国有经济，也高于整个国民经济的增长率。1995 年以来，民营经济特别是私营企业上缴税收的增长速度一直快于社会总税收的增长速度（见表 3.4）。

表 3.4 各种经济成分缴纳的税收收入的增长率

单位：%

年份	总计	国有	民营经济	其中：集体	私营	港澳台	外商	个体
1995	16.5	10.4	26.2	20.9	106.5	33.9	64.6	11.3
1996	11.4	9.7	12.8	5.5	72.3	8.2	52.8	-0.9
1997	16.7	13.1	16.8	6.2	50.3	30.1	31.4	15.8
1998	10.5	4.1	13.4	0.7	52.9	18.7	26.9	16.6
1999	13.4	4.3	18.5	3.4	56.4	31.6	35.1	7.6
2000	22.8	3.1	17.4	-7.7	63.3	37.1	33.0	6.1
2001	19.7	-0.6	22.1	4.6	57.5	19.6	35.8	4.1
2002	12.1	-0.2	14.8	-11.6	50.1	22.6	20.2	10.3

资料来源：根据《中国民营经济发展报告》（社会科学文献出版社，2004）整理。

表 3.4 说明，随着民营经济上缴税收比重不断升高，到 2002 年年底已接近 37%；2002 年广义的民营经济的税收增长率为 14.8%，全社会税收平均增长率为 12.1%。民营企业中的个体、私营企业的税收增长率从 1995 年以来连续 8 年超过 50%。

三是民营经济在繁荣市场、消除长期短缺经济方面的贡献。1990—2002 年，民营经济中的个体、私营经济实现的社会消费品零售总额年均增长 25.6%，同期全社会的消费品零售总额的增长率为 14.2%。1999 年以来，民营经济中的个体私营经济完成的社会消费品零售总额已经基本占到全社会消费品零售总额的 50% 左右（见表 3.5）。

表 3.5 民营经济中个体、私营部分完成社会消费品零售总额及比重

年份	全社会 / 亿元	民营经济 / 亿元	占全社会的比重 / %	年份	全社会 / 亿元	民营经济 / 亿元	占全社会的比重 / %
1990	8 300	1 313	15.8	1997	27 299	9 929	36.4
1991	9 416	1 583	16.8	1998	29 153	12 839	44.0
1992	10 994	1 952	17.8	1999	31 135	16 206	52.1
1993	12 462	2 900	23.3	2000	34 153	17 162	50.3
1994	16 265	4 970	30.6	2001	37 595	17 744	47.2
1995	20 620	6 316	30.8	2002	40 499	20 152	49.3
1996	24 774	8 165	33.0				

资料来源：根据《中国民营经济发展报告》（社会科学文献出版社，2004）整理。

表 3.5 说明，改革开放以来，消费品市场的商品供应由短缺到充足，花色品种不断增加，新产品不断推出，极大地丰富了人们的物质生活，改革开放前的短缺经济特征逐渐被消除。民营经济在这一过程中贡献巨大。

（二）民营经济对促进社会经济发展的分析

1. 民营经济促进民间投资快速增长

从 1990 年到 2002 年，民间投资年平均增长 25%。2002 年不包含外资的民间投资达到 17 516 亿元，同比增长 22.4%，占全社会投资比重的 40.3%。而广义的民营经济（包含外商投资）占全社会投资的比重在 2002 年已经超过 40%。民间投资快速增长，占全社会投资总额的比重稳步增加，对推动国民经济快速增长起到了重要作用（见表 3.6）。

表 3.6　改革开放以来中国民间投资的发展情况

单位：%

年份	投资额/亿元	增长速度/%	占全社会投资的比重/%	年份	投资额/亿元	增长速度/%	占全社会投资的比重/%
1990	1 530.7	-4.5	33.9	1997	8 352.2	7.9	33.5
1991	1 880.7	22.9	13.6	1998	9 260.0	10.9	32.6
1992	2 581.4	37.3	31.9	1999	10 224.7	10.4	34.2
1993	4 033.0	56.2	30.9	2000	12 144.4	18.8	36.9
1994	5 218.0	29.4	30.6	2001	14 304.6	17.8	38.4
1995	6 499.0	24.6	32.5	2002	17 516.0	22.4	40.3
1996	7 740.0	19.1	33.7				

资料来源：根据《中国民营经济发展报告》（社会科学文献出版社，2004）整理。

表 3.6 说明，投资是推动国家经济增长、经济实力增加的重要方面。固定资产投资增长对国内生产总值增长的贡献率经常处于最重要的地位。全社会固定资产投资中，民间投资成为社会投资的重要来源，有力地带动了社会投资增长，对推动经济快速发展起到了重要作用。同时也应看到，民间投资的增长速度存在很大的波动，比如在 1990 年与 1997 年的民间投资增长率很低，主要原因是受同期宏观经济环境影响。民营经济作为高度市场化的经济成分，必然对宏观环境变化做出反应，表现为民间投资增长速度的波动。

2. 民营经济增加全社会的出口比重

全国工商联会员企业的营业收入总额在 1.2 亿元以上的 1 582 家企业中，拥有自营进出口权的企业有 1 024 家。以个体私营经济为例，2000 年以来，个体私营企业的平均出口增长速度超过 150%，2002 年个体私营企业出口总额达到 139 亿美元，同比增长 154.8%，2001 年全社会出口增幅为 22.3%（见表 3.7、表 3.8）。

表 3.7　民营经济与全社会的出口情况

单位：%

年份	全社会出口增长率	民营经济出口增长率	民营经济出口占全社会的比重
2000	—	—	53.3
2001	6.8	15.2	57.5
2002	22.3	32.6	62.3

资料来源：根据《中国民营经济发展报告》（社会科学文献出版社，2004）整理。

表 3.8　民营经济中的个体私营经济的出口情况

单位：%

年份	全社会出口增长 / 万元	民营经济出口增长率	民营经济出口占全社会的比重
2000	2 753 059	177.0	27.8
2001	5 462 690	98.4	0.75
2002	13 915 278	154.8	22.3

资料来源：根据《中国民营经济发展报告》（社会科学文献出版社，2004）整理。

表 3.7、表 3.8 说明，在国家建设指导方针外向型经济鼓舞下，以及受加入 WTO 的影响，2000 年以来民营经济的个体私营经济出口增长速度明显加快，出口总量占全社会出口的比重大幅度提高。

3. 民营经济对社会发展和稳定的回报

民营企业家通过社会公益事业、扶贫开发项目的光彩事业回报社会。另据 2003 年不完全统计，全国实施光彩项目 9 765 个，到位资金 523.73 亿元，带动脱贫人数 459.46 万人，安排就业 210.24 万人。其中，在就业的国有企业下岗职工中，有 70% 在个体私营企业里工作（见表 3.9）。

表 3.9 民营企业家光彩事业成果统计

投资类	截至 2002 年 6 月 30 日	截至 2001 年 6 月 30 日
实施项目数 / 个	7 377	5 744
参与企业家人数 / 人	10 994	8 846
到位资金总额 / 亿元	314.59	229.18
培训人员 / 万人	148.99	103.95
就业人数 / 万人	134.48	104.85
扶贫人数 / 万人	350.73	259.09
捐赠类		
捐赠项目数 / 个	6 359	—
参与企业家人数 / 人	6 478	—
各种捐赠总额 / 亿元	47.56	44.13

资料来源：根据《中国民营经济发展报告》（社会科学文献出版社，2004）整理。

表 3.9 表明，由民营企业家参与的扶贫开发项目——光彩事业，由最初的向贫困地区投资扩展到参与国企改造、安置下岗职工再就业、科技扶贫、教育扶贫、市场扶贫、三峡库区移民、西部大开发、扶危济困、基础建设等多个领域。光彩事业同时培养和造就了一批政治素质好、经济实力强、社会影响大、对人民有贡献的非公有制经济代表人士，树立了中国非公有制经济人士的新形象。

（三）民营经济自身发展的主要特点

1. 民营企业数量和资金总量保持快速增长态势

改革开放以来，民营企业无论从企业数量上还是资金总量上，都一直呈现快速增长的态势。1990—2002 年，私营企业（包括个人独资企业、合伙企业和私人有限责任公司及私人控股的股份有限公司）的从业户数增长了 25 倍，年平均增长 28%。同期，个体工商户的从业户数增长了 79%；民营经济中个体私营经济的注册资金年平均增长了 38%，达到 2.8 万亿元；外商直接投资从 1990 年的 35 亿美元增加到 2002 年的 527 亿美元，年均增长 25.4%（见表 3.10）。

表 3.10　民营经济企业数量和资金总量增长情况

单位：万户、亿、亿美元、%

年份	1990	1991	1992	1993	1994	1995	1996	1997	1998	1999	2000	2001	2002
民营经济中私营企业从业户数													
户数	10	11	14	24	43	65	82	96	120	151	176	203	244
增长	8.3	9.9	29.5	70.4	81.7	51.4	25.2	17.3	25.0	20.5	16.8	15.1	20.1
民营经济中个体工商户的从业户数													
户数	1 328	1 417	1 534	1 767	2 187	2 528	2 704	2 851	3 120	3 160	2 571	2 433	2 377
增长	6.5	6.7	8.3	15.2	23.8	15.6	7.0	5.4	9.4	1.3	-18.6	-5.4	-2.3
民营经济中个体私营经济注册资金、增长率及增长量													
资金	492	611	822	1 536	2 767	4 435	5 917	7 713	10 309	13 716	16 622	21 647	28 538
增长	14.2	24.2	34.5	86.9	80.1	60.3	33.4	30.4	33.66	33.05	21.19	30.23	31.83
增量	61	119	211	714	1 231	1 668	1 482	1 796	2 596	3 407	2 906	5 025	6 891
外商直接投资情况													
投资	35	44	110	275	338	375	417	453	455	403	407	460	527
增长		25.2	152	150	22.7	11.1	11.2	8.5	0.5	-11.3	1.0	15.1	12.5

资料来源：根据《中国民营经济发展报告》（社会科学文献出版社，2004）整理。

2. 民营企业生产规模持续扩大和提高

据统计，2002 年全国工商联上规模民营会员（下同）入围企业营业收入总额 1.2 亿元以上的有 1 582 家，其中第一位的已达 355 亿元。2002 年入围企业资产总额最高为 253.42 亿元，比 2001 年、2000 年、1999 年的最高总额分别高 64%、86%、180%；企业资产总额平均为 5.58 亿元，比上年的 3.64 亿元增长 53%，资产总额 5 亿元以上的企业 378 家，比 2001 年、2000 年、1999 年分别增加 120、228、268 家，平均每年增长近 90 家。入围企业人均销售收入 94.35 万元，人均创利 3.64 万元；入围企业总资产回报率为 7%，销售回报率 5%，净资产回报率 18%，资产负债率 55%，以上指标均好于全社会的平均情况（见表 3.11、表 3.12）。

表 3.11　私营企业中不同规模所占的比重

年份	50 人以下	50～499 人	500～4 999 人	5 000 人以上
1996	93.80%	5.4%	525 户	1 户
2001	90%	9%	3 775 户	17 户

资料来源：国家统计局。

表3.11表明,2001年民营私营企业中,50人以下的占90%,与1996年相比下降了3.8%;50～499人的占9%,与1996年相比提高了3.6%;规模在500～4 999人的企业有3 775户,是1996年的15倍;规模超过5 000人的有17户。

表3.12 私营企业中不同规模所占的比重

年份	户均资本金	100万元以下	100万元～1 000万元	1 000万元～1亿元	1亿元以上
1996	68万元	—	—	—	—
2001	106万元	82.4%	16.0%	1.5%	562户

资料来源:国家工商总局。

表3.12表明,2001年私营企业平均每户资本金106万元,比1996年增长38万元,增长55%。2001年,资本金在100万元以下的占82.4%;100万元～1 000万元的占16.0%;1 000万元～1亿元的占1.5%;1亿元以上的有562户。

3. 民营企业组织形式趋于多样化

随着民营经济组织形式的多样化,一是私营有限责任公司是其主要组织形式,包括:企业单位数、从业人数、实收资本、营业收入等四项指标的比重分别为45.8%、49.8、67.6%、64.3%;二是私营股份有限公司,其指标分别比重为2.9%、4.4%、5.4%、4.9%;三是独资企业的指标比重分别为43.1%、21.8%、21.8%、25.5%;四是私营合伙企业的指标比重为8.2%、8.7%、5.2%、5.3%(见表3.13)。

表3.13 2002年私营企业的组织形式四项指标

单位:%

企业组织形式	企业单位数	从业人数	实收资本	营业收入
有限责任公司	45.8	49.8	67.6	64.3
股份有限公司	2.9	4.4	5.4	4.9
独资企业	43.1	21.8	21.8	25.5
合伙企业	8.2	8.7	5.2	5.3

资料来源:国家工商总局。

除表3.13中2002年私营企业的组织形式四项指标外,随着私营有限责任公司和私营股份有限公司的增加,民营企业的内部治理组织建设也在进步。到2002年,33.9%的民营企业有股东大会,47.5%的企业有董事会,26.6%的企业有监事会。据全国工商联2002年对全国私营企业的调查,分别有8%的私营企业参与国有企业的兼并收购，同时有13.9%的私营企业准备参与国有企业的兼并收购。

4. 民营企业进入国民经济各个领域并发挥重要作用

民营经济企业不仅在国民经济第一、第二产业发挥重要作用，而且在第三产业中的咨询业等一些对人力资本要求较高的行业中，已有民营企业进入（见表3.14）。

表3.14　民营企业在一、二、三产业就业人数的行业分布

	2001年		2000年		1999年	
	就业人数/万人	比重/%	就业人数/万人	比重/%	就业人数/万人	比重/%
总计	7 474	—	7 477	—	8 272	—
农林牧副渔	246	3.3	339	4.5	416	5.0
种植业	108	1.5	156	2.1	190	2.3
畜牧养殖业	73	1.0	103	1.4	120	1.5
捕捞业	7	0.1	8	0.1	13	0.2
农林牧渔服务业	7	0.1	11	0.1	13	0.2
采掘业	215	2.9	69	0.9	79	1.0
制造业	1 975	26.4	1 933	25.9	1 932	23.4
印刷业	35	0.5	34	0.5	30	0.4
建筑业	167	2.2	145	1.0	129	1.6
交通运输仓储业	417	5.6	446	6.0	565	6.8
交通运输业	337	4.5	360	4.8	455	5.5
批发零售贸易餐饮业	3 617	48.4	3 622	48.4	4 162	50.3
批发零售贸易业	2 572	34.4	2 592	34.7	2 980	36.0
社会服务业	809	10.8	776	10.4	854	10.3
理发及美容化妆业	144	1.9	142	1.9	160	1.9
沐浴业	17	0.2	17	0.2	15	0.2
日用品修理业	131	1.8	144	1.9	189	2.3
旅馆业	42	0.6	44	0.6	50	0.6
娱乐服务业	56	0.7	59	0.8	76	0.9
信息咨询服务业	54	0.7	42	0.6	28	0.3
计算机应用服务业	47	0.6	30	0.4	20	0.2
其他行业	175	2.3	147	2.0	126	1.5

资料来源：国家工商总局。

表3.14表明，2001年民营经济在进入国民经济的农、林、牧、副、渔部门，以及采掘、制造、建筑、批发和零售等18个行业过程中，就业人数比重较大的行业是：制造业（占26.4%）、批发零售贸易餐饮业（占48.4%）、社会服务业（占10.8%）。说

明在行业分布上，民营企业在保持原有优势的同时，通过提高企业组织能力、战略能力、技术水平等，表现出越来越强劲的市场竞争力。

（四）民营经济对地区经济社会改革发挥的重要作用分析

1. 推动地区经济社会发展作出的贡献

一是民营经济成为地区经济发展的主体力量。实践表明，民营经济越发达的地区，经济增长越快。如2002年（下同），私营企业超过20万户的有江苏、广东、浙江、上海、北京、山东等6省市，6省市当年地区生产总值占全国比重为42.7%，私营企业数占全国比重近60%。

二是民营经济成为地区财政收入的主要来源。2002年，东部经济发达的浙江省，民营经济企业入库税收占地方税收比重为60.2%。同期，在西部欠发达地区的县域经济中，民营经济企业上缴的税收占县级财政的比重一般为50%左右。

三是民营经济在推动地区经济社会发展中，不仅具有灵活的经营机制，按照市场经济方式参与市场经济活动起到了示范效应，而且为促进地区经济社会发展发挥了作用，成为经济体制改革的重要力量。

2. 成为促进地区市场化改革的重要力量

一是民营经济按照市场方式参与经济活动，为地区市场经济的发展起到了示范作用。同时，促进了劳动力资源的合理流动，对地区加速户籍改革，促进生产要素流动起到了催化作用。

二是民营经济创造的增加值占地区生产总值的比重，以及在全社会固定资产投资所占比重、在城镇从业所占比重、创造的税收占全社会税收的比重、进出口总额的比重等，都成为衡量地区市场化改革程度的关键指标。

三是随着地区民营企业做大做强，不仅初步探索和建立了现代企业制度，而且积极参与国有企业改组改造，促进了地区企业文化的建设。

四是地区民营科技企业通过与高等院校、科研院所建立合作关系，为企业科技创新提供有力的支撑，开拓和引领了地区民营经济产业发展的新方向。

3. 民营科技企业发展成为科技进步中的新亮点

根据科技部的有关统计，到2001年12月底，民营科技企业总数为100 950家，比2000年增加17.25%。其中，2001年民营科技企业资产总额达到24 813.48亿元，比2000年增长24.91%；全年总收入达到18 471.39亿元，比2000年增长26.18%；上缴国家税金1 015.5亿元，比2000年增长30.2%；出口创汇319.8亿元，比 2000 年增长 23.01%。2001 年长期职工总数达到 644.23 万人，比 2000 年增长 15.23%，其中，科学家和工程师 101.55 万人，占职工总数的 15.76%。2001 年民营科技企业全年技术性收入 881.18 亿元，比 2000 年增长 9.65%。

4. 一批国有中小企业通过改制为民营企业

从战略上调整国有经济布局和结构，是经济体制改革的一项重要内容，也是深化国有企业改革的一项重大措施。统计资料表明，1997 年以来，全国各地通过改组、联合、兼并、租赁、承包经营、股份合作、出售等多种形式，加大了国有中小企业改革的力度，改制面达 85% 左右。国有小企业通过股份制、股份合作制等吸引外资和民营资本，实现了产权多元化。其中，县一级国有小企业的 80% 左右、市（地）一级国有小企业的 60% 左右通过出售的形式转为民营经济。实践证明，民营企业参与国有企业改组改造，符合市场经济体制改革的要求和发展方向；既有助于发展混合所有制经济，为民营经济的发展拓展了新的空间，而且通过一批国有中小企业通过改革转制为民营企业，成为地区公有制经济和非公有制经济在企业现代化进程中的一个重要形式。

5. 民营经济的发展有助于缩小贫富差距实现共同富裕

由于我国民营经济不具备地区产业发展的垄断性，所以民营经济的发展，不仅缩小了地区差距和城乡差距，而且有助于缩小贫富差距实现共同富裕。主要表现在解决社会就业上，随着贫富差距的有效控制和加强，有助于缩小贫富差距实现共同富裕。据统计，1990—2002 年，我国全社会就业总量增加了 9 000 万人，同期，仅二、三产业的民营经济增加的就业数量约为 1.5 亿人。也就是说，民营经济不仅创造了百分之百的社会新增就业，而且弥补上了国有经济和原来集体经济的 6 000 万就业缺口。众多民营经济从业人员在为社会创造价值的同时，也提高了自己的收入水平。因此，民营经济发展的同时，也为缩小贫富差距，实现共同富裕作出了自己的贡献。

6. 民营经济上市公司实现了企业质的飞跃

十六大提出放开国内民间资本的市场准入领域，特别提到融资上的市场准入问题，这对于彻底消除民营企业上市障碍至关重要。在直接融资方面，允许民间资本进入资本市场，主要表现在主板市场的上市公司层面上，一方面支持和鼓励更多的民营企业通过改制上市；另一方面，支持国有控股上市公司的国有股向民营企业的转让，通过民营资本的进入，实现国有控股上市公司的股权结构合理化、投资主体多元化，进一步完善上市公司的法人治理结构，实现企业质的飞跃。

到 2002 年 10 月底，我国境内证券市场共 194 家民营企业入主上市公司并成为第一大股东，占同期我国境内上市公司总数的 16%。从民营经济上市的发展阶段来看，1992—1996 年为民营企业上市的起步阶段。第一家民营企业 ST 深华源（股票代码：000014）进入证券市场，揭开了民营企业上市的序幕。1997—1999 年为民营企业上市的发展阶段。1998 年 3 月，私有民营企业新希望（股票代码：000876）完成股份制改造上市，标志着民营企业进入证券市场有了实质性突破。2000 年以后民营企业上市进入了快速增长阶段。2001 年 1 月 18 日，天通股份（股票代码：600330）由自然人控股上市，成为民营企业上市的里程碑。在起步阶段，间接上市是民营企业上市的主流方式，未发生买壳上市的间接方式。自 1998 年以后，买壳上市公司数量与直接上市公司数量之比达到了新高。2002 年 10 月沪、深两市 194 家民营上市公司中，直接上市的民营公司 67 家，占整个民营上市公司总数量的 34.54%，买壳上市的民营上市公司有 127 家，所占比例达到 65.46%，间接上市成为民营企业上市的主流方式。此外，民营企业在海外上市方兴未艾，到 2002 年全国民营企业在海外上市是企业共有 75 家。

总之，民营企业通过实施募集资金，通过技术改造、产业升级，促进企业业绩大幅增长，经济规模迅速扩大，运作日渐规范，普遍建立和完善了法人治理结构，逐步形成了企业核心竞争力，逐步实现了民营企业在发展过程中质的飞跃。

四、我国民营经济发展中的机遇与挑战

（一）民营经济发展中的机遇

进入 21 世纪，全球经济一体化进程不断加快。世界各国都在集中力量发展本国经济，实行不同程度的经济改革和对外开放，通过加强与其他国家的多种形式的经济合作，各国间的经济交流日益密切，逐渐形成了相互依存、相互融合的有机体。随着我国经济结构调整不断地深入发展，在西部大开发和我国加入了世界贸易组织（World Trade Organization,WTO）的视野下，民营经济面临一个新的环境和前所未有的发展机遇。

1. 西部大开发战略提供的机遇

实施西部地区大开发战略，加快中西部地区的发展，是党中央贯彻邓小平关于我国现代化建设“两个大局”战略思想，面向新世纪作出的重大决策。1999 年

11 月，中央经济工作会议正式提出开发西部地区发展战略，并决定成立国务院西部地区开发领导小组。2000 年 1 月 19 日—22 日，国务院西部地区开发领导小组召开西部地区开发会议。会议提出：实施西部大开发是一项规模宏大的系统工程，也是一项艰巨的历史任务。实践表明，西部大开发为全国经济结构调整和产业优化升级提供了历史性的机遇。西部地区通过多种形式的经济技术合作，充分利用东中部地区的科技、人才和资金优势，对西部的石油、天然气、水利等资源进行开发和利用，提高产品附加值。东部和中部地区抓住西部大开发战略的机遇，向西部地区转移部分产业、输出产品、寻找市场，通过优势互补，合理分工，有利于优化地区经济结构，改善生产力布局，提升产业层次，使经济发展迈上新台阶。

按照西部大开发总体规划的三个阶段，从 2001 年到 2010 年是奠定基础阶段；从 2010 年到 2030 年是加速发展阶段；从 2031 年到 2050 年是全面推进现代化阶段。总体规划是一个长期的战略实施过程，现在正处在西部大开发的第二个 10 年，大开发的一个重要战略内容是西部地区承接东部产业转移，无疑对包括民营经济在内的西部企业提供了发展机遇。一是西部省（市、区）的党委和政府，通过营造良好的软环境，转变干部作风，切实履行承诺，做好承接东部产业转移。包括：完善基础设施，构建便捷低成本的物流系统，进一步降低物流成本。二是西部在承接产业转移时，通过发挥后发优势引进新产业、新设备、新工艺，积极发展西部优势的新材料、新能源等产业，实现产业升级，形成企业自我积累和良性循环的机制和能力。三是积极推进东部地区与西部地区人才合作，科技成果转让，构建产业技术和产品开发基地，加强和学习东部地区企业先进管理经验，加快西部经济发展方式转变。四是立足比较优势，合理确定产业承接发展重点，培育龙头企业，因地制宜地发展优势特色产业，成为区域经济发展的主导力量。五是大力实施品牌带动战略，推进产业结构调整、产品技术改造，发挥自身优势，充分整合资源，发展出一批在全国甚至世界上的知名企业，提升西部名优品牌的知名度。六是西部大开发不仅为西部也为东部的民营企业的发展，创造了更为广阔的市场机会，虽然东部地区的民营企业在人才、资金、技术、管理等方面拥有优势，但其发展受到了土地、能源、原材料、劳动力、市场的制约，需要拓展新的市场和发展空间。西部地区对来自东部和中部的投资实施了一系列的优惠政策，也为东部和中部企业的进入提供了发展机遇。

2. 中国加入世界贸易组织（WTO）带来的机遇

2001 年 12 月 11 日，中国正式加入世界贸易组织，我国产业结构及产业发展将受到国外产业调整与转移的影响，国际化的程度将不断加深，产业结构将成为一个开放结构，实现产业结构的高加工度化和高技术化。产业结构在调整和升级中，劳动密集型产业和企业将会有更大的发展，技术、资本密集型产业将会受到更大的竞争压力，转向全面提高企业素质和国际竞争力方面上来。通过加大对传统产业技术改造的力度，推进传统产业技术升级和产品更新换代，以及大力发展高新技术产业，带来整个企业产业结构的优化升级，提高产品的市场竞争力的机遇。

一是按照市场经济规律，建立产权明晰、权责明确、政企分开、管理科学的现代企业制度。通过转换企业经营机制，把企业推向市场，在市场竞争中增强活力，提高素质，这是深化企业改革的客观要求和重要内容。二是有利于吸收和学习国外企业组织形式的有益经验。在入世的大环境下，我国不同形式的企业能够在与国外企业进行市场竞争的同时，可以学习国外企业生产经营管理经验，引进先进的技术，探索适合自身发展的企业组织形式，改变传统的由国家作为投资主体的企业组织模式。三是加入世贸组织对外资逐步实行国民待遇，将有力地吸引各国的投资者到中国来投资，2000—2005 年，我国吸引 1 000 亿美元左右的外国投资。四是加入世贸组织后，随着中国服务业扩大对外资的开放，将为外商来华投资提供新的更加广阔的空间。同时，我国政府已经制定了多项促进西部开发的政策，其中把吸引外资作为西部开发政策的重要内容之一，鼓励外资开发中西部地区矿产资源等，这些政策的出台，无疑有利于中西部地区在获得更多的外商直接投资上带来发展的机遇。

3. 21世纪我国经济结构调整战略带来的机遇

21 世纪以来，我国对 1961—1965 年、1979—1984 年、1988—1991 年、1997 年以来的各个发展时期的经济结构调整进行反思和总结后，在经济全球化和新技术革命浪潮推动下，对经济全局和长远发展进行了具有重大影响的战略性调整。按照“十五”计划纲要提出的，“坚持把结构调整作为主线”。“以经济效益为中心，以提高国民经济的整体素质和国际竞争力、实现可持续发展作为目标，积极主动，全方位地对经济结构进行战略性调整”，对包括民营经济在内的企业带来经济结构调整发展机遇。

一是通过产业结构升级、技术升级和提高国际竞争力的调整，使我国在较长的时期（如 10 年以上），保持较高的经济发展速度的机遇。第一，通过大力发展高新技术产业，缩短与发达国家在一些重要领域的技术差距；用高新技术改造传统产业，形成企业和市场的技术创新与应用机制；充分发挥我国产业的比较优势，从整体上提高我国经济的国际竞争力。第二，在经济结构调整中，加快体制转换和制度建设，建立起对经济结构调整的新机制。由于我国传统经济结构在很大程度上，在经济转轨中出现的深层次矛盾和问题。因此，在社会主义市场经济体制下，企业已成为资源配置的主体，产业经济结构调整由政府转向企业，依托市场力量进行调整。第三，在加快全国和地区产业结构升级中，应大力引导和鼓励民营经济增加对国民经济重点产业的投资，拓宽产业经济发展空间，利用好产业结构升级为民营经济发展提供的机遇。

二是拓宽经济发展领域给民营经济带来的机遇。基础设施建设是国民经济发展的先行部门，对于经济欠发达地区在财力不富裕的情况下，应拓宽经济发展领域给民营经济带来的机遇。一方面，在水电丰沛的地区建设小型水力发电站；鼓励私有经济承包修建高等级的对内对外通道，在农村和山区架设供电线路以及电话通信线路；通过加大信贷、税收等方面的优惠力度，鼓励个体、私有经济成分治理“四荒”（荒山、荒滩、荒水、荒涂）。另一方面，鼓励私有经济投资高科技产业。开拓科研经费筹资的渠道，广泛利用民间资金，以“投资入股”的方式向社会募集科研开发资金，提高地区科研项目的经济价值和开发成功率。此外，积极鼓励私人创办各级学校，以及私立学校兼并公立学校，通过调动各方面的资源满足社会公众对教育的渴望和需求。同时，支持私人承包、兴办文艺团体，私营经济进入环保及体育产业领域等。充分发挥民营经济在搞活流通、丰富市场，方便人民生活的重要作用和发展机遇。

三是建立“统一、开发、竞争、有序”的大市场提供的机遇。在新世纪全国经济结构调整战略的视野下，促进我国统一的市场体系的建立和完善，建立统一、开放、竞争、有序的大市场，将给民营经济带来难得的发展机遇。第一，统一是指我国的市场是全国统一的社会主义大市场。从市场调节机制来看，要求由市场为主决定价格的机制，所以绝大多数商品、生产要素价格放开。统一性是一切现代市场经济的最根本要求。没有统一的大市场，就没有生产要素的自由流动，也就无法实现资源配置的合理化和企业生产效率的提高。第二，开放是指我国的市场不仅对内开放，而且要对外开放，即要全方位的对外开放。在现代市场经济条件下，商品要进入市场，而且资金、技术、信息和劳动力等生产要素也要进入市场，从而形成完备的市场体系。市场不仅要向所有的商品生产者、经营者和消费者开放，而且要向不同的所有制企业开放，把国内统一的市场和国际市场融合成一体。第三，竞争是指进入市场体系的买方和卖方之间为了争夺有利的生产和销售条件，围绕产品价格和质量而进行较量。在市场经济条件下，只有形成一个平等竞争的市场环境，才能使企业生产要素合理流动，从而实现市场供应的均衡和资源的最优配置。第四，有序是指构成市场体系运行的各阶级活动主体在市场中行为的标准化、规范化和合理化。只有遵循市场交易和市场管理规则，必须遵循公平、透明、稳定的市场规范准则，才能使民营经济的市场商品的生产者、经营者和消费者的市场行为有章可循、有法可依。

四是按照建立统一、开放、竞争、有序的大市场的目标，对企业实行平等待遇，对外资企业开放的领域同样要对内资企业、民营企业开放，允许外资进入的领域也将允许民营企业进入。随着企业间国际交往的频繁，外商的大量进入，为国内民营经济与外资企业合作提供了更多的机会，这将有利于进一步改善民营企业的投资环境和技术创新环境，有利于吸引外资和引进国外先进生产技术。加入世贸组织后，世界经济分工的日益专业化，将为民营企业提供了更广阔的发展空间。特别有利于民营经济具有比较优势的劳动密集型产品的出口，对拥有大量熟练劳动力的民营企业就有机会更好地发挥自身优势，进而为企业的长远发展打下牢固的基础。同时，按照世贸组织促进公平竞争与贸易原则，民营经济可以利用贸易和投资自由化的规定，为扩大产品出口创造长期稳定的环境和条件。随着对国内外企业国民待遇原则的实施，国内民营企业进入国际市场以及参与进出口贸易的体制障碍和政策壁垒将大大减少，进一步为民营企业外向型经营与发展提供了新的机遇。

五是金融体制改革和金融制度创新提供的机遇。为进一步深化金融体制改革，防范和化解金融风险，党的十六大报告中提出要“稳步推进利率市场化改革，优化金融资源配置，加强金融监管，防范和化解金融风险，使金融更好地为经济社会发展服务”，为全国金融体制改革指明了方向。1997 年亚洲金融危机爆发前后，我国民营私营经济已成为支撑和推动中国经济增长的主要因素，但与之不相称的是，金融部门对私营经济的金融支持却非常有限。所以，实施金融体制改革和金融制度创新，为民营经济发展提供了新的机遇。随着经济体制改革的深入，过去银行信贷中歧视民营经济“贷公不贷私，优先贷国企”的做法逐步得到纠正，通过加大实施对民营经济，特别是对私营企业及个体劳动者的贷款业务，民营企业上市融资的步伐逐步加快。到 2002 年 10 月底，我国境内证券市场共 194 家民营企业入主上市公司并成为第一大股东，占同期我国境内上市公司总数的 16%。金融体制改革和金融制度创新，不仅缓解了民营经济发展中的资金“瓶颈”，而且激活和强化了造血功能，促进了民营经济从以自我积累为主，向自我积累和外部融资相结合的方向转变，为进一步加快和推动民营经济的发展提供了机遇。

（二）民营经济发展中的严峻挑战

进入21世纪，全球经济一体化进程不断加快，我国经济进一步融入世界经济大循环，对我国的社会经济生活将产生持久而深远的影响。随着我国加快经济改革和对外开放的步伐不断加快，经济结构调整不断深入发展，西部民营经济面临一个新发展的环境，为民营经济提供了前所未有的大好机遇。虽然民营企业对国民经济和社会发展发挥了重要作用，但在其发展过程中还存在着诸多问题，尤其是在西部大开发和我国加入了世界贸易组织的背景下，对民营经济也带来了一些值得认真研究和重视的严峻挑战。

1. 挑战之一——西部大开发中面对的挑战

从客观环境和发展条件看，西部地处偏远内陆、交通通信落后、市场信息匮乏，不仅阻隔了西部经济与东部大市场乃至国际市场的联系与交流，而且闭塞了西部企业和民营企业经营管理者的视野和思维。西部地区面对的挑战，一是要解决西部区位瓶颈制约的问题。通过密切联系和信息交流，加强西部民营企业与东部先进企业的合作，开发西部丰富的旅游及矿产资源，开拓国内外市场空间，利用高新科技手段，整合各种优势资源和加速发展，这是西部赢得后发优势的必然选择。二是长期以来在计划经济条件下，西部的经济建设依靠政府的指令性进行，不仅经济效益和社会效益差，而且西部企业和民营企业缺乏市场竞争精神和创业精神。所以，在西部大开发进程中，政府作为决策者但并非最主要的参与者。只有当众多的民众和企业成为西部大开发的最主要的参与者和市场主体，西部的经济建设才可能得到显著发展。三是在增加西部地区投资的问题上，应选择通过优惠政策和改善投资环境，广泛吸引国内外投资者、民间资本和民营经济企业，而不是依靠大量的政府直接投资。对于涉及基础设施建设，可以通过市场机制作用得到解决，政府给出合理的政策远比给提供更多的资金更重要。四是大力发展大数据产业，拓展现代特色产业体系。对于民营经济发展而言，为做好迎接挑战的各项准备，加快电子商务发展，大力发展物流网络建设，在西部大开发中加快民营经济融入国际化的经济发展体系中去。同时，在依托地区产业优势的基础上，开发企业优势特色产品和服务，改变传统产业的滞后销售方式，培育企业发展新动力，通过与国际大市场接轨，实现企业的跨越式发展，为西部大开发和地区经济社会发展作出新贡献。

2. 挑战之二——加入世界贸易中严峻的挑战

加入世界贸易组织后，我国由目前有限范围和有限领域内的开放，转变为全方位的开放；由政策主导下的开放，转变为法律框架下的开放；由单方面的自我开放，转变为与世界贸易组织成员之间的相互开放。我国对外开放将进入一个新的发展阶段，在带来发展机遇的同时，也带来严峻的挑战。一是入世后由于贸易壁垒的减少和国民待遇的实施，随着国外商品和服务进入国内市场，国内商品市场和服务市场将出现更加激烈的竞争，西部的民营企业等国内企业将面临更加剧烈的竞争和挑战。二是入世后我国将对外商投资企业逐步实行国民待遇，包括对民营企业在内的国内企业以往所获得的一定程度的产业保护消失，尤其是民营经济中的个体和私人经济，增加了生产经营风险和困难。不仅面对国外强劲的市场竞争对手挑战，还受到跨国公司资金、技术、人才等多方面的冲击。三是从国内市场变化来看，在激烈的市场竞争中，对于民营企业从事生产的中小企业，相对处于劣势的地位，由于产品生产成本高、技术水平低和管理落后，企业将面临更加严峻的挑战，甚至出现严重亏损不得不关门停产，或者最后被优势企业兼并。所以，随着在国内外经济环境变化出现的新形势和新问题面前，客观上要求民营经济企业在严酷的市场竞争中接受考验和挑战。四是民营企业融资难一直是困扰民营企业发展的挑战问题。民营经济的企业在创业之初，依靠的自筹资金主要由业主、创业团队成员及其家庭提供。在创业之中和扩大再生产，企业扩大生产的资金投入由内部的渠道来解决，包括企业股票和上市筹资，其比重约占生产及管理所需资金的一半。企业的间接融资作用有限。在金融机构风险意识日益强化之下，各专业银行服务对象主要是国有大中型企业，民营经济企业仍主要属于信用社的服务对象，但企业发展资金的需求量已超过信用社发放贷款的能力。由于民营企业存在管理水平低，财务报表缺乏真实，缺少可代抵押的不动产，加上信用度和公众形象欠佳等缺陷，国有银行对民营企业的贷款存在抵押担保难、跟踪监督难和债权维护难等问题。加上整个金融组织结构中缺少面向中小企业的大量民营商业化银行，以及为中小企业服务的信用中介服务体系发展滞后，这就造成民营经济很难得到金融机构的信贷支持。

3. 挑战之三——企业外部环境的制约和企业内部的影响带来的挑战

长期以来，由于受传统计划经济与传统价值观念的深刻影响，人们对民营经济的发展存在较多的担忧和争论，如：私营经济的发展和壮大，会不会削弱社会主义的经济基础，违背社会主义的原则和发展方向；私营经济的发展和人们收入差距的拉大，会不会导致社会分配不公、出现两极分化，私营经济的发展，会不会动摇和影响工人阶级的国家主人翁的地位等。由于这些偏见和歧视成为长期影响民营经济发展的现实障碍，一些地区和部门，对国有经济和民营经济在产业准入、财税信贷、招聘人才、引进技术、申报项目、员工培训、职称评定、产品定级、兼并企业、出国政审等方面不重视，不一视同仁对待，严重地使民营企业合法权益受到侵犯，阻碍了民营经济的发展。实践表明，外部环境的障碍，是对民营经济发展的重要制约原因。所以，只有认真学习、贯彻党的十六大关于对非公有制经济既鼓励、支持、引导，又依法监督、管理，促进非公有制经济健康发展的精神，消除外部环境障碍对民营经济和企业发展的制约，才能进一步促进民营经济的发展。

我国民营企业的形成，主要是个体户的家族式企业，朋友、同事的合伙企业，以及国营或集体企业通过买断转型的企业等。民营企业从总体上看，虽然有其市场化程度高、经营灵活、社会负担轻等优势，但企业采用家长式管理模式不可避免地存在一些问题。如：企业的行为短期化，投资愿望严重弱化；管理上的随意性往往易导致企业经营决策失误；企业任人唯亲的用人方式，使优秀人才难以真正融入企业。所以，造成企业生命周期过短、决策盲目和风险经营、设备科技含量低，技术改造的相对滞后，导致企业发展后劲不足。当务之急，要通过建立现代企业管理模式，减少家族式管理模式的影响；要充分认识民营企业发展面临的挑战，解放思想，树立与民营企业发展趋势相适应的新观念，实现政府管理体制由管制向监控的真正转变；要健全法律制度，为民营企业发展保驾护航；要以提高人的素质为突破口，全面提升企业素质；要依靠科技进步，调整和优化产业结构；要继续发挥政府在发展民营企业中的作用，营造有利于民营企业快速健康发展的良好环境。

4. 挑战之四——企业管理者应该考虑的问题

如何适应西部大开发和加入世界贸易中严峻的挑战，是包括民营经济企业在内的每个管理者和技术人员最应该考虑的问题。第一，迎接挑战要有心理长期准备。因为严峻的挑战所带来的竞争压力超出很多人的预计，所以，企业的每一个管理者、就业者和专业技术人员，应保持自信心、进取心和事业心，这是每个企业人员应有的素质。第二，要实现意识和观念的更新和转变。学习和所掌握的知识和技术是不是最先进的、最符合市场需要的、最能创造经济和社会价值的，这些都尤为重要。第三，了解市场经济条件下企业管理的基本原理和方法。包括加强法律意识，懂得运用法律来维护企业的权益和尊重他人权利的重要性，任何违法行为最终得到的只能是法律的制裁。第四，创新是经济社会发展的原动力。在激烈的市场竞争中，企业能否占有一席之地，创新能力将起到举足轻重的作用。对企业的管理者和技术人员来说，创新有着比普通人员更突出的重要性。只有具有综合素质的人才才能受到企业和社会的欢迎和称赞。第五，培养和提高企业管理者和技术人员的综合素质。包括要有较高的外语水平，掌握和应用计算机和网络技术，并善于适应和掌握国际规范和惯例，才能适应市场经济严峻的挑战，更好地为本企业和本地区的经济社会服务。

五、我国民营经济的发展模式

在我国的经济发展过程的不同时期和不同地区，出现了各具特色的民营经济发展模式，其中最典型的是：苏南模式、温州模式、珠江模式、中关村模式。

（一）苏南模式

"苏南模式"是著名社会学家费孝通先生在1983年所写的《小城镇·再探索》中提出来的。主要是指江苏省长江以南的苏州、无锡和常州等苏南地区，通过发展乡镇企业，实现非农化发展的方式。在我国民营经济发展模式中，苏南模式形成时间最早，其雏形产生于20世纪80年代。

1. 传统的苏南模式

苏南位于太湖之滨、长江三角洲中部，紧靠中国最大的经济中心上海和发达的大中工业城市苏州、无锡、常州等。由于交通便利，经济辐射强，区位优势明显，为苏南农村发展非农产业，特别是为乡镇工业创造了良好的条件。因此，乡镇企业首先能在苏南地区异军突起，绝非偶然。传统的苏南模式发轫于工业化初期，其主要特征是以集体经济为主，市场主体是乡镇政府主导乡镇企业。在当时实行集体经济模式，有诸多的有利条件，不仅乡镇企业创立快、上规模和横向联合，而且便于协调地区的工业与农业。加上由政府出面，有效地动员各种社会资源，跨越了资本的原始积累阶段，实现了乡镇企业的异军突起。

据统计，江苏省1980年乡镇工业产值突破100亿元；1984年乡镇企业总数达25.5万个，从业人员697.67万人，总产值达278.97亿元，其中乡村工业产值226.24亿元，占全省工业总产值的33%，在全省工业经济中实现了"三分天下有其一”；1989 年，乡镇企业实现总产值 1 078.41 亿元，在全国率先突破千亿元大关。同年，乡镇企业外贸出口交货额超过 50 亿元，成为享誉全国的外向型经济的生力军。1992 年、1993 年，江苏乡镇企业连续跨过了 3 000 亿元和 4 000 亿元的大台阶。1998 年，江苏乡镇工业实现总产值 8 449.48 亿元，与 1978 年相比，年均递增 27.72%。苏南模式在 20 世纪 80 年代最为典型、最为兴盛，但 90 年代随着外部环境的变化，乡镇企业原有的优势逐渐衰减，特别是“三资企业”的进入对乡镇企业构成了强有力的竞争，加上乡镇企业内部“模糊产权”的弊端日益显露，改制成为当务之急。90 年代中期开始，乡镇企业相继进行了“改制”，即地方政府向乡镇企业经理提供的激励契约，由最初的固定工资制过渡到利润分成制，最后又向定额上缴制转变。改制通过明晰集体所有制企业的产权，初步建立了现代企业制度。随着地方政府对乡镇企业的支配权从企业撤出，传统的苏南模式终结，新苏南模式诞生。

2. 新苏南模式

苏南模式的新发展和新变化，进一步改变了苏南地区的经济环境，也大大丰富了苏南模式的内涵。一是外向型经济成为新的亮点。20 世纪 80 年代后期，苏南乡镇企业以沿海开放战略为契机，以招商引资为突破口发展外向型经济，乡镇企业实现了第二次异军突起。2002 年，苏州市实际利用外资总量就占全国的近 8%，有近 100 家世界 500 强企业落户苏南。据统计，外资企业对苏州出口贡献率达 80% 以上，工业产值贡献率 50%，工业增量贡献率 75%，财政收入贡献率 55%，城镇从业人员贡献率 40%。昆山一个县级市批准的外资企业 2 000 家，合同利用外资 84 亿美元，到位外资超过 38 亿美元，其中总投资上亿美元的项目有 9 个。二是乡镇企业向城市集中。以 5 个国家级开发区（苏州园区、苏州新区、昆山开发区、张家港保税区、无锡高新区）和 1 个省级开发区（吴江开发区）为代表的园区经济，构成了苏南经济发展新的增长点，使苏南乡镇企业由最初落户在小城镇逐渐向开发区集中，带动了地区工业化和城市化发展。仅昆山开发区就有台资企业 1 200 多家，投资超过 100 亿美元，其中有 30 家是台湾的上市公司。随着苏南乡镇企业从规模、技术装备到产品品质的扩大和提高，对周边地区乡镇企业产生了集聚效应和扩散效应，开始向苏南地区集中，不仅促进了开发区的建设，从而推动苏南地区社会经济的跨越式发展。三是民营经济企业比重超过国有企业比重。据统计，2003 年，苏南地区国有企业、外资企业、乡镇企业和民营经济中的个体和私营企业，在地区国民经济中的比重分别为 15%、35%、30%和 20%。民营经济企业比重超过国有企业比重 5 个百分点。同期，据江苏省统计，全省个私经济投资比上年增长

49.9%，比全社会固定资产投资增长高出 39.6 个百分点。此外，以苏南地区的常熟市的民营经济为例，打造了享誉全国的 5 个中国名牌、2 个中国驰名商标和全省的 34 个优质名牌产品，扩大了民营经济企业在全国和全省的知名度和影响力。

（二）温州模式

"温州模式"最早是由一位名叫桑晋泉的记者在 1985 年 5 月的《解放日报》上提出来的，是指以民营经济的个体、私营经济为主体，以家庭工业为起点的发展非农产业的模式。其特点是以民营经济企业为主体，家庭工业为基础，生产小商品为主，市场产品供销员为骨干，以农村集镇为依托，以专业化市场为纽带的老百姓经济。十五大以后，温州模式正式出现在政府的文件中，温州模式的民营经济发展亮点逐渐扩大影响。

1. 传统的温州模式

温州位于浙江省南部山区，东濒东海，与台湾海峡相邻，是全省南部的经济、文化、交通中心。改革开放前，由于南部山区交通不便，远离城市和市场，经济发展存在巨大障碍。同时，农村土地缺乏，人均耕地面积仅 0.53 亩（约 353 平方米），还存在着大量的隐性失业人员。但温州有着从事家庭手工业的历史传统和优势，改革开放后，逐渐形成了以家庭手工业和专业市场相结合，发展非农产业的经济模式，即温州模式。传统的温州模式可以概括为三个阶段和两种方式。三个阶段为：改革开放初期，大批农村剩余劳力寻找出路，这个阶段以家庭手工业为主要经济组织形式；20 世纪 80 年代中期，出现股份合作制企业；1992 年以后，进入建立现代企业制度阶段。两种方式为："离土不离乡"和"离土不离家"。而"千军万马走出去"和遍布全国的以温州人为先驱和主体的"浙江村"，体现了传统的温州模式特色。从家庭手工业到股份合作经济，也就是从 1978 年到 1992 年的 14 年为温州的"第一次创业"时期，是温州经济的原始积累期，也是温州历史上经济发展最快、最具活力的时期，表现为"传统温州模式"。

但"传统温州模式"也有诸多的弊端，如：企业组织结构散、经济规模小、产品技术含量低等，以及人们对温州模式的种种负面看法，如：假冒骗、偷漏税、脏乱差等，导致温州的商品一度成为假冒伪劣商品的代名词。随着市场经济的发展，温州人也渐渐看到自身的不足，认识到遵守市场规则、维护市场秩序的重要性，逐渐转向注重产品品质和市场信誉。在新的市场经济环境下，传统温州模式的局限性凸显无疑：分散经营的民营中小企业难以通过重组、兼并、股份制改造等形式迅速发展壮大；以血缘、亲缘为基础的家族管理制度逐渐表现出对现代企业的不适应性；以仿制为主的传统劳动密集型产品优势已逐渐丧失。因此，传统温州模式面临着变革和更新。

2. 新温州模式

在邓小平南方谈话和党的十四大精神鼓舞下，温州民营企业发展进入了“第二次创业”时期，即建立现代企业制度的阶段。第二次创业使温州模式发生了质的变化，经济发展出现了新的飞跃。据统计，1979—2000 年温州地区生产总值年均递增 15%以上，2000 年民营经济在全市地区生产总值中占 85%左右，在工商业中占 95%左右，税收占全市税收收入的 70%左右。温州通过开始建立现代企业制度的努力，一批集团型、科技型、外向型的股份有限公司、有限责任公司，成为民营企业的领头羊。虽然股份合作制仍是温州民营企业最普遍的组织形式，但其数量开始减少，而规范的股份制企业正方兴未艾。到 1997 年 7 月，温州全市股份合作企业减少为 31 748 家，而有限责任公司发展到 10 446 家。到 1998 年温州股份合作企业和有限责任公司已占全市工业产值的 70%，市辖有的县市所占比重接近 90%。企业组织结构的这种变化，使温州的企业规模由小变大，所有制形式由单纯变为混合，所有权与经营权由合一向两权分离的方向发展。

新温州模式突破了传统温州模式以家庭为经营单位的限制，走向了联合、兼并、重组的集团化发展之路。一是调整了单纯以市场为导向的经营方式，走向了资产与资本经营综合发展的道路。二是改变了单纯以小城镇为依托的营销方式，走向了网络营销的道路。三是提高了以农村能人为骨干的企业经营者的素质，造就了一批理性、智慧、大胆的企业家。四是从家庭作坊、摆摊叫卖、沿街推销、设店开厂发展到股份合作、企业集团、跨国经营、网络贸易。温州已成为中国民营经济发展的先发地区与改革开放的前沿阵地。

（三）珠江模式

珠江模式即珠江三角洲模式，一开始主要是指珠江三角洲经济开放区的佛山市、中山市、江门市、东莞市和顺德区、宝安区等 13 个县区的农村以外向型经济推动乡镇企业快速发展的一种模式。后来泛指珠三角地区的以港澳和国外投资带动区域经济发展、以加工出口方式为主的外向型企业发展模式。珠三角地区毗邻港澳，境内铁路、公路、水路交通方便；全区有华侨 250 多万人，港澳同胞 278 万人，这些独特的优势为吸收外来信息、技术、资金、设备等提供了十分有利的条件。

珠江模式的形成还得益于国家的开放政策。20 世纪 80 年代中期，国务院批准成立了“珠江三角洲经济开发区”，以东莞、宝安等地为代表的珠三角东部地区成了香港加工业的外迁地，“三来一补”成为其乡镇企业发展的重要形式，凭借毗邻港澳、华侨众多及国家优惠政策倾斜的优势，很快就形成了举世瞩目的“珠江三角洲经济模式”。缺点是对国际市场的依赖度较高，受国际政治、经济波动的影响较大。亚洲金融危机、美国“9 · 11”事件都在不同程度上影响了珠三角经济的发展。珠三角经济外资比重也偏高，在出口结构上，粗加工贸易比重偏高，且多为外商进行产品加工，从中只赚取少量的加工费。因此，20 世纪 90 年代以后，随着温州模式向新温州模式的转变，珠江模式也开始学习温州的经验，不断地调整自己的发展路径。随着经济的全球化和改革开放的深化，珠江模式除了继续保持外向型以外，还呈现出一些新的趋势。一是民营经济增长速度加快。据统计，珠三角地区 2001 年与 1996 年相比，国有、集体投资占全社会总投资的比重分别从 48.2%、15.6% 下滑到 35.3%、8.9%，而同期民营经济则由 16.7%上升到 33.8%。民营经济的增长速度 2001 年比 1996 年增长 2.08 倍，比全省平均增长速度 52.0%高出 156.1 个百分点，比国有经济、集体经济分别高出 196.8 个百分点和 221.5 个百分点。从企业数量来看，2001 年广东民营企业有 160 158 家，占全省企业总数的 51.2%，比 1996 年增多 87 050 家，上升 24.4 个百分点，高出全省的平均增长速度。二是产业的集群化。由于珠三角和东西两翼市场经济发育较好，交通、通信、信息等条件优越，形成了一批以建制镇为单元、以产品为主导、以个人、私营企业为主体的，在省内外市场上占有重要地位的产业集群。如南海区大沥镇铝型材年产值 160 亿元，产量占全省的 60%，占全国的 40%；南庄镇建筑陶瓷业年产值 100 多亿元，产量占全国的 35%。三是产业结构升级，高新技术产业成为投资的热点。据统计，到 2001 年年底，广东民营科技企业已达 4 700 多家，其中高新科技企业 574 家，占全省高新科技企业总数的 47%。广东民营科技企业持续高速增长，各项经济指标的增长幅度都在 30%以上。在民营高新技术企业中，不少被列入国家级火炬计划、国家级星火计划、国家级环保计划和国家级开发计划，如华为、中兴、新太等。此外，广东还有一大批企业年产值超过 10 亿元，如广州中力集团、深圳海王集团等。

（四）中关村模式

2009 年 3 月，国务院正式批复建设“中关村国家自主创新示范区”，要求把中关村建设成为具有全球影响力的科技创新中心，全国最大、最有实力和竞争力的科技园区，国家创新战略、科教兴国战略和人才战略的战略叠加要地。为此，中国银行以中关村为试点，按照先行先试的原则，进行了充分调研、论证，在吸收传统信贷模式的基础上，为中关村国家自主创新示范区设计推出了中关村科技型中小企业金融服务模式，简称“中关村模式”。

“中关村模式”充分考虑到了科技型中小企业的发展规律和企业特点，承认企业核心技术及专利权的资本属性，解决了原有中小企业金融服务模式中存在的产品、效率、机构等系统性问题，在客户定位、营销模式、产品创新、专家顾问咨询、审批机制以及风险管理等方面做出了全面调整，为科技型中小企业提供覆盖初创期、快速成长期和稳定发展期的产品体系，解决示范区“投保贷”和知识产权质押贷款。

“中关村模式”以“高科技，大平台；小企业，大市场”的理念，以客户为中心，以市场为导向，着眼于创新服务模式，通过解决科技型中小企业金融服务难题，提出新的集成创新和综合解决方案。一是建立了中国银行中关村产品体系，产品覆盖科技企业发展的全阶段；二是根据政府政策导向，重点推出投保贷和知识产权质押贷款，盘活科技企业特定资产；三是明确定义中关村园区中小企业，扶持园区做大做强；四是减少审批层级，提高审批效率；五是建立专家库，聘请科技顾问，引进科技专家独立视角；六是为中关村模式设立单独的不良资产控制机制。

12 月 3 日，“中关村科技型中小企业金融服务模式”正式启动，中国银行肖钢董事长、李礼辉行长、陈四清副行长，北京市政府郭金龙市长、赵凤桐常委、黎晓宏政协副主席参加了启动仪式。“中关村模式”的启动标志着中国银行在支持科技型中小企业发展、破解中小企业融资难题方面又迈进了一大步。“中关村模式”打破了传统商业银行的业务领域，将科技与金融有机结合，开创了商业银行服务科技型中小企业的先河；打破传统观念束缚，解放思想，承认科技型中小企业专有技术、核心技术及专利品牌的资本属性和价值，并将其作为重要的担保品，符合科技型中小企业的自身特点，有效帮助拥有先进技术的科技型中小企业做大做强，共享成长成果。

中国银行推出“中关村模式”，既符合国家创新战略的要求，也是商业银行转型发展和创新发展、优化信贷结构、拓宽服务领域、培育新的利润增长点的必然选择，也是落实科学发展观、为“十二五”规划贡献力量的切实行动。中国银行通过模式创新，抢抓机遇，进一步加强了与北京市政府、中关村管委会的合作，吸引了大批优质的科技型中小企业客户，为进一步拓展中小企业客户奠定了良好的基础。北京市分行在“中关村模式”推出三个月内，确定了第一批500家目标客户清单，为48家中关村科技型中小企业提供授信支持，授信余额已达到6亿元。

2011年1月24日，北京市委、市政府领导在中关村科技创新和产业化促进中心视察，对中国银行的积极参与表示了肯定，指出“中国银行积极支持中关村发展，为各家银行起到了模范带头作用”；对中国银行为支持中关村企业发展启动的“中关村科技型中小企业金融服务模式”表示赞许。

“中关村模式”是针对科技型中小企业金融服务的有益探索，体现了中国银行致力于从根本上改善中小企业金融服务、创新“差异化”的服务模式的决心以及为中小企业提供高效、全面金融服务的专业能力。“中关村模式”突破了传统的服务模式，通过不断总结提炼和调整完善，该模式将在实践中进一步丰富和发展。在国家创新战略的指引下，国内高科技园区及高科技企业如雨后春笋不断涌现，充满生机和活力，服务高科技企业的金融市场将宽广无限。

（五）模式间的比较和借鉴

综上所述，苏南模式、温州模式和珠江模式既代表我国民营经济的发展模式，也代表我国民营经济的发展水平。在民营经济的发展历程中，以上三种模式都是成功的，也是适宜的。虽然它们各自所处的发展环境不同，但都非常适应当地的具体条件，与当时的社会发展是相吻合的。因此，每一种模式都是在特定的时期和特定的人文背景下形成的，而这些非正式规则是无法模仿和复制的；模式只能有限、有选择地借鉴而不能完全地模仿或机械移植，要与本地的实际结合起来，才能构建区域民营经济发展的特色之路。

一是培育产业集群。产业集群在促进区域民营经济发展过程中发挥着重要的作用，主要表现为大量企业的相对聚集、上中下游产业的配套衔接及整体的集群效应。温州在发展民营经济的过程中，就非常重视产业集群的培育，形成了“一乡一品”“一镇一业”的集群模式。对于有的民营企业意识不到产业集群的优越性，各自为战，上中下游产业也不能很好地衔接，聚集效应、集群效应不明显。因此，要有意识地进行引导，通过培育地方特色的产业群，延长产业链，形成产业优势，从而带动地区民营经济的发展。

二是加大政府的扶持力度。通过民营经济的发展模式，可以看出政府在民营经济的发展过程中，扮演着极其重要的角色。苏南、温州、珠三角地区，正是在地方政府的支持和推动下，促进了民营经济快速发展。对地方政府来讲，最重要的是要为当地民营经济的发展创造适宜的环境。如果民营经济的发展环境不是很理想，出现政府缺位、越位、错位的现象，这就要求地方政府进一步转变职能，从管理型向服务型转变，提高服务质量和效率，优化民营经济发展的政务环境，给民营企业提供良好的发展平台。

三是加强商会组织的作用。商会是市场结构的中介组织，是市场体系中不可缺少的部分。市场经济越发达，商会组织力量越强大。商会组织在民营经济的发展过程中具有诸多优势，如通过信息服务降低民营企业的交易成本，对外统一定价提高民营企业的竞争力等。商会组织在温州模式中发挥得淋漓尽致，其他地区在发展民营经济时，也要特别注重发挥商会组织的作用。

四是重视创业文化的培植。文化是经济发展的内生动力。温州模式的形成与发展正是得益于温州的创业文化。温州人的创业精神可以用“四自精神”来概括，即：“自主改革、自担风险、自强不息、自求发展”；温州人的勤劳可以用六个“千万”来说明，即“克服千难万险，走遍千山万水，想出千方百计，道尽千言万语，不惜千辛万苦，挣得千金万银。”因此，其他地区在为民营企业的发展创造良好的文化氛围，积极培育创业文化，要学习温州人的创业精神和勤劳品质。

第四章　东西部民营经济发展的比较研究

1985 年,《中共中央关于制定国民经济和社会发展第七个五年计划的建议》中提出,要“正确处理我国东部、中部、西部三个经济地带的关系,充分发挥它们各自的优势和发展它们相互间的横向经济联系”①。根据全国地理位置、经济建设条件和现实的经济技术水平所存在的地区差异等,国家将全国划分为东部、中部、西部三大经济地带。改革开放以来,民营经济的迅速发展,促进了全国东部、中部和西部经济社会的不断提高。实践表明,东部地区民营经济发展很快,西部地区民营经济虽然也有了很大发展,但由于经济发展均衡性和非均衡性的影响,西部地区民营经济的发展,与东部地区相比存在较大的差距,而且这些存在有可能使差距不断扩大。所以,在全国经济社会发展的视野下,对影响东西部民营经济发展的均衡性和非均衡性问题,西部大开发及加入 WTO 中民营经济发展空间和政策,环境变化及发展趋势进行研究,这对促进东西部民营经济的发展,具有十分重要的意义。

一、东部、中部、西部三个经济地带的划分

(一)经济学的区域划分与经济区划

1. 区域划分及其特点

经济学的研究表明,区域是根据一定的目的和原则划分的一定的空间范围。

① 《中共中央关于制定国民经济和社会发展第七个五年计划的建议》,1985 年 9 月 23 日,中国共产党全国代表会议通过。

它是因自然、经济和社会等方面的内聚力形成，并由历史奠定具有相对完整的结构，能够独立发挥功能的整体。在自然方面，区域指自然区，按气候、地貌、地质、水文、土壤、植物、动物等自然要素的分区。在经济方面，区域指综合经济区域部门经济区。由于区域的内聚力，结构和功能的不同，决定了区域的规模和边界。所以，区域是一种客观存在的现实现象，并处于不断演进变化之中。随着社会经济的发展，区域的内聚力将不断发生变化，继而导致区域的结构、功能、规模和边界也随之发生变化。但是，在某一特定时期，区域一般具有一定的规模和明确的边界。根据区域类型的不同，区域边界可能是一条明确的边界线，也可能是一条相互交叉融合的边界带。此外，区域具有一定的等级体系，不同等级区域的规模可能相差甚大。如：一个城市工业区、一个大的经济地带，甚至一个国家，都可以看作是一个区域。但是，区域并非是无限可分割的，它具有一定的最小规模。

区域经济学的研究也表明，区域是一定地域空间内各种经济活动所组成的有机整体。区域的经济发展具有三个鲜明的特点：一是地域性。各个区域的不同特点和区情，使区域经济带有强烈的地域性特点，无论是行政区的经济，还是伴随商品经济的发育而逐步形成的经济区的经济都是如此。二是中观性。区域经济是一种承上启下，并有自己的区域特点的中间性、非均衡性经济，是一种介于宏观经济和微观经济间的中观性经济，它的内部产业结构不是自给自足的“大而全”，而是具有既不单一，又不完全，既有适度的比例，又不是无所不包的均衡比例。三是相对开放性。与国家经济相比，区域经济一般在社会制度、经济体制、经济运行规则和币制等方面是一致的，因而具有更大的开放性①。

2. 我国经济区划及经济区的形成

我国经济区划是在对全国客观存在的经济区发展变化规律认识的基础上，进行具体的经济区的划分工作。两者之间既有联系，又有区别。经济区是进行经济区划的客观基础，而经济区是经济区划的具体反映。经济区划对区内自然、经济面貌进行全面考察，综合的、历史的分析研究的同时，预见经济区战略开发的远景方向，以及经济区的开发、生产力合理布局和内外经济联系范围的变化等各种可能性。为了加强对全国各地区经济建设的组织和领导，加快各地区的经济开发，有必要把全国划分为若干大的区域，并在各大区内逐步建立不同水平的经济体系。继国家在 1958 年将全国划分为七大经济协作区之后，1961 年调整为六大经

① 张敦富：《区域经济学导论》，中国轻工业出版社，2013。

济协作区。即：东北经济协作区、华北经济协作区、华东经济协作区、中南经济协作区、西南经济协作区和西北经济协作区。实践证明，经济协作区曾在国家经济建设与生产力布局中，起到了促进、协调的作用。其中，东北经济协作区位于我国的东北部。全区包括辽宁、吉林、黑龙江三省，面积约 79 万平方千米，约占全国总面积 8.4%。东北经济区是全国最大的重工业基地、重要的商品粮和木材生产基地。沈阳、长春和哈尔滨是东北经济区的主要经济中心。华北经济区包括河北、山西、内蒙古两省一区和北京、天津两个直辖市，面积约 147 万平方千米，约占全国总面积 15.7%。华北经济区是我国重要的工业区之一和重要的畜牧业基地之一。北京是我国的首都，也是我国文化中心。天津是我国沿海老工业基地之一和我国北方对外贸易的最大港口。华东经济区包括山东、江苏、安徽、浙江、江西、福建、台湾、上海七省一市，面积 80 多万平方千米，占全国总面积 8.5%。华东经济区是全国最大的轻纺工业基地。上海市的轻重工业都占全国重要地位，是我国最大的综合性工业城市。中南经济区包括河南、湖北、湖南、广东、广西四省一区，面积 100 多万平方千米，占全国总面积 10.7%。武汉、广州是中南经济区的主要经济中心。西南经济区包括四川、云南、贵州、西藏三省一区，面积 231 万多平方千米，占全国总面积 25% 左右。重庆、成都、昆明、贵阳和拉萨是经济区的主要经济中心城市。西北经济区包括陕西、甘肃、青海、宁夏、新疆三省两区，面积 296.6 万多平方千米，约占全国总面积 31.3%，是全国面积最大的一区。西北经济区是全国最大的畜牧业生产基地。西安市和兰州市是西北经济区的主要经济中心。

（二）我国东部、中部、西部三个经济地带的划分

1. 我国东部、中部、西部三个经济地带的划分

1979 年以来，我国逐渐改变了长期实行的偏重地区之间平衡发展而忽视效率的做法，实行对沿海地区重点倾斜的政策。在经济建设上不再强调向落后地区大规模投资以加快生产力平衡发展，而是由均衡发展战略转向非均衡发展战略，更注重效率，在政策上允许并鼓励一部分有条件的地区先发展起来。发挥增长极的作用，通过先发展起来的地区产生的示范效应带动其他地区。对落后地区不能漠视不管，国家还应从各方面给以帮助。国家“六五”计划的地区经济发展计划中，再次把全国划分为沿海和内陆地区，并要求：要积极利用沿海地区的现有基础，充分发挥它们的特长，带动内地经济进一步发展。而对于内地，则是“加快能源、交通和原材料工业建设，支援沿海地区经济的发展”。沿海“带动”内地经济的发展；

而内地则“支援”沿海地区经济的发展。到 20 世纪 80 年代中期，全国经济发展的格局已经发生了很大的变化，沿海与内地的划分过于笼统，不能适应生产力布局的要求。理论界开始探讨梯度开发问题，逐渐形成了东部、中部、西部“三大地带”的认识。

1985 年，《中共中央关于制定国民经济和社会发展第七个五年计划的建议》中提出，要“正确处理我国东部、中部、西部三个经济地带的关系，充分发挥它们各自的优势和发展它们相互间的横向经济联系，逐步建立以大城市为中心的不同层次、规模不等、各有特色的经济网络”。根据地理位置、经济建设条件和现实的经济技术水平所存在的地区差异等，将全国划分为东部、中部、西部三大经济地带[①]，由全国人大六届四次会议通过的“七五”计划正式公布。东部地区包括：辽宁、河北、天津、北京、山东、江苏、上海、浙江、福建、广东、广西和海南 12 个省、自治区、直辖市。东部地区交通方便，历史开发较早，城市化水平高，科技力量雄厚，技术条件较好，经济国际化程度高，是我国经济最发达的经济地区。中部地区包括：黑龙江、吉林、内蒙古、山西、安徽、江西、河南、湖北、湖南 9 个省、自治区。中部地区地处我国内陆腹地，位于东部地区和西部地区之间，在全国生产力布局“东靠西移”中，处于“承东启西”的战略地位作用。西部地区包括陕西、甘肃、宁夏、青海、新疆、四川、云南、贵州、西藏 9 个省、自治区。西部地区地处我国的西部，地域辽阔，自然资源最丰富，而经济基础、科技力量、交通运输等条件都不如东部地区和中部地区。1997 年，全国人大八届五次会议决定设立重庆市为直辖市，并划入西部地区后，西部地区所包括的省级行政区就由 9 个增加为 10 个省（自治区、直辖市）。由于内蒙古和广西两个自治区人均地区生产总值的水平正好相当于上述西部 10 省（自治区、直辖市）的平均水平，2000 年国家制定的在西部大开发中享受优惠政策的范围又增加了内蒙古和广西。目前，东部地区包括的 11 个省级行政区没变；中部地区有 8 个省级行政区，分别是山西、吉林、黑龙江、安徽、江西、河南、湖北、湖南；西部地区包括的省级行政区共 12 个，分别是四川、重庆、贵州、云南、西藏、陕西、甘肃、青海、宁夏、新疆、广西、内蒙古[②]。

2. 我国区域经济政策对东西部经济发展的影响

众所周知，我国是一个发展中国家，由于幅员辽阔，人口众多，各地区的自然、

---

① 刘江：《中国地区发展回顾与展望》，中国物价出版社，1999。

②《中共中央 国务院关于深入实施西部大开发战略的若干意见》（中发〔2010〕11 号），2010。

经济和社会条件千差万别，既有东部与西部的差异，也有城市与农村的不同，还有先进地区与落后地区的差别。从这一客观实际情况出发，党和国家十分重视对我国区域经济政策的制定和实施，解决东西部发展的不平衡问题。

早在20世纪50年代，毛泽东主席在《论十大关系》中就强调："好好地利用和发展沿海的工业老底子，可以使我们更有力量来发展和支持内地工业。如果采取消极态度，就会妨碍内地工业的迅速发展"。按照这一精神，"二五"时期特别是"三五"时期，国家开始了以西南为重点的三线建设。这五年内，国家在内地建设投资达631.21亿元，占全国基本建设投资的64.7%。其中，包括对四川、贵州、云南和陕西、甘肃等三线地区的11个省、区的投资为482.43亿元，占全国基本建设投资的52.7%。"四五"时期和"五五"时期，国家投资的重点开始向东转移。如1972年和国外签订的26个成套引进项目，其中14个摆在沿海地区；1978年和国外签订的22个大型成套引进项目，其中10个摆在沿海地区（包括宝钢、南京和齐鲁乙烯工程、仪征化纤厂等）。"六五"时期，国家提出要积极利用沿海地区的现有基础，充分发挥它们的特长，带动内地经济进一步发展；同时要努力发展内地经济，继续积极支持和切实帮助少数民族地区发展生产，繁荣经济。并在此基础上，根据沿海、内陆和少数民族地区三类地区的不同条件和特点，提出了各类地区产业布局和结构调整的方向。这些政策的相继实施，调动了东西部地区发展经济的积极性，刺激了地区经济的发展，不仅使地区经济呈现出日趋活跃的态势，而且使国民经济的总体实力大大增强。但由于具体实施中政策的不配套、不协调以及分级调控体制的不健全，也产生了地区差距拉大、产业结构趋同、重复建设严重、地区封锁加剧等严重问题。

1978年年底，邓小平同志就强调，在经济政策上，"要允许一部分地区、一部分企业、一部分工人农民，由于辛勤努力成绩大而收入先多一些，生活先好起来"；"在西北、西南和其他一些地区，那里的生产和群众生活还很困难，国家应当从各方面给以帮助，特别要从物质上给以有力的支持"。在我国改革开放和现代化经济建设全面展开以后，邓小平同志提出了"两个大局"的战略构想。他指出："沿海地区要加快对外开放，使这个拥有两亿人口的广大地带较快地发展起来，从而带动内地更好地发展，这是一个事关大局的问题。内地要顾全这个大局。反过来，发展到一定时候，又要求沿海拿出更多力量帮助内地发展，这也是个大局。那时候沿海也要服从这个大局。”① 邓小平同志的这些战略指导思想，对我国区域经济政策的制定产生了十分重要的影响。1980 年国家批准在东部地区的深圳、珠海、汕头、厦门设置经济特区；1988 年 4 月又批准设立海南省，确定海南全岛为经济特区。1985 年 2 月东部地区的长江三角洲、闽南三角地区、辽东半岛、山东半岛和环渤海地区被列为沿海经济开放区。由于东部地区以发展外向型经济为先导，不仅经济发展速度明显高于全国平均水平，而且综合经济实力显著加强。1997 年，东部地区 GDP 达到 44 564 亿元，占全国的 57.9%；人均 GDP 达到 8 840 多元，是中部的 1.8 倍，是西部的 2.3 倍。西部地区在国家的大力扶持下，通过自力更生，艰苦奋斗，经济社会发展取得了巨大的成就。GDP 由 1978 年的 558 亿元，上升到 1997 年的 10 755 亿元，增长 18 倍多；人均 GDP 由 1978 年的 251 元，上升到 1997 年的 3 810 元，增长 14 倍多。同时，西部地区的非国有经济尤其是城乡个体经济发展很快，不仅在发展速度、发展规模、经济效益、产业结构及行业分布上发展较快，而且在国民经济中的地位和作用日益显著，已成为推动西部地区国民经济增长的重要力量。

二、地区经济发展的均衡性和非均衡性问题

经济学的研究表明，均衡和非均衡问题是经济发展中的重要内容。所以，在对影响东西部民营经济发展的均衡性和非均衡性问题中，应对其涉及有关均衡和非均衡的概念，以及我国区域经济政策对东西部经济发展的影响问题，进行比较深入地分析研究。

（一）有关经济学均衡和非均衡理论的概念

1. 均衡理论和非均衡理论是现代经济学研究的重要内容

一般均衡理论的不断发展和完善，在市场经济研究中得到比较广泛的应用。一般均衡理论描述在市场经济中，资源的配置主要是依靠市场价格信号和价格调节进行的。所以，在实行市场经济的国家，一般均衡理论一直处于主流地位。随着我国体制改革的不断深入和市场经济的发展，用一般均衡理论对非国有经济发展的进行分析研究，有着十分的积极意义。因为均衡分析不仅提出了实现非国有

① 邓小平：《邓小平文选（第 3 卷）》，人民出版社，1993，第 277—278 页。

经济发展均衡所需具备的各种条件，而且为从非均衡发展到均衡发展提供了理论基础，也为进一步深化改革提供了依据。

非均衡是相对一般均衡而言的，与一般均衡相比，由于非均衡拓宽了理论假设的前提条件，因而更加接近现实的情况。非均衡理论起源于西方市场经济国家，但作为分析经济运行的一般方法，不仅能应用于资本主义的市场经济国家，而且对于研究社会主义的市场经济国家也同样适用。通过对东西部非国有经济发展的非均衡分析，指出了产生非均衡的各种原因，也为消除非均衡走向均衡提供了理论基础，为促进西部地区非国有经济的发展提供了依据。

2. 我国区域经济政策对东西部经济平衡发展的影响

早在20世纪50年代，毛泽东同志在著名的《论十大关系》中就强调，要处理好沿海工业和内地工业的关系。他指出："好好地利用和发展沿海的工业老底子，可以使我们更有力量来发展和支持内地工业。如果采取消极态度，就会妨碍内地工业的迅速发展"。60年代，国家开始以西南为重点的三线建设。五年内国家在内地建设投资达631.21亿元，占全国基本建设投资的64.7%。其中，包括四川、贵州、云南和陕西、甘肃等三线地区的11个省、区的投资为482.43亿元，占全国基本建设投资的52.7%。70年代，国家投资的地区重点开始向东转移。如1972年和国外签订的26个成套引进项目，其中14个摆在沿海地区；1978年和国外签订的22个大型成套引进项目，其中10个摆在沿海地区（包括宝钢、南京和齐鲁乙烯工程、仪征化纤厂等）。到"六五"时期，国家通过对新中国成立30多年来我国生产力布局经验教训的历史总结，调整了地区经济发展与生产力布局的指导方针[①]。明确提出：要积极利用沿海地区的现有基础，充分发挥它们的特长，带动内地经济进一步发展；同时要努力发展内地经济，继续积极支持和切实帮助少数民族地区发展生产，繁荣经济。并在此基础上，根据沿海、内陆和少数民族地区三类地区的不同条件和特点，提出了各类地区产业布局和结构调整的方向。国家政策的相继实施，调动了东西部地区发展经济的积极性，刺激了地区经济的发展，不仅使地区经济呈现出日趋活跃的态势，而且使国民经济的总体实力大大增强。

国家在"七五"计划中提出"要加速东部沿海地带的发展，同时把能源、原材料建设的重点放到中部，并积极做好进一步开发西部地带的准备。把东部沿海的发展同中、西部的开发很好地结合起来，做到互相支持，互相促进"。"七五"期间，国

---

① 本书编写组：《十五大报告辅导读本》，人民出版社，1997。

家继续扶持“老、少、边、穷”地区经济的发展，加强对三线建设的调整和改造，进一步推动地区协作和经济区网络的形成和发展。各时期全民基本建设投资的分配比例调整，见表4.1。

表4.1　各时期全民基本建设投资的地区分配比例调整

地　区	“一五”时期	“二五”时期	1963—1965	“三五”时期	“四五”时期	“五五”时期	“六五”时期	“七五”时期
沿海	36.9	38.4	34.9	26.9	35.5	42.2	47.7	51.2
内地	46.8	56.0	58.3	64.7	54.4	50.0	46.5	39.7
沿海与内地之比	0.79	0.69	0.60	0.42	0.65	0.84	1.03	1.29

资料来源：《区域经济学》，河南人民出版社，1993。

在国家区域经济政策的支持下，东部地区凭借自身较好的经济基础、有利的区位条件，成为全国发展最快和经济最具活力的地区之一。一方面是经济快速增长。1952年东部地区国内生产总值为311亿元，1997年增加到44 564亿元，1997年是1952年的143.3倍。人均国内生产总值也相应地由1952年的133元增加到1997年的8 844元，1997年是1952年的66.5倍。1979年至1996年，东部地区的经济增长速度年均达到11.3%，高于同期全国平均水平。另一方面是加快发展外向型经济，对东西部经济平衡发展产生了影响。

（二）东西部非国有经济发展上的均衡性

1. 经济发展阶段上的均衡

我国的非国有经济发展，经历了一个从无到有、从小到大、从弱到强，兴起和发展的过程。但从东西部非国有经济发展的三个阶段来看，具有如下的主要特征：

一是恢复和发展阶段（1978—1988年）。这一发展阶段的主要特征是，改革开放以后，不仅个体经济主要是个体工商户得到恢复和发展起来，而且私营经济及国外境外投资经济也开始出现和发展起来。这一阶段的个体经济在解决城镇待业青年和社会待业人员的就业上，减轻了政府面临的日益严重的就业压力。各地政府认真执行国家《关于进一步做好城镇劳动就业工作》的政策，大力扶持兴办各种类型的个体经济，把改变所有制结构同扩大就业门路结合起来，对发展个体经济放宽了政策，鼓励和扶持待业人员组织起来和自谋职业，并从多方面为他们提供便利条件。国外境外投资经济主要是以对外借款，以及独资经营、合资经营和合作经营方式进行，不仅在东部地区，也在西部地区探索取得成效和得到发展。

二是调整阶段（1988—1992 年）。这一发展阶段的主要特征是，随着我国国民经济进入“治理经济环境，整顿经济秩序”时期，对个体、私营经济的清理、整顿也是治理整顿的重要内容之一，加上出现的市场疲软和经济增长速度的下滑，以及受“左”的思想回潮的影响，不仅使刚刚发展起来的个体、私营经济呈现出徘徊、观望状况，一度出现了较大的回落，而且外商投资、港澳台投资规模和增长速度也受到一定程度的影响。

三是发展阶段（1992 年以后）。这一发展阶段的主要特征是，1992 年年初，邓小平同志南方重要讲话发表以后，全国掀起了思想解放的新高潮，对发展个体、私营经济以及引进外资上有了新的认识，并以“三个有利于”为根本标准，逐渐消除了对发展非国有经济的种种顾虑，不仅非国有经济的发展步伐加大加快，尤其是个体、私营企业在投资、规模、技术、结构、效益等方面的业绩十分显著。由于我国经济的持续快速增长，外商投资和港澳台投资增加也很快，在投资方式上，由过去的合资为主逐渐转向以独资为主。

2. 国家在区域经济发展上政策法律和法规的均衡

一是继 1980 年 8 月全国劳动就业会议《关于进一步做好城镇劳动就业工作》的文件之后，1981 年 10 月和 1983 年 4 月，中共中央和国务院又先后颁布了《关于广开门路，搞活经济，解决城镇就业问题的若干决定》《关于城镇集体所有制经济若干政策问题的暂行规定》和《关于城镇非农业个体经济若干政策性规定》等文件，在国家政策的鼓励下，作为非国有经济的个体及私营经济在东西部蓬勃发展起来。1988 年 4 月，七届全国人大一次会议通过的《中华人民共和国宪法修正案》，以及同年 6 月 25 日，国务院公布的《中华人民共和国私营企业暂行条例》以及与之配套的税收法规，在法律上肯定了私营企业在我国存在和发展的历史地位。

二是 1992 年邓小平同志南方重要讲话以后，党的十四大强调“在所有制结构上，以公有制包括全民所有制和集体所有制为主体，个体经济、私营经济、外资经济为补充，多种经济成分长期共同发展，不同经济成分还可以自愿实行多种形式的联合经营。国有企业、集体企业和其他企业都进入市场，通过平等竞争发挥国有企业的主导作用”。1997 年 9 月，党的十五大报告更加鲜明地指出：“公有制为主体、多种所有制经济共同发展，是我国社会主义初级阶段的一项基本经济制度。”“一切符合‘三个有利于’的所有制形式都可以而且应该用来为社会主义服务。”“非公有制经济是我国社会主义市场经济的重要组成部分。对个体、私营等非公有制经济继续鼓励、引导，使之健康发展。这对满足人们多样化的需要、增加就业、促进国民经济的发展有重要作用。要健全财产法律制度，依法保护各类企业的合法权益和公平竞争，并对它们进行监督管理。”①

3. 省（区）市制定政策和措施上的均衡

1997 年，党的十五大召开。在十五大精神的巨大鼓舞下，全国非国有经济发展很快，进入到新的发展时期。为了加快个体、私营经济的发展，东西部的省（区）市从本地区非国有经济发展的实际需要出发，相继制定了一些改善投资环境、鼓励和促进非国有经济发展的政策和措施。如东部的广东省出台了《广东省人民政府关于促进个体、私营经济发展的通知》《中共广东省委 广东省人民政府关于大力发展个体私营经济的决定》《广东省个体工商户和私营企业权益保护条例》《关于广东省民营科技企业享受税收优惠政策的通知》。西部的云南省出台了《中共云南省委 云南省人民政府关于大力发展个体私营经济的决定》《云南省个体工商户和私营企业权益保护条例》；四川省出台了《关于进一步加强民营经济发展若干政策的意见》《四川省民营科技企业条例》；内蒙古出台了《关于鼓励、扶持和引导个体私营经济进一步加快发展的通知》；新疆出台了《关于加快个体私营经济发展的若干意见》《新疆维吾尔自治区发展个体私营经济条例》；贵州的金融部门（包括省人民银行、省工商银行、省农业银行、省中国银行、省建设银行、省农业发展银行）根据中共贵州省委、省政府发展非公有制经济的规划和目标，出台了 10 项政策措施。在贷款发放上打破所有制界限，积极支持非公有制经济发展。对具有贵州特色的民营科技企业，优先给予贷款支持。此外，东西部省份在鼓励各类人员参与发展非国有经济上，如放宽非国有经济的生产经营范围，税费、生产经营用地（场所）、子女入学入托、户口迁移、技术培训、人才需求等政策的优惠上，已经没有多大的省份区别。

4. 推动地区经济发展作用上的均衡

从非国有经济在吸纳社会就业、增加政府税收、推动地方经济的发展等方面上来看，东西部的非国有经济发展也具有均衡性②。

---

① 本书编写组：《十五大报告辅导读本》，人民出版社，1997。

② 陈耀：《国家中西部发展政策研究》，经济管理出版社，2000。

一是非国有经济具有劳动密集型的特点，非国有企业在发展扩大生产的同时，也在创造着就业机会，对劳动力的需求将不断增加。由于大多数国有企业需要减员增效、下岗分流，在总量上无法再增加新的职工，所以，对于那些从国有企业退下来的有一定技能的工人，以及那些身体健康有工作能力和愿意工作的劳动者来讲，个体、私营企业的发展为他们提供了广阔的就业和再就业渠道。据统计，1998 年和 1999 年，我国就业职工的总人数分别为 12 337 万人和 11 773 万人。同期东部地区就业职工的总人数分别为 6 615.49 万人和 5 232.3 万人，其中，非国有经济就业职工的总人数分别为 1 012.17 万人（占 15.3%）和 1 072.62 万人（占 20.5%），比上年底增加 60.45 万人，上升 5.2 个百分点；同期西部地区就业职工的总人数分别为 3 156.30 万人和 2 769.20 万人，其中，非国有经济就业职工的总人数分别为 284.07 万人（占 9%）和 285.23 万人（占 10.3%），比上年底增加 1.16 万人，上升 1.3 个百分点。所以，在今后很长一个时期，非国有经济将成为增加就业的重要场所，对促进国企改革和地区产业结构调整，以及社会稳定具有重要的作用。

二是个体、私营经济的税收已占全国工商税收总额的 7%。1999 年以来，非公有制经济上缴的税收已成为地方财政收入的重要来源。贵州是一个多民族的省份，全省乡镇企业总产值已超过农业总产值，乡镇工业增加值已占全省工业增加值的 30%，乡镇企业对全省财政收入特别是县级财政收入的贡献突出。乡镇企业发展得好的地方，缴纳的税金已占财政收入的 40% 以上。另一方面，个体、私营经济对财政收入的贡献，还表现在对国家财政的依赖度很小。大多数个体、私营企业都是自筹资金和合伙集资创办的，不要或基本不要国家和集体投资。因此，个体、私营经济不会对财政赤字的形成构成压力。

三是据国家工商局的统计，截至 1999 年年末，我国个体、私营企业的户数已分别达 3 160.06 万户和 150.89 万户；从业人员分别达 6 240.91 万人和 2 021.55 万人；注册资金分别为 3 439.22 亿元和 10 287.27 亿元；创产值分别为 7 063.38 亿元和 7 686.01 亿元；营业收入分别为 2.13 万亿元和 7 149.38 亿元；社会消费品零售额分别为 1.2 万亿元和 4 191.39 亿元；出口创汇折合人民币分别为 22.66 亿元和 359.83 亿元。2013—2016 年，我国国内生产总值以年均 7.2% 的速度快速增长，这与个体、私营经济的快速增长是分不开的。可以认为，非国有制经济已成为我国经济发展新的经济增长点。

（三）东西部非国有经济发展的非均衡性

在我国区域经济发展过程中，一个带有普遍性的问题就是区域之间发展的非均衡性。由于自然、地理、历史、体制的原因，区域之间存在着差距，突出地表现在东西部民营经济在经济发展基础、发展战略政策、思想观念认识，产业结构比重、市场容量、经济产值、税收贡献，以及投资主体和企业家素质等方面的非均衡性，而且这种差距还有不断拉大的趋势①。

1. 经济发展基础上的不均衡

一是在国民经济发展的总量上。由于东西部经济发展基础上的不均衡，东部起点高，西部起点低，东部和西部均不在同一起跑线上。1999 年，全国国内生产总值（GDP）81 910.90 亿元，其中，东部地区 49 610.95 亿元（占 56.6%），西部地区 15 354.02 亿元（占 17.5%），东部地区为西部地区的 3.23 倍，高出 39.1 个百分点。东西部的差距不仅表现在地区国内生产总值的总量上，也明显地表现在区内国民生产总值（GNP）平均值上。西部各省市 1999 年平均创造的 GNP 为 1 279.50 亿元，只有东部省市 GNP 平均值 4 510.71 亿元的 28.4%，这与广大西部地区所拥有丰富的资源总量是极不相称的。二是在工业总产值的比重上。工业是国民经济发展的主导，民营经济在工业发展中的比重至关重要。1999 年，东部的浙江、福建、广东三省，民营企业在工业总产值的比重分别达到 77%、66%、71%。西部民营企业在工业总产值的比重，非国有企业创造的工业产值所占该省的比重都很低，接近和超过 30% 的只有重庆（29%）和四川（37%），贵州、云南、西藏所占的比重分别为 18%、19%、23%。东西部之间差距较大。三是就业的比重差距较大。东部地区国有经济部门就业的比重，由 1988 年的 70.3% 下降到 1999 年的 64.7%，下降了近 6 个百分点；同期，民营经济部门就业的比重由 1.4% 上升到 20.5%，上升了 19 个百分点。1999 年，西部地区国有经济部门就业的比重仍达 78.4%，高于东部地区 13.7 个百分点，而民营经济就业的比重低于东部地区 10 个百分点，为 10.5%②。

2. 发展战略政策上的不均衡

一是长期以来，我国基本上实行的是均衡增长的区域发展战略政策。新中

---

① 周民良、祝丹涛、李秀芹：《西部大开发：背景、重点及政策选择》，《经济学家》2000 年第 4 期。

② 杨先明、梁双陆：《东西部能力结构差异与西部的能力建设》，《云南大学学报（社会科学版）》2007 年第 2 期。

国建立时，全国面临的是地区经济发展不平衡的格局，全国70%以上的工业和交通运输集中于占全国面积不到12%的东部沿海地带，除武汉、重庆等几个长江沿岸城市外，广大的内地地区几乎没有近代工业。为了改变地区分布不合理状况，"一五"期间国家在对老工业基地进行了恢复、扩建和发展的同时，将新的工业基地大多放在了内地。20世纪60年代大三线建设时期，国家通过沿海地区工业生产能力向内地转移，并投入了大量的人力和物力增强内地省区经济实力，在改善国家经济布局上取得了很大的成就。1972年2月，中美两国关系走向正常化后，中国对外关系开始改善，战争的危险有所缓和。在这种情况下，我国经济建设布局的战略重点，由向西部内地转为向东部沿海地区转移。1978年12月，邓小平在十一届三中全会上指出：经济建设上不再强调向落后地区大规模投资以强求生产力平衡发展，而是由均衡发展战略转向非均衡战略。我国逐渐改变了长期实行的偏重地区之间平衡发展而忽视效率的做法，实行对沿海重点倾斜的政策。

二是由于东部地区位于东南沿海，经济基础雄厚，具有对外开放和发展经济的明显区位优势。国家区域经济发展战略政策向东部地区的转移，使东部地区在投资、税收、信贷、进出口贸易等很多方面，享受比西部地区更加优惠的政策，从而为东部地区非国有经济的发展创造出特殊的环境条件，使其发展更加迅速。随着国家进一步的对外开放，继1979年7月国家决定在深圳、珠海、汕头、厦门建立经济特区，和1984年5月国家决定将上海、天津、广州、福州、大连、秦皇岛、烟台、青岛、连云港、南通、宁波、温州、湛江、北海等14个沿海城市为首批对外开放城市以后，1985年2月，又决定将长江三角洲、珠江三角洲和闽南三角地区，以及辽东半岛、胶东半岛（1988年）和济南市（1990年初）列入沿海经济开放区。至此，五大开放区自南至北包括沿海11个省、自治区和直辖市的近海292个县市和40个省辖市，形成了东部沿海开放地带。开放地带总人口占全国总人口的20%，国民生产总值占全国国民生产总值的35%左右。在对外开放的新形势下，1988年4月国家决定海南岛作为中国第5个、也是最大的一个经济特区。并先后建立了上海浦东新区、中新合作苏州工业园区、福建台商投资区。在全国的各类国家级开发区360个中，沿海地区占85.3%，而西部地区只占6.2%[①]。

3. 思想观念认识上的不均衡

一是由于长期计划经济传统观念的影响，人们对发展非国有经济往往存在社

① 贵州省人民政府发展研究中心：《西部地区与东部地区非公有制经济发展比较》，2013。

会偏见，把它看成是与社会主义市场经济格格不入的异己力量，认为个体、私营经济的发展将会导致社会私有化产生，影响和动摇社会主义的经济基础和政治基础；还有的把发展非国有经济作为权宜之计，只能是国有经济的一种陪衬，发展不能过快。由于东部和西部在思想观念认识上的不同，东部非国有经济的发展往往走在政策之前，西部非国有经济的发展滞后于政策。

二是改革开放初期，东部的浙江、广东、山东、江苏等一些地区，就能以“三个有利于”为标准，放手发展非国有经济，不争论姓“公”姓“私”和姓“社”姓“资”问题，大胆实践，寻找新的经济增长点，从体现生产力的发展要求和人民群众的生活需要出发，把发展非国有经济与发展国有经济同等对待、同等支持，享受同等待遇，思想观念和认识较西部超前和开放。以苏南（苏州、无锡、常州）、温州（浙江）、诸城（山东）为代表的东部沿海地区成为中国经济发展最快和最活跃的地区，其各具特色的发展方式和路径，被称为“苏南模式”“温州模式”“诸城模式”。其中，十几万温州人走南闯北，遍布全国各地是他们创业的生动体现。他们虽然挣钱回乡，办起了家庭工厂和开辟了专业市场，地区民营经济的比重达到 90% 以上，但他们没有墨守成规，在企业完成资本原始积累以后，通过共同投资发展了股份合作制企业。

三是 20 世纪 90 年代，股份合作已成为东部（如温州地区）民营企业主要的组织形式，出现了像正泰、天正、德力西电气、长城鞋业、夏梦西服等一批现代企业集团，向现代市场经济靠拢，与国际经济接轨。应当指出，东部地区在发展非国有经济中，政府有关部门不仅能以“三个有利于”为标准，转变思想观念，尊重群众的首创精神，循循善诱，引导发展，而且帮助企业排忧解难。相反，西部有些地方政府部门，由于对发展非国有经济的重要性认识滞后，态度保守，工作行动缓慢，严重地制约了非国有经济的发展。

4. 企业家素质上的不均衡

一是在东西部非国有经济发展中，企业家素质不均衡是一个关系企业发展重要的问题。东部非国有企业的企业家大多是业主型企业家，由于他们具有与时俱进的创新精神，以及思想比较开放，主动果断，敢于探索，对事业有进取心，勇于克服困难的优秀品质，所以，他们是均衡的破坏者，如果没有他们的创新思维，市场将处于均衡状态，不可能推动企业的更新和向前发展。正是由于他们不断地通过创新思维打破原有市场均衡的努力，使企业在非均衡状态中实现了收益增加和规模扩大。同时，他们又是新一轮均衡的恢复者，通过企业家对资源进行重新合理配制，将处于不均衡的市场重新带回到新一轮均衡状态。

二是相对于东部企业家而言，西部企业家具有较大的封闭性特征，东部企业家则更具有开放性和富于冒险精神，这也是造成东西部非国有经济发展差距的重要影响因素。当然，企业家的这些素质和能力大多不是与生俱来的，需要经过较长时间的训练和实践，并接受专门的教育才能获得。企业家要经营好一个企业使其发展壮大，还必须具备一些经营管理企业的专业知识和才能，如经济、财务及相关专业知识等。

三是值得一提的是，东西部个体、民营企业家在企业生产经营活动中面临各种风险和挑战，如何抓住机遇和发挥企业优势，使企业生产经营活动正常运转，富于开放性和冒险精神已成为他们素质的重要内涵。他们在日常的企业生产经营活动中，既要把握生产的对外开放，又要把握市场风险的尺度，才能确保企业在激烈竞争市场的不均衡中一如既往求得均衡的发展。

三、西部地区民营经济发展空间和政策研究

当前，对于西部的众多省区来说，一个十分令政府部门关注的热点，就是如何加快民营经济发展空间和政策的问题。如果说，西部大开发和加入 WTO 为西部省区的经济发展提供了千载难逢的机遇的话，那么，对于目前经济基础还比较落后的西部地区来说，要实现经济跨越的发展，赶上东部先进省区的水平，加快民营经济的发展空间和政策的支持力度，是一条可选择的必由之路。

（一）民营经济的发展历程中的空间和政策

关于民营经济的概念，一般认为主要是指个体、私营经济和外商投资经济。所以，西部地区民营经济发展空间，应是在国家经济政策的指导下，不断开拓国内和国际市场，进入更多的产业生产部门领域，创造出实现更高经济效益的产品，为地区经济发展多作贡献。如前所说，可以从以下民营经济发展的三个重要阶段，对有关民营经济发展空间和政策进一步分析研究。

1. 民营经济发展的三个重要阶段

第一阶段：从新中国成立初期到党的十一届三中全会之前。在“一五”期间，经过“三大”改造，我国形成了以公有制经济为主，同时其他经济成分发挥补充作用的所有制格局。由于这一期间对民营经济的主要政策是“扶植、利用、限制”，所以，民营经济发展空间只是限于城乡的商业服务。1957 年之后，直至“文革”结束，

由于受极“左”思想的影响，民营经济的发展空间几乎荡然无存，政策上呈现“真空期”，致使所有制结构趋向单一，市场发展缺乏活力，给国民经济的发展带来极大的负面影响。

第二阶段：从党的十一届三中全会到党的十五大召开之前。党的十一届三中全会总结了过去制约经济发展的所有制结构问题的经验教训，应用社会主义初级阶段的理论，对结构中的各种经济成分进行了调整。从政策上允许个人办企业，主要是个体经营，这是一次政策的重大突破，民营经济发展空间的扩大，主要是为解决城镇失业人员的就业问题。1979 年 7 月，中央决定试办经济特区，提出了鼓励引进外资、先进技术和管理经验的改革思路，正式拉开了引进外资的序幕。1982 年 9 月，在中共十二大报告中明确提出鼓励个体经济的发展的意见，同年 12 月，五届全国人大五次会议通过的《中华人民共和国宪法》第十一条规定：“在法律规定范围内的城乡劳动者个体经济，是社会主义公有制经济的补充。”1984 年，《中共中央关于经济体制改革的决定》中第一次系统阐述了党在现阶段对发展个体经济的基本指导方针。1987 年年初，国家发出《把农村改革引向深入》的通知，第一次提出对私营企业“也应当采取允许存在、加强管理、兴利抑弊、逐步引导的方针”。同年 11 月，中共十三大明确提出鼓励发展个体经济特别是私营经济的方针和政策。1988 年 4 月，七届全国人大一次会议通过的宪法修正案，确定了私营经济的法律地位。特别是党的十四大确定了建设社会主义市场经济体制的改革目标以后，党的十五大进一步确定了建设社会主义市场经济体制的改革目标，这一系列有利于民营经济发展的政策，不仅使国民经济所有制结构发生了显著的变化，也使民营经济的发展空间遍布到广大城乡的众多生产部门，成为经济发展中的一支重要力量，为国家和地区的国民经济发展作出了重要贡献。

第三阶段：党的十五大胜利召开，江泽民总书记在党的十五大报告中指出：“公有制经济为主体、多种所有制经济共同发展，是我国社会主义初级阶段的一项基本经济制度”；“非公有制经济是我国社会主义市场经济的重要组成部分。对个体、私营等非公有制经济要继续鼓励、引导，使之健康发展。这对满足人们多样化的需要，增加就业，促进国民经济的发展有重要作用”[①]。1999 年 3 月，九届全国人大二次会议通过的《中华人民共和国宪法修正案》，用国家根本大法的形式，正式将非公有制经济的发展作为我国长期奋斗的基本国策。这一阶段，非国有制经

① 江泽民：《在中国共产党十五大上的报告》，1997 年 9 月 12 日。

济的政策从体制外走向体制内，从“排斥”到“补充”，再到大力支持鼓励的发展阶段，这是一个重大的飞跃。对于东部地区，民营经济发展空间向国内和国外市场不断开拓扩展。西部地区民营经济在发展的同时，发展空间与东部地区相比相对缓慢一些。

2. 民营经济发展的回顾

民营经济发展阶段的实践表明，我国所有制结构和民营经济的发展变化，是不以人们的主观意志为转移的，而是由客观的生产关系适应生产力发展的经济规律决定的。改革开放以来，随着我国社会主义市场经济的建立和发展，在国家对民营经济发展的政策不断调整和完善后，所有制结构和民营经济发生了显著变化，在显著变化中，民营经济发展空间不断开拓扩展。应该看到，虽然国有经济在国民经济中的比重下降了，但其主体地位没有变化。民营经济发展空间开拓扩展以后，已经成为促进国民经济持续发展的重要力量。据国家工商行政管理局的统计资料，1999 年，全国民营企业共 150.9 万户，注册资金 10 287 亿元，总产值 7 686 亿元，从业人员 2 022 万人，消费品零售额 4 191 亿元，上缴税收 255 亿元。到 1999 年，民营经济至少生产出国内生产总值的 13%，但它对于国民经济发展的贡献远远超出这些统计数字。

应该指出，改革开放以来，民营经济从无到有，从小到大，从弱到强，经历了一个兴起和发展的过程。同时，民营经济的发展空间也从小到大、从内到外、不断开拓发展。党的十五大以邓小平理论为指导，对我国所有制结构的理论与实践问题进行了认真总结，并对包括民营经济在内的非公有制经济作了新的政策定位，即“非公有制经济是社会主义市场经济的重要组成部分”“一切反映社会化生产规模的经营方式和组织形式都可大胆利用”，从而突破了长期以来把所有制实现形式看作是唯一的社会制度属性的误区，为我国和西部地区民营经济的发展和采取多种形式与国有经济合作，进一步拓展民营经济发展的实践空间提供了理论依据。

（二）东西部民营经济发展现状及发展差距的比较

改革开放以来，西部地区民营经济在国家经济政策指导下，有了较大范围的扩展。但与东部地区相比尚存在较大的差距，而且这些差距正在不断扩大，成为民营经济发展空间的“瓶颈”。所以，应从其发展现状中的发展速度上、产业结构及行业分布上，以及发展差距中的投资主体上、税收贡献上等方面，对存在的这些问题进行认真的比较研究。

1. 发展现状

在发展速度上。1999 年，西部地区非公有制经济的固定资产投资总额为 1 092.68 亿元，比 1995 年增加 440.11 亿元，增长 67.44%。在发展规模上，截止到 1999 年年底，西部地区个体工商户为 627.21 万户，占全国个体工商户总数的比重为 19.85%；私营企业为 23.82 万户，占全国的比重为 15.79%；外商投资企业 1.67 万户，占全国的比重为 7.87%。西部地区个体工商户注册资金为 524.95 亿元，占全国的比重为 15.46%；外商投资企业注册资本 321.71 亿美元，其中，外方注册资金 187.81 亿美元，分别占全国的 6.94% 和 5.93%。在经济效益上，1999 年年末，西部地区个体、私营经济的人均产值为 7 229 元，比 1995 年增加 3 250 元，增长 81.68%；人均社会商品零售额为 11 135 元，比 1995 年增加 1 945 元，增长 21.16%。1998 年，西部地区非国有经济提供的税收为 194.6 亿元，其中，国税 111.11 亿元，地税 83.52 亿元；个体工商户提供税收 121.35 亿元，私营企业提供税收 15.79 亿元，国外境外投资经济提供税收 57.49 亿元。

在产业结构及行业分布上。从全国及东西部个体、私营从业人员从事行业分布看（见表 4.2），西部地区个体、私营经济产业结构比重依次为“三、二、一”，即以第三产业为主，第二产业次之，第一产业较弱；外商投资经济产业结构比重依次为“二、三、一”，即以第二产业为主，第三产业居中，第一产业较弱；与全国产业结构状况趋同，但与东部和全国平均水平相比，其差距主要表现在经济总量小、企业数量少、经济效益低、人员素质差、地区分布发展不平衡等方面。

表 4.2　2000 年全国及东西部个体、私营从业人员从事行业分布

单位：万人

地区	合计	农、林、牧、渔业	制造业	建筑业	交通运输邮电通信业	批零贸易和餐饮业	社会服务业	其他
全国	7 476.5	339.0	1 932.9	144.8	445.7	3 621.7	776.0	147.1
比例 /%	100	100	100	100	100	100	100	100
东部	3 580.3	160.8	1 319.2	76.1	212.9	1 820.4	373.9	76.6
比例 /%	47.89	47.43	68.25	52.56	47.77	50.26	48.18	52.07
西部	1 105.6	20.3	205.3	33.5	64.6	606.2	138.1	21.3
比例 /%	14.79	5.99	10.62	23.14	14.49	16.74	17.80	14.48

资料来源：根据《中国统计年鉴（2001 年）》整理。

由于受投资及市场准入等政策因素的制约，西部地区个体、私营经济最先进入的行业是投资少、见效快的社会服务业，其次是具有地区矿产资源富集、电力充沛、劳动力廉价的制造业、交通运输业、建筑业行业。所以，与东部地区相比发展空间比较狭窄。

2. 发展差距

在发展起点上，由于经济发展的基础不同，东部起点高，西部起点低，双方不在同一起跑线上，国民经济发展指标上存在较大的差距。

在投资主体上，西部非国有经济基本上是个体私人投资，而东部除个体私人投资外，还有较多的外商的投资。由于投资主体不均衡的缘故，东西部非国有经济利用外商投资和其他投资也不相同。1999 年全国实际利用外商投资和其他投资为 3 993 482 万美元和 151 825 万美元，其中东部地区为 3 441 462 万美元（占 86%）和 144 157 万美元（占 95%）；西部地区为 183 735 万美元（占 5%）和 242 万美元（不足 0.2%）。这表明外商投资和其他投资的绝大多数都集中在东部地区，西部地区的外商投资和其他投资的份额极为不足。实践表明，经济增长较快的广东、江苏、海南、山东、福建等省，也是外商直接投资比较集中的地区。从 1997 年全国各地区外商直接投资对地区经济增长的贡献率的排序来看，排在前六位的都是东部省市：福建（43.48）、广东（41.28）、海南（36.18）、江苏（22.03）、上海（16.38）；排在后六位的都是西部省区：西藏（0）、青海（0.11）、宁夏（0.64）、云南（1.19）、贵州（1.35）、新疆（1.36）。

在经济总量上，全国个体、私营经济总产值对国内生产总值贡献率由 1995 年的 8.5%，上升为 1999 年的 18.3%，平均每年提高近两个百分点。同期，全国个体、私营经济产值由 1995 年的 5 086 亿元，上升为 1999 年的 14 749 亿元，年均增长 30.5%，高于同期 GDP 的增长率。其中，东部地区个体、私营经济产值由 1995 年的 3 592 亿元，上升为 1999 年的 10 839 亿元，年均增长 31.8%，高于全国个体、私营经济平均增长率 1.3 个百分点。东部地区个体、私营经济对地区生产总值的贡献，由 1995 年的 11.2%，上升为 1999 年的 21.8%，平均每年提高 2.6 个百分点，高于全国 0.6 个百分点。西部地区个体、私营经济产值，由 1995 年的 397 亿元，上升为 1999 年的 1 150 亿元，年均增长 30.5%，与全国平均增长率持平。西部地区个体、私营经济对地区生产总值的贡献，由 1995 年的 3.8%，上升为 1999 年 7.5%，平均每年提高不到 1 个百分点，年均增幅为 18.5%，低于全国和西部地区的水平。

在税收的贡献上，1998 年，全国非国有制经济税收总额为 1 867.72 亿元，其中，国税 1 281.8 亿元，地税 585.9 亿元。同期东部地区非国有制经济税收总额为 1 229.1 亿元，占全国总量的 65.8%，而西部地区非国有制经济税收总额为 194.6 亿元，仅占全国总量的 10.4%，与东部地区相比相差 55.4 个百分点。另外，从个体、私营经济的税收构成上看，1998 年，全国私营、个体经济和国外境外投资经济的税收总额分别为 163.84 亿元、536.92 亿元、1 157.94 亿元，其中，东部地区私营、个体、外资税收总额分别为 111.6 亿元、239.4 亿元、878.1 亿元，税收总额分别占全国总额的 68.6%、44.8%、75.4%。西部地区私营、个体、外资税收总额分别为 15.5 亿元、121.4 亿元、57.5 亿元，分别占全国总额的 9.6%、22.5%、4.7%。从税收的贡献上看，东部地区的贡献大大高于西部地区，特别是私营经济和外资经济都大于西部地区 50 个百分点。

通过以上东西部民营经济发展现状和差距的比较，可以说明西部地区民营经济发展尚处于第三阶段的加快发展，由于市场空间大多局限在地区内的资源、原材料加工部门，和城乡商业服务市场，当前具备开拓国外市场的能力还比较弱，市场空间还比较狭窄。为加快西部地区民营经济发展，应对民营经济发展中政策环境的障碍因素作更加深入地分析研究。

（三）民营经济发展中政策环境的障碍因素

改革开放以来，西部地区经济社会有了很大发展，这是客观存在的事实，但与东部地区发展相比存在较大的差距，而且这些差距正在不断扩大，这也是不争的事实。所以，东西部民营经济发展上的差距，除其他原因外，还有来自政策环境上的障碍影响因素。

1. 东西部政策环境障碍上的影响因素

改革开放以来，国家区域经济发展战略政策的重点，由向西部内地的推进，转为向东部沿海地区重点转移。由于东西部政策环境的不均衡的影响，东部改革开放领先，政策优惠，而西部对外开放晚，政策上存在较大的差距。由于东部地区位于东南沿海，经济基础雄厚，具有对外开放和发展经济的明显区位优势。国家区域经济发展战略政策向东部地区的转移，使东部地区在投资、税收、信贷、进出口贸易等很多方面，享受比西部地区更加优惠的政策，从而为东部地区民营经济的发展提供了特殊的环境条件，使其发展空间更加扩展。

据统计，1999 年全国实际利用外商投资和其他投资为 3 993 482 万美元和 151 825 万美元，其中东部地区为 3 441 462 万美元（占 86%）和 144 157 万美元

（占 95%）；西部地区为 183 735 万美元（占 5%）和 242 万美元（不足 0.2%）。实践表明，经济增长较快的省区，也是外商直接投资比较集中的地区。1999 年，东部地区共有外商户数 17.1 万户，占全国总量的 80.4%；西部地区仅有 1.7 万户，占全国总量的 7.9%。外商投资总额 1 000 万美元～3 000 万美元的，东部地区有 1.03 万户，3 000 万元以上的有 2 712 户，分别占全国总量的 83.6%、86.2%；西部地区分别仅有 865 户、110 户，分别占全国总量的 7% 和 3.5%。1999 年，外商新登记企业数居全国前十位的全部在东部地区，外商认缴出资额前十位的东部地区占九个，西部地区仅有一个。

2. 东西部制度环境障碍上的影响因素

由于长期计划经济传统观念的影响，人们对发展民营经济有不同的认识，往往存在社会偏见，用所有制的性质来对待民营经济，把它看成是与社会主义市场经济格格不入的异己力量，总认为个体、私营经济的发展将会导致社会私有化产生，影响和动摇社会主义的经济基础和政治基础；还有的把发展民营经济作为权宜之计，只能是国有经济的一种陪衬，发展不能过快。所以，东西部由于制度环境上的障碍，在认识上不同，操作方式也不均衡，东部民营经济往往走在政策之前，在政府默许之下先做，而西部则相反，认识比较滞后。

改革开放以来，以苏南（苏州、无锡、常州）、温州（浙江）、诸城（山东）为代表的东部沿海地区成为中国经济发展最快和最活跃的地区，其各具特色的发展方式和路径，被称为“苏南模式”“温州模式”“诸城模式”。这些地区民营企业在完成资本原始积累以后，由多个业主共同投资建立了股份合作制企业。20 世纪 90 年代初期，股份合作已成为温州民营企业主要的组织形式，并出现了像正泰、天正、德力西电气、长城鞋业、夏梦西服等一批现代企业集团。由于“新温州模式”走向资产经营和综合发展的网络营销的道路，向现代市场经济靠拢，开始同国际经济接轨。东部地区在发展民营经济中，政府能以“三个有利于”为标准，转变思想观念，尊重群众的首创精神，循循善诱，引导发展。对民营企业不搞关、停、堵、截，而为其大开“绿灯”，有力地促进了民营经济的发展。政府还为个体、私营企业的发展提供周到而细致的服务，如善待每一位投资者和为企业主的感情服务；减少办事程序和简化办事手续的环境服务；帮助企业用好具体政策的政策服务；为企业排忧解难的排难服务等。相对而言，西部地区有些地方政府部门，对发展民营经济的重要性认识不足，支持不够，政策落实不到位。有的对个体、私营企业乱收费、乱摊派，抱着歧视的态度，关卡重叠，手续烦琐，缺少服务，态度冷漠，严重地制约了地区民营经济的发展。

3. 东西部市场发展空间障碍因素的影响

民营经济与市场经济有着天然的联系。民营经济的发展，不仅是建立社会主义市场经济的必然产物，而且加快了东西部市场经济体制的建立。但由于东西部地区生产力水平发展上存在差距，产生了市场发展空间的差异。东部地区市场发展空间具有国际化特点，外向型特征比较明显，西部地区市场空间发展相对狭窄和滞后，仍带有较多的自我消化和小农经济的特点。改革开放以来，东部地区通过“三资”企业和“三来一补”加工，以及个体、私营经济等形式，民营经济迅速地发展起来。如广东、江苏、浙江、山东等东部省份，在大力培育市场体系上，通过发展多元化的市场主体，不断提高市场的发育程度，开拓省内外和国内外的市场空间，积极促进市场的开发和升级，增强和完善市场的机制作用，不仅有效地营造了良好的市场发展环境，而且促进和带动了东部地区民营经济的发展。据统计，以1999 年为例，东部地区共建成各类市场 48 180 个，占全国的 41.73%，而西部地区仅有 28 284 个，只有东部地区的 58.70%。

4. 法制建设和宏观调控障碍因素的影响

目前，由于我国还没有一套关于民营经济的法律，所以，民营经济在市场经济中主要是参照《民法通则》《公司法》《经济合同法》《技术合同法》《商标法》《专利法》等相关的法律和法规执行[①]。随着市场经济的不断深入发展，这些法律和法规在处理和解决民营经济具体的问题时，往往缺乏针对性和可操作性，甚至难以避免行政的干预和人为因素的影响，既不能保证民营企业在合法权益受到损害时得到法律的保护，也不利于解决经济纠纷时减少社会不良风气。民营经济在发展市场空间过程中，还常常受到一些不公平的待遇。如在市场准入方面，对金融、石油、汽车等一些行业，民营企业往往受到进入的限制，但却允许外资企业的进入；在进入国际市场、税收政策、土地等生产要素分配等方面，也受到不一视同仁的待遇，如在土地使用方面，一些部门规定民营企业不能征地，这对生产型的民营企业的发展来讲，受到了限制和打击；在获得银行贷款方面，由于银行往往不是以企业的效益为标准，而是以企业的所有制性质来确定贷款与否。所以，国有的大中型企业理所当然的是银行服务的对象，而民营经济的个体、私营企业基本上就不属于专业银行服务的对象。由于民营企业的规模比较小，既不能发行企业债券，也难

① 谢明干:《西部大开发 立法要先行》,《中国国情国力》2000 年第 5 期。

以向社会公众集资，加上为民营企业服务的地方金融体系不完备，要取得贷款的难度是很大的。此外，在社会保障、人才流动、职称评定、管理服务等方面也受到诸多限制，缺乏一个平等竞争的外部空间环境，这些都严重制约了民营经济市场空间的扩展。

长期以来，由于地方对民营企业不设主管机关，没有一个部门对地区民营经济发展空间和政策问题进行总体研究、全面规划、发展指导，和进行宏观调控。有关行业的主管部门如工商、税务、劳动、公安、环保、交通、物价、城建等部门，虽然都分管民营企业的一些业务，对民营企业的生产经营活动进行一些管理，但却缺少统一的、健全的管理机制，这种无序的管理往往流于形式而效果甚微。由于西部地区的民营经济大多尚处于低水平的初始积累阶段，为充分发挥它们作为经济发展增长点的作用，应通过建立健全卓有成效的管理机制，加强宏观调控，使民营经济发展空间迅速扩展，才能走上经济发展的“快车道”。

四、西部大开发及加入 WTO 中民营经济的发展空间与政策

西部大开发是国家在新世纪初作出的重大战略决策。随着我国加入 WTO，对于西部的众多省区来说，西部大开发和加入 WTO 既是千载难逢的机遇，也有十分严峻的挑战。所以，对西部民营经济的发展空间和政策问题进行分析研究，具有十分重要的现实意义和参考作用①。

（一）西部大开发中的民营经济发展空间与政策

对于西部大开发，国家的基本思路是；要适应改革开放的新形势，运用新思路、新办法、新机制，有计划、有步骤地推进，把加快基础设施建设作为开发的基础，把加强生态环境保护和建设作为开发的根本，把抓好产业结构调整作为开发的关键，把发展科技教育和培养引进人才作为开发的保障，把繁荣经济、提高人民生活作为开发的基本出发点和归结点。所以，对民营经济发展空间和政策问题的分析研究，是围绕这一基本思路来进行的。

---

① 马贤惠：《西部大开发与加入WTO后民营经济发展空间研究》，《西部发展评论》2003 年第 1 期。

1. 加快基础设施的建设

在西部大开发的初始阶段，重大基础设施的建设大多是国家财力投入的。但对于众多的基础设施建设项目，国家的财力投入总是有限的，政府也不可能成为长期的投资主体。加快基础设施建设的根本有效途径，是鼓励、调动、吸引民营经济资本，发挥其在投资基础设施建设中，成为主体力量的积极性。

所以，政府的政策应从西部大开发的战略需要出发，打破长期以来基础设施领域的行政垄断和国有垄断，为民营经济的进入提供更多的投资空间。对于基础设施和公益事业领域的垄断，可分为自然垄断和非自然垄断。对于自然垄断的基础设施建设项目，政府进行投资是责无旁贷的，如铁路、机场、天然气管道干线、大型水利、防洪、大气污染治理等。但对于非自然垄断的基础设施建设项目，如公路、桥梁、隧道、码头、电站、通信、学校、医院、文化、旅游、旧城改造、城市供水、体育设施建设项目，都应该加快向民间资本开放，真正体现"除关系国计民生和必须由国家垄断的领域外，都允许民间资本进入"的原则。其实，民营经济参与基础设施建设成功的例子在东西部都已存在，如在建的广东省广惠高速公路，私营珠江投资公司参与 30% 的投资；浙江省修建的 1 000 千米标准海塘投资 60 亿元，其中在温州、台州段的投资有一半以上来自民间集资；四川民营企业汉龙投资发展有限公司投入启动资金两亿元，与阿坝黄龙电力公司签订合同，发展天龙湖电站；内蒙古东达蒙古王羊绒集团公司 3 年内投资 3 亿多元，在内蒙古修建公路的总里程达 230 多千米。

对于民营经济参与基础设施建设投资的途径和方式，可以采取国际上通用的 BOT（建设一经营一转让）和 TOT（转让一经营一转让）方式。这两种方式主要是针对西部地区一些投资数额较大的基础设施项目，如公路建设、桥梁建设、水电热力项目建设等来进行的。政府可先为项目建设和经营提供一定的优惠政策，由民营经济投资建设经营，并获取利润和承担风险，经营一定期限后，最后根据协议将项目再转让给当地政府或双方共同经营。这种方式既可以解决基础设施建设的投资，又对加快工程项目建设有推动作用。政府也可以通过"资本置换"的方法，鼓励民营经济购买市政公用设施，通过用置换资金再投入加快市政公用设施建设。如贵州省都匀市政府在大开发中，应用经营城市的理念，针对缺少资金进行旧城改造的问题，通过出让包括城市土地开发权、公厕管理保洁权，以及城市广告设置权等给个体、私营企业，个体、私营企业在买断经营权后，不仅在经营中获得了利润，也为旧城改造提供了 3 亿多元的建设资金，加快了都匀市的基础设施建设。对于自然垄断的基础设施建设项目，国家目前不允许民营企业独资建设经营，但民营企业可以通过参股入股国有企业，或组建有限公司和股份有限公司的途径，参与基础设施的建设。如成都市荷花池大市场的建设和乌鲁木齐的天源热力项目的建设等，主要是由参股、入股兴建的，并取得了良好的社会和经济效益。

2. 全面推进生态环境的建设和保护

据统计，全国水土流失面积360多万平方千米。其中西部地区就占了80%。全国每年新增荒漠化面积约2 400平方千米，也大多在西部地区。所以，加强生态环境保护和建设，按照过去的做法，完全由国家投资来搞生态环境的建设和保护是难以做到的，如果仍沿用过去义务植树造林的办法，年年植树不见树，实际效果并不一定好，而且造成资金不少的浪费。

因此，在西部大开发中要将生态环境的建设和保护作为一项重要的产业，政府要采取积极措施，鼓励和支持民营经济参与投资与经营，不断提高西部生态环境的建设和保护的社会和经济效益。当前，政府可以通过向社会公开拍卖荒滩、荒地、荒漠、荒山、荒坡、荒沟“六荒”的土地使用权，按照“谁投资，谁受益”的原则，在政策上对土地购买者的权益给予保证，使他们拥有长期的土地所有权后，进行连续不断的开发投入，确保对地区的生态环境建设和保护早见成效。在推进生态环境的建设和保护中，地方政府还可以把长期由林业部门负责组织的传统方式，改变为市场行为方式，由政府部门作为发包一方，民营经济组织或个人为承包另一方，双方通过签订植树造林承包经济合同。承包方负责包栽、包活、包管理，发包方只需搞好监督协调服务。由于双方按照经济合同履行各自的权利和义务，实际的植树造林效果也比较显著。对于较大的生态环境建设项目，政府还可以采取相关的政策，如公开拍卖、允许民营企业和个人承包或兴办造林、治荒等项目，以及国家或集体以土地作为出资入股，民营企业和个人以植树造林种草作为出资入股，共同就营造“股份林”签订协议，收益后按照协议规定的股份比例进行分配，效果也不错。

3. 大力调整和优化产业结构

西部地区经济落后的最重要的原因之一，是农村经济发展落后。因为农村经济的发展落后，严重制约了西部地区经济的发展，加上农村的非农产业发展缓慢，农民收入增长迟缓，所以，从西部农村经济的实际需要出发，政府应当实行非公有制为主的政策，大力支持民营经济的发展，充分发挥农业产业化龙头企业的优势，吸纳更多的农村剩余劳动力，发展劳动密集型产业，扩大农民的就业空间和收入来源。当前，除坚决贯彻执行现行的土地政策和法律，实行农村土地承包制度至少 30 年不变外，鼓励农户大力发展种植业和养殖业，增加对生态农业和节水农业的投入，加快地区畜牧业和加工业，以及特色农业的发展，如发展新疆、内蒙古的优质棉花、甜菜；四川、贵州、云南的烤烟、油菜、茶叶；西藏、重庆、宁夏、甘肃、青海的中药材等，走出一条优质、高产、高效，发展特色农业的新道路。

对于西部地区工业结构性矛盾比较突出问题，不仅所有制结构中国有经济比重偏高，国有及国有控股工业企业在全部工业企业中所占份额高达 61%，是东部地区的两倍以上，而且长期以来西部民营科技企业年销售收入 796.75 亿元左右，不足东部的 15%，乡镇企业数只占全国的 7%。这些突出的矛盾和问题不解决，将严重影响西部地区工业今后的发展。所以，西部地区应该在调整完善所有制结构的同时，应大力发展民营经济，引导和鼓励民营经济为西部地区工业发展多做贡献。既要坚持有进有退、有所为有所不为的原则，搞好大的，放活小的，又要调整国有经济布局和改组国有企业。随着国有经济缩短战线，国有企业退出一般性竞争行业，为民营经济的进入和发展提供了广阔的发展空间。地区部门一方面可以大力发展股份制形式，鼓励私营企业参与国有企业的改革，通过承包、租赁、兼并、购买中小型国有企业，或互相参股、融资、发展混合型资本结构的企业。企业通过结构调整和资产重组，不仅转换经营机制，扩大了生产规模，而且加快企业发展，提高了经济效益。另一方面，要大力发展中小企业，尤其是发展民营科技企业，吸纳下岗职工和激活当地经济，通过制定发展中小企业的法律法规，规范中小企业的经济行为，保护中小企业的利益，不断开拓中小企业的发展空间，为地区社会稳定和经济发展作出贡献。此外，在调整和优化产业结构中，西部地区将启动一些大的基础设施和工业建设工程的大项目，加上有许多为这些项目零配件生产加工的配套服务小项目，扩大了民营企业发展的空间。

4. 促进科学技术和教育事业的发展

西部地区与东部地区相比，科技人才比较匮乏，整体文化相对较低，尤其是科技型、复合型、涉外型的大批高等职业技术人才十分缺乏。由于西部地区财力紧张，对科技和教育投入不足，培养的各类专业人才不能满足经济建设发展需要，制约了地区经济、科技和教育事业的发展。所以，要加快西部经济的发展，必须大力发展民营经济，尤其是要以发展民营科技企业为突破口，培育企业的科技创新能力。政府应从体制、机制、环境和政策等方面，为包括民营科技企业在内的民营经济发展提供发展空间。除加快制定和完善补充发展民营经济的优惠政策外，要继续鼓励民营企业收购、兼并国企，参与国企的资产重组，进一步完善知识产权保护制度，鼓励科技人员用科技成果和知识产权作价入股。针对目前民间资金短缺的弱势，拓宽投融资环境，多渠道解决发展资金短缺问题。政府部门还应本着“先活后管、先予后取”的原则，制定鼓励民营经济投资高新技术产业、促进高新技术成果转化的政策，提供民营企业发展的空间，让更多的民营科技企业进入各类开发区进行创业。同时要发挥商会和行业协会的中介组织作用，在生产协作、信息交流、人员培训等方面，为民营科技企业发展服务。

西部地区与东部地区相比，教育事业发展也比较落后。西部地区由于财政性教育投资不足，现有教育资源难以满足社会的需求，加上教育结构不合理，高等教育经费投入加大，初等教育投入却相对萎缩。所以，在西部大开发中，政府应遵循市场经济的规律，转变过去由政府直接投资教育的单一模式，将市场机制引入教育领域，启动民间资金，优化投资结构，广开办学渠道，为民营经济提供教育事业发展空间。可以通过国有民营、国有民办公助、合作办学、股份制办学等多种形式，来吸收民营经济闲置资金。除鼓励私人直接办学投资教育外，还可以采取减免税收措施，鼓励企业对办学进行间接投资，如设立奖学金、无偿捐款、提供私人和企业信贷等，也可以采用政府风险基金与民营教育投资相结合的形式，由政府投资的风险基金的利润作为民间教育投资的回报，以此来吸引民间教育的投资。这样，一方面可以增加民间社会向职业培训、职业教育和高等教育的投入，使政府有限的财政资金更有效地用于基础教育和特困学生的支持。另一方面，政府在鼓励私人办学的同时，也可以扩大对民办学校教育投资的地区、级别、类别等分布进行调控，确保教育投资的结构合理和投向合理，以提高地区教育投资的经济效益和社会效益。

（二）加入WTO中的民营经济发展空间与政策

加入 WTO，对民营企业的发展既是机遇也是挑战。在国际市场国内化、国内市场国际化的环境中，国家对目前不利于民营经济发展的限制性和歧视性政策规定都将取消，在国民待遇、企业融资、产权保护及企业经营管理上，扩大其发展空间和政策。

1. 在国民待遇问题上

众所周知，国民待遇是对国民以一种平等的待遇，它是实行市场经济的一种基本条件，平等的待遇体现在国民待遇问题上。

加入 WTO 后，随着贸易壁垒的逐步降低，不仅降低了外国企业进入中国市场的门槛，同时也降低了中国企业进入国际市场的门槛，国际市场与国内市场将进一步相互融合。作为西部企业的众多民营企业既要在国内市场接受国外企业的挑战，又要利用国际市场对我国企业开放的机会，加快走出国门寻找发展空间，实现跨国经营，不断开拓新的国际市场。入世后，中国将根据世贸组织的原则，对批准设立的 30 多万家外商投资企业逐步实行国民待遇，主要是取消给予外商投资企业的低国民待遇（如行业准入和业务经营限制等）。一方面，我国自 1999 年《关于赋予私营生产企业和科研院所自营进出口权的暂行规定》实施以来，首批 20 家和第二批 41 家民营企业获得了自营进出口权。到 2000 年 10 月底，我国共有上千家私营生产企业获得了自营进出口权，涉及机电、建材、轻工、纺织、服装、食品、饮料、医药、工艺、生物工程等多种行业。资料显示，2000 年 1 月至 8 月，我国集体和民营企业出口额达到 82 亿美元，占同期我国出口总额的 5%，迈出了可喜的步伐。另一方面，在民营企业对外经贸方面也有诸多限制，如“准入”开拓国际市场的只是一般国际贸易，而且对企业实行审批制，和进出口经营权的限制。至于服务贸易、技术贸易、引进外贸等开拓国际市场的行业还严禁民营企业“准入”。近几年来民营企业投资的回落，与这些禁止和限制的规定是有关系的。所以，对国民待遇中的市场准入问题，政府有关部门除对禁止准入的行业和产业外，应有明确的产业目录，而不能笼统地规定“准入”限制，应给民营企业平等的产业准入待遇，开放包括可以给予外资参与的所有产业领域，加快民营经济的发展。一些发达国家的实践经验表明，对自然垄断性的产业放松政府管制，引入市场竞争机制，取得了良好的经济效益和社会效益。应该指出，加入 WTO 有助于建立公平、开放、有效的市场。入世以后，由于降低关税，国内的经济结构会发生较大的变动。对国有垄断行业和资本密集型行业来讲，要经受市场激烈竞争的考验，而大多数劳动密集型的民营行业，相对来讲是利大于弊。

2. 在改善企业融资上

目前，民营企业融资难的问题普遍存在。统计表明，2000 年各商业银行借给个体户和私营企业的贷款仅为 654.6 亿元，不到借出的全部短期贷款 9 937.1 亿元的 7%。这和民营经济的产值占 GDP 的 13% 的比重十分不相称。长期以来，我国民营经济发展的资金主要靠自我积累进行完成。据抽样调查，在我国私营企业的资金来源中，自我积累占 56.3%，向亲朋好友筹资占 13.5%，两者合计达 69.8%。此外，有近 80% 的经营业主几乎无法获得稳定的流动资金。这种资金缺乏的状况，不仅不能满足中小企业进行生产和扩大再生产的需要，而且使发展中的民营企业在市场竞争中处于十分不利的地位。1998 年 5 月，中国人民银行发出加强对中小企业信贷服务的通知，虽然在原则上解决了对民营经济的歧视问题，但近年来商业银行普遍推行“信贷终身负责制”，使银行信贷人员在投放贷款时变得十分谨慎。加上各个商业银行都在进行结构调整，实施向“两大”即向大城市、大企业集中的战略，致使原来向民营经济贷款的部分就更加萎缩，甚至在一些地区出现空白。由于我国经济发展正处于计划经济向市场经济全面转轨的过程中，长期以来，尤其是西部地区的人们习惯于依赖国家投资和上项目来促进地方经济发展，国有商业银行只为国有经济服务的观念和作风根深蒂固，而对民营经济的偏见不可能在短期内彻底消除。

另外，民营企业和银行之间也缺少建立长期的合作关系，也影响了银行对民营企业贷款的积极性。当然，迄今为止，我国对企业的债券和股票的发行与上市，一直实行严格的政府审批制度和额度管理，政策明显向国有大中型企业倾斜。目前在我国沪深两个证券市场的上市公司当中，私营企业所占的份额不足 3%。所以，民营企业通过证券市场进行直接的融资就更加困难，这已成为人所共知的贷款难的问题。问题是目前民营企业户均的资本金也就是 50 万元多一点，加入 WTO 后要与资金实力十分雄厚的国外企业相竞争和抗衡是力不从心的。因此，要解决和改善民营经济贷款难的问题，关键是政府部门要消除对民营经济的歧视性政策。同时，要不断完善对民营企业金融支持的法律法规建设，设立专门面向民营中小企业的银行，发展各种类型的企业贷款担保机构，大力开拓发展如二板市场向民营中小企业直接融资的金融服务，以及建立健全民营企业金融支持社会辅助体系等，才能有效地扩大民营经济的发展空间。

3. 在产权保护制度上

公正的法律环境不但是西部地区经济社会发展所需要的，也是民营经济在发展空间上应具备的重要条件。由于民营经济大多是在改革开放中发展起来的，随着民营经济的逐步发展壮大，民营企业与计划经济传统体制的摩擦与冲突日益凸现出来，如企业家需要如何保护，经济合同需要如何执行，违约需要如何制裁等问题，都与建立公正的法律保护制度密切相关。改革开放以来，对产权的保护问题不仅已经被企业和个人接受，而且要求对私有财产保护的呼声日益高涨。特别是加入 WTO 后，法律的实施要受到检验，政府必将进一步对产权保护制度加强建设，并逐渐转移到法治的轨道上来。由于法治建设的目的是为市场经济主体的创新行为提供制度的切实保障的，市场经济的本质是法治经济，没有政府法治的创新，市场经济的新体制就难以最终确立。目前，一些政府部门在产权保护制度上，与计划经济体制下的法治理念有着密切的关系。这种理念是只有政府认定、许可和批准了可以做的事，才是企业和个人可以和应该做的事，反之，企业和个人就不可以和不应该做。如果一旦做了，就有可能被政府有关部门宣布为非法或违法，企业和个人将遭受财产的损失和危险。所以，这种法治理念不仅制约了企业和个人的创新行为，而且强化了一些政府部门和个人对权力的垄断，而成为滋生腐败行为的条件和土壤。在法治经济中，一个基本理念是，法律不规定什么是可以做的，而只规定什么是禁止做的，所以，凡是法律没有禁止做的，都是可以做的。显然，这种法治理念不仅是鼓励创新行为的，而且为企业和个人的创新活动提供了发展的空间。所以，在产权保护制度上一定要更新观念。但通常认为保护私有财产是富有者的口号，其实他们的财产并不缺乏保护，最需要保护的是经济弱势的群体，他们的财产往往缺少保护，或者为进行保护需要付出极大的代价。实践表明，在产权保护制度上，如果我们的民营经济被迫戴上国有的“红帽子”，并不能促进西部经济的发展，而发生资本外流的现象与目前一些产权保护制度有很大关系。因此，只有政府部门加强对民营经济产权保护制度的建设、执法和监督，才能有效地促进西部民营经济发展空间的进一步扩大。

4. 在加强管理和服务上

由于长期计划经济体制的影响，民营经济在发展空间上所得到政府的管理和服务是很不够的。目前西部地区和全国其他地区大同小异，政府经济管理部门中，乡镇企业局管理乡镇企业、工商局管理个体企业、经贸委管理全面、计委管理宏观规划等。这种带有明显计划经济的管理，必然在民营经济的管理和服务上存在许多的弊端。往往出现“有利争着管，无利没人管”的现象，不仅“乱收费”现象此起彼伏，而且优惠政策各异，如乡镇企业局管理的企业可以优惠批地，民政和教办管理的企业可以享受到税收的优惠，容易出现苦乐不均。据世界银行的调查，中国的民营企业登记过程一般需要3～6个月，费用5 000元，还需要办理各式各样的许可证。这样的开业难度在世界银行被调查的78个国家中排名第51。所以，在加入WTO后，政府部门的一项十分重要的工作，就是要深化民营经济政府管理体制改革，用市场经济的管理手段，加强对民营经济的管理和服务，促进民营经济发展空间的扩展。

一是减少不必要的审批程序，提高办事效率。针对目前民营企业办理业务手续繁多的问题，有关部门应出台简化办理业务手续的具体措施和办法，为民营企业发展生产和市场经营提供便利。二是发挥中介组织的作用，主要是在政府部门和民营企业之间成立牵线搭桥的中介组织，目的是围绕促进和扩大民营企业的发展空间，反映企业在开拓国内外市场和市场经营活动中遇到的问题，以及政府部门应及时采取的措施等。如向民营企业提供有关入世的国际经济与贸易方面的法律、法规以及国际惯例的咨询服务等。三是提供技术的支持。民营企业要发展国内外的市场空间，必须进行不断的技术创新，才能开拓新的市场。但西部地区的大多数民营企业缺乏技术创新的能力，存在比较严重的“技术瓶颈”问题。所以，有关政府部门向民营企业提供技术方面的支持责无旁贷。除鼓励和帮助有实力的民营企业建立自己的 R&D（研究和开发）机构外，还应鼓励其他的民营企业与有关的大专院校和科研单位或大中型企业联合进行有关的技术开发和技术攻关，卓有成效地解决“技术瓶颈”问题。

五、东西部民营经济发展的环境变化及发展趋势

（一）党的十六大为民营经济发展创造了良好的政策环境

1. 十六大报告在非公有制经济理论政策上的新突破

2003 年，党和国家对民营经济从政策支持开始转向制度保障，国有经济与民营经济从各自负责开始转向优势互补和统一发展，民营经济明显地进入国民经济体系，发展环境在不断改善的基础上发生了重大变化。在党的十四大、十五大基础上，党的十六大为民营经济发展创造了良好的政策环境，在非公有制经济的理论和政策上实行新突破[①]。

一是全面论述了非公有制经济在社会主义发展中的作用。报告指出，个体、私营等非公有制经济作为社会主义市场经济的重要组成部分，对调动社会各方面的积极性、加快生产力发展具有重要作用。在促进经济增长、扩大就业和活跃市场等方面发挥了重要作用。这不仅说明非公有制经济已经成为中国社会经济的主要经济形态，与社会主义初级阶段是紧密联系在一起的，同时肯定了非公有制经济对生产力发展的贡献。二是系统阐述了社会主义基本经济制度的内涵，确定

① 本书编写组:《十六大报告辅导读本》，人民出版社，2002。

了非公有制经济的基本方针政策，明确提出非公有制经济不是同公有制经济相对立的。报告强调指出，必须毫不动摇地巩固和发展公有制经济，必须毫不动摇地鼓励、支持和引导非公有制经济发展。坚持公有制为主体，促进非公有制经济发展，统一于社会主义现代化建设的进程中，不能把二者对立起来。三是报告关于为各类市场主体创造平等竞争环境的论述，为促进非公有制企业经营环境的进一步改善起到了重要的促进作用。报告指出，放宽国内民间资本的市场准入领域，在投融资、税收、土地使用和对外贸易等方面采取措施，实现公平竞争。创造各类市场主体平等使用生产要素的环境。四是报告关于劳动和劳动价值、财富和利益分配的理论，肯定各种生产要素作用的论述，从生产力标准正确对待劳动收入和非劳动收入，正确看待先富和后富的关系，重视在价值创造与财富生产过程中的资本、土地和劳动力生产要素，更要重视先进技术、经营管理以及信息等重要生产要素。报告明确指出：必须尊重劳动、尊重知识、尊重人才、尊重创造，这要作为党和国家的一项重大方针在全社会认真贯彻。五是报告关于调动和保护各方面的积极性，营造鼓励人们干大事、支持人们干成事业的社会氛围的论述，鼓励人们大胆创业，勇于创业。报告强调要保护通过辛勤劳动与合法经营先富起来的人们的发展活力，鼓励他们积极创造社会财富。六是报告关于依法保护非公有制经济健康发展的论述，依法加强监督和管理非公有制经济，完善保护私人财产的法律制度。报告指出，要依法加强监督和管理，促进非公有制经济健康发展，完善保护私人财产的法律制度。

2. 民营经济理论和政策上的重大突破

党的十六届三中全会通过的《中共中央关于完善社会主义市场经济体制若干问题的决定》（以下简称《决定》）把非公有制经济发展作为其中一条来写。这在党的文件中是第一次。《决定》在非公有制经济理论和政策方面有重大突破。一是在指导思想上有重大突破。《决定》非常明确地提出要“大力发展”，这是在党的十四大、十五大对非公有制经济定位之后，如何进一步发展非公有制经济的指导思想上的新变化。不仅要发展，在发展中要“毫不动摇”，还要大力发展。那些认为经济成分越公越纯、民营经济是权宜之计的思想观念已经不合时宜。《决定》非常明确，不但支持非公有制中小企业的发展，而且第一次提出鼓励有条件的非公有制企业做大做强。二是在生产力标准上把非公有制经济作为生产力的力量来评价。《决定》明确指出：个体、私营等非公有制经济是促进社会生产力发展的重要力量。既然非公有制经济是促进社会生产力发展的重要力量，它就不是落后的，因此非公有制经济作为符合中国国情的先进生产力的重要承担者与先进生产力的重要承担者——公有制经济是相互促进和共同发展的，是统一在一起的。三是在立法思路上提出在法律上为非公有制经济扫除体制障碍，在建立健全现代产权制度中要有利于保护私有财产权，促进非公有制经济发展。为了适应加入世贸组织的要求，在全面清理和修订不符合规则的经济法律法规后，又专门提出清理和修订限制非公有制经济发展的法律法规和政策的要求，在完善私有财产法律制度方面加大力度，从体制上彻底消除限制非公有制经济发展的障碍。四是在改革开放理论上有了新进展。《决定》提出，放宽市场准入限制，允许非公有资本进入法律法规未禁入的基础设施、公共事业及其他行业和领域。解放对非公有资本的束缚，实际上是我们党对外开放理论的新发展，是在经济领域全面对外开放的基础上，全面实行对外开放。这一重大举措给中国民间投资者带来了重大利好消息，会强烈刺激广大投资者的创业热情。五是在完善基本经济制度方面有了重大突破。《决定》指出，大力发展国有资本、集体资本和非公有资本等参股的混合所有制经济，实现投资主体多元化，使股份制成为公有制的主要实现形式。这一重要论断的一个里程碑意义在于解决了公有制经济与非公有制经济如何在社会主义现代化进程中实现统一的问题，是对社会主义初级阶段基本经济制度的重大发展，也同时为非公有制经济健康发展指明了前进方向。六是在政府经济职能的转变上有新的表述。《决定》指出，要改进政府对非公有制企业的服务和监督。要求深化行政审批制度，切实把政府经济管理职能转到主要为市场主体服务和创造良好环境上来。随着非公有制经济的大力发展，对非公有制企业的服务和社会监管必然提到议事日程。政府职能的转变中，众多非公有制企业的共性问题和行业管理问题需要解决，这一真空就需要行业协会或商会来承担。因此按照市场化原则规范和发展各类行业协会、商会等自律性组织的工作也势在必行①。

3. 国务院各有关部门在制定民营经济政策方面迈出了历史性步伐

2003 年以来，中央各部委坚决贯彻十六大的有关精神，更加重视发展民营经济，更加重视人民群众的首创精神，支持民营经济发展的力度明显加大，采取了一系列促进民营经济发展的措施。一是国务院研究室对民营经济发展进行了专题调研，提出了重要建议和意见；二是国家发改委制定了《关于加快民营经济发展的

①《中共中央关于完善社会主义市场经济体制若干问题的决定》，十六届三中全会报告，2003 年 10 月 14 日。

若干意见》，调整了中小企业司的管理职能支持民营经济发展；三是国家工商总局全面清理废止歧视个体私营经济发展的政策和法规，修订完善支持鼓励个体私营经济发展的政策和法规，改革和完善个体工商户、私营企业的登记监管制度；四是建设部发布《关于加快市政公用行业市场化进程的意见》文件，对民间资本、外国资本均可采取多种形式，参与市政公用设施的建设，允许跨地区、跨行业参与市政公用企业经营。同时，建立市政公用行业特许经营制度，城市供水、供气、供热、污水处理、垃圾处理及公共交通等行业，实行特许经营，通过规范的程序，公开向社会招标，选择投资者和经营者。这标志着长期由政府包办的市政、水务、燃气等工程市场，逐步向民间资本敞开大门。

（二）各级地方政府积极采取各种措施促进民营经济发展

1. 各级地方政府为发展民营经济提供政策保障

十六大和十六届三中全会以来，全国已有29个省市专门召开民营经济工作会议，出台政策和措施，鼓励、支持民营经济发展。重庆市委、市政府出台了《关于进一步加快民营经济发展的决定》，支持民营企业做大做强，放开经营范围，放宽准入条件，扩大民营经济市场准入和投资领域，财政扶持、金融创新；河北省提出“三个优化、三个结合”；浙江提出“三引导”；在放宽市场准入方面，上海、四川、北京等省市都明确规定，除国家明确限制的投资领域外，所有竞争性领域和对外资开放的领域，都对民营资本开放，积极推进在电信、医疗、教育等领域引进民间投资；在加大公共财政支持力度方面，云南省从1998年起设立“个体私营企业发展资金”，宁夏回族自治区自1999年起每年安排1 000万元，作为“民营科技企业发展专项资金”；南京提出“破障碍，抓机遇”；深圳市提出5年安排10亿元设立“民营及中小企业发展专项资金”，用于支持创业辅导和服务、公共技术实验服务、教育培训及信息服务、融资担保服务、鼓励专业化发展及大企业协作配套等；大连、厦门、成都等地也设立了相应的专项资金。另外，在建立信用担保体系、支持科技创新、培育民营企业集团、促进产业集群升级、完善社会公共服务等方面，各地政府都出台相关扶持政策和法规来促进当地民营经济的持续发展。

2. 广东省委、省政府在《关于加快民营经济发展的有关配套文件的通知》（以下简称《通知》）中，提出了五个方面新的政策

一是规范和减免收费。《通知》规定，私营企业承包、租赁、兼并、收购国有、集体中小企业的，执行国有、集体企业改革、改组、改造过程中的登记注册费减免规

定，即办理企业变更登记收费每件 50 元；企业“三改”后的注册资本总量不超过原有企业（含两个或两个以上企业，下同）注册资本之和的，不收注册登记费，只按上述标准收取变更登记费；企业“三改”后的注册资本总量超过原有企业注册资本的部分，按规定的注册登记费标准收费，但不另收变更登记费；办理商标变更登记按每件 500 元收费。

二是放宽民营资本投资领域。《通知》要求各级建设、环保、物价等部门要加快对城市供水、污水处理、垃圾处理项目管理体制和运行机制的改革，促进从事城市供水、污水处理、垃圾处理事业单位按照《公司法》改制成独立的企业法人；调整供水、污水处理、垃圾处理的收费标准，建立合理的价格体系；公交、燃气、停车场等其他经营性的公共事业项目也要通过公开招标的方式，在已建成设施的运营中引入竞争机制。

三是实施优惠政策。今后省物价局将对企业加工生产用盐价格实行让利优惠。而工业园区新增建设用地需缴纳的新增建设用地土地有偿使用费，属于中央财政分成的 30% 和省级财政分成的 20%，在规定期限内缴清后，即可办理用地批复手续，其余部分经批准可在一年内分期缴纳。

四是鼓励下岗人员自主创业。国有企业下岗人员、国有企业失业人员、国有企业关门破产需要安置的人员、享受最低生活保障并且失业一年以上的城镇其他失业人员从事个体经营的，除建筑业、娱乐业等国家限制的行业外，凭“再就业优惠证”，从发证之日起 3 年内免收个体工商户注册登记费、个体工商户管理费、集贸市场管理费。而下岗失业人员从事个体经营的，按相关规定享受税费扶持政策。

五是维护民营企业的合法权益。省民营企业投诉中心受理投诉一律不收费，所需经费列入省财政经费全额预算拨款。

（三）经济发展环境变化后，民营经济发展的新亮点

1. 民间投资形式升级，方向多元结构合理

从开始，一些大型民营企业开始经济投资重工业与公共事业、基础设施，如钢铁工业、化学工业、电力工业以及城市的供水、供气等领域。例如，大批民营企业参与钢铁行业竞争，新希望集团进入电解铝行业，等等。另外，随着国家放宽对金融服务业、教育文化产业、新闻出版业等行业的准入限制，民营经济也开始进入这些行业。民营企业进入这些行业推进了这些行业的市场化进程。辽宁、北京等各地的一些民营企业以独资、合作、联营等形式投资西宁的生态旅游建设。此外，民

营企业发展了一批具有较大规模的现代物流业，由于民营企业的多元化股权结构，其经营观念、机制、管理方式能适应市场快速发展的要求，在合理使用和组织各种物流资源方面优势明显，企业规模和市场份额扩展都十分迅速。如：国内知名民营企业河北新奥集团、德力西集团、安徽南翔集团、北京物美集团联手在成都成华区投资建设一座占地 5 000 亩的现代物流商贸城。广东的天健建筑装饰材料市场，销售额已超过 20 亿元，广东五金市场吸引全国 1 300 多家五金企业到该市场设点，初步形成广东五金产品价格变化决定全国同类产品变化的格局。其中，在贵州民营经济中，有以从事实业资本运营为主、金融资本兼营的企业，开始出现上市公司，以法人股票交易募集资金。中外合资的贵州神奇制药有限公司，拥有下属企业 25 户，以制药为龙头，带动饭店、百货、金融、房地产和冶金、化学、电子、食品等工业的发展，形成一个以产权为基础，在产权上互相交叉，开放股权的虚拟集团公司，沿着小公司、大集团的发展路子，开展多元化的经营。

2. 民营出口高幅增长，企业竞争走出国门

此后，民营企业已成为许多省份对外开放的重要生力军。山东取得进出口经营资格的民营企业总数已达 1 000 多家，出口额占全省出口额的 20% 以上。浙江全省共有 1 200 多家的私营企业获得自营进出口经营权，获得欧洲 CE 认证的企业 86 家，全省共有 1 万家以上私营企业产品出口，出口在 100 万以上的大户已达 5 000 多家。河南省 2003 年前 5 个月，全省民营企业出口额达到 2.18 亿美元。同比增长 98.7%，民营企业的出口额首次超过了省外的出口商投资企业额。广东省有进出口经营权的民营企业从 2002 年的 6 197 家，增加到 2003 年的 12 009 家，增长 48%，占全省进出口企业总数的 73%；全省有 30 家民营企业在境外办实业，投资总额达 3 268 万美元。蓬勃发展的浙江省私营企业成为外贸出口的生力军。杭州海关的统计显示，2003 年前三季度，浙江省私营企业出口在上年高速增长的基础上，仍继续保持强劲增长，出口总值占全国私营企业出口总值的近 1/4。2003 年 1—10 月，浦东海关共受理注册外贸企业 1 574 家，注册资本 49.1 亿元人民币；其中外省市私营企业 739 家，投资额 25.1 亿元人民币，分别占 2003 年以来浦东新区私营外贸企业注册总数、投资总额的 47% 和 51%。2003 年，贵州西洋肥业股份公司、贵阳五里冲农副产品批发市场等引进来的企业，运行良好。六盘水市引进市外资金 16.7 亿元、增长 42.8%，引进项目 292 项。其中，湖南曾氏集团和重庆客商投资建成的双牌铝厂、国贸煤焦化厂等，系市内重要的民营企业，年缴税金分别在 1 800 万元、1 500 万元以上。铜仁、福泉和龙里等，都取得了对外经济技术合作、招商引资发展民营经济的良好业绩。

3. 民营科技企业引领民营经济产业发展新方向

到 2003 年，全国已有 5 000 多家民营科技企业与国内 500 多所高等院校、科研院所建立了合作关系，为企业科技创新提供有力的支撑。在民营经济的大省浙江，区域经济中的龙头企业大部分是民营科技企业，它们代表了地区特色经济的发展水平。全省 850 多家省级以上高新技术企业，其中民营企业占 95% 以上。这些民营科技企业不断加大研发投入，占到全省企业研发投入的 3/4 以上。广东 2003 年产值超亿元的民营企业有 262 家，占全省高新技术企业的半数以上，其高新技术产品占全省的一半以上。在全省国家级和省级高新技术产业开发区中，民营科技企业占企业总数的八成以上。全省民营科技企业数量从 2002 年的 4 740 家增加到 2003 年的 5 915 家，其中年产值超亿元的从 190 家增加到 262 家，占全省高新技术企业的一半以上。民营科技企业发展各项指标在全国保持领先地位。在广州市高新技术科研开发企业中，有 2 008 家私营企业，占比重的 80%。值得一提的是，贵州民营科技企业，主要集中在医药制造、轻工食品制造、装备制造和电子信息软件开发、精细化工等行业，主要分布在贵阳国家级高新技术产业开发区、贵阳遵义安顺等经济技术开发区及贵阳软件园和金阳知识经济产业园，通过现代企业制度的建立，形成引领全省科技发展的良好势头。

4. 民营企业做大做强，建立现代企业制度

十六大以来，许多民营企业抓住机遇，做大做强，建立了现代企业制度，取得了良好的经济效益和社会效益。2003 年以来，广东民营企业通过股份制改造，借壳上市呈现加速上升之势，并开始形成一股潮流。到 2003 年 6 月底，全省民营企业完成股份制改造的有 6 787 家，其中私营企业集团 268 家，上市的民营企业有 15 家。广东奥园、广州海印、金海马集团……越来越多广东民营企业开始注重资本经营，到内地、香港甚至到国外股市上市。一项调查表明，45% 的广州筹备或计划上市。广州市新增加的民营企业中，有 80% 以上为公司制企业，民营企业已经开始自觉实现股权结构和管理模式的转变，向现代企业制度靠拢。突破产权障碍，实现资本联合不仅让广东民营企业做大做强，还使企业经济与社会效益双丰收。贵州民营企业中的港澳台投资企业、外商投资企业通过建立现代企业制度，在指导思想上，根据国家方针政策和法规、市场需求、管理科学，结合企业实际，在劳动组织上，合理组织和使用人力资源，通过激励、引导、监督、约束等制度，开展民主管理，增强企业活力，提高综合效率。在管理方法上，采用系统工程、价值工程、网

络计划、数理规划、行为科学等理论和方法，促进企业管理现代化。

5. 民营企业积极探索党建新途径，促进企业文化建设

十六大以来，各地民营企业以邓小平理论和“三个代表”重要思想为指导，借鉴国有企业党建工作经验，结合民营企业发展实际，积极探索党建新途径、新方法，强化党的领导，规范企业行为，激发活力，充分调动了党员和广大员工的积极性，在两个文明建设中取得了明显成效。河北专门召开了“推进民营企业党建暨企业文化建设现场经验交流会”；深圳民营企业有了自己的“党员之家”；四川夹江狠抓民营企业党建促发展，全县民营企业已建党支部35家，占应建的100%，全面带动企业团支部和工会建设；宁波在以“品牌兴厂，文化兴牌”大力抓企业生产建设的同时，把党的建设放在了前列，找准党建工作进入经济建设的最佳切入点与结合部，充分发挥基层党组织的战斗堡垒作用，为促进企业的建设和发展起了极其重要的作用，在民营企业中树立了很好的典型。德隆集团在企业内部开展专门的党建课题研究，既促进了企业自身党员的思想建设，也促进了企业的整个文化建设和组织管理规范。随着贵阳市南明区民营经济的加快发展，全区制定下发了《关于进一步加强南明区民营经济组织党建工作的意见（试行）》，加大民营企业党建工作力度，民营企业党组织逐渐成为企业所需要，为党员所欢迎，为职工所拥护，为经营者所理解和支持，成为广大职工群众的贴心人和主心骨。同时，贵州民营经济企业在发展中，注重促进企业文化建设的重要性。实践表明，企业文化是企业的灵魂，没有文化，企业就失去了持续发展的灵魂。促进企业文化建设是企业不可或缺的管理手段，只有通过将企业资源向企业文化个性的深入结合，才能形成企业产品的核心竞争力。

6. 保护维护民营企业权益，促进企业的自律和健康发展

广东省民营企业投诉中心成立，受广东省委、广东省人民政府授权，是负责受理民营企业投诉的工作机构，由广东省工商业联合会负责具体运作。该中心力求办成及时反映民营企业呼声，维护民营企业合法权益，为民营企业排忧解难，促进民营经济实现新发展的民营企业之家。这种形式将对其他省民营企业的维权方式产生影响。河北总商会在网上开辟“抓党建促发展”专栏，积极关心和引导民营企业狠抓思想建设，突出权益文化特色，在规范管理中促进企业的自律。江苏省工商业联合会通过十项任务来凸现工商业联合会的新特色、新业绩和新作用；通过参政议政、建言献策，推进政府部门的行业发展政策和法规建设；帮助政府制定行业标准，强化产品质量和专利保护，促进生产力要素合理配置；促进民营企业联

合、协作；进行行业信息发布；推进专业化市场建设与发展；积极组织人才、技术、职业培训；开展国际交流、拓宽国际市场；安置下岗职工、解决劳资矛盾；为会员服务搭建桥梁，成为温暖的民营企业之家。贵阳南明老干妈风味食品有限责任公司，是省、市、区重点扶持的民营企业。为保护该公司产品的合法权益，市、区人民政府采取特殊措施进行保护，每年都要拨出专款，作为该公司维权打假专项经费。2002 年以来，南明区人民政府每年都要组织由分管区长率领商务、工商、公安等部门的保护“老干妈知名品牌、千里打假维权”活动，平均每年为该公司挽回经济损失 1 000 万元左右。由于各级政府部门为该企业营造了良好的服务氛围，促进了企业的健康发展。

7. 注重塑造企业形象，投身扶贫光彩事业

改革开放以来，东西部一批政治上有觉悟、经济上有实力、社会上有影响、对人民有贡献的民营经济人士，为实现积极的追求，创造光彩的人生，发扬中华民族的传统美德，富了不忘国家和人民，自觉回报社会，积极参加以扶贫开发为宗旨的光彩事业，受到社会各界的充分尊重和广泛赞誉。1994 年 4 月，贵州省 10 名民营企业家向全国民营经济人士发出了《让我们投身到扶贫的光彩事业中来》的倡议书，到 2004 年的 10 年中，省内外有 700 多位民营企业家来贵州投资开办光彩事业项目 792 个，到位资金 112 亿元；向贫困山区捐赠款物 3 亿多元，培训乡土人士和技术人才 13.8 万人次。结果，贫困山区有 11.4 万农村剩余劳动力得到就业，下岗职工有 21.14 万人得到再就业，农村贫困人口有近 27 万人基本解决了温饱问题。贵州神奇制药有限公司，2000 年在北京中医药大学、沈阳药科大学和贵州民族学院投资设立贫困学生助学金，帮助贫困大学生就学；2003 年向非洲和中国西部地区 12 个贫困县无偿提供 1.2 亿元抗结核病药品，发起实施光彩康复工程；2003 年在全国率先向中国儿童基金会捐赠现金 100 万元和价值 750 万元的抗非典型肺炎药品，通过中国儿童少年基金会向北京抗非典型肺炎献身的烈士的子女捐赠电子计算机等学习用品。

8. 积极参政议政，探索理论创新

改革开放以来，民营经济企业的广大创业者和从业人员，作为中国特色社会主义事业的建设者，关心国家和地区经济社会建设，政治责任感不断增强，把爱国、敬业、诚信、守法、贡献作为自己工作和生活的准则，努力树立社会主义的人生观、价值观和荣辱观，涌现了一批优秀的企业家、民营经济代表人物和先进工作者，对发展全省和地区民营经济发挥了重要作用。他们中有的还担任全国、省、市、

县的人大代表和政协委员积极参政议政，推进民主政治建设和政治协商、民主监督等工作。2004 年以来，贵州省工商联还成立了省工商联参政议政委员会，具体开展有关工作。1994—2004 年，省工商联动员工商界的省人大代表、省政协委员撰写各类提案、议案 300 多件，提交团体议案 30 多件。同时，向贵州省委和省人民政府提交专题调查研究报告和情况反映 40 多篇，参与了全省有关负责民营经济的文件的起草工作，对民营经济的发展、民营企业和个体工商户合法权益的维护作出了重要贡献。2005 年中国民营企业家遵义行暨投资洽谈会在遵义市举行，全国政协和贵州省的领导及来自全国 23 个省（市）区的民营企业家参加考察投资活动，并就有关民营经济发展战略、混合所有制经济发展、民营经济发展模式、中国泛家族企业模式、现代企业经营管理、民间投资及外向发展等问题，进行广泛研究和理论探索，取得了一批前沿研究成果。

（四）对民营经济发展的新展望

党的十八届五中全会以来，民营经济健康发展，民营企业家健康成长成为民营经济发展的主旋律。在国家新一轮西部大开发的战略视野下，展望民营经济的新发展，民营企业将出现新的发展趋势，为全国和地区的经济社会发展作出新贡献。

1. 毫不动摇鼓励、支持和引导民营经济发展

党的十八届五中全会通过的《中共中央关于制定国民经济和社会发展发展第十三个五年规划的建议》，再次重申“坚持公有制为主体、多种所有制经济共同发展。毫不动摇巩固和发展公有制经济，毫不动摇鼓励、支持、引导民营经济发展”。以公有制为主体、多种所有制经济共同发展的基本经济制度，是中国特色社会主义制度的重要支柱，也是社会主义市场经济体制的根基。党的十八届五中全会为实现全面建成小康社会目标描绘了宏伟的发展蓝图。我们要在以习近平同志为总书记的党中央坚强领导下，坚持和完善以公有制为主体、多种所有制经济共同发展的基本经济制度，牢牢把握“两个毫不动摇”方针，更好地促进经济社会持续健康发展，为全面建成小康社会，为全国和地区的经济社会发展作出新贡献。

2. 民营经济将成为市场经济发展中的主力军

在经济全球化的背景下，我国加入 WTO，将促进西部地区以股份制、租赁、破产等多种形式加快改造国有企业，同时，随着国家大力鼓励和支持民营企业快速发展，民营经济将成为西部地区国民经济增长的主力军。在市场经济条件下，东

部地区的经济发展在很大程度上得益于民营经济快速增长。东部地区支援西部地区加快发展，主力军也是民营经济。这是由于西部民营经济发展的制度环境不断优化，以及十分优惠的政策，吸引了更多的东部民营企业到西部投资经营。西部统一大市场的建立和完善，也是东部民营经济向西部转移的重要条件。在社会主义市场经济条件下，随着国家强调对西部扶持政策的倾斜，不仅让西部的民营经济发展起来，而且东部的民营经济也快步走进西部。当前，在新一轮西部大开发中，必然伴随着西部的大开放。西部地区在能源、矿产、旅游、土地、劳动力等资源方面具有优势，拥有巨大的市场潜力。充分利用这些优势和潜力，西部将进一步扩大外商投资领域，加大对外开放。同时，在加强西部地区与东部地区的经济协作和对口支援的基础上，进一步加强和吸引东部地区的优秀企业到西部投资合作办厂、开发资源，促进西部地区民营企业的发展，提高企业的市场竞争力，成为市场经济发展中的主力军。

3. 制定和实施国民经济发展规划，建立民营经济发展的长效机制

改革开放40年来的理论和实践证明并将继续证明，民营经济是西部地区社会经济发展的重要力量。当前，在全国经济社会发展的大视野下，加快东西部民营经济发展，一是要深入贯彻落实十九大和习近平总书记重要讲话精神，全面深化改革，消除对民营经济的各种歧视和偏见，弘扬敢闯敢试、爱拼会赢的创业精神，培养创新文化，激发创业热情，在全社会营造一个有利于民营经济发展的社会环境。二是加快东西部民营经济发展的一个重要内容，就是破解民营企业在发展中资金、人才、土地等瓶颈问题，充分发挥市场在资源配置中的决定性作用，加强政策引导，加大扶持力度，提高要素资源配置效率。三是推动东西部民营经济的转型升级。宏观上地区经济体制和结构实现深刻的变化，微观上企业通过加强质量管理，坚持品牌创新，增强市场竞争力，产业结构由较低水平向较高水平的提升。四是制定和实施国民经济发展规划，建立民营经济长效机制。将加强东西部区域经济技术合作纳入规划内容，争取国家政策支持的同时，构建区域经济协作机制，调整和优化产业结构，实现东西部民营经济有序的发展。

4. 在东西部开放合作中，提高科学技术创新水平

《国家中长期科学和技术发展规划纲要（2006—2020年）》指出，坚持“自主创新、重点跨越、支撑发展、引领未来”的指导方针。任何时候经济与科技都是相互渗透和融合的，这是经济和科技发展的重要特征。落实引领未来的科技发展方针，必须瞄准世界前沿技术，抓住科学发展的重大前沿问题，建立和优化创新的环境，

搭建鼓励创新的平台，包括政策、制度、政务、市场、人才和法制等一系列具体内容。所以，走中国特色自主创新道路，在东西部开放合作中，为增强科学技术水平创新，必须坚持“自主创新、重点跨越、支撑发展、引领未来”的指导方针。一是切实加强与国内外研究单位、高等院校和创新型企业的科技合作，充分利用省外科技资源，提升优势产业核心竞争力。二是重点支持技术引进消化和创新，鼓励科研院所、高等院校与海内外研发机构建立联合实验室或研发中心，支持东西部合作创建国家产业化基地。三是与全国知名高校、科研院所和有实力的大型企业开展科技合作，共同承担和完成国家重点战略项目。四是支持国际学术组织、跨国公司等来西部设立研发机构，吸引全球优秀人才来西部创业，通过加强多层次、多领域、多形式国内外科技合作，共享创新发展的机遇和成果，为加快推进东西部现代化建设作出新的贡献[①]。

5. 注重品牌和信用的建设，促进民营企业跨上新的发展台阶

随着民营经济的健康发展，众多民营企业开始注重品牌和信用的建设，认识到塑造企业自己的品牌，就意味着提高市场占有率，提高企业的经济效益和社会效益。企业信用的建设就是市场经济的通行证，良好的信誉不仅可以获得社会和广大消费者的认可，而且会使企业的资本价值和社会价值不断提升。当前，国家西部大开发战略的实施，为民营经济发展提供了广阔的舞台，为民营企业发展提供了用武之地。一是抓住《中小企业促进法》实施的机遇，通过兼并、租赁、收购、承包的方式参与国有企业改组改造，使民营经济产业结构和行业分布更加合理，一、二、三产业协调发展，使民营企业跨上一个新的发展台阶。二是加强企业管理和组织建设，提高企业劳动生产率。加强企业管理，提升企业素质已经成为民营企业的内在需要。通过建立有效激励机制，推进企业管理信息化，以财务管理和营销管理为重点，运用供求链管理、客户终端管理等先进管理技术提高管理水平，提高企业劳动生产率，已经成为民营企业的共识。三是推进企业专业化分工，形成专业化、低成本、高质量、可灵活应变的生产组织体制，实现东西部企业优势互补，加强企业组织建设，优化劳动组合，提高劳动生产率，达到规模经济，成为民营企业努力的发展方向。

6. 民营经济出现经济总量和企业数量全面增加的双重景象

党的十六大、十七大、十八大以来，特别是重申“两个毫不动摇”“市场在资

① 国务院：《国家中长期科学和技术发展规划纲要(2006—2020年)》，2006年2月9日。

源配置中起决定性作用”，更加增强了民营经济发展的信心。东西部地区在深入贯彻落实党和国家各项政策措施的基础上，主动对接出台配套政策，千方百计加大支持力度，立足特色优化发展环境，呈现出经济总量和民营经济发展的双重景象。以2013年西南四省市民营经济发展为例，民营经济增加值达30 731.3亿元，较2012年增加4 099.1亿元，同比增长15.4%，民营经济占本地区地区生产总值的比重达到52%，对本地区经济增长的贡献率为62.9%。伴随着民营经济总量的持续攀升，西南四省市民营经济主体数量也在不断增加。截至2013年年底，西南四省市实有民营经济主体771.7万户，同比增长12.4%，其中实有私营企业总数达128.4万户，较2012年增加18.2万户，同比增长16.5%；实有个体工商户总数达643.3万户，较2012年增加67.2万户，同比增长11.7%。同期，西南四省市共有私营企业128.4万户，户均资本253.26万元，较上年增加37.57万元，同比增长17.42%。在2013全国民营企业500强中，西南四省市共有33家企业入围，比上年增加5户。西南四省市产业结构更趋合理，私营企业中从事第一产业的有9.9万户，较上年增加1.35万户，同比增长15.8%；从事第二产业的有25.4万户，较上年增加3.20万户，同比增长14.4%；从事第三产业的有93.5万户，较上年增加14.40万户，同比增长18.2%。西南四省市民间投资稳健增长，2013年民间投资总额达25 232.2亿元，同比增长26%，占本地区全社会固定资产投资总额的比重为48.3%[①]。

① 中华人民共和国国家统计局：《中国统计年鉴2013》，中国统计出版社，2013。

第五章　西部地区自我发展能力研究

早在20世纪80年代，如何增强西部地区的自我发展能力，已成为全国和西部地区政府部门、研究单位、学界专家，以及社会公众十分关注的重要问题。2010年党中央、国务院举行西部大开发工作会议，在总结前十年西部大开发的基础上部署了新十年西部大开发工作，强调新形势下深入实施西部大开发战略要“以增强自我发展能力为主线”。在新一轮西部大开发战略的视野下，对西部地区自我发展能力问题进行研究，这对于推动西部地区经济又好又快发展和社会和谐稳定，实现全面建设小康社会奋斗目标，具有十分重要的战略意义和现实作用。

一、西部地区自我发展能力研究

（一）西部地区自我发展能力及其特征

1. 地区自我发展的概念

区域经济学的理论和实践研究表明，地区经济发展是其自身对地区内外资源的创造、集聚和利用，以及协调各种发展活动的过程。国外的学者提出“自我发展”的概念，认为地区自我发展是一种主要依靠创业精神和本地资源的内涵型经济发展；其能力包含制度禀赋、现有结构、自然资源和知识与技能等四种要素；一个地区的开发、勘探、吸收、整合、领导力以及社会资本构成了自我发展能力的合理内核。国内的学者研究指出：“无论是一个国家的发展还是一个区域的发展，真正的发展是要培育自我发展能力。自我发展能力是内因，是发展的根本所在，是持续发展的真正动力”[①]；地区自我发展能力，其本质是指一个地区依靠自身力量，对地区内外各种资源的优化配置能力；目前，经济增长缓慢，自我发展能力低、自生能力弱是西部地区经济社会发展面临的重要内涵型经济发展制约因素。因此，增强西部地区的自我发展能力，是未来加快西部地区经济发展和发展方式转变的重要着力点。

2. 地区自我发展的阶段及其特征

一是地区自我发展的初期阶段。这一阶段中，由于西部地区缺乏自我发展能力，经济发展十分缓慢。虽然在中央政府和其他地区的援助下，区域基础设施、生态环境和公共服务供给状况得到一定改善，经济有了暂时增长，但这种增长缺乏可持续性。因为外部的援助未能助推地区形成一定水平的自我发展能力，区域不具备资本积累和技术创新能力，社会扩大再生产过程很难实现。一旦外部的援助推力消失，这一地区将重回到经济发展缓慢的状态。所以，初期阶段比较漫长，依靠外部援助的外因来推动地区自身内因的自我发展的条件尚不成熟。

二是地区自我发展较低水平阶段。经过外因推动地区内因自我能力的积累和发展，地区开始形成资源集聚与创生能力。依托本地区农业资源和矿产资源等特色产业不断发展，资本积累能力逐步增强，地区积极参与产业分工和对外开放，经济结构逐步优化，资源配置效率日益提升，地区进入自我发展能力较低水平阶段。这一阶段中，虽然地区科技教育文化水平得到了一定程度的提升，产业结构开始逐步转型升级，已经具备了经济发展的内生动力，但由于地区自我能力积累和发展比较缓慢，科技创新层次较低，经济发展速度比较迟缓，仍然需要中央政府的政策倾斜和其他地区的援助支持。目前，西部地区尚处于自我发展较低水平阶段。

三是地区自我发展较高水平阶段。在外部助力的推动下，地区通过自身发展的不断积累，促进了经济结构不断改善，产业结构不断优化升级，形成了具有一定市场竞争优势的特色产业，标志着自我发展能力进入了较高水平阶段。通过吸引区外资源流入区域内部，提高了区内资源配置效率和劳动生产率，增强资本积累能力和技术创新能力，实现了地区经济的较快发展。在较高水平阶段，由于地区具有较高的自我发展能力，不仅积极寻求区内外各种发展资源为其所用，而且不再需要依靠外部的助推，也能实现地区经济社会的较快发展，即实现从外延扩张

① 郑长德：《中国民族地区自我发展能力构建研究》，《民族研究》2011 年第 4 期。

型经济向内涵发展型经济的转变。

四是地区自我发展能力完备阶段。地区在其内生发展力量推动下，内部资本积累加快，对外部资源的吸引力加大，内部技术创新和组织创新成为推动经济发展的主要推动力。由于地区形成了完备的自我发展能力，当自我发展能力达到完备阶段的完好状态时，区内实现资源优化配置和经济结构优化升级，形成区域内外空间范围的经济增长极，增强了市场竞争优势，不仅有较强的对内集聚功能，而且具有较强的对外扩散功能，并通过扩散效应来带动周围地区的经济较快的发展[①]。

（二）东部地区对西部地区的对口援助效应

东部地区对西部地区的对口援助与自我发展能力是“外因和内因”的关系，两者之间是相互影响和联系的。1996 年 7 月，党中央、国务院作出东西部合作的重大战略，东部地区对口支援西部落后地区经济、社会、人口、资源、环境等方面的援助建设。在这一过程中，东西部地区通过智力援助、产业援助、民生援助、生态援助，实现双方的交流合作与互利互惠，推动了西部受援地区经济、社会综合发展能力的构建和提升。

1. 上海对云南的对口援助

上海和云南通过建立对口帮扶合作机制，由上海 14 个区县对口帮扶云南 4 个州市 26 个重点县，同时将保山、西双版纳 2 个州市作为重点经济合作区域，双方组织在教育、卫生、招商、民政等 20 余个部门开展对口合作。据统计，1996—2014 年，上海对云南帮扶合作累计实施帮扶项目 7 527 项，投入各类帮扶资金 32.6 亿元，项目覆盖云南西部边境山区、乌蒙山片区、石漠化地区和迪庆藏区 30 多个县，解决了 60 余万贫困人口的基本温饱问题，受益群众达 150 余万人[②]。

1996—2014 年，上海在对云南援助的智力帮扶中，上海方面先后选派 9 批 143 名援滇干部到 4 州市挂职，负责帮扶项目的规划、实施与推进；选派 17 批 378 人开展“青年志愿者接力行动”，选派 804 名应届大学生、研究生参加服务西部计划；并重点针对教育、卫生、金融、园区管理等领域，培训各类人员 51.5 万人次。在经贸合作中，沪滇经济合作累计实施项目 1 000 余个，实际到位项目资金 470 亿

---

① 孙根紧：《区域自我发展能力：概念辨析、构成要素与判断标准》，《区域经济评论》2015 年第 2 期。

② 崔仁璘：《真情携手 东西共进》，《云南日报》，2013 年 7 月 8 日。

元。同期，上海投入民生帮扶资金 10.1 亿元（含在总帮扶资金中），实施 3 398 个民生领域帮扶项目，实现了由援建希望学校到教育、医疗卫生等领域的覆盖。上海方面先后选派 12 批 1 155 名骨干教师赴滇支教，帮助培训教师 9 万多人次。2014 年，404 个“白玉兰”远程教育点持续推进，累计派驻云南医务人员 465 人次，培训县级医务人员 48 817 人次。接受云南 427 名医疗工作者赴沪培训，上海 24 家三级医院对口支援云南 24 家县级医院等。

2. 广东对广西的对口援助

1996 年以来，广东对广西的对口援助取得了显著成效。援助资金从 2006 年的 7.93 亿元，增加到 2010 年的 12.809 亿元，年均增加 10%。资金主要用于帮助广西易地安置贫困群众、整村推进扶贫开发示范村建设、建设学校和卫生院（所）、培训扶贫干部、援助贫困生、建设村屯公路和人畜饮水工程等。仅 2011 年至 2013 年，广东向广西无偿援助建设整村推进示范村 69 个；实施经贸合作项目 5 172 个，实际投资额 6 143 亿元；培训交流干部 2 568 人次，有组织转移贫困地区劳动力 69 万人次[①]。

同期，广州市组织所辖的 7 个区（市）对口帮扶百色市的 12 个县（区），共捐助帮扶资金 1.25 亿元（含捐物折款）；东莞市组织 11 个镇（区）对口帮扶河池市的 11 个县（市、区），共捐助帮扶资金 1.32 亿元（含捐物折款）；广东帮助广西举办各类培训班 69 期，培训学员 2 056 人次；广州市还培训百色市干部 156 人；广东省共组织 150 名干部到广西挂职，广西也派出 47 人到广东挂职学习。此外，广东和广西两省区交通、教育、旅游等部门的协作取得新进展，广昆线广西段苍梧至郁南高速公路、广东段河口至平台高速公路等八大公路水路项目全面推进，大部分建成通车；广东省财政安排 2 907 万元用于改善广西贫困地区学校办学条件等项目；两省区之间的“无障碍旅游”也得到较大的发展。2011—2014 年，广东省共举办了 8 期广西扶贫管理干部培训班，培训各类干部 650 多人次。

3. 北京对内蒙古的对口援助

“十五”时期，北京市向内蒙古贫困地区无偿提供扶贫资金和物资折款共计 4.72 亿元，援建学校 97 所。同时，双方在能源开发、农牧业发展、旅游、生态环境建设与保护等方面的合作不断深入，两地企业合作资金达到 450 亿元。“十一五”时期，北京市与内蒙古实施合作项目 1 130 项，总投资额 8 324.63 亿元，实际到位

---

① 韦继川：《广东广西亲兄弟，扶贫协作宽领域》，《广西日报》，2011 年 11 月 19 日。

资金 3 881.86 亿元。投资 5 亿元以上的大型项目有 351 项，到位资金 3 188.86 亿元，占实际到位资金的 82.1%。这些项目主要涉及能源、化工、建筑、制造、采矿及城市基础设施等领域，项目的实施促进了内蒙古自治区的经济社会发展[①]。

北京对内蒙古的帮扶成效显著。一是在教育系统，经两地教育主管部门协商，每年从区内 8 个旗县选派 120 名初、高中骨干教师赴京参加挂职培训；北京大学、清华大学、北京工业大学、北京印刷学院、北京市商务管理学校、北京四中与内蒙古相关机构开展了合作办学。二是在医疗卫生系统，北京市属 26 家医院对口支援内蒙古的 36 家旗县级医院，北京市属 15 家中医院对口支援内蒙古的 56 家蒙中医院，北京市各对口支援医院免费接受 121 名旗县（市、区）骨干医师参加为期一年的专科培训。三是在文化体育系统，京蒙两地相关部门采取多种合作形式，如内蒙古乌兰恰特与北京保利剧场合作开发内蒙古演艺市场、北京房开控股集团投资开发建设乌兰察布红海子体育公园城市综合体育项目等。四是在民政系统，北京市民政局、捐赠中心、绿化基金会、慈善协会等已向内蒙古捐赠款物 1 751 万元，主要用于赤峰、乌兰察布、呼伦贝尔、兴安盟、通辽、锡林郭勒盟等地的治沙造林、捐资助学、医疗救护等。与此同时，内蒙古派出了近 1 000 名党政干部和 400 名专业技术人员赴京挂职锻炼。

4. 中央和各省区对西藏的对口援助

中央对西藏的援助实际上从 1956 年就已开始，对口援助西藏工作可以说是在所有的对口援助中最为长久，内容广泛，规模巨大的一个地区。和其他受援省区不同的是，西藏不仅仅是某个发达省区对其援助，而是通过中央政府和各省区的努力，形成了“全国援藏”的格局。

从 1984—2005 年对藏援助建设项目来看，可分为两大类：第一类是历次西藏工作座谈会批准的大型项目共 254 个，援助金额 515.21 亿元；第二类是各对口援藏的省市、国家机关和大型企业根据西藏需要安排的援助项目共 1 826 个，援助金额 37.07 亿元。据统计，中央和各省市援助总金额高达 552.28 亿元，其中 514.06 亿元（93.08%）为无偿援助，其余 38.21 亿元（6.92%）为西藏自治区动用中央历年财政拨款结余、企业自筹、地方自筹配套资金、贷款、群众投劳折资等[②]。此

---

① 聂忠华:《北京内蒙古签署“十一五”对口帮扶与合作框架协议》,《北京日报》2007 年 8 月 4 日。

② 靳薇:《项目援助与西藏经济发展》,《西北民族研究》,2008 年第 4 期。

外，1995 年至 2010 年 15 年间，各对口援藏省市和国家相关部委，大力支持西藏科教文卫事业建设，加快公共服务均等化进程，推动西藏公共服务水平不断上升；修建青藏铁路格尔木—拉萨段（1 118 千米），结束了西藏没有铁路、不通火车的历史；新建了林芝机场、拉萨贡嘎机场航站楼；农村基本实现全区乡乡通公路的目标；“送电到乡”的小水电项目，解决了数万农牧民的照明问题，改善了生活条件；实施了覆盖全区的广播电视工程，广播电视覆盖整个西藏自治区。第六次西藏工作座谈会，习近平总书记提出了 6 个方面的治藏方略。这是历次西藏工作座谈会首次提出“治藏方略”的概念，对系统的、正式的将发展至今的工作原则、经验和策略等提出来，进一步强调“治国必治边，治边先稳藏”。

5. 中央和各省区对新疆的对口援助

新疆和西藏一样，是全国对口援助时间最久、规模最大的地区之一。从 20 世纪 50 年代解放军官兵和当地群众共同屯垦戍边以来，1979 年，中央安排江苏省援助新疆，开始了省际对口援助新疆的工作。2007 年，国务院颁布《关于进一步促进新疆经济社会发展的若干意见》，进一步加大对新疆的援助力度；同年，科技部开展全国科技支疆行动；2010 年召开全国对口支援工作会议和中央新疆工作座谈会，按照中央总体部署，19 个省市分别对口援助新疆 12 地（州）市的 82 个县（市）和新疆生产建设兵团的 12 个师。新一轮援疆模式，实行经济、教育、科技、干部、人才全方位援疆。

一是通过大量投资石油石化、煤炭、电力、冶金、建材等行业，开发地方资源，积极带动了新疆经济发展；二是通过承建铁路、公路、通信、水利水电、石油天然气勘探开发等基础设施建设项目，为新疆经济社会发展提供了有力保障；三是通过增加和扶持新疆生产企业的发展，增加了地方就业和财政收入；四是通过开展各类援助帮扶活动，为改善民生作出了积极贡献。据统计，2010—2013 年，新疆地区生产总值增长逐年加快，是新疆历史上经济发展最好、最快的时期。其中 2013 年实现地区生产总值 2 400 亿元，按可比价格计算，比上年增长 15%。地区人均生产总值也由 1978 年的 313 元增加到 2012 年的 33 621 元，增长了 100 多倍。2010—2012 年，新疆石油工业增长 21.8%，高出全国平均增速 13.9 个百分点，居全国首位，在全国工业发展中新疆工业开始快速增长[①]。

① 陈静：《对口援疆的历史演进与绩效评价》，《中共乌鲁木齐市委党校学报》2013 年第 4 期。

6. 深圳、青岛、大连、宁波四个市对贵州的对口帮扶

贵州是一个多民族共居的省份，它同全国少数民族地区一样，由于历史的、自然的和现实的种种原因，虽然经济发展纵向比较已发生了巨大变化，但与发达的东部省区乃至中部一些省区比较，都呈现为比较落后的滞后状态。1996 年 7 月，党中央、国务院作出东西部合作的重大战略决策，并明确由深圳、青岛、大连、宁波四个计划单列市对口帮扶贵州。这是中央落实邓小平同志“先富帮后富，最终实现共同富裕”思想的战略举措，是社会主义制度优越性的具体体现。对口帮扶以来，四个市在贵州全省和地区的主动配合下，深圳对口帮扶毕节和黔南地区，青岛对口帮扶安顺和铜仁地区，大连对口帮扶遵义和六盘水地区，宁波对口帮扶黔东南、黔西南地区，投入了大量资金、物资，在科教扶贫、智力扶贫、交通扶贫、卫生扶贫、劳务输出、干部培训、经济协作、开拓国内国际市场等方面，特别是为贵州省贫困地区做了大量艰苦细致的帮扶工作，为贵州“八七”扶贫攻坚计划的胜利完成，和新阶段扶贫开发的顺利进行及全省经济社会的发展作出了积极贡献。

一是在对口帮扶工作中，四个城市的党政领导、对口区县和市直部门负责人、企业家 8 000 多人次到贵州商谈帮扶事宜，实施帮扶项目，投入了大量的资金和物资，在科教扶贫、智力扶贫、交通扶贫、卫生扶贫、劳务输出、干部培训、经济协作、开拓国内国际市场等方面，为贵州贫困地区做了大量卓有成效的工作，产生了巨大的经济效益和社会效益。二是 1996—2006 年，四个城市共向贵州无偿捐赠资金 10 多亿元，兴办了 3 000 多个帮扶项目，大大推动了贵州贫困地区经济社会发展，改善了受帮扶地区贫困群众的生产生活条件。其中：新建、改扩建希望学校 830 所，改善了贫困地区办学条件；兴建（扩建）医院（卫生院）294 所，解决了一大批贫困群众就医难问题；资助 7.25 万多名失学儿童和特困学生入学就读；资助兴修水利，解决了 43.3 万人、29.6 万头牲畜的饮水困难；帮助改造基本农田 14.11 万亩（0.94 万公顷），兴修乡村公路 2 189.2 千米，解决了 100 多个村通电问题，协助解决了 2 000 多户特殊困难农户移民搬迁问题；建立了一批扶贫开发基金、乡镇企业发展奖励基金、救灾基金、教育基金等。同期，四个城市共向贵州捐赠衣被 4 022.69 万件，捐赠了一批汽车、彩电、电脑、音响、冰箱、图书、医疗设备、农用物资等，合计折款 2.45 亿元。这些物资已由贵州各级政府和民政部门全部及时发放到灾区及贫困群众手中，共救济 2 000 多万人次。三是免费举办培训班、安排贵州干部到四个市挂职锻炼，培训县、乡、村干部和农民达 3.6 万多人。贵州向四个城市输出劳务人员 15 万多人，挣回劳务收入 7 亿多元。四个城市也选派了 127 名干

部到贵州贫困地区挂职锻炼，并通过实施“东西支教工程”，前后组织中小学骨干教师200多名、青年志愿者300多名到贵州支教。四是“十二五”期间，贵州加大对东部发达地区的招商引资力度，重点加强与珠三角、长三角和深圳、青岛、大连、宁波等对口帮扶城市以及苏州市的交流合作[①]。在继续推进对口帮扶中，找准新的切入点和着力点，使四个城市的各类先进要素更加顺畅地进入贵州，确保对口帮扶城市的先发优势尽快转换为助推贵州经济社会跨越发展的强大助力。

（三）增强西部地区自我发展能力的主要内容

1. 西部地区自我发展能力面临的新形势、新目标

《中华人民共和国国民经济和社会发展第十二五个规划纲要》指出，充分发挥不同地区比较优势，促进生产要素合理流动，深化区域合作，推进区域良性互动发展，逐步缩小区域发展差距[②]。“十二五”以来，西部地区自我发展能力面临以下的新形势和新目标。

在全国经济发展的新形势下，经济体制由计划经济向市场经济转化，按照市场规律，西部地区应用经济杠杆谋求最适合自身发展的路径，以及遵循市场规律，将资金投入生产效率更高的地方，寻求公平与效率的结合。着重在发展方式上，通过调结构转方式，促进创新驱动和内需拉动，增强地区的自我发展能力。同时，在发展理念上，加快经济发展方式转变。援助主体上，从单一政府主体的扶贫帮扶，转向以政府为主和企业参与的合作共赢。新目标包括：一是关注民生。在对口援助的新阶段，关注民生是各级政府实施对口援助的重要任务。二是关注贫困人口综合素质和自我发展能力，使受援人口能依靠自身努力，提升自己的生存和生活状态。三是以实际需求为导向，注重差异性，有针对性和有重点的援助。紧密结合受援方经济社会发展的实际需要，包含民生、智力、产业等领域发展的实际需求。四是注重政策援助、经济援助、干部援助、人才援助、教育援助及产业援助的系统性和协调推进。五是对口援助要以互利双赢、共同发展为利益导向，按照市场规律谋求最适合共同发展的项目。

---

① 《贵州省国民经济和社会发展第十二个五年规划纲要》，贵州省人民政府，2011年1月。

② 《中华人民共和国国民经济和社会发展第十二个五年规划纲要》第十八章，2011年3月14日。

2. 增强西部地区自我发展能力的途径

一是发挥市场机制作用。通过政府主导和企业主体共同推进西部地区农村市场化和农业产业化，是增强西部地区自我发展能力的关键和要解决的首要问题。对于西部受援地区，增强自我发展能力，就是要通过建立和完善市场经济体制和机制，从粗放型经济向集约型、创新型经济形态过渡。这对于解决西部农业“小生产与大市场”的矛盾，增强农民自我发展能力具有十分重要的作用。解决西部市场与生产的矛盾，就是要着力扩大受援地区产品的销路，扩大产品手册范围，同时，通过多方面努力，激励东部企业的进入，为帮助受援地区建立完善和发挥市场机制作用。对于西部地区，“自我发展能力的构建就是要从资源依赖性经济或“资源的诅咒”走出来[①]。为加快西部地区从粗放型经济向集约型、创新型经济形态转变，需要通过市场让资金、技术、人力资本、知识等各种市场要素流动起来，创造各种比较优势；同时，发挥市场机制的作用，引导生产要素在地区经济各个部门合理流动，在各个产业进行分配，并推动厂商和农户的产品生产和产品流通，影响消费者的消费行为。总之，通过发挥市场机制的作用，使市场在整个国民经济的生产、分配、交换、消费的过程中，成为配置资源要素的主导力量。

二是构建现代产业体系是缩小西部地区与东部地区差距的关键。对于西部地区来说，发展和提高产业能力就是要不断完善和调整产业结构，通过对地区主导的资源产业的升级转型，实现从资源型产业向现代产业体系的转换。一方面，要对地区资源型产业进行升级转型，实现从资源型产业向现代产业体系的转换。从地区的经济基础和能力初始条件出发，培育和发展特色优势产业，并通过优势产业带动相关产业的发展，形成具有市场竞争力的支柱产业。如：上海烟草集团公司在云南文山州建立烟草基地的基础上，与云南烟草公司合作研究开发、培育品牌，共同拓展卷烟市场。另一方面，发挥地区龙头企业的带动作用。通过龙头企业的规模化生产、专业化分工、工业化管理、产业化经营的路子，提高地区产业产品发展层次和水平。如：农产品行业协会以及农业生产合作社等组织，通过将产业化扶贫与农民组织化程度提高相结合，提高农民现代市场的主体地位，促进农户在产业化发展中受益。

三是构建技术能力是西部地区实现经济赶超的有效途径。西部地区尤其是

---

① 李盛刚：《西部民族地区农村发展：基于自我发展能力研究》，博士学位论文，兰州大学，2007。

在广大农村尚缺乏通过对技术的转移、引进、模仿和吸收，推动经济发展和效益增长的有效措施，甚至尚存在技术差距扩大的趋势。其主要原因，首先是广大农村落后地区缺乏应用技术所必需的组织能力和人力资本条件。其次，技术能力的获得是一个逐步积累和长期的过程。实践表明，技术能力的构建是地区要素禀赋和技术基础的积累整合结果。所以，广大农村落后地区由于缺乏对应用技术的吸收能力，这使得引进的技术即使再先进，也难以迅速推动地区农村的技术和经济的增长和发展。因此，选择与受援地区相适应的“适宜技术”，是构建受援地区实现技术能力发展的重要保证，也是实现经济赶超的有效途径。

四是打造人力资本是西部地区提高自我能力的必经之路。人力资本的重要性在于是实现人力资源劳动力使用价值的保证。西部地区自我发展能力的形成必须通过对人力资本的形成和积累来获得。所以，人力资本不仅为地区技术创新提供了有力的智力支持和技术保证，而且是经济发展重要的原动力和价值的创造主体。实践表明，一个地区的人力资本的规模、存量及其结构，直接影响地区的技术创新模式、路径选择和经济社会发展。如果经济落后地区处于一种“贫困的恶性循环困境”状态，要摆脱这种“贫困的恶性循环困境”的关键就是打造人力资本。所以，西部地区与其他地区发展上存在巨大差距的一个重要方面，就是人力资本发展上存在的差距。众所周知，人是经济增长中最活跃的因素，是人力资本的载体，更重要的是，人也是经济增长中最重要的因素，表现为是技术进步和制度创新的主体。从根本上说，经济落后地区的人的综合素质提高了，打造人力资本的能力增强了，才有可能缩小与先进地区发展的差距，并为地区经济社会发展打下坚实的基础。因此，当前，如何打造和提高构建人力资本的能力是西部地区提高自我能力的必经之路。

五是引进来、走出去是构建自我发展能力发展的机遇措施。投资、消费、进出口是拉动地区经济发展的“三驾马车”。长期以来，西部地区由于历史等原因，对内对外开放滞后，严重制约了地区自我发展能力的提升。西部地区虽然沿边，但在对外开放中尚缺乏东部地区与境外国家的经济技术联系。所以，必须寻求对内对外新的经济贸易合作模式。在对内开放中，要积极而有选择地承接东中部产业转移，选择有技术梯度的提高和发展，同时，加强与国外尤其是周边相邻国家的经济贸易交流与合作，在引进来、走出去的过程中，通过加强学习，加快资本和技术的积累，这对于西部地区自我发展能力的提升有着特别的重要意义[①]。目前，西部地区对外

---

① 郑长德：《中国民族地区自我发展能力构建研究》，《民族研究》2011 年第 4 期。

开放能力在发展定位、要素结构、进出口商品结构、工业化等方面还有一定的差距，应努力利用边境贸易发展带动一般贸易和加工贸易的发展。利用周边相邻国家对中国产品的需求比较大，发挥较大的市场潜力。针对俄罗斯、印度、哈萨克斯坦、巴基斯坦，以及东盟国家等，渴望输入中国的产品和技术，特别是“十三五”时期我国推进“一带一路”建设，打造全面开放的新格局，发挥西南地区毗邻中南半岛、与东盟国家陆海相连的优势，打通海上连接东南亚、陆上连接印度洋的战略通道。通过实施“引进来、走出去”战略，是构建自我发展能力难得的发展战略机遇。

（四）增强西部地区自我发展能力的政策建议

1. 通过政府引导，鼓励和支持地区搭建地区间的经济技术协作和人才合作交流的发展平台，建立制度化的区域合作机制

要充分利用市场经济的力量，发挥市场机制配置资源的基础性作用，促进生产要素在区域间自由流动和合理配置，引导产业由东部地区向西部地区有序转移，逐步改变西部地区市场经济存在差距的局面。又要通过市场机制的作用，将东部地区的外生援助转化为西部地区自我发展的内生机制[①]。

2. 把全方位产业合作和承接产业转移作为西部地区自我发展能力建设的重点

一是加强与受援地区农业合作，共同开拓农副产品市场，同时，帮助受援地区开展优质农副产品宣传推介活动，开拓国内外市场。二是加强与受援地区制造业合作，提高先进制造业发展水平。结合受援地区的比较优势，加强在航空、电力、钢铁、汽车、装备制造业等领域的合作。三是加强与受援地区现代服务业合作，优化产业经济发展结构。鼓励东部地区的金融、中介、咨询、旅游、物流、会展等企业和机构，为受援地区特色产业进入国内外市场提供服务。四是加强与受援地区能源资源合作，共同开发利用特色资源，打造东西部能源资源供应基地，确保和满足能源市场需求和提高。

3. 把科技培训作为受援地区自我发展能力建设的支撑力量

通过建立跨区域产学研平台，实现与受援地区科技信息资源共享。积极支持东部地区高校、科研院所、科技型企事业单位与受援地区开展产学研合作。着重

---

① 陈瑞莲：《改革开放以来中国的区域政策及创新》，载中山大学行政管理研究中心等主编《21世纪的公共管理：机遇与挑战 第三届国际学术研讨会文集》，格致出版社，2010。

加强西部地区在疾病防治、天然药物资源和矿产资源开发利用，以及环境保护与监测、灾害监测预警与应急救援技术开发应用、地方公共信息网络系统集成技术的开发与应用等重点项目的合作。

4. 实施人才培训和教育帮扶，建立干部交流和劳务培训的机制

把人力资本作为受援地区自我发展能力建设的抓手，帮助完善职业教育基础设施建设，培训职业教育师资，加大劳动技能培训力度。重点扶持受援地区通过办班集中培训，增强培训效果。结合援建项目，采取多种形式，帮助受援地区培养管理干部和专业技术人才，并在东部地区高校、科研院所，提供进修和培训等支持。加大定向招工力度，完善东部地区与受援地区劳务输出合作对接机制，扶持对口地区按照用工单位需求加强劳动技能培训；鼓励和支持援助地区的企业和劳动服务中介机构，提供劳动岗位和发布用工信息，主动招收对口地区高校毕业生和岗位匹配人员就业。根据对口地区需求，选派党政干部、专业技术人才、青年志愿者等赴当地挂职锻炼、开展志愿服务，提供智力支持。

5. 积极开展对外贸易合作，开拓周边国际市场

充分利用和依托西部地区面向东南亚、东亚、中亚、东北亚周边国家的地缘优势和战略平台，把对内开放和对外开放结合起来。发挥西部地区在国家“一带一路”战略建设中的地缘优势，充分利用国家沿边开放的历史机遇和发挥东部地区在技术、产品及开拓市场方面的竞争优势，积极开展双边、多边投资贸易合作，共同开拓周边国家市场；鼓励和引导企业联手参与口岸地区基础设施、商贸物流设施建设，合作参与周边国家水电开发和电网建设等；建立和完善一批边境出口加工区和对外自由贸易区，积极引进东部省区的大中型骨干企业到西部地区建立面向周边国家的市场产品加工基地，结合丝绸之路经济带打造外向型开放园区。同时，鼓励西部地区有条件的企业以多种形式在境外投资，参与对外贸易、资源开发、产业合作、科技人才和文化交流、工程承包、劳务合作等国际经济技术合作。

6. 建立对口援助的运作体系和评估机制

在对口帮扶的资金投向和使用上，按照“资金跟着项目走，拨付跟着进度走”的使用原则，帮扶项目的运作应与改善群众生产生活条件、扶持农村经济、促进农户增收等帮扶目标体系直接挂钩。同时，援助项目应根据中央要求、当地所需，通过援助所能进行对口帮扶。对项目可能出现的隐患、争端和问题，应进行及时的沟通、解决和监管，对不符合实际需求的援助项目及时调整。项目实施之后，要对援助项目建立跟踪制度和评估机制，并通过对项目的相关数据和资料进行整理，

作出绩效评价。

7. 增加和完善用于西部地区公共服务和生态补偿的财政转移支付和补偿机制

西部地区承担着全国大江大河上游生态安全屏障建设的任务，事关国家西部大开发发展战略部署和发展目标的实现。所以，增强西部地区自我发展能力的一项重要任务，就是要加强西部地区公共服务设施建设和改善脆弱的生态环境，推动经济社会的可持续发展。一是要把构筑稳固的生态安全屏障作为生态建设的目标，正确处理保护与开发的关系，建立完善生态补偿机制；二是要整体推进天然林保护、天然草地保护、自然保护区与生态功能区等重点生态环境保护工程建设；三是要加强大江大河源头区、湿地、天然林及生物多样性保护，以及加强草原生态建设，积极稳妥地进行生态系统的修复与重建。所以，从“十三五”时期开始，要增加和完善用于西部地区公共服务和生态搬迁。在自我发展能力的构建过程中，必须把生态建设放在突出位置，坚持可持续发展道路和补偿机制。

8. 建立健全东西部协作和定点扶贫机制

扶贫开发事关全国和西部地区全面建成小康社会和促进区域经济社会发展。确保到 2020 年农村贫困人口实现脱贫，是我们党向人民作出的郑重承诺，是必须打赢的一场攻坚战，在增强西部地区自我发展能力的过程中，必须采取卓有成效的措施，进一步提高对扶贫开发的认识。一是东部地区要增加对口帮扶地区的财政投入，启动实施东部强县与西部贫困县“携手奔小康”行动；二是深入推进党政机关、部队、人民团体、国有企业定点扶贫机制；三是激励各类企业、社会组织、个人自愿采取包干方式参与扶贫，落实企业和个人扶贫捐赠税前抵扣政策；四是扩大扶贫国际合作，把革命老区、民族地区、边疆地区、集中连片贫困地区作为脱贫攻坚的重点。

二、西部地区在新一轮西部大开发中经济发展模式研究

首轮十年西部大开发，西部地区经济发展取得了巨大的成绩。在新一轮西部大开发中，西部地区如何在新的经济发展背景和现状的基础上，认真总结首轮西部大开发的经验和教训，选择加快经济发展的模式，确保西部大开发战略总体目标的实现，值得加以认真研究。

（一）新一轮西部大开发的经济发展背景

1. 西部大开发三个阶段的经济社会发展任务

党中央为贯彻邓小平的“两个大局”思想和促进国民经济协调发展，在1999年提出了加快开发中西部地区发展的全局性战略任务。1999年11月，中央经济工作会议正式提出开发西部战略，并决定成立国务院西部地区开发领导小组。2000年1月19日—22日，国务院西部地区开发领导小组召开西部地区开发会议。会议提出实施西部大开发是一项规模宏大的系统工程，也是一项艰巨历史任务。并指出：必须统筹规划，突出重点，防止一哄而起。国务院发布的《西部大开发总体规划》指出，西部大开发可按50年划分为三个阶段：一是奠定基础阶段。从2001年到2010年，重点是调整结构，搞好基础设施、生态环境、科技教育等基础建设，建立和完善市场体制，培育特色产业增长点，使西部地区投资环境初步改善，生态和环境恶化得到初步遏制，经济运行步入良性循环，增长速度达到全国平均增长水平。2000年1月国务院西部地区开发领导小组召开会议，提出西部大开发的基本思路、战略任务和工作重点，标志着首轮西部大开发的开始。二是加速发展阶段。从2010年到2030年，在奠定基础阶段设施改善、结构战略性调整和制度建设成就的基础上，进入西部开发的冲刺阶段，巩固提高基础，培育特色产业，实施经济产业化、市场化、生态化和专业区域布局的全面升级，实现经济增长的跃进。2010年7月，国务院再次召开西部大开发工作会议，进一步明确了新一轮西部大开发的总体目标、主要任务，为西部地区经济社会的长期、快速、平稳发展指明了方向。三是全面推进现代化阶段。从2031年到2050年，在部分率先发展地区增强实力，融入国内国际现代化经济体系自我发展的基础上，着力加快边远山区、落后农牧区开发；普遍提高西部人民的生产、生活水平，进一步缩小与全国先进地区发展的差距。

2. 新一轮西部大开发的经济发展背景

当前，在新的国际国内发展环境中，新一轮西部大开发表现出不同于前10年的新特点，应对新一轮西部大开发的经济发展背景，进行深入的分析研究。

一是对经济全球化背景的分析。经济全球化是指世界各国、各地区经济在生产、分配、消费等方面所形成的一体化趋势。在经济全球一体化趋势和背景下，西部地区作为经济全球化系统的一个子系统，发展西部地区经济应充分研究经济全球化对地区经济发展的影响。首先，经济全球化有利于促进西部地区经济发展，加速经济转轨，通过进行产业结构性调整与传统技术改造，改变传统产业化发展模式，有助于形成一种崭新的能源高效利用、低环境损害的可持续发展模式。其次，有助于劳动力、资本、技术等生产要素的有效配置。2002 年 10 月，联合国公布的移民报告指出，2010 年世界移民已经达到 2.14 亿人，2050 年将达到 4.05 亿人。海外中国移民被认为是国际上人数最多的移民群体之一，约占国际移民总人数的 18.3%。第三，西部地区在发展开放型经济中可以改变普通劳动力相对过剩、高端人才相对稀缺的状况。同时，资本在全球范围流动的规模日益增大中，有望全球外商对西部地区的投资增加（见表 5.1）。

表 5.1　1990—2010 年全球外商直接投资

（单位：万亿美元）

1990	1991	1992	1993	1994	1995	1996	1997	1998	1999	2000
0.2	0.16	0.17	0.22	0.25	0.33	0.37	0.47	0.7	1.1	1.52
2001	2002	2003	2004	2005	2006	2007	2008	2009	2010	
0.79	0.74	0.64	0.75	1.14	1.5	2.32	1.82	1.04	1.24	

资料来源：世界银行业务部门。

据统计，“十一五”期间中国已与 152 个国家和地区建立了科技合作关系，与其中 97 个国家和地区签订了 104 个政府间国际科技合作协定，共计投入经费 43.75 亿元。由此可见，劳动力、资本、技术等生产要素在世界范围的流动，促进了世界贸易的发展。所以，随着经济全球化的逐步深入，世界贸易规模将不断扩大。据世界贸易统计，进入 21 世纪，世界贸易总额逐步增加，由 1990 年的 7.0 万亿美元上升到 2000 年的 13.2 万亿美元，到 2010 年达到 30.6 万亿美元（见表 5.2），推进了世界范围贸易自由化，使世界各国商品能够更加畅通地在世界范围流动。

表 5.2　1990—2010 年全球贸易总额

（单位：万亿美元）

1990	1991	1992	1993	1994	1995	1996	1997	1998	1999	2000
7.0	7.1	7.1	7.7	8.8	10.5	11.0	11.3	11.2	11.6	13.2
2001	2002	2003	2004	2005	2006	2007	2008	2009	2010	
12.7	13.2	15.5	18.8	21.4	24.6	283	32.6	25.2	30.6	

资料来源：世界银行业务部门。

二是中国对外开放的深入推进背景。中国实施对外开放的经济战略以来，深入推进对外贸易和对外经济合作的发展。在贸易方面，进出口规模迅速扩大，贸易结构不断优化升级。20 世纪 90 年代以来，中国进出口总额稳步上升，由 1994 年的 20 381.9 亿人民币上升到 2000 年的 39 273 亿人民币，并一直继续保持稳步的增长（见表 5.3）。

表 5.3　1990—2010 年全国贸易进出口总额

（单位：亿人民币）

1994	1995	1996	1997	1998	1999	2000	2001	2002
20 381.9	23 499.9	24 133.8	26 967.2	26 849.7	29 896.2	39 273	42 184	51 378
2003	2004	2005	2006	2007	2008	2009	2010	2011
70 484	95 539	116 922	140 974	166 864	179 922	150 648	201 722	230 180

资料来源：中国国家统计局。

随着我国贸易体制改革的推进，形成了贸易经营主体多元化的格局。截至 2008 年年底，中国拥有外贸经营权的企业数量超过 73 万家，其中国有企业 2.4 万家，外资企业 32 万家，民营企业 38.6 万家。贸易领域从货物贸易扩展至服务贸易，贸易结构不断优化升级。服务贸易总额从 1998 年的 504 亿美元增长到 2010 年的 3 624 亿美元，增长了 7.19 倍（见表 5.4）。

表 5.4　1998—2010 年中国服务贸易总额

（单位：亿美元）

1998	1999	2000	2001	2002	2003	2004
504	572	660	197	855	1 013	1 337
2005	2006	2007	2008	2009	2010	
1 517	1 917	2 509	3 045	2 867	3 624	

资料来源：中国商务部。

在推进对外经济合作方面，我国全面融入多边贸易体系。加入 WTO 为中国在更大范围、更广领域和更深层次参与全球化经济合作，构建了新的发展平台，促进了社会主义市场经济体制的完善，推动了行政管理体制改革和政府职能转变。同时还综合运用各种反制手段和建立解决与有关世贸组织间的争端机制。

三是国内“区域一体化”进程加快背景。按照国家“十一五”发展规划，到2010 年中国完成计划经济体制向市场经济体制的转变，建立完善的社会主义市场经济体制。现阶段的任务是加快“区域一体化”进程，促进城乡一体化、区域发展一体化、经济与社会一体化、收入分配均等化，实现共同富裕。当前，西部地区在新一轮西部大开发中正处于区域经济一体化的发展期，应充分把握区域经济一体化的机制，加快区域经济一体化进程，融入经济全球化。同时，新一轮西部大开发战略的实施，东部地区向中西部地区产业转移的速度与规模逐步加大，西部地区经济发展日益成为中国国家发展战略的重点之一。受东部地区地价高涨、劳动成本偏高等成本的影响，越来越多的企业和产业开始向中西部地区转移。在吸引产业进行转移的因素中，不仅有中西部成本优势，也包括西部企业开发中促进市场经济繁荣的愿望。因此，东部地区产业转移不仅可以快速完成中国的产业升级和重新布局，而且对于繁荣西部地区经济，促进东部地区与西部地区经济平衡发展都具有积极意义。

（二）西部地区发展开放型经济现状

西部大开发以来，西部地区对外开放的深度和广度进一步拓展，利用两个市场和两种资源的水平进一步提高。

1. 西部地区对外开放的力度加大

西部大开发以来，西部地区加大了对外开放力度，进出口总额由 1998 年的 132.6 亿美元提高到 2010 年的 1 282.58 亿美元，年均增长 23.89%，其中进口总额比 1998 年增加 496.14 亿美元，年均增长 23.37%；出口总额比 1998 年增加 653.84 亿美元，年均增长 23.07%。贸易顺差持续大幅度增加，由 1998 年的 36.18 亿美元增长到 2010 年的 193.88 亿美元（见表 5.5）。

西部地区外商投资和港澳台投资企业家数由 1999 年的 1 091 家上升到 2010 年的 2 486 家，增幅高达 128%；工业总产值由 1999 年的 743 亿元上升到 2010 年的 8 930.04 亿元，增幅高达 11 倍之多；资产总计由 1999 年的 1 269 亿元上升到 2010 年的 9 177.88 亿元，增幅高达 623%（见表 5.5、表 5.6）。

表 5.5　1998—2010 年西部地区对外贸易三项指标

（单位：亿美元）

年份	进出口总额	进口总额	出口总额
1998	132.6	48.21	84.39
1999	139.88	62.09	77.79
2000	171.64	72.36	99.28
2001	191.1	84.5	112.6
2002	228.23	107.41	120.82
2003	299.96	140.02	159.94
2004	367.31	161.36	205.95
2005	491.69	228.31	263.38
2006	626.45	281.16	345.29
2007	785.88	238.34	367.88
2008	1 068	418	650
2009	916.46	396.01	520.45
2010	1 282.58	544.35	738.23

资料来源：根据 1999 年至 2011 年《中国统计年鉴》中的数据整理。

表 5.6　外商投资和港澳台投资工业企业主要指标对比

地区	1999 年			2010 年		
	企业个数	工业总产值 / 亿元	资产总计 / 亿元	企业个数	工业总产值 / 亿元	资产总计 / 亿元
全国	28 445	23 464.55	2 714.064	74 045	189 917.11	148 552.32
内蒙古	90	54.56	99.37	221	1 180.70	1 559.42
广西	207	114.53	235.36	544	1 975.85	1 614.39
重庆	138	129.02	213.96	324	1 758.57	1 535.91
四川	249	167.09	262.28	611	1 933.77	1 840.72
贵州	61	18.55	37.70	102	157.55	251.01
云南	117	60.25	119.66	216	390.73	500.80
西藏	5	0.06	0.78	3	5.46	7.85
陕西	126	132.92	194.97	255	1 041.67	900.78
甘肃	32	29.91	45.24	54	98.87	220.36

续表

地区	1999年			2010年		
	企业个数	工业总产值/亿元	资产总计/亿元	企业个数	工业总产值/亿元	资产总计/亿元
青海	6	4.83	6.69	28	166.51	390.58
宁夏	27	18.05	27.07	43	102.61	237.85
新疆	33	13.69	25.68	85	117.75	154.21
西部地区总计	1 091	743	1 269	2 486	8 930.04	9 213.88
占全国比重	3.84%	3.17%	4.68%	3.36%	4.70%	6.18%

资料来源：根据2000年至2011年《中国统计年鉴》中的数据整理。

2. 西部地区发展开放型经济中存在的主要问题

一是引进资金问题。西部地区引进外资不仅规模小，而且地区分布不平衡。西部地区外资主要集中在重庆、四川、云南、广西和陕西等五省区市。引进项目仍以劳动密集型、传统产品和小项目居多，引进的外资质量比较低。主要是由于西部地区投资环境差，基础设施建设落后，交通运输线路的综合密度小，货物运输量小，通信手段和设施尚处于落后的状态。二是发展特色产业的问题。西部地区产业结构推进速度比较缓慢，制约特色优势产业发展，导致西部地区工业化、现代农业、高新产业等推进缓慢，经济增长乏力。表现为西部地区产业加工深度不够，科技含量低，产业链条较短，产业增加值不高。所以，西部地区尚缺乏具有较强市场竞争力的产品品牌，特色产业的品牌培育总体上呈现出杂、乱、小的状态。三是在对外贸易中存在的问题。西部地区进出口贸易、进口贸易、出口贸易的绝对值与相对值均小于东、中部地区，说明西部地区目前的对外开放程度不高，发展能力不强。由于地区开放层次低，出口商品结构不合理，出口商品以原材料和劳动密集型产品为主，深加工、高附加值的资本、技术密集型产品较少。此外，西部地区在外贸依存度方面与全国特别是东部地区的差距加大，说明西部地区还没有综合地利用国际分工的长处，影响了对外开放的程度。四是企业技术落后问题。由于受传统计划经济的影响，西部地区研究开发机构多集中在大专院校、科技部门。加上政府干预过多，科技研发人员积极性不高。西部地区企业缺乏创新意识和核心技术能力，尚不能根据市场变化自主选择创新目标，因而在激烈的市场竞争中往往处于劣势。五是人才队伍建设匮乏问题。西部地区条件较为艰苦、待遇较低、经济较落后，吸纳聚集人才的能力较弱，表现为地区人才比较匮乏。西部地区不仅从事外贸营销、招商引资、外资管理等方面人才数量少，而且业务水平偏低，从整体上看，人才队伍建设仍面临基础不够雄厚，高层次人才紧缺、科技队伍创新能力亟待加强。

（三）西部地区在新一轮西部大开发中经济发展模式研究

1. 认真总结首轮西部大开发的经验和教训

首轮十年西部大开发，西部地区取得了可喜的成绩，但也存在不少的问题。为此，应认真总结首轮西部大开发的经验和教训。

一是自然资源承载能力偏低，供需矛盾日益突出。第一，西部地区大部分区域土地利用方式比较粗放，规模效益也未充分发挥出来。城市用地增长远远超过人口增长，许多城市建设和开发区建设存在严重的土地浪费现象。不仅土地退化、毁损严重，生态环境遭到破坏，而且西部水土流失面积已达 55 亿亩(3.67 亿公顷)，约占其总面积的 38%，每年新增水土流失面积约 0.15 亿亩 (0.01 亿公顷)。第二，中国已被列入世界 13 个人均水资源贫乏国之一，水资源日趋紧张。而西部地区又低于全国平均水平。不仅江河水流泥沙含量高，而且水资源浪费严重，对水的开发、利用、保护缺乏统一协调等诸多弊端。第三，森林资源不足。西部地区局部生态环境恶化，随着人民生活质量的提高，对改善地区生态环境和对森林资源需求与日俱增，而森林资源总量不足与使用结构不合理的矛盾突出亟待改变。第四，主要能源、矿产资源的储藏总量和人均占有量低，资源保障程度低。除煤炭及少数大宗矿产资源外，石油、天然气、铁矿石等储藏总量不足，人均拥有量低于世界平均水平。据有关资料，在具有支撑性作用的 45 种矿产中，中国目前已有 10 多种的探明储量难以满足需求，2010 年已有半数以上不能满足国家经济社会发展的需要，预计到 2020 年能满足需求的仅剩下 6 种。西部地区能矿资源情况虽比全国情况稍好，但整个资源的保障程度仍待提高。

二是经济发展缺乏创意支撑。西部大开发以来，西部地区为加快经济发展一度把开发投资重点放在基础设施和生态环境建设等领域，对加工制造业的发展推进相对缓慢，由于工业部门增长乏力，工业产品市场竞争力和市场份额一度下降，缺乏长远的支柱产业支撑。由于工业化推进比较缓慢，不仅难以吸纳大量从农村转移出来的剩余劳动力，而且影响了城市化的推进和发展。

三是城镇化发展滞后，对外开放程度不够。2011 年，西部地区城镇化率仅有 43.0%，比全国平均水平低 7.3 个百分点，比东部地区低 18 个百分点。同时，西部地区与全国和东部地区的城乡居民收入差距拉大，城乡二元结构明显，中心城市的带动作用不强。尽管前一轮西部大开发西部地区对外贸易和实际利用外资取得了长足进步，但开放水平仍然低于东部地区。2011 年西部地区进出口总额、实际利用外资占全国的比重只有 5% 和 10%，与东部地区相比，由于对外开放程度不够，还存在很大的差距。

四是承接东部产业转移中受到节能减排的约束。随着东部地区的一些产业向西部地区转移，一些污染密集产业也向西部转移，对环境造成破坏，不利于西部经济社会可持续发展。西部地区承接东部产业转移中除一些食品、饮料、轻纺等普通消费资料产业外，大部分属于高能耗的能源、原材料初级加工产业，在承接转移中存在对环境保护破坏的风险性。所以，国家已将节能减排议题提升至战略高度，具体提出了“十二五”西部各地区节能目标（见表 5.7）。

表 5.7　“十二五”西部各地区节能目标

地区	单位国内生产总值能耗降低率 /%		
	“十一五”时期	“十二五”时期	2006—2015 年累计
全国	19.06	16	32.01
内蒙古	22.62	15	34.23
广西	15.22	15	27.94
重庆	20.95	16	33.6
四川	20.31	16	33.06
贵州	20.06	15	32.05
云南	17.41	15	29.8
西藏	12	10	20.8
陕西	20.25	16	33.01
甘肃	20.26	15	32.22
青海	17.04	10	25.34
宁夏	20.09	15	32.08
新疆	8.91	10	18.02

资料来源：《“十二五”节能减排综合性工作方案》（国发〔2011〕26 号）。

五是资金短缺是制约西部发展的瓶颈。西部大开发以来，西部与东部的投资差距（包括在总量、人均、结构上）不断拉大。2006—2010 年西部地区全社会固定投资总量由 22 623.5 亿元增加到 66 538.8 亿元，平均每年增加 10 000 多亿元，投资占GDP的比重也不断提高，由2006年的56.1%提高到2010年的79.8%（见表5.8）。

表5.8 东、中、西部地区与全国的投资率

（单位：%）

地区	年份				
	2006	2007	2008	2009	2010
西部	56.1	60.0	59.5	74.2	79.8
东部	48.7	50.2	45.2	50.9	53.8
中部	49.9	54.7	57.6	70.9	77.3
全国	50.3	53.0	50.7	59.9	64.3

资料来源：2006—2009年各省市《统计年鉴》中的数据整理。

表5.8说明西部地区与东部、中部和全国比较，经济增长属于对投资增长的依赖类型，一旦投资满足不了增长的需求，就会导致地区经济增长的基础不仅不稳定，而且效率也比较低。

六是西部地区技术创新能力不足。西部大开发战略实施以来，西部地区的技术创新和产业技术水平都取得很大发展。但从总体上看，技术水平仍然较低，经济仍处于粗放增长状态。在西部地区的工业化进程中，技术创新不足是制约其工业化发展的主要因素之一。市场竞争是企业技术创新的动力源，但是与东部地区相比，西部地区市场经济发展还处于初级阶段，市场机制还没有很好发挥作用，地方政府对企业发展干预过多，不同类型的企业在资源获得和政府的支持上待遇存在一定的差异，影响了企业创新的积极性。加上西部地区创新主体意识不强、企业外部创新环境和企业内部创新机制不完善、劳动者素质较低，影响了科技资源配置效益。同时，中小企业与企业协作配套生产能力不强，技术服务中介服务能力较弱，导致技术扩散中间费用过高，也是导致西部地区科技创新配置效率远低于东部地区的主要原因之一。此外，西部地区大部分企业还没有形成有效的创新激励机制，企业产权制度改革进度落后于东部地区。由于企业产权不明晰，导致企业创新动力不足，企业普遍缺乏创新意识，很少有企业制定技术创新规划，缺少建立对技术创新、信息、知识产权的管理制度，大多企业没有形成创新文化和创新激励机制。

2. 西部地区在新一轮西部大开发中经济发展模式研究

改革开放以来，东部地区发展开放型经济要早于西部地区，并涌现出一些成功的开放型经济发展模式，如温州模式是一种由本地型走向区域化，充分遵循市场规律的开放型经济发展模式；泉州模式是一种亲近侨民主动返乡创业的外商直接投资模式；东莞模式是一种港澳台资企业自主入驻的外商直接投资模式，其产品是销往海外的，是一种"引进来、走出去"的开放型经济发展模式；新苏南模式通过发挥政府调控和市场规律的作用，是一种政府主导、市场调节的"引进来"的开放型经济发展模式。这四种开放型经济发展模式对西部地区在新一轮西部大开发中经济发展具有很好的借鉴意义。在经济全球化和中国对外开放的大视野下，西部地区作为内陆开放地区在新一轮西部大开发中需要进一步转变发展方式，当前通过借鉴以上四种模式的基础上，进一步发展内陆开放型经济的模式，包括：

一是生产要素空间优化模式。根据区域空间结构理论，区域的空间结构主要由省际（省份城市或首位城市）和省内（省级、地级和县级城市）的不同梯级的节点（增长极）构成。西部地区的高梯级节点对应高梯级增长极，集聚梯级中的生产要素、产业、商品，并向稍低级省际开放地区和省内开放区进行辐射。同时，稍低级（省际开放地区和省内开放区）节点向低梯级省内二级开放区和增长极、省内三级开放区和增长极进行辐射。生产要素、产业、商品通过各个不同等级的节点（增长极）之间来回流动，从而形成整个空间网络。所以，选择生产要素空间梯级增长极优化模式，一是要加强省际一级增长极（国家级区域中心城市）建设，突出其对外交流窗口的辐射带动作用。二要继续加强西部地区与区外之间的交通大动道建设。三要完善省际一级增长极（如区域中心城市重庆、成都、西安等）的要素建设。大力加强交通、通信等基础设施建设；强化区域之间的合作意识，消除区域之间的要素流动壁垒，产业选择上要各有侧重，避免雷同。四是加强省内一级开放区与省内二、三级开放区之间要素空间流动。如劳动力的优化应从以下方面进行：一在省内一级开放区中的一级增长极（省会城市）重点吸引区内的高端服务人才和技术人才；二在省内二级开放区中的二级增长极（地级大中城市）重点吸引一般性服务人才和技术人才以及部分熟练劳动力；三在省内三级开放区中的三级增长极（县级中小城市）重点吸引熟练劳动产业工人；四在省内四级开放区内的增长极点（小城镇）则重点吸引农村闲置并经过一定技术培训的劳动力。

二是劳动力内外双向流动模式。在劳动力空间优化方面，西部地区可以采取普通劳动力和技术人员区内外双向流动模式。通过大力发展劳务经济，促使西部地区大量剩余的低成本普通劳动力输出到劳动力相对欠缺的国内外发达地区，同时提高紧缺的高端技术人才、高端管理人员的劳动报酬率，吸收和引进大量高端人才流入西部地区，形成劳动力内外双向流动模式。第一，健全劳动力输出服务体系，提高劳动力转移的组织化、市场化程度。通过建立省内一级开放区、二级开放区、三级开放区及经济增长点所在的乡镇四级劳动保障服务站为主体的劳动力输出服务体系，特别是加强乡镇劳动力输出服务站建设，使之成为组织劳动力输出的基础。第二，加快劳动力信息网络建设。按照统一规范、分步实施的原则，逐步建立起省内一级开放区、二级开放区、三级开放区及经济增长点所在地区的劳动力市场登记发布系统和宏观决策系统，准确反映劳务供求信息，积极发展国际国内省区间劳务输出，扩大农村劳动力转移规模。第三，提高输出劳动力素质，提升劳务输出动力。从基础教育、职业教育、成人教育三个环节入手，加强职业技术培训，提高农民的整体文化水平。农村劳动力素质的高低，是发展农村劳务经济，推进劳务经济提升的基础。通过教育与培训，使“体力型”劳务输出向“智力型”劳务输出转变，加快农村人力资源向人力资本的转变。第四，提升高端人才收入和降低人才流动的经济成本。西部地区可以通过加快生产要素参与分配的步伐，并利用国家宏观调控举措，提升高端人才收入，缩小东部、中部、西部之间的人才收入差距，吸引高端人才流入，使得流入西部地区的人才，能凭借自身的人力资本提升而获取较高报酬。同时，降低人才流动的经济成本，帮助西部地区吸引人才。包括提供免费或低费的人才供求信息、政府部门对人才市场交易价格实行限定，和采取特殊政策降低流动成本，以及对于一些特别的人才流动，如流动到贫困地区、边远地区或其他特殊单位，还可以采取工作收益倒补的办法，适量冲销人才流动的直接成本。政府部门和用人单位要通过合力降低人才流动的门槛，提高人才流动的预期收益，有利于人才的合理流动。

三是资本空间优化模式。为打造资本空间优化模式，西部地区首先应在省际一级增长极、二级增长极、三级增长极通过培育资本营运中心，为西部地区资本集散建立市场，帮助西部地区提升其金融开放能力，拓宽资本流通渠道。

首先，西部地区发展开放型经济，需要大量的资本投入来保障经济顺利发展，这对于东部地区的资本产生了很大吸引力。在新一轮西部大开发的过程中，应着重搭建西部地区与东部地区之间的资本流动平台，并拓宽资本的流动渠道。在西部地区建设梯级资本营运中心，根据不同梯级的资本市场，以市场机制帮助东部地区充裕的资本流向西部地区，以实现资本的合理配置，达到资本空间优化和资本双赢的目的。

其次，西部地区应着力构建梯级资本营运体系。西部地区经济发展滞后于东部地区，存在着金融流通缓慢现象。不仅金融资产结构扭曲，直接融资比重偏低，而且金融资产流动性差。针对西部地区金融压抑现象严重、金融深化程度低的现状，西部地区一方面要用市场的力量构建梯级资本运营中心，优化西部地区金融结构，建立和完善西部地区多元化的金融体系。另一方面，通过大力发展金融信息技术，降低金融交易成本，提高金融交易成本，提高金融交易效益，培养和引进各种金融人才。随着中国在世界贸易组织地位日益凸显，中国融入世界经济的范围和程度进一步扩大和加深。所以，西部地区要在省际一级增长极、二级增长极、三级增长极构建西部地区资本营运中心，包括证券、保险、银行以及各种现代金融机构在内的现代金融机构，并形成完整等级的金融体系，以保证金融能够为西部地区经济发展提供多功能、多领域、多品种和多方式的服务，为实施西部大开发战略形成长期和完整的金融行业支持。

引入国内外金融机构在西部地区设立分支机构。通过资本市场吸引国内外资本进入西部地区促进西部大开发。在西部地区的省内一级增长极、二级增长极、三级增长极分别引进国内外大型、中小型和小型金融机构入驻各级增长极。引入的内外资金融机构，包括国外商业银行、股份制银行、各类基金组织、保险公司、证券公司等，发挥这些机构的综合优势，为地方政府和企业组织担任顾问，帮助政府做好产业结构调整和有关资本市场的政策咨询参谋，支持重点企业改制上市，将更多的西部地区优势企业推荐到境内外进行投融资。

拓宽资本流通渠道。资产证券化是一种比较适合西部地区的融资方式。西部地区资源丰富，其中土地、矿藏、能源等在全国都具有明显优势，但资源开发缺少资金，基础设施建设落后。所以，通过资产证券化运作，运用地方财政收入作支撑，可以吸收更多社会的闲散资金支持资源开发，来满足资源开发的投资规模大的资金需求。同时，也可以利用资产证券化进入国际市场筹集资金，有效地解决资源开发中的资金“瓶颈”的问题，加快能源开发和基础设施建设项目。因此，实行资产证券化是筹集西部开发资金的一条可行的渠道。

四是确定主导产业的模式。在对外开放的条件下，西部地区通过确定省区市主导产业的模式，一方面，国外的产业可以直接转移到西部，而无须经过东部的环节；另一方面，西部对外开放后，一些对外开放程度比较高、区位条件好、具有一定基础的地区产业会获得加速发展，进而会在西部地区率先取得领先优势，这一领先优势将对“十三五”期间西部 12 省区市的经济社会发展产生重要的影响（见表 5.9）。

表 5.9 “十三五”期间西部 12 省区市确定的主导产业

地区	主导产业
重庆	电子信息、装备制造业、汽车产业、材料产业、化工产业、能源产业、消费类制造业、“6+1”产业
四川	电子信息、装备制造、汽车制造、能源电力、油气化工、钒钛钢铁、饮料食品、现代中药、航天航空、生物工程“7+3”产业
贵州	电力、煤炭、冶金、有色、化工、装备制造、烟酒、民族医药和特色食品及旅游商品等产业
云南	电力、烟草、冶金、有色、化工、节能环保产业、生物产业、先进装备制造业
西藏	能源产业、农畜产品加工业、高原生物和绿色食品业、矿产业、建材业、藏药产业、民族手工业
广西	电子信息、汽车产业、食品、石化、电力、冶金、机械、建材、医药制造、纺织服装及皮革产业、生物产业、修造船产业
陕西	能源化工、装备制造业、航天航空、新材料、新医药、新能源、生物制造、信息技术、石油化工、有色冶金、建材、轻工纺织、建筑业
甘肃	新能源和新能源装备制造业、新材料、新医药、生物制造、信息技术、石油化工、有色冶金、轻工纺织、建筑业、装备制造业
青海	新能源产业、新型电子、合金、化工、建筑材料工业、有色金属冶炼、油气化工、煤化工产业、环保设备、石油机械、钢铁产业、民族服饰、轻工纺织、生物医药、动植物种植利用和生态产品等高原生物产业
宁夏	新能源、新材料、先进装备制造、生物、新一代信息技术、节能环保等战略性新兴产业、化工、冶金、汽车、建材、特色农产品加工及纺织等传统产业
新疆	石油天然气工业、煤炭工业和现代煤化工产业、矿产资源开采和加工业、农牧产品加工业、纺织工业、钢铁、建材、化工和轻工业、新能源、新材料、节能环保、生物制药等新兴产业
内蒙古	能源工业、化学工业、冶金建材工业、农畜产品加工业、运输机械、工程机械、矿山机械等装备制造业、新能源、新材料、新医药、信息技术和节能环保等战略性新兴产业

资料来源：根据《西部十二个省区市“十二五”规划纲要》整理。

表 5.9 表明，西部地区十二个省区市的主导产业在开放和建设中，包括省际一级、二级和三级开放地区的产业开放演进，以及省内一级、二级和三级开放区的产业开放演进，这种纵向梯级开放和横向互补开放相互交织，形成主导产业开放建

设的强化体系。具体来说，一是把省际一级增长极（如重庆、成都、西安等）——国家级区域中心城市打造成区外高端产业、综合服务业迁入的高地，使之成为西部地区主导产业开放演进的第一梯队。二是把省际二级增长极（如昆明、兰州、乌鲁木齐、呼和浩特、包头等，同时也是省内一级增长极）——省会城市打造成区外高端主导产业、综合服务业的迁入地，使之成为西部地区主导产业开放演进的第二梯队。三是把省际三级增长极（如贵阳、银川、西宁、拉萨，同时也是省内一级增长极）——省会城市打造成区外高端产业、综合服务业的迁入地，使之成为西部地区主导产业开放演进的第三梯队。四是加强省内二级增长极（地级大中城市，如贵州的遵义、安顺、凯里、都匀等）和三级增长极（县级中小城市）的建设，把省内二、三级增长极打造成区外中端产业迁入的优先选择地，使之成为西部地区主导产业开放演进的第四、第五梯队。

一般情况下，省内一级开放地区都会有一个或两个特大城市，若干个地级市级别的区域次中心城市，以及很多县城级别的中小城市。省内一级开放地区内部的主导产业空间演进要尽量在不同等级城市之间形成“纵向”的垂直型产业分工。在同级别城市之间形成“横向”的互补型主导产业分工格局。这种分工格局的形成，主要来自东部地区、国际或者省际一级开放地区高技术产业的迁入，引起省内一级开放地区和省内一级增长极（省会城市）内部的“产业拥挤效应”开始显现。随着新的产业的不断迁入和原有产业的不断迁出，省内一级开放地区和省内一级增长极（省会城市）也实现了主导产业的更替。省内二级开放地区对应的省内二级增长极是西部地区的地级大中型城市，由于二级开放地区及其对应的二级增长极技术研发水平不强，所以其主导产业的更替也在很大程度上来自其他地区的产业转移。省内二级开放地区内部的产业开放演进路径跟省内一级开放地区内部基本相同，不同的是省内二级开放地区可能在产业链的长度和深度上不如省内一级开放地区，开放带来的产业演进层级不同。省内三级开放地区与所在省内一级、二级增长极相比，其产业已相当低端，基本上都是一些低附加值的劳动密集型产业、食品产业、资源产业以及一些低端制造业、加工业。由于省内三级增长极不论是产业基础、开放程度和政府扶持力度都远不如省内一级、二级增长极，因此，要完善自身的基础设施和相关产业发展条件，主动承接省内一级、二级增长极转移出来的适宜自身发展的主导产业，从而使自身成为农村农副产品的加工中心、劳动密集型产业的集聚中心、初级矿产品的开采加工中心，以及省内一级、二级增长极的产业链条上游零部件配套基地。此外，省内三级增长极以下的增长点（小城镇，也可以称为四级增长极）要主动承接省内二级、三级增长极的产业转移，从而使自身成为农村农副产品的加工中心、劳动密集型产业的集聚次中心、初级矿产品的开采和加工中心，以及省内三级增长极产业链条“低附加值”部分配套基地。

五是贸易空间优化模式。西部地区的商品贸易包含对内贸易和对外贸易两个方面。不仅要对内开放，还要对外开放，才能提高对外贸易开放度，改变在产品生产分工和商品贸易中不利的处境和地位（见表 5.10）。

表 5.10　2010 年西部地区 12 省区市的对外贸易开放度（T）

省份	内蒙古	广西	重庆	四川	云南	贵州
T	5.06	12.55	10.61	12.88	4.63	12.58
省份	西藏	陕西	甘肃	青海	宁夏	新疆
T	11.15	8.09	12.16	3.96	7.85	21.33

资料来源：根据 2011 年西部地区 12 省区市的有关数据整理。

表 5.10 说明，2010 年除新疆外，西部地区省份外贸开放水平都比较低，省与省之间存在着显著差距。

当前，西部地区内部商贸流通体系中的一个重要方面就是要在区域内部建立规模大小不等、功能各异的区域性、地区性和县级的商贸物流中心。另一个重要方面就是开拓国际和国内两个市场，增强西部地区商品贸易在国际经济波动中的抗压能力。长期以来，西部地区出口商品中，高技术含量、高附加值的商品所占比例一直较低。所以，要扩大产品出口规模，就必须选择一些效益好、有发展前途的产业和商品作为发展对象，包括大力发展农产品、矿产品的深加工；大力发展高新技术产业；大力发展服务外包产业和大力发展先进装备制造产业。同时，在对外贸易方面重视民营企业的发展，大力鼓励民营企业发展对外贸易，以及大力引进外商直接投资，发挥外商直接投资在经济发展中的促进作用。

西部地区为了将商品贸易与国内外市场联系起来，在商品贸易中还应当注意将进口替代与出口导向有机结合起来，发展省际不同级别之间的贸易模式。一是省际一级开放地区（如成渝地区）要促进自身产业升级，提高贸易品的附加值，必须不断引进国内外先进生产技术，提升自身的研发和消化水平。为此，省际一级开放地区应重点发展具有中国西部特色的高技术进口替代模式。通过进口替代将国内外贸易有机地结合起来，使西部地区的产品实现面向国内市场的开放。二是省际二级开放地区（如昆明、兰州、乌鲁木齐、呼和浩特、包头所在的地区）在吸收省际一级开放地区先进生产技术的前提下，结合西部地区各省市的传统特色产品生产，重点发展具有中国西部特色的出口导向模式。省际二级开放地区与省际一级开放地区相比，出口的产品附加值较低，产业的技术密集程度和资本密集程度较低。所以，一方面要大力强化原有的产业优势，另一方面要向深加工、高附加值方向发展，在做好能源、资源、特色产品深加工的同时，要注重向电子信息、装备制造、精细化工方面发展。三是省际三级开放地区（如贵阳、银川、西宁、拉萨所在的地区）在吸收省际一级开放地区和省际二级开放地区的传统生产技术前提下，应不断发展省（自治区）内部的商贸物流业，构建省（自治区）内部的商贸流通体系，促进商品在省际一级开放地区、省际二级开放地区和省际三级开放地区之间畅通无阻地流通。因此，省际三级开放地区应重点发展具有自身特点的传统商贸流通模式。一方面依据自身比较优势向产业链中下游输出中间产品，另一方面向区内外其他地区提供传统服务业、农副产品、初级产品和一些劳动密集型工业制成品。

总之，西部地区在新一轮西部大开发中，在经济全球化和中国对外开放的大视野下，根据国家《西部大开发总体规划》制定的任务，在新的经济发展背景和现状的基础上，认真总结首轮西部大开发的经验和成绩的基础上，在新一轮西部大开发中进一步转变发展方式，发展内陆开放型经济，选择加快地区经济发展的模式，就能够确保西部大开发战略总体目标的实现。

三、贵州及西部省（区）市优势产业评价及发展研究

（一）优势产业的发展规律及主要特征

1. 发展优势产业的意义和作用

2010 年 7 月，国务院召开西部大开发工作会议，会议明确提出，要大力发展优势产业，尽快把资源优势转变为经济优势，把发展潜力转变为现实生产力，缩小西部地区与东部地区经济发展之间的差距，为西部地区经济社会的长期、快速、平稳发展指明了方向。当前，在对优势产业发展规律及特征进行分析的基础上，通过对西部地区分析，提出在新一轮西部大开发中加快优势产业规律及主要特征的思考，对促进西部地区经济社会跨越发展，具有十分重要的理论意义和现实作用。

2. 优势产业的发展规律

优势产业一般是指一定时期内某一国家（地区）所拥有的在某一范围内具有相对竞争优势的产业或产业群体。在一定时期、一个国家中哪个产业会成为优势产业，往往与这个国家的资源禀赋（包括自然资源和人力资源）、科学技术水平、科技发展路径、所处的发展阶段、地理位置、国际产业分工等密切相关。所以，一个国家和地区的优势产业，不仅与国际经济环境和地区经济发展密切相关，而且按照客观的发展规律，从初始的低一级状态向以后的高一级状态迈进，呈有序性变化。这一客观存在的发展规律预示着地区对优势产业的培育和发展需要一个过程，同时通过产业政策的倾斜和扶持，才能有效地打造和发展地区的优势产业。以发达国家工业化进程中的优势产业为例，一般经过以下五个阶段（见表 5.11）。

表 5.11　发达国家工业化进程中五个阶段的优势产业

阶　段	优势产业	优势产业群体或综合体
第一阶段	棉纺工业	纺织工业、冶炼工业、采煤工业、早期制造业和交通运输业
第二阶段	钢铁工业、铁路修建业	钢铁工业、采煤工业、造船工业、纺织工业、机械制造业、铁路运输业及其他工业
第三阶段	电力、汽车、化工和钢铁工业	电力工业、电器工业、机械制造业、化学工业、汽车工业以及第二阶段产业群
第四阶段	汽车、石油、钢铁和耐用消费品工业	耐用消费品工业、宇航工业、计算机工业、原子能工业、合成材料工业以及第三阶段产业群
第五阶段	信息产业	新材料工业、新能源工业、生物工业、宇航工业等新兴工业以及第四阶段产业群

资料来源：陈仲常：《产业经济理论与实证分析》，重庆大学出版社，2005。

3. 优势产业的主要特征

实践表明，对于地区经济发展而言，优势产业具有以下主要特征：一是区域性。由于本区域所拥有的人力、资源、文化等优势，能够充分集聚生产要素，使其在集聚中得到有效利用，发展成为该区域的优势产业。二是导向性。包括优势产业对技术进步的导向性、结构升级的导向性、机制创新的导向性。由于优势产业所具有的导向性，能够带动和促进其他产业发展的能力，对地区产业结构和国民经济起到导向作用。三是成长性。包括市场需求收入弹性高和生产潜力大。随着经济的发展和人民生活水平的提高，国内外市场对优势产业产品具有较高的需求，表现为该产业部门的需求收入弹性高；同时该产业部门生产率上升快，生产成本下降快，经济效益好。四是带动性。优势产业通过横向的区域经济联系和纵向的生产技术联系，能对地区产业发展产生带动作用。五是扩散效应。由于优势产业与其他产业关联程度大，能形成前向效应、后向效应和旁侧效益等扩散效应。能够全部满足以上特征的优势产业，是比较理想的优势产业。但地区的经济产业发展既要遵循全国产业政策的规定和约束，又要发挥地区的经济条件和自然优势。所以，优势产业不能一蹴而就，存在一个产业结构转换能力的问题，不仅优势产业的培育和发展需要一定的时间，也需要国家和地区产业政策的倾斜和扶持。

（二）优势产业的判定基准及选择方法

1. 优势产业的判定基准

优势产业的判定基准有三个：一是收入弹性基准。随着经济社会的发展和人均收入水平的提高，消费结构中用于食物的部分减少，包括耐用消费品的工业品消费逐步增加，消费欲望出现多样化的变化。产业结构中在进一步发展轻工业的同时，重工业的地位日渐增强，并向高加工度产业迈进。收入弹性基准考虑优先发展需求增长对收入增长敏感程度高的产业部门。二是生产率上升基准。在一定的供给结构下，不同产业部门的生产率上升率是存在差异的，对于技术进步快的产业，不仅在国民收入中的比重越来越大，而且供给结构也随之转向这些部门。所以，应优先发展生产率上升率高的产业部门。三是关联基准。关联性强的产业，不仅具有明显的生产规模优势和较高的经济效益，而且通过直接和间接的关联效果，对地区其他产业产生带动和促进作用，使这些产业成为后续的优势产业。

2. 优势产业的选择方法

在对地区优势产业的判定和选择中，可以采用计量分析方法、定性和定量分析方法，以及理论分析和评价模型等研究方法，对选择上述优势产业判定基准的主要指标，如产业的构成和比重、需求收入弹性、生产率上升率（技术进步率）、产业关系系数（影响力系数、感应度系数）、产业的国民经济增长弹性、对外贸易系数，以及区位商、资产利税率、产业产值占地区总产值的比重、产业产值占全国产业总产值的比重、劳动生产率、市场占有率、就业贡献率等。本书根据对不同产业特征选取指标进行计算后，做出西部省区市前五位优势产业排序（见表 5.12）。

表 5.12 西部省区市前五位优势产业排序

地区	第一位	第二位	第三位	第四位	第五位
广西	农副食品加工	交通运输设备制造业	黑色金属冶炼及压延	非金属矿物制品业	电力热力生产和供应
重庆	交通运输设备制造业	煤炭开采和洗选	化学原料及化学制品	非金属矿物制品业	电气机械及器材制造
四川	非金属矿物制品业	农副食品加工	饮料制造业	化学原料及化学制品	通信计算机等电子设备
贵州	煤炭开采和洗选	电力热力生产和供应	饮料制造业	化学原料及化学制品	烟草制品业
云南	烟草制品业	有色金属冶炼及压延	电力热力生产和供应	黑色金属冶炼及压延	煤炭开采和洗选
陕西	煤炭开采和洗选	石油天然气开采	石油加工炼焦核燃料	交通运输设备制造业	电力热力生产和供应
甘肃	黑色金属冶炼及压延	有色金属冶炼及压延	石油加工炼焦核燃料	电力热力生产和供应	石油天然气开采
青海	有色金属冶炼及压延	化学原料及化学制品	石油天然气开采	煤炭开采和洗选	黑色金属冶炼及压延
宁夏	煤炭开采和洗选	电力热力生产和供应	有色金属冶炼及压延	化学原料及化学制品	石油加工炼焦核燃料
新疆	石油天然气开采	石油加工炼焦核燃料	电力热力生产和供应	化学原料及化学制品	黑色金属冶炼及压延
内蒙古	煤炭开采和洗选	电力热力生产和供应	黑色金属冶炼及压延	有色金属冶炼及压延	化学原料及化学制品

资料来源：根据《中国工业经济统计年鉴》(2003、2009) 资料整理。

（三）西部地区各省（区）市优势产业评价

1. 新疆维吾尔自治区优势产业

一是石油天然气及石化产业。新疆地区石油天然气资源丰富，拥有石油资源量 300 亿吨，占全国陆上石油资源量 940 亿吨的 30% 以上，石油保有储量居全国第 3 位，未动用的石油储量居全国之首；天然气资源量为 10.8 万亿立方米，占全国陆上天然气资源量 30 万亿立方米的 36%，居全国首位。二是纺织业。新疆是我国重要的产棉大区，不仅拥有的棉花资源总量占全国的 1/3，而且已形成包括毛纺织、丝绸、麻纺、印染、化纤、服装、针织等门类较为齐全且初具规模的纺织工业体系。新疆棉纺产能位居西部12省区市之首。2009年，纺织全行业实现工业增加值33亿元；实现主管业务收入150亿元；从业人员近12万人，占全疆制造业从业人员总数的13%。三是畜牧业与农牧产品加工业。新疆是我国五大牧区之一，有天然草原5 600万公顷，约占全国草原面积的20%，其中可利用天然草场4 800万公顷，占全国可利用天然草场总面积的21.9%。此外，新疆绵羊存栏数量、羊肉产量和绵羊毛产量居全国第一位，细羊毛和山羊绒产量居第二位，奶类总产量居第5位。四是旅游业。新疆旅游资源极为丰富，自然景观中既有冰川与高山，又有绿洲与沙漠。全疆不仅已建立23个自然保护区（其中国家级自然保护区4个），而且已形成以“丝绸之路”为核心的旅游开发基本格局。全疆已开发的旅游景区（点）468个，国家级A级景区105家，其中4A级景区6家、3A级景区36家。有10个城市相继跨入全国优秀旅游城市行列。

2. 青海省优势产业

一是水电。青海是长江、黄河、澜沧江的发源地，水能资源丰富，蕴藏量达2 187万千瓦，列全国第五位。境内黄河龙羊峡至寺沟峡段规划修建大中型水电站13座，装机容量1 166万千瓦，年发电量371亿千瓦时。二是盐化工。青海盐湖资源得天独厚，累计探明储量3 315亿吨，在全国处于垄断地位。其中，氯化钠保有储量3 772.8亿吨、氯化钾保有储量6.9亿吨、氯化锂保有储量1 541.9万吨、锶盐保有储量1 928.7万吨、硼矿保有储量1 395.6万吨。三是有色金属。青海铜、铅、锌等有色金属资源比较丰富。铜资源远景储量在500万吨以上，其中赛什塘、铜峪沟和德尔尼三个大中型矿区保有储量达150万吨以上。全省铅、锌保有储量分别为155万吨和223万吨。四是石油天然气。其中，石油探明储量2.5亿吨，居全国第12位；天然气探明储量3 500亿立方米，是全国陆上第四大气田。五是医药制造业。青海医药资源丰富，并具有独特的民族医药资源。据统计，2008年，全省医药制造业产值达12.81亿元，成为青海新兴的优势产业。六是冶金业。冶金产业的区位熵和产业贡献率在全省位居前列。2008年，冶金工业产值达155.87亿元、利税总额达13.83亿元，成为全省优势产业。七是农畜产品加工业。2008年，全省农畜产品加工业产值7.75亿元、利税总额279万元。目前，农畜产品加工业优势虽不明显，但随着经济发展和人均收入的增加，农畜产品加工业的优势将得到加强。

3. 陕西省优势产业

一是重化工产业。包括煤炭采选业、石油天然气开采业、石油加工及炼焦业、电力生产供应业、煤气生产与供应业等五个行业，已成为拉动全省经济增长的重要产业。二是装备制造业。陕西国防科技工业规模居全国第一，拥有多个国家级技术中心和国家航空高新技术产业基地。此外，电加工机床产量占全国的 42%；15 吨以上重型卡车国内市场占有率 34%，居全国第一位。三是农牧产品加工业。陕西渭北黄土高原是全国最大的优质苹果生产基地，和我国北方内陆重要的畜产品生产基地和圈养肉乳畜养殖带。四是陕西文教科技产业，其综合实力居全国前列，是全国高等教育重要基地，也是我国航空、航天、机械、电子、农业等领域重要的科研和生产基地①。

4. 甘肃省优势产业

一是石油化工业。甘肃有着中国石化工业“摇篮”之称。随着西部大开发战略的实施，大乙烯等工程的建成投产，石化工业已成为全省工业的第一大支柱行业。二是有色冶金业。甘肃有色金属工业在全国占有重要地位，形成了以金川集团、白银有色、甘肃稀土和兰州地区、陇南地区等 5 个各具特色的有色产业集群，增强了有色冶金业的核心竞争力。三是农牧产品加工业。通过发展兰州地区的传统食品、特色乳制品和百合等果蔬菜加工，河西地区的优质小麦粉及淀粉加工，定西地区的马铃薯深加工，天水、平凉地区的果品饮料加工，陇南地区的农副土特产品加工，临夏甘南的民族食品和畜产品加工，以提升农牧产品加工业的规模经营水平和市场竞争力。

5. 宁夏回族自治区优势产业

一是煤炭产业。原煤产量从 2000 年的 1 581 万吨增长到 2008 年的 4 390 万吨，年均增长 13.62%。2008 年全区煤炭开采和洗选业行业创造应交增值税，占全区增值税收入的 25.54%；占全区国税总收入的 9.18%，对宁夏经济社会发展贡献突出②。二是有色金属产业。宁夏在镁、铝、钽、铌等有色金属上有比较优势。镁矿藏储量居全国第二。2008 年宁夏镁产业已成为全国第二大金属镁主产区。三是电力、热力的生产和供应业。其产业增加值从 2004 年的 467 726 万元增加到 2007 年的 832 571 万元，年均增长 21.19%，在总量上具有明显优势。四是农牧产品加工业。宁夏是全国 8 个宜农荒地较多的省区之一，是全国 12 个商品粮基地之一。其中枸杞产业市场是全国最大的枸杞“集散地”。宁夏草场类型多，是滩羊、

---

① 曹钢：《关于陕西优势产业发展的几个问题》，《陕西政报》，1999 年第 14 期。

② 高树枝：《2012—2016 年宁夏能源加工行业市场调研报告》，2012 年 2 月 29 日。

沙毛山羊的重要产地，是全国十大牧区之一。尤其是南部山区草场广阔，牛羊肉品质优良，在应用生物技术改良品质的同时，大规模发展设施养殖，畜牧业发展的潜力巨大。五是轻纺工业。宁夏轻纺工业已形成羊绒加工、造纸、酿酒、乳制品、发酵制品、清真特色产品等六大优势产业。其中，羊绒加工业在全国三大加工基地中居第二；造纸业居西北五省区第一。六是旅游业。宁夏旅游资源十分丰富。在全国十大类旅游资源中，宁夏具有大漠风光、黄河文明、西夏文化、回乡风情、塞上江南等多姿多彩的旅游资源，为经济发展带来更多的活力。

6. 内蒙古自治区优势产业

从 2002 年到 2009 年，内蒙古连续 8 年经济发展增速在全国保持第一。地区生产总值年均增速达到 18.7%。经济总量从全国的第 24 位跃升至第 15 位，创造了我国欠发达地区经济发展的奇迹。内蒙古经济高速增长，优势产业的发展功不可没。一是农牧产品加工业。目前，全区已成为全国最大的乳品生产地区和世界最大的羊绒加工基地。如伊利集团一家带动了 500 万奶农致富，鄂尔多斯集团的羊绒制品产销能力已占全国的 40% 和世界的 30% 以上，出口创汇连居全国绒纺行业第一名。二是能源工业。内蒙古能源丰富，优势突出。煤炭资源探明储量 7 000 亿吨，居全国第一位。石油资源总量 30 亿吨左右，原油年产量 120 万吨，天然气探明储量 8 600 亿立方米。风能利用率居全国首位，太阳能资源储量居全国第二位。内蒙古能源工业目前的基础设施、技术装备水平、市场竞争能力和经济效益等方面均达到国内领先水平。三是石化工业。西部大开发以来，内蒙古发展以煤化工、天然气化工、氯碱化工为重点的石化工业，一大批国内最大的以煤、天然气为原料，包括煤制油、甲醇、二甲醚、醋酸、聚乙烯、聚丙烯、合成氨等化工项目迅速崛起，对发展我国能源工业具有十分重要的意义和作用。四是装备制造业。内蒙古是国家重要的制造业基地。不仅包括煤炭、矿山机械、工程机械等几大类优势特色产品形成了一定规模，处于行业先进水平，成为品牌产品，而且全区形成了以包头、呼和浩特、鄂尔多斯为中心的三大装备制造业基地经济圈。五是冶金建材工业。冶金建材工业是内蒙古第二大优势特色产业，其重点是发展钢铁、有色金属、水泥和玻璃等产业，并实现产业和产品结构的升级换代，如加快包钢扩能改造等重点工程，优化产品结构，提高特种钢、稀土钢、不锈钢等的比重。通过实施煤电铝一体化战略，示范推广和境外有色金属资源落地加工。发展新型干法水泥，扩大浮法平板玻璃生产规模，以及发展节能环保的新型建筑材料。六是高新技术产业。高新技术产业在内蒙古六大优势产业中，取得显著的经济和社会效益。

此外，高新技术在新材料、生物工程、光机电一体化、电子信息技术等领域异军突起，在全区经济结构调整和产业升级方面取得巨大成效[①]。

7. 西藏自治区优势产业

西藏地区的经济发展，在全国对西藏援助的同时，自治区政府出台大量政策措施，促进了优势产业的发展，取得了突出的成绩。据统计，2000—2009年，西藏自治区地区生产总值增长2.74倍，旅游业中旅游人数增加8.22倍、旅游收入增长7.29倍；2000—2008年，西藏自治区矿产采选业总产值增长3.17倍，医药制造业总产值增长1.49倍，饮料制造业总产值增长4.09倍，农业总产值增长0.51倍（同期全国农业总产值增长1.02倍），牧业总产值增长0.66倍（同期全国牧业总产值增长1.78倍）。2009年建筑业实现增加值103.52亿元[②]。

8. 云南省优势产业

西部大开发以来，云南省在发挥"两烟"（烤烟、卷烟）优势产业的同时，着力打造包括以食品为重点的生物资源开发产业，以磷化工、有色金属为重点的矿产资源开发产业和旅游业等五大支柱产业。在提升五大支柱产业的基础上，2009年，云南省委、省政府具体制定了包括光电子产业、黑色金属产业、旅游文化产业、能源产业、商贸流通产业、生物产业、石化产业、有色产业、装备制造业、烟草产业等十大产业规划，进一步明确了新时期各产业的发展思路、目标任务、支撑项目、政策措施、实施部门等。其中，生物产业已成为全省发展最快的支柱产业。烤烟、甘蔗、茶、鲜切花的种植面积分别占全国种植面积的30.6%、17.4%、19.2%、86.6%，产品产量分别占全国产品产量的31.3%、15.2%、13.5%、36.4%。水电产业产量、磷化工产品产量、有色金属产量分别占全国产品产量的10.1%、14.1%、8.1%[③]。

9. 四川省优势产业

2005年，四川省制定了《四川省工业优势产业整合与发展规划》，十分重视优势产业在促进经济发展中的重要作用。2009年年末，四川省进一步提出实施八大优势产业调整和振兴行动计划，八大优势产业分别是：装备制造、钒钛钢铁、汽车、石化、纺织、轻工、有色金属、电子信息产业。振兴行动计划包含1 376项重点技改

---

① 《2011年内蒙古自治区政府工作报告》。

② 西藏自治区统计局、国家统计局西藏调查总队：《西藏统计年鉴(2009)》，中国统计出版社，2009。

③ 云南省统计局：《云南统计年鉴(2001—2010)》，中国统计出版社，2013。

项目，涉及投资 4 259 亿元。此外，在优势产业集群发展上，一是做强成德绵产业带，增强其在全省工业发展中的引领作用。二是发展成渝产业带，促进成渝两地工业的优势互补，带动沿江地区工业的加速发展。三是发展沿江产业带，尽快建成全省重要的能源、化工、装备工业和饮料业基地。四是发展川东北产业带，建设成为天然气化工基地和农产品加工基地。五是加快长江上游“三江”水电开发，使水电资源优势加快转换为全省经济优势。六是加快川东北天然气开发，优化天然气资源配置。七是加快攀西钒钛开发，努力把攀西建成世界级的钒钛工业基地[①]。

10. 重庆市优势产业

1997 年以来，重庆市紧紧抓住重庆“直辖效应”和国家实施西部大开发战略机遇，相继出台了一系列政策来培育和推动优势产业发展，努力实现工业强市的目标。包括已投资上千亿元发展优势产业集群（包括钢铁、汽车摩托车、化工、装备制造、电子信息等），加快实现建成西部领先的包括汽车摩托车、轨道交通、风力发电装备、核电辅助配件、服装、电力、煤炭等六大产业基地的目标。同时，采取综合措施，建立了以主要发展摩托车配件、铁路运输、电子设备制造等产业的工业园区，推动优势产业发展。并拉动以涪陵、永川、万州、江津、合川、黔江等六个区域性中心城市为代表的电子信息产业的快速起步和可持续发展[②]。

11. 广西壮族自治区优势产业

广西壮族自治区经济发展在优势产业的带动下，不仅保持了良好的发展势头，而且优势产业发展也取得了突出的成绩。一是食品工业中的蔗糖业。从 1992 年开始至今蔗糖业总体规模一直保持全国第一，实现了种植面积、总产量和产糖量的快速增长。全区 49 个贫困县中有 36 个县主要依靠种植甘蔗解决农民温饱问题。二是有色金属产业。经过多年的建设和发展，全区已形成包括矿山、冶炼、加工等部门构成的较完整的工业体系。三是汽车产业。2008 年，全区生产整车 71.2 万辆、车用发动机 97.4 万台，占全国总量的 11.2%，在全国排第 3 位，微型车国内市场占有率居全国首位。四是石化产业。经过多年的建设，全区已形成石油加工、化工、化肥、化工机械等行业与品种门类比较齐全的石化工业体系。2008 年全区石化产业完成产值 518.3 亿元，同比增长 21.6%，拉动工业增长 2.02 个百分

---

① 四川省经贸委：《四川省工业优势产业整合与发展规划（2005—2010）》。

② 余鲁：《西部大开发与重庆优势产业的选择》，《渝州大学学报（社会科学版）》2001 年第 1 期。

点[①]。五是机械工业。机械工业作为广西的支柱产业已具有相当规模，门类齐全，能够参与国际竞争的行业体系。工程机械行业具有较强优势，其中装载机销售量居全国第一、世界第二。

12. 贵州省优势产业

西部大开发实施以来，贵州省已经形成煤炭、电力、饮料、化学原料及制品、烟草等五大优势产业。全省“十二五”规划提出，大力实施工业强省战略，加快推进产业结构调整升级。包括：加快建设国家重要能源基地；加快建设国家重要资源深加工基地；推进建设国家重要特色装备制造业基地；加快建设国家重要特色轻工业产业基地；加快培育国家重要战略性新兴产业基地；提高工业发展的集群化水平。同时，加快农业结构调整，推进农业产业化发展；加快把旅游业培育成为重要支柱产业。

应该指出，“十五”以来，贵州省优势产业发展已形成一定的基础，发挥优势产业基础作用是“十二五”加快推进产业结构调整升级的基本出发点。为实现这一目标，全省有关地区部门着重选择那些关联度比较大的产业行业。一般来说，关联度包括影响力和感应度两个方面。影响力反映了该部门生产一定量的产出对地区部门所产生的生产需求波及水平，也就是当某一部门增加单位最终需求时，通过直接和间接关联对地区部门所要求的生产量。感应度是指当国民经济各部门都增加一个单位的最终需求时，需要该部门的生产量，它在一定程度上反映了部门满足地区需求的程度。从贵州省各产业的关联程度来看，影响力系数较大的部门，对其他部门能够产生较大需求；感应度系数较大的部门，也就是当社会对所有部门都增加一单位的需求时，对其他部门要求产出较大。从新时期以来全省整个关联水平来看，对地区经济带动作用较大的前 6 位的部门是：化学工业 4.777、金属冶炼及压延加工业 4.559、商业 4.331、金融保险业 4.229、建筑业 3.956、农业 3.447（见表 5.13）。

---

① 广西壮族自治区统计局：《广西统计年鉴（2001—2010）》，中国统计出版社，2018。

表 5.13　贵州省各有关产业的关联程度

产业部门	关联度系数	影响力系数	感应度系数
农业	3.447	0.548	2.899
煤炭采选业	2.668	1.036	1.632
石油和天然气开采业	1.100	0.898	0.203
金属矿采选业	2.135	1.174	0.962
非金属矿采选业	1.761	1.142	0.619
食品制造及烟草加工业	1.731	1.057	0.674
纺织业	1.804	1.306	0.498
服装皮革羽绒及其纤维制品制造业	1.600	1.344	0.256
木材加工及家具制造业	1.955	1.308	0.647
造纸印刷及文教用品制造业	2.672	1.143	1.530
石油加工及炼焦业	2.033	1.070	0.963
化学工业	4.777	1.324	3.452
非金属矿物制品业	2.580	1.335	1.246
金属冶炼及压延加工业	4.559	1.396	3.163
金属制品业	2.568	1.603	0.965
机械工业	2.186	1.236	0.950
交通运输设备制造业	2.777	1.332	1.445
电气机械及器材制造业	2.057	1.362	0.695
电子及通信设备制造业	1.803	1.158	0.646
仪器仪表及文化办公用机械制造业	1.179	0.973	0.206
机械设备修理业	1.442	1.086	0.355
电力及蒸汽、热水生产和供应业	3.318	1.026	2.292
煤气生产及供应业	1.204	1.191	0.013
自来水生产及供应业	1.412	1.314	0.098
建筑业	3.956	1.446	2.510
货物运输及仓储业	2.084	1.025	1.059
商业	4.331	0.651	3.680
饮食业	1.221	0.985	0.235
旅客运输业	1.094	0.887	0.207
金融保险业	4.229	0.568	3.661
社会服务业	2.074	0.861	1.213

资料来源：根据贵州省统计局：《贵州统计年鉴(2001—2010)》整理。

（四）加快西部省（区）市优势产业发展的对策措施

1. 加快西部地区优势产业发展的指导思想和基本原则

指导思想："十二五"以来，在新一轮西部大开发中，坚持以科学发展观统领全局，以转变经济发展方式和增强自我发展能力为主线，以特色优势产业发展规划为依托，以制度和机制创新为动力，以科技进步和人才开发为支撑；进一步加大投入，发展战略性新兴产业、现代服务业和现代产业体系，形成传统优势产业、战略性新兴产业、现代服务业协调发展的新格局，建成资源深加工基地、装备制造业基地和战略性新兴产业基地，促进工业化和城镇化、农业产业化协调发展；不断提升和加快贵州及西部省区市优势产业的自我发展能力、市场竞争能力和可持续发展能力，走出一条具有西部特色的新型工业化道路，努力实现西部经济的又好又快发展。

基本原则：一是坚持制度创新、转变政府职能的原则。这既是西部地区支撑优势产业发展的行政管理体制改革的科学发展核心内容，又是全面推进科学发展的客观要求。二是坚持结构调整、转变发展方式的原则。通过改造提升传统产业，培育发展战略性新兴产业，全面提升经济发展的质量和效益，增强经济发展的均衡性、协调性、可持续性。三是坚持政策倾斜、实施政策引导和推动发展的原则。通过政府政策的推动和引导，加强优势产业推动作用和实现西部地区经济的协调、健康和可持续发展。四是自主创新、大力发展新兴产业的原则。在优势产业发展中，大力推进科技创新，开发人力资源，提升西部地区的自主创新能力，推进原始创新，增强集成创新和联合攻关创新，以新兴产业的发展带动特色优势产业的发展。五是坚持市场导向、完善社会支撑体系的原则。以市场需求为优势产业发展的导向，加强产业及企业间的沟通和合作，通过公共基础设施和公共服务的完善，形成促进西部优势产业发展的社会支撑体系。六是以人为本、注重保障与改善民生的原则。促进西部优势产业发展，立足于保障和改善民生的实际需要，这是制定和实施促进西部特色优势产业发展的出发点和落脚点。以特殊优惠政策吸引全国和东中部地区优势生产要素，加快和促进西部地区优势产业的持续发展。

2. 对国家和西部地区加快优势产业发展提出的建议

对国家提出的建议。一是在区域发展规划政策上向西部地区倾斜。以经济开发区、经济特区及区域规划等为载体，促进西部地区优势产业的集群发展，提高西部大开发的综合效益；在“十三五”规划、主体功能区规划及各类区域规划中对西部地区倾斜。二是扶持西部地区在经济特区、经济开发区和工业园区大力发展特色优势产业集群，使其与国家整体战略级产业布局相协调；在大型基础设施建设的支持政策上向西部地区倾斜。按照“超前谋划、多元投入、稳步推进”的原则，切实增强西部地区基础设施的供给能力。三是在财政政策上向西部地区倾斜。建议发行西部开发专项国债；将资源税、消费税等税种完全划为地方税；将现行的中央与地方增值税的分享比例 3∶1 调整为 1∶1；将中央企业和地方企业所得税的征收，改为统一征收，按 1∶1 比例由中央和地方共享；将资源税、消费税调整为地方税，有利于地方政府调整产业结构和消费支出结构。四是在土地、金融及信贷政策上，在产业组织政策上，在科技和人力资源开发政策上，在西部地区的老工业基地的发展政策上，以及在对外开放政策上向西部地区倾斜。

对西部地区提出的建议。一是建议西部各省区市政府明确“十三五”时期本省区市特色优势产业发展的思路，结合主体功能区规划和中央的产业政策，编制本省区市的优势产业中长期发展规划。深化行政管理体制改革，切实转变政府职能，营造廉洁高效的政务环境。二是加强地区生态环境建设，把生态环境保护作为优势产业可持续发展的基础。三是扩大对内对外开放，进一步加强地区之间的经济交流与合作；在产业投融资方面，不断创新招商引资机制，吸引更多的国内外客商前来投资发展。通过建设和规范各级地方政府的融资平台，实行促进特色优势产业发展的融资政策导向，为特色优势产业发展提供良好的投融资环境。在公共基础设施建设方面，加强土地管理和使用，切实保障特色优势产业项目建设用地，以及加强供电、供排水、供气、道路以及污水、垃圾处理等城市基础设施建设。采取特许经营权转让的 BOT 和 TOT 融资等多种方式获得基础设施建设资金。在自主创新与品牌建设方面，通过加强政策引导和扶持，制定和实施自主品牌战略和自主创新战略，优先支持名牌企业自主技术开发，大力推进具有国际竞争能力和潜力的自主品牌建设，增强地区自主品牌产品在国际国内的市场竞争力。四是在人力资源开发方面，通过营造吸引人才、重用人才、奖励人才的机制和环境，为优势产业的发展提供强有力的人才支撑和智力保障。全方位开发人力资源，不断提高全体劳动者的综合素质和技术技能。制定出台与产业发展相配套的人才政策，吸引和鼓励人才向西部地区流动。五是在国企改革与民营企业发展方面，加快国企改革和国有企业现代企业制度的建设，增强国有企业的活力。扶持培育一批拥有自主知识产权和自主品牌、核心竞争力强、带动作用明显的大型企业和企业集团，同时，大力扶持一批创新活力旺盛的中小企业，形成国企、民企、大中小企业、中介机构共同发展的产业组织结构，为各类市场主体提供良好的服务，促进不同市场主体间的公平竞争，加快优势产业又好又快地发展。

3. 建立和完善优势产业发展的社会服务支撑体系

一是建立和完善服务于优势产业发展的信息平台。加快西部地区优势产业的发展，不仅要有国家和地区政府政策的倾斜和指导帮助，而且需要建立和完善为优势产业发展服务的信息平台。第一，西部各省区市要加大整合力度，提高信息资源的开发利用水平。构建高效的电子政务和电子商务网络平台、信息平台、支撑平台和管理服务体系。第二，大力推进利用信息技术改造提升传统产业，加快经济发展由主要依靠资本和资源投入向主要依靠科技进步和提高劳动者素质转变。第三，调整和优化信息产业结构，提高产业整体发展水平。以“软件技术产业化、软件企业规模化”为突破口，培植软件企业，扩大产业规模。

二是建立和完善西部地区交通运输网络，形成立体化的交通平台。第一，以国家高速铁路、公路和以重要国道、省道为依托，优先建设主路网骨架，加强西部地区与东中部地区的通道建设，以及加快西部地区与周边国家的国际通道建设。第二，以保障和改善民生为出发点，加快交通运输安全保障体系建设，以及加强西部地区应急和救助保障能力。第三，加大对民族地区和贫困地区交通建设扶持力度，不断提高西部地区交通运输基本公共服务水平。同时，以生态建设和环境保护为前提，加快西部地区绿色交通运输体系建设，大力发展交通循环经济。

三是完善西部地区金融服务网络。第一，打造以国家政策性银行、商业银行、地方银行、证券及产权交易中心、各类投资基金、城乡储蓄贷款机构、保险机构组成的投融资平台。第二，鼓励和引导外资银行到中西部地区设立机构和开办业务，提高中小金融机构的交易水平，为实现金融市场主体的多元化提供支持。第三，推动多层次资本市场建设，支持中西部地区金融机构参与全国统一的投融资活动，拓宽融资渠道，形成合理的直接融资和间接融资结构。第四，建立健全适应“三农”和县域经济特点的农村金融体系，满足农村地区不同层次的金融需求。

四是完善西部地区的商贸物流网络。第一，建立和形成以大宗商品批发市场、专业化零售组织、大中型区域物流配送中心、网络销售和配送体系等组成的商贸物流平台。第二，依据西部地区交通运输发展规划和西部地区优势产业布局，建设一批重点物流区；依托已有的港口、货站、机场等交通运输设施，实现多种运输方式相互衔接，提高交通运输效率。第三，着力培育现代商贸物流企业，推动物流企业与生产企业和其他服务企业互动发展，加快向现代物流企业转型，培育一批现代物流领域的大公司、大集团。第四，选择一批技术先进、带动和支撑作用强的物联网重大项目，纳入地区发展规划和年度计划实施。

五是完善西部地区的科技和教育服务网络。第一，加快科技资源信息化、网络化，形成以地区、企业、学校、研究机构组成的研发平台，为优势产业发展所需的科技攻关提供强有力的支撑。第二，促进西部各省区市之间的人才、技术和科技资源与经济社会发展的紧密结合，增强科技创新能力。第三，建立健全政府主导、行业指导、企业参与的办学培训机制，推行工学结合、校企合作，实现互惠互利、合作共赢。

六是完善西部地区的社会保障服务网络。第一，加快形成以国家保障、商业保险、城乡互助组织等组成的医疗卫生、就业、养老和社会救助服务平台。第二，加大政府公共财政对社会保障的投入。提高中央财政对调整企业退休人员基本养老金的补助比例。对医疗保险给予专项补助，逐步解决地区之间社会保障发展不平衡问题。第三，根据地区经济社会发展情况，不断提高各项社会保障水平，并逐步缩小城乡、区域、群体之间的社会保障待遇差距。第四，推进和建立西部地区多层次社会保障体系，满足人们不同的社会保障需求。第五，通过建立基金预算管理制度，规范社会保险基金收支，保障基金安全，完善基金监督政策法规，保证社会保险制度的可持续发展。

4. 加快贵州优势产业发展的几个重要方面

在贵州省“十二五”规划的基础上，为加快重点产业的发展，应充分发挥贵州特色资源优势，以市场为导向，以现有产业为基础。

一是进一步做大做强能源优势产业。提前完成 2015 年规定的贵州煤炭产量达到 2.5 亿吨，电力装机容量达到 4 500 万千瓦，能源产业增加值超 3 000 亿元，基本建成中国南方能源基地。

二是改造提升优势原材料产业，加快建设国家重要资源深加工基地。大力发展煤化工、磷化工、铝及铝加工、钛及钛加工、锰及锰加工、镁及镁加工、金及金加工、重晶石及其加工、林纸一体化林化工、石材加工等十大资源加工业。提前实现 2015 年全省资源加工业总产值达到 3 500 亿元以上。

三是大力发展装备制造业，包括能矿产业装备、航天航空、汽车及零部件以及数控机床等重大装备技术及产品，将贵州建设成为国家重要特色的装备制造业基地。力争2015年总产值超过1 000亿元。

四是加快发展特色优势轻工业，包括优质烟酒、特色食品、民族制药、旅游商品等特色优势轻工业，把贵州建设成为全国重要的优质烟草基地、优质白酒基地、中药现代化基地和南方重要的绿色食品加工基地。2015年前力争全省规模以上轻工业总产值超过2 000亿元。

五是大力发展农副产品深加工、林加工和具有比较优势的特色食品、民族医药和旅游商品等特色产业。力争到2015年前，特色食品和旅游商品总产值达到500亿元、民族医药总产值达到500亿元。

六是加快培育壮大高新技术及战略性新兴产业，努力建设国家重要的战略性新兴产业基地。力争到2015年前，战略性新兴产业总产值达到1 800亿元以上，高新技术产业研发投入占销售收入的比重达到5%左右。

四、实施创新驱动发展战略，促进贵州经济社会加快发展

（一）实施创新驱动发展战略的意义和作用

1. 从国内外环境看建设创新型国家的重要意义

2006年1月9日，党中央、国务院召开了新世纪第一次全国科学大会。大会提出了至2020年把我国建设成为创新型国家的奋斗目标，这是继十六届五中全会提出贯彻落实科学发展观、加强自主创新能力建设之后，党中央作出的事关我国经济社会发展全局的又一个重大战略决策和部署，也是我国进入创新型国家建设时期的标志，对于推进我国经济社会和科技发展具有里程碑的意义。

所谓创新型国家就是以科技创新为主要推动力实现工业化和现代化的国家。目前，世界上公认的创新型国家有20个左右，包括美国、日本、芬兰、韩国等。这些国家的共同特征是：创新综合指数明显高于其他国家，科技进步贡献率在70%以上，研发投入占GDP的比例一般在2%以上，对外技术依存度指标一般在30%以下。

当今世界，科学技术进入了一个前所未有的创新密集时代。许多高新技术产业群迅速崛起壮大，成为经济发展的主要推动力，重大创新更多地出现在学科交叉领域，科学和技术之间的高度融合，成为当代科学技术发展的一个基本特征。由于科技创新、转化和技术更新速度不断加快，原始性创新的地位日益突出，以及科技与经济、教育、文化、社会等的联系日益紧密。例如，以信息技术为核心的现

代科技的发展极大地促进了世界经济结构的变革。信息业等新兴产业迅速崛起，已成为今日世界的第一位的支柱产业，成为带动世界经济增长的火车头。特别是信息技术与传统产业的有机结合，有力地促进了传统产业的技术升级。尤其是科技全球化和社会知识化进程加快，对社会生产方式和生活方式产生了深刻影响，自主创新能力成为国家核心竞争力的决定性因素。在国际竞争日益激烈的今天，科技创新能力已经成为市场竞争成败的决定性因素。

从理论和实践上看，新中国成立以来特别是改革开放以来，党和国家采取了一系列加快我国科技事业发展的重大战略措施。50 年前，毛主席和党中央向全国人民发出了“向科学进军”的伟大号召。1978 年 3 月，邓小平在全国科学大会上提出了“科学技术是生产力”的重要思想，对中国科学技术发展产生了深远的影响。在 1995 年 5 月召开的全国科技大会上，以江泽民同志为核心的党的第三代中央领导集体，全面落实“科学技术是第一生产力”的思想，提出了科教兴国的发展战略。党的十六大以来，以胡锦涛同志为总书记的党中央明确提出，把推动自主创新摆在全部科技工作的突出位置，把提高自主创新能力，建设创新型国家作为调整经济结构、转变增长方式、提高国家竞争力的中心环节。从“科学技术是生产力”到“科教兴国战略”，再到“建设创新型国家”，这是历史的传承和延伸，也是时代的发展和突变。

经过 50 多年特别是改革开放 30 多年的努力，我国科学技术发展取得了举世瞩目的伟大成就，国家进入了全面建设小康社会，加快推进社会主义现代化的新的发展阶段。人民生活总体上达到小康水平，取得了改革开放和现代化建设的丰硕成果，标志着我国经济和社会的发展实现了一个质的飞跃，达到了一个新的水平。但应该看到，我国现在所达到的小康只是总体上的小康，目前的小康基本上还只是处于满足生存性消费的阶段，而发展性消费还有待提高，以及面临着生产力比较落后，经济、科技、文化还不发达，各方面的体制改革还不到位，就业压力还在不断增大，民主政治建设和人们的思想道德建设任务等一系列问题。进入新世纪以来，中国的改革开放和现代化建设进入了一个关键时期，要求我们一定要有高度的历史责任感和强烈的忧患意识和宽广的世界眼光，紧紧抓住机遇，迎接各种挑战，奋力把中国特色社会主义事业推向前进。

总之，面对当前的国内外的发展环境，要不断提高我国在国际政治生活中的地位，要在参与经济全球化进程中赢得更多的利益，根本的路径就是尽快提高我国的综合国力。在科学技术日益渗透于各国政治、经济和社会生活的大趋势下，提高综合国力的根本出路在于提高科技创新能力，建设创新型国家。党中央、国务院作出的建设创新型国家的决策，并在思想上高度重视和在实践中认真落实这一重大战略决策，对于我们应对世界科技革命、提高我国科学技术竞争力，对于实现我国新世纪、新阶段全面建设小康社会的发展目标，对于加快我国科技事业的发展，都具有十分重大而深远的发展战略意义。

2. 建设创新型国家的总体目标和指导方针

2015 年 3 月 4 日，习近平总书记在全国政协十二届一次会议上，参加科协、科技界委员联合组会议时强调，实施创新驱动发展战略是立足全局、面向未来的重大战略。对我国加快建设创新型国家、全面深化改革开放，推进科学发展和社会主义现代化指明了方向。

21 世纪头 20 年，是我国经济社会发展的重要战略机遇期，也是我国科技事业发展的重要战略机遇期。面对汹涌澎湃的世界新科技革命浪潮，全国科学大会提出的建设创新型国家的总体目标是：到 2020 年，使我国的自主创新能力显著增强，科技促进经济社会发展和保障国家安全的能力显著增强，基础科学和前沿技术研究综合实力显著增强，取得一批在世界具有重大影响的科学技术成果，使我国进入创新型国家的行列，为全面建设小康社会提供强有力的支撑。不言而喻，科技创新能力是一个国家科技事业发展的决定性因素，是国家竞争力的核心，是强国富民的重要基础，是国家安全的重要保证。所以，要坚持把推动科技自主创新摆在全部科技工作的突出位置，坚持把提高科技自主创新能力作为推动结构调整和提高国家竞争力的中心环节。通过科技创新，促进产业结构优化升级，提高经济增长的质量和效益，实现经济增长方式由粗放型向集约型经济转变；提高能源资源利用效益，实现从资源消耗型经济向资源节约型转变；保护生态环境，治理环境污染，实现由以生态环境为代价的增长向人与自然和谐相处的增长转变，促进经济社会全面协调可持续发展。应该指出，建设创新型国家，核心就是把增强自主创新能力作为发展科学技术的战略基点，走出中国特色自主创新道路，推动科学技术的跨越式发展；把增强自主创新能力作为调整产业结构、转变增长方式的中心环节，建设资源节约型、环境友好型社会，推动国民经济又好又快发展；就是把增强自主创新能力作为国家战略，贯穿到现代化建设各个方面，激发全民族创新精神，培养高水平创新人才，形成有利于自主创新的体制机制，大力推进理论创新、制度创新、科技创新，不断巩固和发展中国特色社会主义伟大事业。

建设创新型国家的指导方针，在《国家中长期科学和技术发展规划纲要

（2006—2020 年）》（以下简称为《规划纲要》）中作出了明确规定。《规划纲要》指出：坚持以邓小平理论和“三个代表”重要思想为指导，全面贯彻落实科学发展观，从全面建设小康社会全局出发，坚持“自主创新、重点跨越、支撑发展、引领未来”的指导方针。这十六字方针，既是对以往科技方针的继承和发展，又体现了新时期新阶段对科技发展的新要求，是科学发展观在科技工作中的具体体现，为我国科技发展指明了方向。在十六字指导方针中，自主创新不仅是这一方针的核心，而且是贯彻《规划纲要》的一条主线。所谓自主创新，就是从增强国家创新能力出发，加强原始创新、集成创新和在引进先进技术基础上的消化吸收再重新。没有自主创新，我们就难以在国际上争取平等地位，就难以获得应有的国家尊严，甚至难以自立于世界民族之林。我们要努力把我国建设成为创新型国家，坚持自主创新是唯一的捷径。同时，要通过发展基础研究，加强原始创新，提高自主创新能力。要通过发展交叉学科，加强原始创新；通过发挥企业在技术创新中的主体作用，加强原始创新；通过发挥高校、科研院所的作用，加强原始创新。除原始创新之外，集成创新能力（即使各种相关技术有机融合，形成具有市场竞争力的产品和产业），在引进技术的基础上消化吸收再创新的能力，也是一个国家自主创新的重要标志和重要体现。在十六字指导方针中，重点跨越是这一方针的关键。所谓重点跨越，就是坚持有所为、有所不为，选择具有一定基础和优势、关系国计民生和国家安全的关键领域，集中力量，重点突破，实现跨越式发展。重点跨越不仅是后进国家赶超先进国家的重要方式，也是我国科技基础和实力现状的必然要求。《规划纲要》提出了五个战略重点：一是把发展能源资源和环境保护技术放在优先位置；二是把掌握装备制造业和信息产业核心技术的自主知识产权，作为提高我国产业竞争力的突破口；三是把生物技术作为未来高技术产业迎头赶上的重点；四是加快发展航天和海洋技术；五是加强基础科学和前沿技术研究。《规划纲要》特别强调，在实现以上战略重点突破的基础上，要着力从重大专项上实现创新，以推动和加快科技发展。通过重大专项和把握科技发展的战略重点，抓住一批重大关键技术，实施若干重大专项，建设一批创新基地，培育大批创新企业，扎实提高持续创新能力，不断为建设创新型国家奠定坚实基础。在十六字指导方针中，支撑发展是这一方针的目的。所谓支撑发展，就是从现实的紧迫需要出发，着力突破重大关键技术、共性技术，支撑经济社会全面协调可持续发展。支撑发展，是由科技与经济间的辩证关系决定的。在任何时候，经济与科技都是相互渗透和融合的，这是经济和科技发展的重要特征。所以，科技进步必须以支撑发展为基本目的。我们要正确认识和处理经济与科技的关系，就是要把我国经济发展切实转到依靠科技进步和创新上来，科技发展要自觉地为经济建设服务。为了使科技支撑发展，我们必须建立多元化科技投入体系，必须坚持以制度创新促进科技进步，以及必须加强科技人才队伍建设。在十六字指导方针中，引领未来是这一方针的根本。所谓引领未来，就是着眼长远，超前部署基础研究和前沿技术，创造新的市场需求，培育新型产业，引领未来经济社会发展。引领未来不仅是科技工作的神圣使命，而且是我国科技事业持续发展的保障。一个国家的科技事业要想具备持续发展的后劲，必须在科技发展的指导方针上，坚持引领未来。所以引领未来，是我国成为科技强国的基础。我们应当前瞻未来发展和长远利益，不断探索新的发展方向，提高持续创新能力，使科学技术成为经济社会发展的主导力量。落实引领未来的科技发展方针，必须制定切实可行的科技发展战略和目标，使我国自主创新能力显著增强，科学技术综合实力显著增强，确保对经济社会发展和国家安全的保障能力显著增强，进入创新型国家行列。落实引领未来的科技发展方针，必须瞄准世界前沿技术。通过抓住引领世界科学发展的重大前沿问题，在生命科学、纳米科技、量子信息学、脑与认知科学等领域及时进行前瞻布局。落实引领未来的科技发展方针，必须建立鼓励创新的平台。不断创新是引领未来的源泉和资本。要不断创新，必须优化鼓励创新的环境，搭建鼓励创新的平台。其中包括政策、制度、政务、市场、人才和法制等一系列具体内容。

总之，走中国特色自主创新道路，建设创新型国家，必须坚持“自主创新、重点跨越、支撑发展、引领未来”的指导方针。这是我国半个多世纪科技事业发展理论和实践经验的概括总结，是面向未来、实现中华民族伟大复兴的重要抉择，必须贯穿于我国科技事业发展的全过程。

（二）实施创新驱动发展战略，促进贵州经济社会加快发展

1. 实施创新驱动发展战略的伟力和作用

党的十八大报告强调要实施创新驱动发展战略，强调科技创新是提高社会生产力和综合国力的战略支撑，必须摆在国家发展全局的核心位置。当前，我国已进入全面建成小康社会决定性阶段，国内外形势发生深刻变化，对科技进步和创新提出了更加全面、更加紧迫的需求。实施创新驱动发展战略，是继 2012 年 7 月党中央、国务院召开的全国科学创新大会提出创新驱动发展战略后，在我国改革发展的关键时期作出的重大抉择，并将这一战略明确写进党的十八大报告，充分

表明了我们党依靠创新实现经济持续健康发展的决心和对科技创新的高度重视。

国内外形势发生的深刻变化表明，世界新一轮科技革命和产业变革正在孕育兴起。2008 年以来的金融危机，不仅具有传统意义上周期性危机的特征，更多地表现出结构性危机的特点，加快催生了新一轮科技革命和产业变革。科学技术从来没有像现在这样如此深刻地影响着经济发展和社会进步，从来没有像现在这样如此密切地关系着民生改善和群众福祉。科学创新与产业变革的深度融合成为当代世界最为突出的特征之一。由于全球进入了空前的创新密集时代，各国围绕科技创新的竞争与合作不断加强。这既给我们带来重大的机遇，也给我们提出了严峻挑战。我们必须更加自觉地把握机遇，应对挑战，更加主动地落实创新驱动发展战略，以科技创新的新成果为加快转变经济发展方式、调整产业结构、提高社会生产力开辟新的空间，以科技改革发展的新突破实现经济社会发展的新飞跃。

改革开放以来，我们党始终高度重视科技进步和创新。从"科学技术是第一生产力""科教兴国战略"到"提高自主创新能力，建设创新型国家"，我们党领导我国科技事业在探索中走出了一条中国特色自主创新道路。十六大以来，我国沿着这条自主创新道路，科技事业取得了巨大成就。不仅科技开放合作不断扩大，自主创新能力显著增强，整体科技实力与主要发达国家不断接近，而且在一些方面开始从跟踪者逐步变为并行者，甚至成为领跑者，创新型国家建设成效显著，成为具有重要影响的科技大国和创新大国。党的十七届五中全会明确提出，"十二五"时期我国经济社会发展要以科学发展为主题，要大幅度提高自主创新能力，我们必须把创新驱动发展作为面向未来的一项重大战略，一以贯之，长期坚持。

当前，我们要全面贯彻落实党的十八大精神，坚持走中国特色自主创新道路，以全球视野谋划和推动创新，提高原始创新、集成创新和引进消化吸收再创新能力，更加注重协同创新，推动实施好创新驱动发展战略，有效发挥科技创新在提高社会生产力和综合国力中的战略支撑作用。一方面，坚持把科技摆在优先发展的战略位置，不断提升我国科技实力和创新能力；坚持把科技创新作为经济发展的内在动力，不断提升我国经济实力和社会生产力；坚持把创新驱动发展战略贯彻到现代化建设整个进程中，不断提升我国综合国力和核心竞争力。另一方面，深化科技体制改革，加快建设国家创新体系；强化基础研究、前沿技术研究、社会公益技术研究，抢占科技发展战略制高点；把增强自主创新能力作为战略基点，推动经济发展方式转变和经济结构调整；完善科技创新政策环境，把全社会智慧和力量凝聚到创新发展上来；扩大科技开发合作，在共享创新机遇中推进自主创新。

2. 在创新驱动发展战略下，加快贵州经济发展

改革开放特别是实施西部大开发战略以来，贵州经济社会发展取得显著成绩，进入了历史上发展的最好时期。但由于自然地理等原因，贵州发展仍存在特殊困难，与全国的差距仍在拉大。为进一步促进贵州经济社会又好又快发展，2012 年 1 月 12 日，国务院出台了《关于进一步促进贵州经济社会又好又快发展的若干意见》（国发〔2012〕2 号），使贵州迎来了加快经济社会全面发展的特佳机遇、特别机遇、特殊机遇。贵州按照党中央、国务院的要求和安排部署，迅速行动起来，抢抓机遇，改革创新，求真务实，真抓实干，发展为大，奋发作为，努力实现贵州经济社会发展的历史性跨越。

据统计，2011 年，贵州经济发展态势喜人，经济增速创下 20 年来最高纪录，几个重要经济指标增量突破 1 000 亿元。2011 年，完成固定资产投资 4 500 亿元，同比增长 60%，增速由全国第 14 位升至第 3 位；全省生产总值 5 702 亿元，比上年增加 1 100 亿元，增长 15%，增速比上年高 2.2 个百分点；完成工业增加值 1 969.7 亿元，增长 21.1%，工业对经济增长的贡献率 46.5%，规模以上工业企业实现利润 331 亿元，增长 27.5%；城镇居民人均可支配收入 16 500 元，农民人均纯收入 4 200 元，分别增长 12% 和 15%。2010 年 10 月 26 日，贵州全省工业发展大会在贵阳召开。大会提出，贵州“十二五”时期发展工业的总体目标是：千方百计加速发展、扩大总量；在扩大总量中高速优化结构、实现转型升级；完善区域布局，实现区域协调发展；强化创新能力，提升整体竞争力。到 2015 年，全省工业总产值要达到 1 万亿元以上，工业增加值占 GDP 的比重提升到 40% 以上，工业投资累计达到 1.5 万亿元以上，培育形成年销售收入超百亿的大企业、大集团 20 户以上。2011 年 12 月 25 日至 26 日，贵州全省经济工作会议召开。会议提出：把“稳中求进、提速转型”作为经济工作的总基调、总目标，努力实现“稳中求快、快中保好，能快则快、又好又快”；发展思路不能变，发展速度不能慢，发展措施不能减；打好基础，着力培育内生动力，力争在“十二五”创造出一个又好又快、更好更快的“贵州速度”；在扩大内需、转型升级、城乡协调发展、科技教育、深化改革扩大开放、保障和改善民生上迈出更大步伐。2011 年 2 月 26 日，贵州全省经济扶贫开发工作会议在贵阳召开。会议提出：到 2015 年全省贫困人口数量比 2010 年减少一半，实现 30 个国家扶贫开发工作重点县、500 个贫困乡“减贫摘帽”；到 2020 年全面建成小康社会，基本消除绝对贫困现象。

应该看到，实施西部大开发以来，贵州经济社会有了一定的发展，但放在全国的层面来看，经济发展水平依然比较落后，全省人均地区生产总值水平在全国最低，是全国贫困问题最突出的地区。贵州 2011 年全省的地区生产总值为 5 702 亿元。而与贵州相邻的四川省已达 20 000 亿元，其中成都市的地区生产总值就达到 6 854 亿元，超过贵州全省的地区生产总值总和。而在 2011 年全国扶贫标准提高之后，贵州省的贫困人口达到 1 521 万人，贫困人口已经占农村人口的 50% 以上，扶贫攻坚任务十分艰巨。所以，加快经济社会发展已成为全省的迫切需求。贵州省原省长赵克志说，“贫穷落后”不是贵州的代名词，更不是贵州的固有标签。“加速发展、加快转型、推动跨越”，贵州任重而道远，努力创造一个高于过去、高于西部、高于全国的“贵州速度”，是贵州发展的必然选择。同时，赵克志在接受《经济国家周刊》记者专访时说，科技创新关键在人才，无论是科技企业孵化器、大学科技园等科技载体创建，还是科技开发交流，归根结底，都要靠人才来实施。科技创新人才的培养，从长远看在于教育。此外，贵州的大学数量少、实力弱，各方面条件距离科技创新人才的标准还存在一定差距。培养科技人才，首先要努力办好大学，提高高等教育质量。

3. 加强科技创新，促进经济社会更好更快发展

据统计，2011 年，贵州省的科技工作增比进位成效显著，区域创新能力在全国的排位由 2010 年的第 29 位上升至 2011 年的第 24 位，排名增幅居全国首位（并列）；科技促进经济社会发展指数达 54.57%，增长 9.13 个百分点，增幅居全国首位；4 项成果获得国家奖励；全省发明专利申请和获得授权量达到 2 358 件和 596 件，分别增长了 78.4% 和 35.1%，有效发明专利总量达到 2 124 件，在全国排 22 位。

为加强贵州科技创新，引领和支撑贵州走出一条符合自身发展实际和时代要求的后发赶超之路。2011 年 11 月，贵州省科技大会召开，传达、贯彻了省委、省政府《关于加强科技创新，促进经济社会更好更快发展的决定》。大会首先强调，加强科技创新、加快科技进步，是实现我省与全国同步进入全面小康社会的根本保障。全省上下要进一步提高认识，坚持科技引领、创新驱动，加快转变发展方式，使创新真正成为经济社会持续健康发展的主要推动力。加强科技创新、加快科技进步是实现“加速发展、加快转型、推动跨越”的根本动力，是我省实现产业高端化、高新化、集群化发展的根本动力，也是我省构建科技创新体系，大力推进科技合作交流，大幅提高科技创新能力，实施工业强省战略的重要抓手。大会提出了加强科技创新、加快科技进步的目标要求。到 2015 年，我省科技支撑和引领经济

社会发展的作用要更加显著，综合科技进步水平指数提升 10 个百分点、专利授权量保持 20% 以上的年均增长率、全省公民具备基本科学素质的比例达到 3%、科技进步贡献率达到 45%。在实施工业技术创新工程，提升产业技术水平的同时，围绕农业产业化发展，实施现代农业科技支撑工程，加快农业科技进步；围绕可持续发展需求，实施社会发展科技保障工程，推动科技成果惠及民生；围绕科技发展重点任务，实施创新平台建设和创新型人才队伍建设工程，壮大科技实力。通过组织实施重大科技创新项目，加强高新技术产业园区（基地）建设和加强创新人才的引进和培养，以及加快科技创新平台的建设，加大科技创新投入，加快科技进步的组织保障。包括：加强对科技创新工作的领导、加强基层科技组织建设、开展科技进步统计监测评估工作。

根据大会的精神和部署，"十二五"以来，贵州全省围绕重点产业领域和加快科技发展，着力推进"技术创新平台建设工程"和"基础研究能力提升工程"的实施，加强高端研发平台建设，构建"基础及应用基础研究一中试一产业化"全过程的创新链条，进一步整合全省科技资源，不断完善科技创新平台建设。一是重点加快推进国家级创新平台的建设。通过加大扶持培育力度，争取将有条件的省级工程技术研究中心、重点实验室，纳入国家重点实验室或工程技术中心建设计划。二是加速规划启动"贵州科学城"的构建，加快贵州科学院高新技术产业创新基地的建设，引导科技风险投资、技术产权交易、生产力促进中心等创新服务机构聚集建设，集中资源，打造"贵州科学城"，形成科技创新的集聚区。三是加快推进科研院所的改革和建设。统筹科研院所的建设发展，用好新增的科研事业编制，启动贵州应用技术研究院等的建设，加快建设十大产业技术研究院（所），提升科研机构的创新能力及活力。四是加强企业、高校研发平台建设。实施"创新型企业培育行动计划"和"民营科技型企业培育行动计划"，支持和引导企业联合高校、科研机构共同建立研发中心，强化企业技术创新主体地位，支持企业承担国家和省重大科技项目，鼓励民营企业建立研发中心和开展新产品开发等技术创新活动。五是加强合作创新平台的构建。继续加强和完善省级工程技术中心等创新平台建设，充分发挥其合作创新的功能。以重大项目为载体，加强产学研用合作创新工作的推进，重点培育建设一批省级产业技术创新联盟，争取有条件的升格为国家级产业技术创新联盟。六是围绕重点特色优势产业领域，实施"产业技术创新行动计划"，加强重大科技项目的立项实施，加强项目管理和服务，在重要领域组织实施一批科技项目，创造并转化一批重大科技成果。

到 2015 年，以交通、水利为重点的基础设施建设将取得突破性进展；产业结构调整取得明显成效，综合经济实力大幅度提升，工业化、城镇化带动作用显著增强，农业现代化水平明显提高；单位地区生产总值能耗明显下降，主要污染物排放总量得到有效控制，环境质量总体保持稳定；石漠化扩展趋势得到初步扭转，森林覆盖率达到 45%；社会事业发展水平明显提升，扶贫对象大幅减少，全面建设小康社会实现程度接近西部地区水平。到 2020 年，适应经济社会发展的现代综合交通运输体系和水利工程体系基本建成；现代产业体系基本形成，经济发展质量和效益明显提高，综合竞争力显著增强，城镇化水平大幅提高，科技创新能力明显提升；石漠化扩展势头得到根本遏制，森林覆盖率达到 50%，环境质量良好；基本公共服务达到全国平均水平，城乡居民收入显著提高，实现全面建设小康社会奋斗目标。

（三）加快实施创新驱动发展战略的对策和建议

1. 坚持把科技摆在优先发展的战略位置，不断提升我省科技创新能力

继 2006 年我国颁布实施《国家中长期科学和技术发展规划纲要（2006—2020 年）》之后，又陆续颁布《国家中长期教育改革和发展规划纲要（2010—2020 年）》《国家中长期人才发展规划纲要（2010—2020 年）》。这三个规划纲要为全国和地区实施科教兴国、人才强国和建设创新型国家发展战略，提出了以科技创新支撑引领产业发展、加快经济发展方式转变和经济结构调整的战略任务。2012 年 7 月召开的全国科学大会，进一步对我国经济社会发展全局，对深化科技体制改革、加快国家创新体系建设和创新驱动发展进行了部署，标志着我国加快建设创新型国家和迈向科技强国的勇气和决心。我省要坚决按照国家制定的三个发展规划纲要，将创新驱动发展贯彻到全省现代化建设进程的各个方面，激发全社会的创新创造活力，坚持把科技摆在优先发展的战略位置，不断提升我省科技创新能力，促进经济社会加快发展。

2. 克服自主创新上的困难障碍和认识误区，全面提升科技创新能力

针对当前我省在自主创新中存在的困难障碍和认识误区，应采取卓有成效的对策措施，全面提升科技创新能力。一是针对研发核心技术和关键技术中的缺失问题，打破高新技术产业面临的知识产权壁垒。在一些重点领域、关键环节，创新研发上，必须通过政府主导，集中力量，整合各方面资源，力争取得关键性的突破。二是对一些地方投融资体制改革滞后，卓有成效地解决制约企业创新的问题。应

重视和改变当前一些企业间接融资比重过大的状况，积极发展直接融资，建立多层次的金融体系，包括构建商业银行对于科技研发、自主创新活动贷款风险补偿机制，以及用好财政贴息、财政支持之下的政府目标信用担保体系等政策性金融工具。三是营造公平的企业创新环境，要注重按照科技含量的高低来确定政策优惠导向。地方政府要建立有利于企业自主创新的体制、机制，应尽量减少直接干预企业具体的经济活动。四是要克服企业在自主创新上存在的认识误区。包括：重创新的过程，轻创新的结果；重创造的数量，轻创造的质量；重一般的技术创造，轻核心技术的创新；重引进国外技术，轻自主创新的研发。要牢固树立以掌握核心技术、发展壮大知识产权为宗旨，有效整合创新资源，全面提高自主创新能力，确保企业自主创新取得良好的效果。

3. 组织实施重大创新项目，抢占科技发展战略制高点

根据我省经济社会发展对重大科技的需求，在材料、装备制造、生物医药、循环经济等重点领域，组织实施基础较好、市场前景广阔、并能近期突破并可实现产业化的重大科技项目。一是紧紧抓住中央新一轮西部大开发的战略机遇，选择一批好项目、大项目，建立和完善全省和地区科技项目库，积极争取国家支持。加强我省国家（重点）实验室等重大基础研究平台建设。二是充分发挥好我省重点科研院所的骨干和引领作用、高等院校的基础和生力军作用，引导企业更多关注和投入原始创新。三是围绕我省产业发展需求，加强高新技术产业开发区、企业聚集园区的建设。四是围绕园区主导产业，加强科技创新及服务平台建设，夯实集成创新基础，构筑具有核心竞争力的创新型高新技术产业群，逐步把我省建设成为国家重要的能源基地、资源深加工基地、装备制造业基地、优质轻工产品基地和战略性新兴产业基地。五是加快贵阳高新区“西部研发基地”的建设。六是通过引进一批具有创新实力的高校、科研机构、企业与我省合作或单独建立各种研发机构、研发中心、成果转化基地或中介服务机构，加快提升我省创新能力，抢占科技发展战略制高点。

4. 加强创新人才的引进和培养，以及创新人才队伍建设

加强我省和地区自主创新能力，实施创新驱动发展战略，归根到底，需要立足于创新型人才的培养之上。一是要坚持贯彻尊重劳动、尊重知识、尊重人才、尊重创造的方针，全面实施人才强省战略，牢固树立人才资源是第一资源的观念，促进和加快我省人才队伍的建设。二是有计划地在我省开展院士行动计划，通过院士工作站等的建设，吸引院士团队来黔开展研发、创新和成果转化工作，发挥和提高

我省自主创新能力的作用。三是激励我省科技人员创新创业，结合企业科技人才创新计划的实施，加大对优秀青年科技人才和科技创新人才团队的培育。四是积极鼓励和支持我省科技人员参与国家和省的重大科技项目的研发工作，在科学实践中培养创新型人才队伍的学术带头人。五是建立和完善科技人员评价、激励机制，改革和完善对科技人员考核和职称评定制度。将企业、高校和科研院所的科技人员承担国家、地区和企业委托的创新课题作为重要考核内容。对取得显著经济社会效益的，应加大表彰奖励力度，并作为破格晋升专业技术职务的重要依据。六是建立市场激励机制和落实收益分配政策，激发科技人员和团队的积极性，增加和提高科技成果转化应用的动力。

5. 加强科技创新工作的领导，不断完善科技创新政策环境

为加强对全省科技创新工作的领导，一是建议成立省科技创新工作领导小组，及时制定、研究和解决全省创新驱动发展战略和科技创新发展中的重大问题。同时，各地区及部门要建立相应的科技工作领导协调机构，加强对创新驱动发展战略统一部署，明确职责分工，搞好配合协作，有计划、有步骤地，加快全省创新驱动发展战略实施，促进全省和地区经济社会更好更快地发展。二是健全和完善基层（县级）科技管理服务机构，县级人民政府应将科技管理服务机构进行单独设置，加强科技管理部门领导班子和干部队伍建设，提高科技管理服务水平，加快科技进步示范县的建设步伐。三是根据国家和我省科技发展规划的部署和要求，进一步完善科技创新评价标准，加强对知识产权的保护，不断健全创新法制环境。四是切实贯彻和实施国务院《全民科学素质行动计划纲要（2006—2010—2020年）》和我省《关于加强全民科学素质工作的意见》（黔府发〔2009〕2号）的精神和要求。在建立完备的提高全民科学素质工作机制的基础上，加快形成提高全民科学素质的长效机制，使提高全民科学素质成为全社会的自觉行动。到2020年，我省公民科学素质达到全国同期平均水平。五是大力提倡科技创新光荣，强化科学道德建设，把全社会智慧和力量凝聚到创新发展上来，进一步提高公众的科学文化素养，培养厚植创新文化土壤。

6. 扩大科技开放合作，在创新驱动发展中推进自主创新

扩大和增强全球视野和国际眼光，在开放合作中提高我省产业技术水平和科技实力。一是切实加强与国家研究单位、全国高等院校和创新型企业的科技合作，充分利用省外科技资源，提升我省产业核心竞争力。二是重点支持技术引进消化和创新，鼓励我省科研院所、高等院校与海内外研发机构建立联合实验室或研发中

心，支持我省产业园区创建国家产业化基地。三是支持国际学术组织、跨国公司等来我省设立研发机构，吸引全球优秀人才来我省创新创业。同时，通过科技招商和争取省外高校等来我省建立研发机构，着力解决我省重点产业发展的技术瓶颈。四是鼓励省内有实力的大型企业、科研院所走出去开展科技合作。总之，实施和完成创新驱动发展战略任务，需要加强多层次、多领域、多形式国内外科技合作，共享创新发展的机遇和成果，为加快推进我省经济社会现代化建设作出新的贡献。

第六章　贵州民营经济发展前沿问题研究

改革开放以来，在党和政府的鼓励、支持和引导下，民营经济企业从无到有，经过不断的发展和建设，迅速成长和壮大起来。但贵州位于我国西部的欠发达地区，由于自然、地理的原因，历史开发较晚，以及长期传统计划经济观念的影响和制约，民营经济发展与先进地区相比比较缓慢，差距较大。这就使贵州民营经济企业在发展中存在一系列的前沿问题，包括：民营经济企业发展决策和定位问题、民营经济企业可持续发展问题、民营经济企业环境建设问题、民营经济企业健康发展问题、民营经济企业增强核心竞争力问题。当前，如何正确认识和及时解决贵州民营经济发展中的前沿问题，值得进行全面深入地分析研究。

一、民营经济企业发展决策和定位问题

在全国改革开放的大潮中，贵州民营经济凭借企业家自己的顽强精神，在企业发展之初由小农经济思想逐步萌芽起来，但在发展中自身就带着这种与生俱来的弱点。在长期计划经济环境的影响下，民营经济企业的管理者不仅思想观念比较传统陈旧，企业人才和管理知识匮乏，难以树立和掌握现代企业的理念，而且传统观念在企业管理者身上根深蒂固，难以动摇。这种小农经济意识渗透在企业的发展历程中，导致企业缺乏战略发展决策和定位问题，成为制约民营经济企业发展中的瓶颈和障碍。

（一）贵州民营企业战略发展决策的主要制约因素

1. 民营企业家素质高低是影响企业发展的最关键因素

首先，民营企业家从狭义上说，是参与企业管理的私营企业主；从广义上说，

包括私营企业主、个体工商户、企业改制后的法人以及企业经营管理者等。对于这个庞大的社会群体的许多人从严格意义上说，他们还不是企业家。他们中的一些人由于缺少知识经济的学习和对国家政策的了解，在企业完成了资本原始积累之后，易于盲目乐观、头脑发热、急功近利，容易浮躁，忽视了对企业的规范管理，特别是对企业长期发展战略规划的制定，加上缺少对企业市场竞争力的培育，不可避免地造成了企业“先天不足”和“后天营养不良”。其次，一些企业的高层管理者对未来环境的发展态势缺乏思考，企业的规划总是跟不上形势环境的变化，即使制定了企业的发展规划设想也没有多大的可操作性。相反，对自己个人能力的判断过于自信，总认为创业前成功的经验现在也管用，企业重大决策问题不经过集体的讨论或科学的论证，而是以自己的喜恶为标准，个人说了算。最后，纵观民营企业的发展轨迹，真正成为大企业、大集团的为数并不多，大多是中小企业。由于企业投资、决策管理和风险承担集中于业主，缺乏规范性的科学管理和驾驭市场的能力，以及客观科学的理性思考与战略分析，企业最终走进了死胡同，企业在发展中留下的失败和教训十分深刻。

例如，曾有过辉煌纪录的民营企业巨人集团。企业发展之初，企业主和伙伴短时间开发了一套企业管理软件，很快在国内软件市场争得一席之地，企业主也跻身亿万富翁之列。如果保持清醒的头脑，坚持软件开发和研究来提高企业核心竞争力，企业将立于不败之地。但受素质高低因素的制约，企业盲目地进入竞争剧烈而企业主自己不熟悉的保健品市场，并幻想利用企业积累的财富来发展房地产项目。终因企业市场不堪重负，造成企业资金周转不灵，最后败下阵来。贵州民营经济不少个体私营业主是改革开放后从农村的专业户或种植养殖能手中脱颖而出的，城市中的私营企业主不少是由个体工商户发展起来的。他们习惯于凭个人的感觉和经验对企业的生产经营决策。由于企业因循守旧沿用家族宗族式的管理，企业主极少运用科学的现代企业管理方式和手段，导致企业在发展的道路上大起大落，自生自灭频繁。

2. 企业发展缺少追求利益最大化的对策措施

一是民营企业发展中由于盲目对财富的渴望和对成功的期盼，进入了认识误区。往往认为企业的竞争能力与企业规模成正比，而经营风险与企业规模成反比，企业发展中遇到的矛盾和风险能够随着企业的快速发展迎刃而解。当企业取得了一点成绩时就好大喜功，忘乎所以，对企业的发展战略问题认识不清，缺少对策措施。例如，三株企业缺少审时度势，将企业的年销售额由 1994 年的 1 亿元，提高到 1995 年 20 亿元、1996 年 100 亿元，1999 年 900 亿元。号称大陆首富的南德集团掌门人牟其中提出除了要搞南水北调工程之外，还要组建航空公司搞卫星对接，并在 3 年内发展成世界上排名前 5 名的巨型企业。这些民营企业虽然发出“在 10 年乃至 20 年内跻身世界 500 强”的豪言壮言，但对企业发展却缺少具体的对策措施，最终尝到自己酿造的苦果。

二是出现“轻实业重资本营运”“轻生产重销售”的扭曲现象，由于相当多的民营企业过分强调资本运营而忽略了生产管理，使得产品市场竞争力后劲不足。在急功近利思想的驱使下，企业很少从经济发展战略角度关注企业产业发展，而是热衷于“什么赚钱就干什么”，缺少长远的战略规划和具体的对策措施。可以说，企业由于缺乏对行业环境的整体把握，最终以失败而告终，导致企业受到重创，它们的失败在很大程度上是自己打倒了自己。贵州民营企业由于先天不足，缺少创业指导、企业会诊、技术支持、人员培训的服务，有相当一部分企业深感创业难、经营难、出现问题解决难。如中国加入世界贸易组织后，有相当的一部分企业主不懂得市场经济的内涵，对企业如何参与国内外的市场竞争束手无策。其实，关于世界贸易组织的规则和全球经济的多样性，民营经济企业若通过理论和实践的学习，是不难容易适应、融洽的，更容易规范和接轨。

（二）民营经济企业的产权关系与家族型的特征

民营经济企业在资本原始积累发展阶段，所有权和经营权是直接结合在一起的。通过责、权、利高度统一所形成的激励机制和发展环境，使企业一度充满生机与活力而得以迅速发展。但随着企业经营规模的扩大，内部管理层次的增加，外部环境和范围的不断扩展，在激烈的市场竞争面前，民营企业深层次的产权关系和家族型特征问题逐渐暴露出来[①]。

1. 民营企业的产权关系

一是与主管部门的产权关系不明晰。贵州民营企业初创之时，在自寻主管部门（挂靠单位）的情况下，企业与主管部门对其管理股权和技术股权未作明确界定。由于企业投资主体不明确，对优惠政策形成的政府扶持基金，其所有权归属的界定存在争议。对于民营企业通过兼并、联营、承包、股份制改造、收购等形式扩大了企业规模，但其中国有资本的产权归属却没有界定，关系不明晰。二是戴

---

① 刘平青：《家族基因：家族企业生命力解读》，山西经济出版社，2003。

“假帽子”现象比较严重。一些私营企业通过挂靠经营，租用转借营业执照或产权转移等，以集体企业、合作企业、校办工厂，甚至全民企业的名义登记注册，给自己戴上一顶“假帽子”。据国家工商局抽样调查，在我国乡镇企业中 83% 是私营企业。“假帽子”可以给企业带来很多好处，比如：政策上的优惠、得到担保的贷款、减少对企业的摊派，以及良好的社会声誉和降低经营上的风险。但同时使企业原来清晰的产权关系变得复杂混乱起来。三是由于企业的产权不清，归属没有界定，不仅使企业在经营中出现短期行为，模糊了各种经济成分之间的界限，影响了地区和政府的宏观决策调控，而且成为一些干部滋生腐败的土壤。

2. 家族型企业的典型特征

贵州民营企业中大都是家族型企业，主要集中在以下的典型特征上：一是企业的产权是单一的，企业为创业者个人或家族所有。在这种产权单一的条件下，创业者直接担任企业的最高管理者，其家族成员成为企业的高级管理人员，企业的所有权与经营权是高度统一的。由于企业的产权是封闭的，家庭持有企业股权，而很少接受外界的参股，难以实现股权多元化。有些民营企业即使进行了股份制改造，企业的大股东仍是创业者及其直系亲属。二是企业的产权存在封闭性，难以形成相应完善的制度体系，包括：企业的劳动分配制度、职务升迁制度和科学决策制度。由于长期以来民营企业的这种封闭性难以打破，企业即使能够招聘到高素质的人才，也很难留住人才。三是企业主要沿用依靠自身的积累和家族成员的再投入发展的模式，限制和制约了企业规模经济的发展。一些民营企业虽然也具备了一些资本经营的意识和愿望，却由于受到企业自身产权单一性和封闭性的影响，而难以获得银行的贷款。甚至一些规模和实力较大的企业，想要通过发行股票进行直接融资也非常困难，原因是缺少进行直接融资的发展环境，企业领导者对企业的未来缺乏信心和产生怀疑，从而丧失了投资的机遇。

（三）家族企业的积极作用和负面影响

研究表明，所谓家族企业就是家族成员控制所有权和经营权的企业，包括完全控制、绝对控制和相对控制的企业。由此，决定了民营企业普遍采用的管理模式是家族经营制管理，不仅个人独资企业如此，而且合伙企业也如此，甚至采取有限责任公司形式后同样如此。根据中国社会科学院和全国工商联在 1997 年对 21 个省 250 个市对 1 947 家私营企业所做的调查，一半以上的配偶和 20% 的成年子女参加了企业的管理。有 26% 的企业主就是经理；有 17% 由业主的亲友担当经理；有 5% 由同乡担当经理；而没有个人关系的人担当经理的不到一半。有 37% 的业主认为只有让亲友对企业管理才放心[①]。

1. 家族式管理的积极作用和负面影响

在企业创业初期，面对市场风险大，资金很难筹集，家族式管理可以通过发挥企业优势，依靠家族成员之间的忠诚和信任，大大节约了市场物质的交易成本。加上依靠家族内部传统的伦理约束，起到了节约费用和激励工作的作用，家族成员不但同舟共济，患难与共，而且可不计报酬。所以，家族式管理模式在企业创业初期发挥了十分重要的积极作用。但是随着家族式企业规模的发展和扩张，企业在生产经营活动中的负面影响不断表现出来。由于企业采取家族式的集权管理，企业缺乏对内对外的监控、反馈和制约机制，从而导致企业发展战略的失误而给企业造成难以弥补的巨大损失。表现为家族式管理机制不健全，造成企业内部管理的混乱。家族式的管理，企业内部不是靠严格的规章制度来约束员工的行为规范，而是在依靠人情、亲情基础上的信任管理人。这种家族式的管理，至多只能适用于小规模、低层次的作坊式企业。伴随着企业的发展和扩大，市场信息不对称开始出现以后，企业团队成员中忠诚程度的递减，企业内部的欺骗行为容易产生，再依靠家族式简单的管理模式已经不能适应中大型企业发展的需要，更不用说对跨国集团公司先进的管理方法的挑战。再者由于家族式的管理模式中，任人唯亲理念一直在企业管理中根深蒂固，不仅使企业难以实行科学的制度化管理，使规章制度流于形式，造成管理的混乱，而且家族企业的围墙和藩篱限制了族外成员升迁的机会，使企业员工难以产生对企业的忠诚和向心力，从而对企业失去信心纷纷离去，导致企业面临人才危机，阻碍了企业进一步的发展。

2. 企业家族式管理的生存危机

民营经济企业的发展和进程表明，家族式的经营管理模式给民营企业带来的影响是巨大的，同时，家族式管理模式的弊病，不仅严重窒息企业活力，削弱企业发展后劲，而且导致经营行为不规范，给企业生存带来危机。实践表明，许多民营企业的失败，原因在于缺乏在对企业家族式管理模式对其负面影响上进行认真反思和总结[②]。例如，在三株企业，总裁的儿子是董事长；在飞龙企业，总裁的亲戚是“二把手”。不可否认家族式管理在创业初期产生的作用，但值得注意的是，一旦

① 中国社会科学院、全国工商联：《对 21 个省 250 个市 1947 家私营企业的调查》，1997。

② 张厚义、刘立濮：《中国的私营经济与私营企业主》，知识出版社，1995。

企业得到发展，其弊端就会充分暴露出来。正如飞龙集团总裁所说：“创业时一帮同甘共苦的难兄难弟，如今都成了元老，身居高位，别人上不来不说，还不甘寂寞地乱发号施令，极大地影响和制约了企业的发展。”希望集团在创业初期家族成员四兄弟团结一致，艰苦创业，取得相当成就后家族式成员之间的权力和分配成为问题的主要矛盾。企业业主感慨地说：“像我们这样的私营企业要发展，就一定要摆脱家族制的束缚”。众多民营企业集团的发展历程说明，家族式管理虽有利于企业的创业，但企业发展中必须认真面对企业家族式管理生存危机的问题。

（四）民营经济企业产业结构失衡问题

民营经济企业发展中的另一个突出问题，是产业结构性的失衡问题。随着民营经济的不断发展壮大，传统的、低层次的产业结构，已不能适应新形势发展的要求。民营经济产业结构的失衡主要表现在以下几个方面：

1. 企业产业结构失衡的形成

由于民营经济企业在发展之初仅限于“拾遗补阙”的范围，形成了低层次的产业结构的失衡。不仅企业发展规模较小，而且主要集中在商业、娱乐业、餐饮业、房地产、手工业、制造业、运输业、建筑业和采掘业等产业上。尤其对经济发展落后的西部的许多地区来讲，至今许多产业民营经济尚未进入，如银行业、保险业、证券业、电信业、航空业等产业。从总体上来看，现阶段民营经济的产业结构现状中，第一产业和第三产业比重偏小，第二产业比重偏大。在第二产业中，非农产业偏大，而农产品加工业偏小。表明非民营经济在未来第三产业发展中，具有较大的发展空间和市场潜力。同时，民营经济的产品结构存在“几多几少”的问题，即传统产品多，名优特新产品少；粗加工产品多，精加工和深加工产品少；初级产品和低档通用产品多，高新技术和高附加值产品少；就地销售产品多，对外远销产品少。因为企业产业结构和产品结构的不合理，所以，西部尤其是欠发达地区民营经济企业产品在国内外市场的占有率低、竞争力弱、淘汰率高。

2. 企业组织结构不合理

由于民营经济发展的周期时间相对较短，在产业结构和产品结构存在上述弊端，致使大多数民营企业生产规模都比较小，达到大中型企业生产规模的比较少。虽然有少数民营企业一度资本金达到上亿元甚至百十亿元的规模，涌现了如希望集团、万向集团、华晨控股、德隆集团、世茂集团等一批明星企业。据统计，1997年私营企业的注册资本每户平均只有53.5万元，在96.7万户私营企业中，注册资金在100万元以上的仅有8.5万户，占8.8%；500万元以上的仅有1.01万户，占1.04%。这些数据还未包括规模更小的个体经济。尽管这种小规模结构的企业具有投资少、起步快、初期管理方便、比较适应早期市场变化的一些优势，但由于企业产业规模过小，也往往存在企业内部生产不经济和企业外部不经济的问题，不仅不利于企业技术和产品的开发和更新，而且难以适应现代产业经济发展和大规模的企业组织管理的要求，从而在国内外市场竞争中处于不利的地位。总之，民营经济产业结构性失衡的同时，企业组织结构不合理也成为十分突出的问题。必须强调，民营经济企业由于缺乏规范化的市场机制，大多数民营经济缺乏跨行业、跨地区、跨所有制组织调整企业产业结构的能力，难以通过产业组织结构上的及时转换和调整，造成在产业和产品发展上的重复建设和结构雷同，企业承受市场风险的能力弱，抵御经济发展周期性波动的能力低①。

（五）民营经济企业技术进步缓慢

技术进步创新是我国经济转轨过程中企业发展的一个十分重要的问题，这对于民营经济企业来讲尤其十分重要。由于民营经济企业大多数是从作为小生产者的个体户和专业户成长起来和分化出来的，企业发展的周期短、实力弱，因而技术进步水平缓慢，主要表现在以下方面：

1. 生产技术装备落后，技术人才严重匮乏

民营企业在技术装备上，由于受资金短缺的制约，只能维持和利用能耗高、工艺落后的技术装备。在技术水平上，受劳动力素质的制约，民营企业只能采用简单、粗放的生产技术。相当数量的民营企业依然保持和使用传统的手工劳动或半机械化操作，以现代化大生产方式开发高、精、尖产品的民营企业仍是凤毛麟角。对于有些企业更为原始、落后。“十五”以来，全国和地区政府部门强调在产业结构调整中要求关闭民办小煤窑、小造纸厂、小钢铁厂等，不仅是因为这些企业生产规模小，更因为它们的技术原始，破坏、浪费了资源，污染了环境。随着国家和地区的产业结构调整，还会有许多技术落后的民营小企业将被强制或自动地淘汰掉②。

---

① 刘平青、陈文科：《资本结构：家族企业治理结构的“来龙”与“去脉”》，《中国农村观察》2003年第3期。

② 申恩平：《提升我国块状经济竞争力的思考》，《经济问题》2002年第11期。

众所周知，在市场经济条件下，企业角逐市场和发展壮大的决定因素是人才，既包括科技人才，也包括经济管理人才。从民营企业目前的情况看，民营企业创新进程中最缺的是科技型企业家（高科技管理人才）和风险投资企业家（风险投资管理者）。同时，大多数民营企业十分缺乏具有创新活力的技术人才。根据有关部门的一项调查，民营经济中领衔的民营科技企业有相当一部分是由已到或接近退休年龄的科技人员创办的。民营科技企业中，年龄在43～60岁之间的科技人员占企业全部科技人员的50%以上。人才年龄老化、人才短缺是摆在许多民营企业面前的一大难题。

2. 技术创新能力薄弱，科技投入资金有限

从“十五”以来的情况分析，贵州全省和地区民营企业的技术创新能力十分有限，技术创新水平普遍低下。一是研究与技术开发能力薄弱。民营企业很少有自己的研究与开发部门，即使有也形同虚设。只有少数大型民营企业建立了自己的技术开发机构，绝大多数民营企业没有专门的人才和资金去开发新技术新产品，差不多都运用传统的技术生产传统的产品。由于外部缺乏有效的知识产权保护，创新亏本风险加大，内部缺乏有效的激励机制，致使许多民营企业不愿意进行创新投资。因而民营企业技术创新能力十分有限，严重缺少有自主知识产权的产品。二是技术创新资金严重不足。其原因主要是大多数民营企业创业资本小，自身能用于技术创新的资金有限；财政科技投入有限，民营企业的科技创新项目能取得科技三项费用支持的非常之少；虽然全省和地区为引进科技项目和人才，支持企业的技术创新，设立了一些专项基金，但民营企业要得到扶持还比较困难，而且可以使用的额度也较小。加上民营企业直接融资和间接融资都非常微薄，对民营高科技企业的研究开发起不到根本的扶持作用。由于民营企业长期以来技术开发投入少，人力资本严重缺乏，因而使得技术创新活动在很多民营企业中还是偶然的、间歇性和非制度化的行为。

从整体上来看，贵州经济企业技术水平比较落后，与全国先进水平相比还有较大的差距。虽然有的民营企业企图通过模仿，不断扩大经营规模支撑和发展科技创新技术水平，但往往事与愿违，难以提高。随着以全球经济一体化为特征的知识经济的到来，当代世界知识技术密集型产品越来越多，劳动密集型产业正失去优势，贵州民营企业正面临着国内外先进企业技术优势的巨大挑战。因此，全省和地区的民营经济企业必须十分重视企业的技术进步创新问题，这无论是从贵州民营经济可持续发展出发，还是从适应迅猛发展的技术革命形势考虑，一定要

大力提高企业的技术创新水平，通过调整产业技术结构，增强产品竞争力，已经是迫在眉睫、刻不容缓的问题。

二、民营经济企业可持续发展战略问题

创业难守业更难是对企业发展的一种经验总结。一般来讲，企业的生命发展周期很短，平均不到 10 年，而民营企业的寿命更短，平均只有 3～5 年。在改革开放的发展历程中，许多民营企业以及民营企业家像流星一样划过，有的暗淡失色了，有的甚至消失了。民营企业发展周期为什么如此短暂？这不仅是民营企业家们经常思考的问题，也是许多关心民营经济的有识之士所关心的问题，从经济发展本质上讲是一个值得研究的可持续发展的战略性问题。

（一）可持续发展战略的重要意义和发展目标

1. 企业可持续发展战略的重要意义

所谓企业可持续发展战略，就是企业在社会主义市场经济条件下，根据国内外环境及可取得的资源情况，为力求企业生存和长期稳定发展，对企业发展目标及实现的途径和手段进行的总体谋划。这对于实现企业可持续发展，具有十分重要的意义[①]。

一是企业具有明确长远的发展方向和奋斗目标，促进企业运行的长程优化。企业的生存和发展，取决于企业的长程运作常态，而不是短程运作。由于现代企业面对的外部环境处于不断变化的状态，企业要顺应环境的变化，谋求长久稳定的发展，避免企业行为短期化，克服运行中的盲目性，就必须强化企业科学管理，研究和制定企业长远发展战略，从而明确企业的长远发展方向和奋斗目标，使企业发展有章可循，并能在企业营运中兼顾当前和长远发展，提高企业对生存环境的适应和应变能力。这样，既有助于企业在短期内获得收益，也能在未来时期得到成长和发展。

二是企业适应生产社会化和专业化发展的要求，提高对各种风险的防范能力。企业参与的市场经济活动，机遇与风险同存。如何准确而有效地把握住企业

① 向辉：《实施可持续发展战略》，载本书编写组编《十六大报告辅导读本》，2002，第 119～130 页。

发展机遇并把各种风险降到最低程度，这在很大程度上取决于企业是否具有明晰的战略发展思路和战略决策能力。企业发展战略的基础工作，就是全面深入开展对市场环境因素及其变化进行调研与分析，在此基础上提高企业对相关环境发展趋势的预见能力，并制定相应的策略。这样，不仅可以对企业运转过程中发生问题时进行处置，而且还可以把工作做在前面，防患于未然，规避风险的出现。

三是认识企业在市场竞争中的地位，提高企业的竞争能力。优胜劣汰是市场竞争的客观规律。在激烈的市场竞争中，企业只有认清自我在市场中的位置，明确所应完成的任务，以及所面临的主要困难和所能采取的相应对策，才能使企业真正把握参与市场竞争的主动权。一个企业如果总体战略失误，具体工作即使搞得再好，也难逃失败的命运。因此，了解竞争态势，认识竞争对手，明确自己的长远发展方向和在市场竞争中的地位，是企业取得成功的重要一环。知己知彼，掌握竞争态势，是研究和制定企业发展战略不可或缺的重要方法。

四是有效制定和调整企业各项行动方案，增强企业运行的稳定性。由于企业发展环境的不断变化，企业长远发展战略制定的各项具体行动方案也需要相机变化或有效调整。只有在企业总体发展战略的引导下，企业才能够主动地、有预见地、方向明确地按发展环境的变化来调整企业各项行动方案，从而减少计划的盲目性，使企业按照既定的发展目标稳步前进。

五是提高企业管理工作的有效性，增强企业的凝聚力。企业发展战略作为协调企业内部各种活动的总体指导思想和基本手段，规定了企业发展的总体任务和长远目标及其对策措施，这就为企业管理阶层的各项管理工作提供了纲领和依据。研究和制定企业发展战略，可以使企业的各项活动在统一的组织、指挥、协调和控制下，在企业内部形成明确的共同思想，从而加强企业内部各部门、各层次之间信息沟通，减少可能出现的冲突矛盾，提高企业管理工作的有效性。此外，企业发展战略的制定与实践，通过员工的参与，不仅体现了管理的民主性，也便于吸收群众的智慧，使企业的全体员工都认识和了解企业的发展目标，增强企业员工对企业的凝聚力。

实践表明，国内外凡是成功的企业都有自己的发展战略，而因战略失误导致企业走向反面的实例也屡见不鲜。联合国经济合作与发展组织顾问捷恩斯通过统计发现，美国制定发展战略的企业，1947 年为 20%，到 1977 年则达到 100%。日本经济新闻社曾对 63 家大企业进行专门调查，发现其中有 99% 的大企业制定了发展战略，同时还发现，凡是制定了发展战略的企业经济效益都比较好，凡是没有制定发展战略的企业经济效益都比较差。因此，企业发展战略的制定与实施是维持企业生存和发展的关键。企业要持续、稳定的发展，要取得较大的市场份额和经济效益，就必须强化战略管理，重视对企业发展战略的研究和实践，研究和制定企业发展战略。在当今错综复杂的国际经济环境和日益竞争的市场经济环境下，民营经济企业只有加强对可持续发展战略的研究和制定，并认真地组织实施，才能确保企业立于不败之地。

2. 企业可持续发展战略类型的选择

制定和实施企业可持续发展战略目标，对于民营经济企业的成长和发展至关重要①。可以说，企业可持续发展战略目标，就是寻找企业科技创新和发展动力，保持企业追求继续前进的一种精神，并为实现这种目标提供战略依据和发展理论，不断吸引优秀人才加盟壮大企业经济发展实力。通常，一些民营企业把要赚多少钱、增加多少资产定为目标，其实这不是一个企业正确目标唯一的选择。如果以利润和资产为目标的话，往往会导致企业的短期行为，制约了企业长期可持续发展。因此，从企业的战略管理理论出发，从可持续发展考虑，可供企业选择的发展战略类型有：

一是按企业发展态势进行选择，即按企业选择的发展目标与企业现有发展水平来选择，包括：(1) 企业发展型战略。指企业从现有的发展水平出发，选择的发展目标高于企业现有水平的战略。选择这种战略的企业，其产品的市场需求有不断扩大的潜力和发展趋势。(2) 企业稳定型战略。指企业选择的发展目标与其现有水平大体相当的战略。选择这种战略的企业，其产品的市场需求增长已接近饱和状态，但目前尚无力量开拓进入新领域。(3) 企业紧缩型战略。指企业选择的发展目标低于其现有水平的战略。包括积极紧缩性战略，指以退为进，在缩减其现有生产量的同时，积极增加技术创新和提高产品质量的投入，以增强企业后劲的战略。(4) 消极型战略。指由于企业现有产品的市场需求衰减退缩，企业将从现有领域退出，以重新寻求新领域的战略。

二是按企业现有产品和新产品进行选择，即按现有市场和新开拓市场的组合情况来划分选择，包括：(1) 企业市场渗透战略。指企业将其现有产品在现有市场扩大投放，以实现发展的战略。为此，企业可将其现有产品降低价格，或加强售后服务，或通过广告宣传，以提高其在现有市场上的占有率。(2)企业市场开拓战略。

① 王强：《中国民营企业经济运行报告 2012》，中国经济出版社，2013。

指企业将其现有产品在新开拓的市场上投放，以实现发展的战略。如企业在省内外地区开辟出新市场，或在新的消费群体中开辟市场，将企业开发出的新产品，投放到现有市场和开辟出的新市场上。(3) 企业多元化经营战略。指企业开发出新产品，投放到新开拓的市场上，以实现发展的战略。企业通过在两个或多个行业领域、在多个地区或具有不同消费群体的市场扩大经营活动。

三是按企业选择的战略重心和突破口来划分选择，包括：(1) 企业差异化战略。指企业通过对产品的改进，使产品与竞争对手的产品存在差异，从而提高其市场占有率的战略。(2)企业低成本战略。指企业通过降低成本来击败竞争对手，以实现发展的战略。为此，企业将其力量重点使用于某一特定产品或某一特定市场，通过产品差异化或降低成本等方式，形成集中优势，以实现其战略的发展。(3) 企业产品和市场战略。指企业从革新产品和扩展市场入手，以实现发展的战略。包括对原有产品的改进和新产品开发，以及新市场的开拓及通过广告宣传促销等。(4) 企业技术和人才战略。指企业从革新技术和从人力资源开发入手，以实现发展的战略。包括技术改造、技术创新和技术引进，以及人才引进、人才培训和提高员工的素质等。

3. 企业可持续发展战略决策内容的选择

企业在明确可持续发展战略目标的前提下，应确定和制定企业发展战略的决策内容，这是包括民营经济企业成败的关键。为了推动民营企业的持续健康发展，必须在强化企业发展战略意识的基础上，进一步确定和制定企业可持续发展战略的决策内容。

一是选择具有发展潜力的产业和行业。民营经济企业，应根据经济社会需求、国家产业政策，地方经济结构和资源优势，以及当前行业竞争中的发展态势，选择企业能够进入的经营领域，并根据企业自身的规模大小、综合实力、在同行业中的定位，选择具有发展潜力的产业和行业。具体来讲，企业在发展战略中，应选择具有发展潜力的产业和行业进行分析和研究，特别是对关系和影响企业战略发展的因素作为企业的重要决策内容。一方面，企业对市场的判断非常重要，企业只有通过判断进入市场后，选择处于发展成长期的行业才最容易获得成功。否则，如果是处于衰退的行业，企业虽然进入市场但遭遇的风险很大。另一方面，企业根据自身的比较优势，对产业的选择也非常重要。当然，这也不能作唯一选择发展战略的标准，但要考虑企业现实的环境和潜在的竞争对手。所以，企业要选择具有发展潜力的产业和行业作为其发展的目标。

二是选择实现本企业发展目标和定位。根据企业成长发展的生命周期，当民营经济企业处于创业的初期，由于企业规模较小、实力较弱，应从企业发展实际情况出发，通过企业初始发展战略的定位，不断形成企业产业和产品的特色，为企业成长发展创造条件。当企业发展进入成长期，生产已经达到一定的规模，市场需求较为稳定时，可以考虑进一步的发展战略把企业做大做强。通过不断加强原材料供应系统建设，强化协作关系和降低生产成本，实现和收到明显的经济效益。但由于企业成长期的时间和阶段较长，随着企业在市场激烈竞争中投资增加和风险加大时，当企业资金规模和内部管理具有一定优势时，应慎重选择和实行规模经济。由于规模经济也是企业促进经济效率提高的因素，当企业的经济活动的规模扩大，产出扩大的规模超出投入扩大的规模，就产生规模经济。但就单个民营经济企业而言，可能出现资源上的规模浪费，但就整个地区的民营经济发展而言，由于市场扩大，协作和专业化程度相应地提高，增加规模所获得的收益一般大于规模扩大的成本。此外，当企业资金、技术、管理及营销等方面具有相当经济实力时，在调查研究的基础上，可以研究和推行跨地区、跨部门和多元化发展战略，进一步发挥企业的综合优势，实行企业的向外发展，降低市场风险、增强企业的市场竞争力，促进本企业可持续发展战略目标向前迈进。

三是选择企业发展不同时期的内部组织结构。(1) 企业管理学的研究和实践表明，民营经济企业在初创时期，一般规模较小，产品不多，企业可以实行和采用直线制组织结构形式。以等级原理为基础，实行上级人员垂直领导的企业内部组织结构。企业内不设专门的职能机构和专门的职能管理人员，经理或厂长通过下级人员（如班组长）向下传递生产经营任务。(2) 随着中小型企业生产规模的发展和扩大，实现了职能专业化后，可以采用职能制企业组织结构形式。在企业中设立专门的职能管理人员（如生产作业指导人员、计划人员、技术人员、销售人员等），但不设专门的职能机构，由各个专门的职能管理人员向下实行多头领导的企业内部组织结构。各个专门的职能管理人员可以在其职权范围内直接向下级发出指令。(3) 当企业进一步发展壮大成为大中型企业以后，就可采取事业部门制的组织结构。这种组织结构企业不以职能部门为基础，是以自主的运营事业部门为基础形成的分权制企业内部组织结构。企业按产品、商标或地区等设立运营事业部，各事业部像独立的公司一样，负责其生产经营过程；由最高层经理、财务人员等组成总部，负责监督、协调各事业部的活动，并评估它们的绩效。对于实行事业部制的组织管理形式的民营经济企业，关键是处理好企业厂部（厂长或总经理）

集权和分厂（副厂长或副总经理）分权之间的关系为保证企业发展战略的有效实施，此外，还要求选择合适的各级经营者和制定有效的管理经营制度。总之，民营经济企业在创业初期，创业者即是经营者，所有权与经营权是集中统一的，但当企业发展到一定规模时，就应由职业化的经理人员担任经营者，实行所有权与经营权相分离，这是企业组织结构建设和具体实施中的一个重要问题。

四是选择企业发展中值得认真研究的相关问题。(1) 企业必须重视对政府宏观经济的发展预期研究。政府对宏观经济运行状况研究和分析，对民营经济企业的引导和发展具有十分重要的影响。应该指出，政府部门根据国民经济发展规划制定的宏观经济政策，以及采取的政策措施，是民营经济企业健康发展的必由之路。所以，民营经济企业准确理解政府部门的各项宏观经济政策，对企业制定经济发展战略目标不仅具有十分重要的指导作用，也是民营经济企业制定可持续发展战略的根本保证。(2) 企业必须十分重视对市场的发展研究。在社会主义市场经济条件下，民营经济企业不仅要把高质量产品生产出来，而且要把产品推向国内外市场，为满足广大消费者的消费服务。如果企业生产的产品服务得不到社会和消费者的承认，将由此损害企业的自身利益和严重影响企业战略发展目标的实现。(3) 由于市场发展的动态性，国内外市场的发展随着全球经济的不断发展和变化，处于动态发展之中。所以，对每一个在市场发展空间生存的民营经济企业来讲，企业对市场的占领绝不是一劳永逸的。因此，要使企业在激烈的市场竞争中立于不败之地，企业还必须十分重视对国内外市场的发展态势进行研究，根据市场需求的发展趋势和最新变化，及时调整企业的投资结构和产品结构，以适应变化的市场发展需求。

4. 企业发展战略决策的实施和管理工作

对于民营经济企业而言，实施企业发展战略的目的，是为了分散和减少企业的经营风险，更有效地实现资源的合理配置，促进企业又好又快地发展，为区域的经济社会发展作出更大的贡献。所以，民营经济企业在实施发展战略过程中，要重视强化战略的实施和战略管理工作。

一是正确选择和确定企业发展战略。企业发展战略是在符合和保证实现企业使命的条件下，在充分利用环境中存在的各种机会和创造新机会的基础上，确定企业同环境的关系，规定企业从事的事业范围、成长方向和竞争对策，合理地调整企业结构和优化配置企业的资源。从制定发展战略的要求来看，企业战略就是在机会和风险中评价现在和未来的环境，用机遇和挑战、优势和劣势来评价企业现状，进而选择和确定企业的总体、长远目标，制定和选择实现目标的行动方案。

二是正确认识和把握企业战略特点。(1) 全局性。企业战略是以企业的全局为对象，根据企业总体发展的需要而制定的。它所规定的是企业的总体行动，所追求的是企业的总体绩效。虽然它包括企业的局部活动，但这些局部活动是作为总体行动的有机组成部分在战略中出现的。(2) 长远性。企业战略是对企业谋取长远发展要求的反映，是企业对未来较长时间如何生存和发展的通盘筹划。它的制定要以企业外部环境和内部条件为出发点，并且对企业当前的生产经营活动有指导、限制作用，这是为企业全局性、长远性发展的战略思考。(3) 竞争性。企业战略是关于企业在激烈的市场竞争中如何与对手进行竞争的行动方案，同时也是针对企业的优势、劣势，以及机遇、挑战的行动方案。(4) 纲领性。企业战略规定的是企业总体的长远目标、发展方向和前进道路，以及所采取的基本行动方针、重大措施和基本步骤，都是原则性、指导性的规定，具有行动纲领的意义。企业战略的实施，必须通过认识、分解和落实等过程，才能变成具体的行动。

三是加强对企业战略的管理。企业对其经营战略所进行的管理工作，是指企业为在竞争环境中求得长期生存和发展而进行的方向性谋划和制定的全局性行动纲领与原则。实践表明，企业战略管理的过程分为三个阶段：战略分析、战略选择、战略实施。战略分析，是企业对其所面临的外部环境和内部条件进行分析；战略选择，是企业对各种可能采取的经营战略进行选择；战略实施，是企业通过分配和使用其资源、调整内部组织结构、实行必要的变革等执行其经营战略。同时，民营经济企业要明确企业各个层级管理者的主要职责。管理者的三个层级分别是基层管理者、中层管理者和高层管理者。基层管理者处在管理层级的最底层，他们的基本任务是制定业务人员的日常活动。中层管理者是处于基层管理与高层管理层级之间的管理者。中层管理者通常要管理其他的管理者，还可能管理一些业务人员。中层管理者的基本职责就是把高层管理者所设定的目标转化为基层管理者的具体活动。高层管理者位居组织的最高层，他们主要负责关于企业行动纲领的组织发展方向和制定实施对全体员工的组织行动管理[①]。

① 刘迎秋：《中国民营企业发展新论》，社会科学文献出版社，2012，第 131 页。

三、民营经济企业环境建设问题

改革开放的理论和实践已经并将继续证明，民营经济企业是社会主义市场经济中富有活力和创造力的市场主体，是繁荣市场经济的有力支撑，是促进社会稳定、服务消费者生活、实现共同富裕的重要力量。在新世纪的经济社会发展形势下，推进民营经济持续健康发展，关键是把党的十八大、十九大报告精神落到实处，坚定不移地推动市场化和法治化进程，重视民营经济企业环境建设问题。

（一）营造良好的民营经济发展的政策环境

党的十一届三中全会以来，贵州省委、省人民政府高度重视、大力支持和积极引导民营经济发展。不仅相继颁布了一系列政策法规，逐步建立健全服务体系，认真帮助解决民营经济发展中的困难和问题，而且制定相应的保护措施，不断为民营经济发展创造良好的法制环境。切实保护民营经济企业和职工的合法权益。党的十八大报告指出，毫不动摇地鼓励、支持、引导民营经济发展，保证各种所有制经济依法平等使用生产要素，公平参与市场竞争，同时受到法律保护，这就指出了政府要为民营经济发展营造一个良好的发展环境。贵州出台了《中共贵州省委贵州省人民政府关于进一步加快全省民营经济发展的意见》《全省民营经济三年倍增计划（2011 年—2013 年）》《提高民营经济比重五年行动计划》等一系列重大法规和政策，营造了一个良好的政策环境①。改革开放 30 多年来的实践表明，营造良好的民营经济发展政策环境，这既是民营企业的普遍要求，也是现代市场经济建设的原则。

1. 进一步解放思想，更新观念，提高对发展民营经济的认识

民营经济在发展中最大的现实障碍，主要是来自人们长期以来思想观念上的陈旧，和由此引起的对个体、私营经济的歧视，从而严重地影响了民营经济的迅速发展。所以，要加快民营经济企业的发展，对以下问题应有正确的认识。

一是发展个体、私营经济，不会违背社会主义的原则和发展方向。社会主义的根本目的在于解放生产力和发展生产力，只有生产力发展了，才能不断提高和

① 贵州省人民政府：《省人民政府办公厅关于印发全省民营经济三年倍增计划（2011 年—2013 年）的通知》（黔府办发〔2011〕41 号），2011 年 3 月 31 日。

改善人民的生活，才能促进国民经济持续、快速、健康地发展。所以，社会主义经济发展中的所有制结构问题，必须有利于促进生产力的发展而不是阻碍生产力的发展。改革开放的理论和实践表明，公有制是我国社会主义市场经济发展的主体，应成为促进生产力发展的主要力量。同时，民营经济是公有制经济的重要补充，发展社会主义市场经济，必须坚持多种所有制经济共同发展。所以，积极鼓励、支持和引导民营经济的发展，不仅不会违背社会主义的原则和发展方向，而且是促进生产力发展的需要。如我国东部沿海地区的浙江、福建、广东、江苏、山东等地，改革开放以来民营经济迅速发展，在整个经济发展中的比重已达百分之七八十甚至更高，不仅党的领导地位和地方政权的巩固并没有因此而受到削弱和伤害，而且经济发展速度比西部和中部地区发展更快，促进了经济社会的不断繁荣。

二是发展个体、私营经济，不会造成社会两极分化。由于我国尚处于社会主义初级阶段，生产力还不发达，所以，提倡和鼓励一部分地区和一部分人，通过自己辛勤的劳动先富起来，先富的帮助后富的，最终实现共同的富裕。因此，对依靠自己辛勤劳动和合法经营而致富的人，都应给予鼓励和支持。现实生活中，民营经济的快速发展，带来一部分地区和一部分人收入差距的扩大，但不是贫者愈贫、富者愈富，两极分化，而是相对收入的扩大，即在人们收入都在增加的同时，有的增加较多较快，有的增加较少较慢。同时，国家已经制定一些相应的政策，如通过征收个人所得税、利息税、财产税、遗产税、赠与税等，进行合理的调节，并通过有效的社会保障制度，对低收入者给予保护。

三是发展个体、私营经济，不是权宜之计，而是一项需要长期坚持的基本方针。个体、私营经济不是公有制经济的对立物，是支持和维护公有制经济发展的重要补充，这已是被 40 多年来改革开放所证明的不争事实。我们必须在这样的事实基础上进一步统一思想认识。当前，继续大力发展民营经济，不仅有利于繁荣贵州城乡经济、增加财政收入，而且有利于扩大就业、改善人民生活水平，还有利于优化促进全省和地区经济增长，对我省 2020 年与全国同步建成小康社会具有重大的战略意义。所以，全省和地区应进一步解放思想，更新观念，提高对发展民营经济的认识，在全社会范围内营造一个良好的社会舆论环境，促进民营经济企业的快速、健康地发展。

四是把民营经济发展，纳入到我省和地区的国民经济和社会发展的总体战略规划之中。民营经济发展要实现新的突破和新的提高，没有国家宏观政策的支持和引导是不可能的，所以，应把民营经济的发展放在国民经济的大系统中去考虑，通过鼓励和支持民营经济的发展，作为加快地区经济社会发展的重要内容认真组织实施。同时，要从地区的经济发展的总量与结构、机制与体制、资金与项目、政策与环境等方面，积极支持、鼓励和引导个体、私营经济的发展，纳入到地区经济和社会发展的总体规划之中，并作具体的统筹考虑。包括在城镇区域划出一定土地，相对集中地发展民营经济，促进城镇化的发展；鼓励和支持与沿海及大中城市民营企业的合作和协作，进一步发展文化技术产业和出口创汇产业；有关政府部门要及时提供和发布有关的信息，搞好必要的规划、协调、引导和服务，以利于减少民间投资的失误；认真改善和加强对民营经济企业的发展服务和监督，以避免民营经济发展的盲目性和无序性，朝着有利于促进地区国民经济正确的方向发展。

2. 进一步明晰民营经济的产权关系

企业的产权界定是市场经济发展中的一个重要问题，解决这个问题既要按照国家现行的有关规定，又要尊重企业发展的客观状况。长期以来，民营经济中的一些企业用“红帽子”来掩盖真正的产权关系。随着这种社会意识障碍的逐渐消除，应进一步明晰民营经济的产权关系①。

一方面，在明晰民营企业产权时，应注意关注和把握以下几个问题：一是民营经济的企业进行产权制度改革，既要按照国家现行的有关规定，又要尊重企业发展的客观状况，由企业根据自身发展的需要决定，不必强求一律。二是由国家、集体等法人投资的民营企业，要遵照国家现有的规定，由投资者和企业经营者共同商定，并由政府主管部门根据有关法规对其结果予以认定。三是要允许民营科技企业的管理人员、科技人员、创业人员，以管理、技术、创业等无形资产作为资本投入，其量化比例由企业自定。四是要引导民营企业在内部进行认股权的尝试，鼓励采用把个人利益融于企业长远发展的产权界定方式。另一方面，在具体界定民营经济企业产权时，要认真做好以下工作：一要积极慎重地清理有名无实的假企业，严格把好注册登记关。二是要对挂靠双方在产权问题上存有异议的企业，在认真评估资产的基础上明晰产权，据实登记，既要避免国有资产流失，也要防止对民营经济财产的侵占。三是要对经营亏损的民营经济企业，采用租赁、变卖等措施，盘活存量资产，明确产权关系。四是要对有条件的企业，可以推行和规范股份合作经济的试点工作。

---

① 严建华：《企业产权交易相关政策的选择》，《国有资产管理》1998 年第 12 期。

3. 应用和调整相关政策，给予民营经济企业“国民待遇”

社会主义市场经济中，政府部门的一个十分重要的作用，是应用和调整相关的政策，给予民营经济企业以“国民待遇”。所以，应摒弃过去长期沿用的按所有制标准来制定政策法规的模式，切实消除金融、税收、价格、征用土地、市场准入等方面的所有制差别，按照国家的有关规定，取消或修改原有限制甚至歧视民营经济发展的不合理政策，调整相关政策的内容，真正做到对各类企业一视同仁。

一是在放开产业限制，扩大市场准入范围方面。为了促进民营经济企业的进一步发展，必须向民营经济企业开放更多的产业投资领域。(1) 调整国家关于个体私营经济经营领域的限定，进一步放宽允许个体、私营经济进入的产业范围。对于部分基础设施、市政工程项目、基础产业、高技术领域、参股合作金融机构等，可以有步骤、分门类地放开限制，在政府有效监督管理下，允许实力较强、经营规范、素质较好的私营企业进入。(2) 进一步放宽个体私营经济的经营资格主体、经营范围、经营方式，简化登记手续，清理过多的许可证、专项审批。凡是不利于经济发展的，都不应作为登记发放执照的前提条件。(3) 民营经济企业只要按规定领取营业执照，便可按核准经营范围和方式自主经营，其所拥有的名称字号、注册商标等各项知识产权同样受国家法律保护。(4) 对具备生产出口产品能力的民营经济企业，要加快授予出口经营权。可以考虑适当降低出口经营权授予的资金规模、出口业绩限制，在搞好行业管理的前提下扩大授予范围。同时，适当增加自营出口生产企业配额比例，以降低出口企业成本。并支持民营经济企业到海外投资，对于能够带动出口、增加外汇收入的私营企业，尽可能提供方便的出口条件。(5) 对民营经济企业利用外资，凡是不涉及现行许可证配额的，应当享受与国有和集体企业利用外资的同等待遇。(6) 开放证券金融市场和其他国有垄断行业，允许民营经济企业进入。

二是在参与国有企业战略性调整方面。对当前一些国有中小企业进行改革时，鼓励和支持民营经济企业积极参与。(1) 包括资金注入、技术转让、市场开拓和经营方式的转变。因此，有关地方和部门应制定相应政策，鼓励有实力的私营企业与国有企业在自愿的基础上进行联合和合作，支持产品具有市场前景、具备一定经济实力的私营企业兼并、参股、整体收购国有中小企业，支持个体户中的能人承包、租赁国有小型企业。(2) 对于民营经济企业收购、兼并国有中小企业的，可以根据国家的有关规定享受一定的优惠政策。如对优化资本结构试点城市民营经济企业兼并国有企业可以与国有企业一样，享受冲销银行呆账、坏账，减免利息和还贷优惠等政策。(3) 对民营经济企业竞价收购国有中小企业，允许以评估为基础，上下浮动。同时，对于民间投资兴办的咨询、信息、技术服务、运输、旅游、公用、卫生和开发性农业等产业，应明确可以享受国有企业转产兴办第三产业的有关政策。对民营经济企业的技术改造贷款，效益确实好的，也应同国有企业一样享受政府贴息。

三是地方政府和有关部门在给予民营经济企业“国民待遇”方面。应确保民营经济企业在投资立项、能源供应、贷款支持、税费征收、征用土地、人才使用等方面，能够享受与其他所有制经济同等的待遇。同时，为有效推进民营经济企业的发展，地方政府和有关部门应按照公开、公平、公正的市场原则，调整制度和政策的取向，为民营经济企业实行国民待遇政策，创造同等的市场竞争条件和市场环境，消除制约民营经济企业制定战略发展决策中的瓶颈和障碍。

（二）深化管理体制改革，探索更为宽松的社会环境

在市场经济条件下，民营经济发展需要探索更为宽松的社会环境。地方政府部门应进一步深化管理体制改革，切实转换职能，彻底改变用计划经济的管理手段、管理方法来管理市场经济的传统做法，探索出适于地区民营经济健康发展的社会环境[①]。

1. 进一步改善和加强对企业的宏观管理

在对民营经济企业的管理上，地方部门既有管得不力的一面，又有管得过死的一面。为了进一步改善和加强对民营经济企业的宏观管理，建议做好以下几方面的工作：

一是出台相关配套政策，鼓励和引导企业创新发展。在这方面，一些地方已经探索出一些成功的经验和做法，值得借鉴。如北京市委、市政府制定实施了中关村国家自主创新示范区系列政策，高度重视民营经济企业的培植。通过大力构建完善的市场体系、制度体系、金融体系，引导企业向现代服务业、高端制造业发展。同时，积极利用财政补贴、税收减免、风险投资基金、公共服务和创新基地平台建设等手段，在创业孵化、技术研发、设备采购、成果转化、新技术产业化等环节，改善和加强了对民营经济企业的宏观管理。

二是制定产业绿色发展保障措施，建设生态文明先行示范区。2014 年 3 月，

---

① 王德中：《管理学》，西南财经大学出版社，2003。

国务院印发了《关于支持福建省深入实施生态省战略，加快生态文明先行示范区建设的若干意见》，标志着福建省生态省建设由地方决策上升为国家战略，步入创建全国生态文明先行示范区的新阶段。在生态文明建设的大背景下，引导民营经济企业利用福建省生态优势。为加快建设生态文明先行示范区的步伐，一方面，突出资源节约和环境友好的导向，加快培育循环经济和节能环保产业，严控高耗能、高排放行业发展和低水平重复建设。另一方面，着力打造具有地方特色的绿色产业体系，促进了生态文明先行示范区的规划与建设。

三是加强政府各职能部门工作协调，形成对民营经济企业管理的合力。各级政府职能部门要树立资源配置市场化和服务对象社会化的观念，将民营经济与国有经济成分一视同仁，促进它们在市场上共同竞争。并统一设置市场规则，实行统一管理，对民营企业应从政治上关心，政策上给予支持，资金上给予扶持，技术上给予指导。同时，积极发挥民营经济企业自我管理、自我服务的商会、协会、同业公会、联谊会等组织的作用。这些组织具有自我服务、自我管理、自我教育的功能，既有利于促进民营经济企业提高企业管理水平和人员素质，也有利于倡导民营经济企业爱国、敬业、守法。

2. 切实转换政府职能，强化管理服务工作

党的十五大以后，贵州制定了一系列发展个体、私有经济的政策措施，这些政策措施，对全省和地区的个体、私营经济发展起到了积极的推动作用。但由于对个体、私营经济管理体制不顺，缺乏统一的协调部门，出现了多头管理、重复管理，重收费、轻服务等现象，往往造成谁都管而实际上谁都不管的局面。所以，个体、私营经济工作千头万绪，从切实转换政府职能开始，要有一个强有力的行政管理的综合部门进行管理服务工作。

一是全省和地方的有关单位，要切实转换政府职能，强化管理服务工作。在为民营经济企业提供产前、产中和产后的全过程服务中，强化用市场经济的科学手段管理民营经济企业。包括建立健全服务公开承诺制度，对服务内容、服务质量、服务时限要求等作出具体承诺。同时，引导和指导民营经济企业结合全省和地方实际，及时调整企业的产业和产品结构，以市场为导向，主动淘汰那些虽然是企业长期经营但已过时或将要过时的产品，以提高企业经济效益。

二是做好对民营经济发展的具体服务工作。(1) 在政策取向上，以创造平等竞争的环境为重点，地方政府部门少直接干预，多提供服务；放开与管理并重，在发展中规范，在运行中理顺关系。(2) 在企业选择上，关注对发展初期的科技型企

业、产品能够出口的外向型企业加以扶持，对达到规模经济的个体、私营企业提供支持。(3) 在区域政策上，个体、私营经济发展相对落后的地方，以放开搞活促进发展为主；民营经济发展已具备一定规模的地方，要引导其优化结构，增强特色，提高素质。(4) 在宏观调控政策上，搞好基础设施建设，培育市场体系，维护平等竞争，保护生态环境等；整合和规范政府部门行为，依法行政，实行政务分开，尽量减少民营企业在登记注册、技术咨询、项目评审、风险投资等方面的相关手续，提高办事效率。(5) 在服务和监督上，加强对民营经济发展的深入研究，及时提供和发布有关信息，以减少民间投资的失误；组织投资咨询和管理诊断等中介机构，为民营企业搞好投资和管理服务；搞好培训中心，提高民营经济企业职工的素质；发展教育和科技，培养大批人才，建立健全人才市场和技术市场，为民营经济企业的发展提供人才、技术支撑。(6) 在市场引导和监督上，通过检查、协调、仲裁和处理经济纠纷，督促民营经济企业照章纳税；制裁和惩罚市场中的各种违规、违法行为，取缔不正当竞争，保护合法竞争。

3. 在政府部门组织协调下，建立和完善社会化服务体系

完善的社会化服务体系是民营经济企业获得技术、信息和人才的必要保证。针对民营经济企业的市场服务体系尚不完善的现状，为加快和推动民营经济企业的健康发展，需要在各级地方政府部门的组织和协调下，借鉴国内外成功的经验，建立和完善社会化服务体系。

一是建立民间的商业性中介服务体系。包括：(1) 为民营经济企业从创立到科研开发、市场营销以至科技成果的转化等方面构建全方位的社会服务系统，以及为民营经济企业在登记注册、技术咨询、项目评审、风险投资、为职工办理养老保险等方面提供一条龙服务。(2) 积极利用地区激励政策，加大对各类工程技术中心、生产力促进中心、创业服务中心的投入强度，提高其服务能力和水平，并根据民营经济企业的具体需要，开展技术中介、技术孵化、技术集成、技术培训、企业技术诊断等服务工作。(3) 通过集中发展和建立与民营经济企业发展相配套的社会服务体系，包括资产评估、风险投资基金、政策法律服务及会计事务等机构，进一步培育健全的技术市场，统筹规划，合理布局，壮大技术交易中心组织、技术经纪人队伍。(4) 大力发展咨询机构，为民营经济企业提供包括战略、管理、市场等方面的咨询服务。同时，努力办好创业服务中心，以优惠价格支持科技人员的成果转化活动，提供孵化场地和服务设施。引导各类社会中介服务机构实行开放式的管理，实现组织网络化、功能社会化、服务产业化，逐步形成覆盖全社会的创业服务体系。

二是建立具有产业特色的中介服务体系。包括：(1) 建立专门的服务体系，为中小企业提供各种社会化的服务，不仅要建立具有民间商业服务的体系，而且还要建立具有地区特色的企业中介服务体系。(2) 建立各具特色的服务体系，包括有专门的行政服务系统（如美国有小企业管理局，日本有中小企业厅和中小企业事业团）、金融系统（如日本与小企业相关的政府金融机构，从事信用保险的中小企业信用保险公库）、社团法人系统（如日本的商工会、中小企业食用保证协会；德国的工业联合会、工商联合会；美国有小企业发展中心等）、公共服务系统（如日本的小企业指导中心、情报中心等），以及建立企业孵化器，帮助创业者把发明的成果尽快形成商品进入市场，加快新兴的小企业成长壮大，形成规模经济。(3) 应该指出，借鉴国外成功的经验，应结合我省和地区改革发展的实际情况。一方面，积极、稳妥地建立具有地区特色的企业中介服务体系。另一方面，应借助于当前民营经济企业对社会化服务的需要，在企业进行重组和转型中，通过为中小企业服务的信用、咨询、保险等机构，推进全省和地区民营经济企业的改革和发展。

4. 发挥城乡基层协会作用，促进个体、私营经济健康发展

城乡基层协会是在各级党和政府领导下的群众团体。其中，个体劳动者协会是伴随着个体经济恢复和发展起来的。其宗旨是坚持改革开放的方针，团结、教育、引导全体个体劳动者，守法经营，优质服务，为个体、私营经济健康发展服务。一是要充分发挥个体、私营企业协会的作用，引导个体、私营经济进行自我管理、自我服务、自我提高、自我发展，督促其依法经营，促进其健康发展。二是要积极在个体、私营经济中开展法律、政策、信息和多样化的宣传活动，不断提高个体、私营经济从业者的法律、政策知识，丰富他们的文化生活。三是要有计划、有安排、有针对性地举办技能教育培训班，为个体、私营企业输送专业技术人才，不断提高个体、私营企业的整体素质，从而使个体、私营企业增长市场经济知识，增强市场竞争意识，掌握参与国际市场竞争的游戏规则，依法保护民营经济企业的合法权益。

5. 积极参政议政，推进民主政治建设等工作

优秀的民营企业家，作为各级工商业联合会中的人大代表、政协委员，通过撰写各类提案、议案积极参政议政，推进民主政治建设和政治协商、民主监督等工作。通过向各级党委和政府提交有关发展民营经济的调查研究报告和情况反映，参与了有关民营经济文件的起草工作，对全省和地方民营经济的发展，私营经济和个体工商户合法权益的维护作出了重要贡献。新世纪以来，贵州省各级党委和政府部门对民营企业家参政议政工作十分重视，发挥了民营企业家在经济社会建

设中的积极作用。一方面，认真解决从事民营经济的人士所反映的入党难的问题，并安排一定比例的人大、政协席位，以便从事民营经济的人士能通过正当合法的途径参与全国、全省和地方社会经济与政治活动。另一方面，促使民营企业尽快成立企业内部党、团、工会组织，落实党的有关政治、经济政策，宣传并督促民营经济企业执行国家有关规定，保障员工享有各项福利待遇，推进民主政治建设等工作。

（三）保障民营企业合法权益，建立法律援助体系

公正的法律环境是社会安定的保证，也是民营经济发展需要的客观环境。改革开放30多年来，党和国家强调支持和鼓励发展民营经济。但作为新生社会经济力量的民营经济，在现实经济环境中还有一些地方和部门，尚存在具体明确的法律保障问题。所以，必须根据国家根本大法——宪法的规定和要求，进一步加强和完善法制建设，保障民营企业合法权益，建立法律援助体系[①]。

1. 保护私有财产是经济发展的重要条件

我国修改后的宪法已确立了多种所有制经济共同发展作为一项基本经济制度明确下来。但是，地方一些相关法律条文还不适应现实状况和宪法精神，应作相应的修改和完善，以确保宪法精神落实到地方经济社会生活的各个方面。如一些地方部门和对外工作，往往只注重保护公有财产，不重视保护私有财产。对私人合法财产的保护问题，应成为人们关注的重要问题之一。我国30多年的改革开放的实践表明，保护私有财产是经济社会发展的重要条件之一。我国修改后的宪法将保护私人合法财产写入宪法，消除了私人投资者的后顾之忧，这是鼓励民营经济发展的重要基础之一。只有这样，个体、私营企业才能拒绝一些乱收费、乱罚款和乱摊派现象，更好地维护自己的权益，避免侵权现象的可能发生，才能促使个体、私营企业少戴和不戴“红帽子”，促进和有利于民营经济与公有制经济的互相促进和共同发展。

2. 按照宪法原则修改和完善相关法律和法规

我国宪法明确了“法律面前人人平等”的原则，各级地方和有关部门按照宪法规定的原则，出台了《企业法》《公司法》等相关法律和法规，建议地方有关部门在

---

① 张育恩：中国民营企业法律援助基金会（首届筹备说明会）常务副会长发言，2019年11月30日。

此基础上，一是统一制定包括个体企业法、私营企业法，特别是制定保护和促进民营科技企业发展的法律，以及有关发展中小企业的配套文件，保护合法的私有财产不受侵犯，保护民营经济企业的合法权益；二是各地要从实际出发，制定鼓励、支持和引导发展个体、私营经济的政策法规的同时，要坚决取缔向个体和私营企业乱收费、乱罚款、乱摊派的各类项目，以及在法律、法规规定以外给民营经济企业设置的其他附加条件；三是由于我省和地方的个体、私营企业规模有限，实力不够强大，根据这一现状，建议全省和地方积极鼓励、支持和引导民营经济企业的发展。只有从法律上真正确立了个体、私营经济的合法地位，才能切实保护其合法权益和平等权利，促进我省和地方民营经济企业的加快发展。

3. 建立保障民营企业合法权益的法律援助体系

根据党的十六大提出的“拓宽和规范法律服务，积极开展法律援助”的精神，以及我国法律的规定，只要是符合条件的我国公民，都可以向有关机构申请法律援助，通过公民权利获得法律援助。作为为社会主义经济建设和改革发展作出了重大贡献的民营经济企业，符合法律援助条件的也理所当然获得法律援助的保护。随着社会观念的改变，人们增加了对民营经济企业发展正确的认识，但仍然存在一些对民营经济企业认识上的误区，以为从事民营经济企业的业主，就一定是“大款”，是“有钱人”。而对于因为市场饱和，开业不足，盈利状况很差等经济原因，而不得不注销的企业占到了相当数量的情况不甚了解。所以，当对这些企业提供法律援助时，则无异于雪中送炭，让法律的阳光照射到社会的每个角落。

一是在建设保障民营经济企业合法权益的法律援助体系的组织机构中，应该首选工商联系统。其具体做法是：在全国工商联及省一级工商联，组建成立专门为维护民营经济企业合法权益的法律援助中心，经注册登记后成为独立的事业法人。中心需接受同级司法部门和法律援助中心的组织协调和专业指导，并与专业的律师事务所合作，依靠社会专业法律服务机构，为符合条件的民营经济企业提供切实的法律援助服务。二是根据国务院发布的《法律援助条例》，对民营经济企业的援助范围可以包括：企业的资产重组、股权转让、债权债务、知识产权、劳动人事等方面的法律咨询服务；债权债务纠纷案件、破产纠纷案件；帮助审查合同、协议等法律事务文书，代办律师见证、资信调查等法律服务；等等。对民营经济从业人士的法律援助，则包括：劳动争议、保险纠纷案件；债权、债务纠纷案件；依法请求国家赔偿案件；请求发给抚恤金、救济金，请求给付赡养费、抚养费等各类案件。三是提出法律援助请求时，应书面填写“法律援助申请书”，同时向法律援助机构提交企业营业执照、社团组织会员证（企业申请）或有效身份证明（个人申请）；有关部门或机构出具的经济状况证明；与申请援助事项有关的案情材料以及法律援助机构认为需要提供的其他材料。

（四）拓宽企业融资渠道，营造税收服务环境

从我省和地方民营经济企业的具体情况来看，大多数都是中小企业，即私营企业。创造良好的融资环境，是民营经济企业健康、迅速发展的前提和保障。制约我省民营经济企业发展的一个突出难题是资金融资渠道过窄、资金来源困难。根据《中小企业促进法》的规定，主要是在金融方面加大对我省和地方民营经济企业的支持力度，拓宽企业融资渠道，营造税收服务环境[①]。

1. 拓宽民营经济企业多元化的融资渠道

一方面，建立和完善为民间投资服务的金融体系。建议国有商业银行进一步调整信贷业务，改善和加强对民营经济企业的金融服务，建立健全为民营经济企业服务的信贷机构，制定适宜民间投资特点的贷款政策和管理办法。有条件的地方成立专门的中小企业银行，为中小企业提供金融服务。针对我省和地方民营经济企业特点，改进发放贷款的审核标准和办法，放宽对民营经济企业融资的准入条件，对符合条件的民营经济企业发放信用贷款。通过加大银行体制的创新，大力发展中小金融机构，为城乡合作金融机构提供必要的政策扶持，同时建立存款保险制度，保证合作金融机构吸收存款的安全，增强存款人对合作金融机构的信任感。建议我省城市合作银行、城市信用社要把个体、私营企业作为主要服务对象，根据国家产业政策、经营规模和经济效益确定贷款制度，逐步提高对个体、私营企业的贷款投放比重。

另一方面，加大推进发展民营银行的力度。民营银行主要是募集民营企业和城乡居民资本和服务而设立的，具有全国性或区域性股份制商业银行的性质，是我国现行银行体系的必要补充和完善。所以，要通过消除对民营银行的制度歧视，不断减少制约民营银行发展的壁垒，放宽对民营银行业务经营范围的限制，建议在上市、设立分支机构及兼并和资产重组等方面给予平等待遇。同时，适当调整民营银行的税收政策，给予民营银行必要的税收优惠，以扶助民营银行快速、健康、持续发展。

---

① 高连和、胡建平：《从战略视角看民营金融的发展》，《浙江经济》2006 年第 4 期。

2. 构建信用担保体系为民营企业提供担保

信用担保是市场经济的表现形式之一，市场经济越是发达就越要求诚实守信。因此，构建信用制度和担保体系，是强化整个社会的信用基础，应成为有关金融部门的一项重要工作内容。在目前民营企业信用透明度不高的现状下，通过构建信用担保机构，为中小企业融资提供信用担保服务，是解决民营企业融资难的重要条件。

一是要鼓励民间资本参与担保，成立各种类型的担保机构。加快建立信用担保机构，要按市场原则实现规范化操作。对目前已组建的一些中小企业信用担保中心，应加大对担保机构的政策支持力度，从市场准入、税收、资信共享等方面提供支持。对资本金来源应实行多元化筹集，可以采取由地方部门投入一部分，社会和企业资助一部分的方式进行。同时要制定相关鼓励政策，发挥各方面积极性，吸引民间资本积极参与和组建各种形式的担保机构，包括商业担保公司和互助担保基金，从而形成以政府为主导、多家部门与单位共存的局面。

二是要构建多层次结构的担保体系，降低担保机构风险。由于担保是一项高风险事业，如果仅靠担保机构自身的资金实力，是很难实现持续经营的。因此，建议除市、县成立担保机构外，包括省的有关部门可成立再担保机构，分担担保机构的业务风险。多层次结构的担保机构直接面向中小企业，为民营企业提供融资担保，同时担保机构可向省的上级部门申请再担保，由此形成多种资金来源、多种组织形式参与、多层次结构的担保体系，共同解决民营经济企业融资难问题。

三是要积极探索民营经济企业通过资本市场直接融资的各种途径。解决这个问题的关键是消除对民营企业上市的偏见。有关部门应给民营经济企业以国民待遇，使其以国有企业平等的市场主体身份进入资本市场。同时，要进一步降低民营经济企业股票发行和上市的门槛，为民营经济企业的股票发行和上市提供必需的市场条件。在资本经营已受企业普遍重视的今天，要鼓励和支持民营经济企业通过兼并、收购与股权置换等方式实现资产重组，促进其更大发展。此外，在企业债券市场也要允许民营经济企业在符合发行要求的条件下，通过发行债券进行筹资。

3. 营造税收服务环境，促进民营经济企业发展

根据国家《中小企业促进法》，加大对民营中小企业的支持力度，进一步贯彻落实各项税收优惠政策，使纳税人的合法权益得到充分保证。通过加强对民营经济企业的税收征管，建立健全纳税服务体系，不断创新服务手段，营造税收服务环

境，促进民营经济发展。

一是建议理顺税制，减少重复征税。对新创办的民营经济企业，在一定期限内免征或减免企业所得税。对民营经济企业科技含量高、更新周期短的固定资产，实行加速折旧制度。二是增加财政支持。国债贴息范围由国有企业向民营企业扩大，技改贴息要坚持技术进步的标准，有重点地安排一部分财政资金或财政贴息，带动民间投资参与基础设施和社会公益项目建设。三是拓宽融资渠道。建立和完善为民间投资服务的金融组织体系，制定适宜民间投资特点的贷款政策和管理办法。在规范经营和加强监管的基础上，发展民营金融机构。四是营造税收服务环境，促进民营经济发展。坚持依法治税，努力营造公平、公正治税环境，维护良好的税收秩序，以服务促改革，以改革不断更新服务理念，拓宽服务内容，创新服务形式，进一步促进民营经济企业的发展。

四、加强人力资源建设，提高民营经济企业素质

内因是变化的根据，外因是变化的条件。民营经济企业的加快发展，除需要有宽松的外部环境外，也离不开企业内部环境的建设。为什么在同样的环境下，有的企业发展得很好，有的企业不断徘徊，有的企业被淘汰出局。因此，从我省和地区民营经济企业的现状进行分析，必须解放思想、增强创新观念，把企业置于社会主义市场经济的大背景之中，按照建立现代企业制度的基本要求，加强人力资源建设，提高民营企业的管理素质。

（一）提高企业自我发展能力，建立现代企业制度

改革开放以来，我国民营经济企业在从无到有、从小到大不断发展的同时，现代企业制度建设也在不断地推进和发展。据 2013—2014 年中国民营经济分析报告统计，截至 2013 年年底，我国登记注册私营企业达到 1 253.9 万户，个体工商户达到 4 436.3 万户，分别比上年增长 15.5% 和 9.3%。以现代企业制度为代表的公司制企业同期发展比较迅速，在私营企业组织形式中所占比重增大，其中 2013 年私营股份有限公司实有 4.71 万户，比上年增加 0.79 万户，增长 20.15%。一批优秀的民营企业实行了股份有限公司以来，有些已经发展成为上市公司[①]。然而，从企

① 王钦敏：《中国民营经济发展报告（2013—2014）》，社会科学出版社，2014。

业的改革发展和入世对民营经济的挑战来看，特别是像贵州省欠发达地区以及形成一定规模的民营经济企业，要提高企业自我发展能力，建立现代企业制度，是当前民营经济企业发展的必由之路。

1. 企业产权制度变革的重要性

一是经济学的理论研究和实践表明，产权是企业生存的动力，制度是企业的基础设施。不同发展阶段的民营企业需要选择适宜的企业制度。有法律依据的企业制度，可以以法定的制度和约定的规则，在所有者、经营者和劳动者之间建立规范而且透明的权力和责任关系，使各方合法权益受到保护。在充分调动各相关者的积极性的同时，可以减少企业的内耗和内部摩擦，保证企业的持续发展和正常运转。改革开放以来，民营经济迅速崛起，并在经济社会建设中发挥了多方面的积极作用。但由于历史与理念、体制及生产力发展水平等方面的原因，民营企业的治理结构大都停留在个人业主、合伙制企业及某些股东占主导型地位的公司单边治理结构。这种单边治理结构的特征是民营企业主是企业非人力资本的所有者，同时也是企业的经营管理者，拥有经营管理权、剩余索取权等企业全部重要权力。其家族成员往往被安排到企业各重要岗位任职。在这种单边治理结构下，虽然企业的责、权、利高度统一，对于小规模企业来说是有效率的。但这种单边治理结构与现代市场经济的要求是不相适应的。其突出表现就是缺乏行之有效的制度体系来解决企业发展的激励问题和监督问题。

二是民营企业的外部环境发生了根本性变化。一方面随着改革的深化，民营企业参与到市场竞争中来；随着对外开放的扩大，外资企业也不断进入，竞争的激烈程度已不是往日可比。企业合理的治理结构日显重要，甚至成为企业生存的头等大事。因此，通过产权制度改革，寻找或明确企业的产权主体，进而建立委托代理关系，并由此建立起对代理人能进行监督的合理的治理结构，以保证委托人实现利益最大化，已成为民营企业进一步发展的基本要求。另一方面，实践经验表明，在现代市场经济条件下，股份制是企业最佳的形式，它比其他企业组织形式更能综合、协调各利益主体的关系。股份制作为商品经济和社会化大生产发展到一定阶段的产物，民营经济企业要适应现代市场经济的需要，就必须从自身的生存和发展出发，从壮大自身的力量、强化自身的市场竞争力，走股份制、公司制的道路。这既是目前民营企业发展的一个新特点、新趋势，也是今后民营企业长远发展的方向。

三是民营企业实行股份制、公司制的意义和作用。(1) 有利于较快地集中资金，向投资主体多元化发展。资金不足一直是影响民营企业进一步发展的重要因素，而扩大资金来源的关键，则在于多方聚集资金。借助于股份制、公司制，可以使企业投资主体向多元化、多层次拓展，迅速聚集民营企业发展所必需的大量资金。(2) 有利于选择合理的经营方式。股份制或公司制作为资本社会化的重要形式，使之形成一个完整的治理结构，保证企业的资本、管理、技术，通过资本结构结合在一起，并形成相互的激励和约束机制，充分保证决策科学化、民主化，以及突破家庭关系的界限，在更大的范围内挑选优秀的经营管理人才。(3) 有利于克服企业随意性，增强规范性。公司制明确了所有者（股东）、法人代表（董事会）与执行者（经理）三者之间各自的权益，建立起了三者之间相互制约的关系。这种新机制必然要反映广大股民与公司的多方面利益，要求在公司决策过程与最终决策中，不仅要考虑公司直接的近期利益，而且要考虑总体与长远以及社会利益，从而表现出比一般采取个人业主制和合伙制企业组织形式具有管理的规范性。(4) 有利于明晰产权，完善资产管理制度。不少民营企业财产的归属权并不明确，由于企业产权与个人资产边界不清，往往对所有权与经营权不加区分，不能形成科学、民主的决策机制。而股份制则是以股份形式明确了企业的产权，改变了以业主制为主要形式的民营企业产权不明晰的状况；同时，民营企业以股份制重塑企业组织形式与结构，还可以允许员工持股，使得企业职工不仅以劳动者身份参加劳动，而且以所有者身份参与管理，可以大大提高职工的积极性。总之，由于我省和地区民营经济企业尚处在初级阶段的发展层次上，为提高民营经济企业自我发展能力，采用股份合作制的企业组织形式和治理结构，通过加强人力资源建设，提高民营企业的管理素质，不失为向现代企业制度迈进的必然选择。

2. 民营企业公司治理结构的设想

一是对民营企业公司治理结构模式选择，可以从以下两方面进行：在公司法人治理结构中，一种是各负其责、协调运转、有效制衡的现代企业内部组织管理制度模式。它是由公司的股东会（或股东大会）、董事会、经理层和监事会所构成。股东会（或股东大会）是公司的权力机构，由股东组成；董事会是公司的决策机构，董事由股东会（或股东大会）选举产生，董事会对股东会（或股东大会）负责；经理层是公司的执行机构，经理由董事会聘任，对董事会负责；监事会是公司的监督机构，由股东代表和适当比例的公司职工代表组成。该模式中，有的强调公司治理结构中的相互制衡作用，有的强调所有者在公司治理中的主导作用，有的则强调利益相关者在公司中的权益受保护。另一种是广义的公司治理结构模式，是指有关公司控制权和剩余索取权的一整套法律、文化和制度性安排，即不仅包括内部治理结构，而且还包括外部治理结构，其中市场体系方面的制度性安排是外部治理结构中最为重要和突出的部分。广义的公司治理结构十分强调通过竞争性市场所实现的对公司的间接控制或外部治理。外部治理所依托的约束力量包括产品市场、经理人员市场、资本市场以及公司控制权市场等。这些约束力量与内部治理结构共同组成“一揽子内部和外部的监督手段”，共同用以对经营管理行为实施控制，以实现公司的经济效益目标。

二是治理结构主体机制创新，合理地分配治理权。第一，可以充分运用股权激励的方法，避免结构主体股权的过度集中，具体机制创新包括：(1) 对经营者，可以设置管理股，即采用股票期权等形式来激励经营者关注公司的长期绩效，防止其短期行为。(2) 对员工，可以设置岗位股，即根据工龄、历史贡献、岗位难易程度等合理分配股份，以调动员工的积极性。(3) 对创业者，可以设置创业股，以正确反映创业者对公司创立和发展所做的突出贡献。(4) 对科技人员，可以设置技术股，允许其以技术要素参与分配，从而充分调动科技人员的创造性和积极性。第二，重塑有效的制衡机制，包括：(1) 加快建立“非股东独立董事”制度，由公司外部的管理专家、技术专家、法律专家等组成，为企业决策提供外部信息和专业知识。同时，实现董事长和总经理两职的分离，发挥强化公司制衡机制的作用，既有助于防止专制现象的发生，又可以更好地发挥董事会的监督作用。(2) 保持监事会的独立性，充分发挥其监督作用，真正代表和维护所有者的利益。监事的来源应包括股东、主要债权人、员工等，要坚持被监督对象（经理人员）不能进入监事会的原则。监事会的员工代表应由员工民主选举产生，而不能由经理层指定。同时应完善股东大会，在股权多元化的基础上完善股东大会，防止少数大股东的操纵，维护中小股东的利益。第三，健全规范企业的财务管理机制。一方面应严格高级财务负责人的选聘制度，杜绝任人唯亲现象，可以采用总经理提名、董事会批准任命的方式。另一方面，应明确财务部门的权限和职责，由财务部门定期向公司股东公布真实、准确的财务信息。

3. 建立以人为本的管理模式

现代企业管理中十分注重“人本管理”，即不是把“物”而是把“人”视为企业的核心，视为企业生存和发展的真正基础，关注人的需要，开发人的潜能，达到人与企业共同发展的目标。不言而喻，以人为本是现代管理制度的核心思想。对人的管理是企业管理因素中最积极、最活跃的因素，与对物的管理因素相比较，前者在企业管理中不仅起到主导作用，而且成为现代企业管理制度中的一种管理模式。

一是要树立以人为本的企业价值观，这是现代人本管理的根本要求。一个企业的优劣主要取决于该公司的主导者，企业要培养独立的、强有力的企业精神，就要在企业的经营哲学中始终强调“人”的重要性，并有机地融合到追求企业的目标中去。作为一个称职的企业经营者应该清楚，企业价值观需要企业全体员工共同努力建立一个稳定的、可望的预期。现代人总是冲着自己的希望来工作，为成就自己的事业不断追求。如果一个企业给业内员工一个良好的预期，员工就会给企业一个相应的回报。因此，民营经济企业也不例外，必须树立以人为本的企业价值观，企业主导者应把员工视为社会人而非纯粹经济人，变单纯的雇佣关系为密切的合作伙伴关系，给员工以信任与尊重。并要创造适宜员工成长的环境和氛围，重视员工自我价值的实现和全面发展，才能强化员工的归属感和认同感，促使员工热爱企业，爱厂如家，使员工与企业组成一个非血缘关系的命运共同体，这将是推动民营经济企业前进的无形动力。

二是认识和掌握以人为本管理模式的基本特征。(1) 以人为本的核心是人，它把人置于组织中最重要的资源地位。(2) 以人为本的主体是全体员工，人本管理是一种全员参与的管理。(3) 以人为本实现组织目标的主要方式是利用和开发组织的人力资源。(4) 以人为本企业活动的服务对象是组织内外的相关者。(5) 以人为本管理成功的标志，是组织目标与组织成员的个人目标都能得以实现。因此，以人为本作为一种思想理论体系，它是一系列关于如何识人、选人、用人、育人、留人的思想理念。对于凭借传统家族型管理的民营经济企业，要追求企业的持续发展必须推进管理的创新，构建以人为本的管理模式。这不仅是民营经济企业自身发展的需要，也是现代市场经济发展的内在要求。同时，民营企业要实现科学的人本管理，必须搞好人力资源开发，把搞好管理的基点放在依靠广大员工的积极性上，这也是实行科学的人本管理的基本出发点。因此，民营经济企业应该紧紧围绕着尊重人、关心人和培养人，有效地运用各种激励方式来激发广大员工的积极性、主动性和创造性，促进和推动企业的进一步壮大和健康发展。

三是构建有特色的企业文化。(1) 企业文化是指企业长期经营过程中形成的共同理想、基本价值观、工作作风、传统习惯和行为规范的总称。企业文化的先进与否，是考察企业经营是否成功的一个重要标志。先进的企业文化可以使企业全体成员团结协作、共同奋斗，增强和提高企业作为一个整体的凝聚力和竞争力，以此作为企业持久发展的关键。(2) 培育参与、协作、奉献的企业精神。企业精神应该是企业全体成员共同一致的心态、意识和思想境界。在构建企业文化中，员工的参与、协作、奉献是不可缺少的重要内容。要在调动职工参与管理的基础上，增进职工之间的人际交流，把相互协作、奉献精神灌注到每一个企业员工的心中，使员工的参与具有明确的方向性和主动性，有助于加强和培育员工为企业和社会奉献的思想意识。(3) 先进的企业文化并不一定是抽象的，它可以通过正式的文化活动来加以强化和体现。如通过企业庆典仪式、社区活动等，将抽象的概念具体化、形象化，并且通过企业有组织的文化活动开展，将优良的企业精神渗透到职工的心中，成为员工的自觉行动。(4) 树立企业的良好信誉和社会形象。好的企业形象能够促进企业产品的销售。不好的企业形象，即使产品的质量、技术、服务都很强，也会影响企业的发展。民营企业在完成第二次创业过程中，除了在产品的质量、技术、服务等方面下功夫以外，还需要把诚实守信体现到企业对外经营的各个环节，深入到企业文化的核心层，通过生产合格品，出精品，创名牌，创商标，力求和获得企业经济效益、社会效益的双赢。

4. 提高企业家队伍的整体素质

民营企业的业主既是企业财产的所有者，又是生产经营管理者，其素质的高低直接决定着企业的命运。据 1999 年全国工商联在 21 个城市的抽样调查，有 70% 的民营企业主不懂财务报表，有 90% 以上的民营企业主不懂英语和计算机。出现了不少董事长不“懂事”，总经理不会经营管理的现象。这种状况显然与民营企业“二次创业”对经营者素质的要求不相适应。从影响民营企业的整体来看，高素质的企业经营者还只是少数，大多数经营者在思想觉悟、知识水平、管理能力、人格素质、法律意识及道德修养等方面都存在不少问题。为了改变这种状况，必须尽快提高民营企业家的素质。建议：(1) 地区政府部门制定民营企业家的培训规划，有计划地选送一批经营管理人员到国内外机构、高等院校和大企业进行系统培训，使其通过学习提高经营管理能力和综合素质。(2) 各级民营企业协会组织民营企业主进行学习培训、交流经验，以及聘请这方面的专家、教授讲课，给民营企业主补课。(3) 民营企业家也要不断地更新自己的知识结构。包括认真学习国家的有关法规和党的方针政策，自觉地遵纪守法；学习现代经济管理学、投资学和市场经济理论，掌握社会化大生产和市场经济的规律。只有不断地提高企业家队伍的整体素质，才能促进企业不断发展，走向兴旺发达。

五、调整优化企业产业结构，促进区域经济社会协调发展

经济结构调整一般是指产业结构的调整。经济结构指国民经济中各个方面的内部结构，其核心问题主要包括产业结构、产业组织结构、经济空间结构等。产业结构是否趋于合理，直接关系到地区国民经济能否长期持续健康稳定地发展。民营企业作为市场经济的主体之一，应根据地区经济发展战略规划优化调整企业自身的产业和产品结构。地区政府部门也要在政策上为其创造良好的经济环境。当前，对于贵州全省和地区的民营经济企业来说，优化调整企业产业结构，增强企业的核心竞争力，促进区域经济社会协调发展，应当重视以下几方面的工作：[①]

（一）加强企业产业结构的调整优化

当前，随着国家产业结构调整力度加大，国有经济实行战略性调整，从竞争性行业逐步退出，使民营经济产业结构调整获得了更大的拓展空间。在国家法律、法规方面，在没有明令禁止的行业和领域都对民营经济开放。民营企业在投融资、财税、土地使用和对外贸易等方面，与其他企业享受同等待遇；即使需要保留国有经济的那些产业部门，有些也将逐渐允许民营经济进入。因此，民营经济应当抓住国家全面调整整个国民经济结构的机遇，加大对企业产业结构的优化和调整。

1. 企业产业结构优化调整的发展方向

一是以市场为导向，找准民营企业产业发展的重点和方向。根据新时期国家和全省经济发展规划和产业结构政策指南：(1) 大力发展农副产品加工业，发展农村社会化服务体系，投资开发大农业。(2) 用新技术和新工艺改造一批传统产业，如建筑、建材、轻纺等；找准第三产业的重点，如商业、餐饮业、娱乐业、交通、教育、卫生、金融、保险、咨询、旅游、体育。(3) 大力发展高新技术产业和新兴产业，如电子、通信、生物、医药、环保等产业。需要指出的是，随着产业准入限制的逐步取消，民营企业应加大进入重化工业、电信交通、汽车制造、电力、金融等产业部门的步伐。这不仅是因为民营经济能否在这些产业部门中占据优势地位，决定着民营经济在国民经济中的作用发挥和地位提高，而且加入世贸组织后，以上这些产业部门将由垄断市场转变为市场竞争，如果民营经济不加大进入这些产业部门的步

① 《贵州省国民经济和社会发展第十二个五年规划纲要》，贵州省人民政府，2011 年 1 月。

伐，有可能外来经济在这些产业部门中占据较大的市场份额后，对民营经济发展产生威胁的负面影响。

二是在企业产业结构优化调整中，实行专业化经营发展战略。调查表明，欠发达地区相当多的民营经济企业，在资金较为有限的条件下，却因为急功近利盲目进入与企业关联小的产业市场。这种扭曲现象的存在无疑对企业的产业发展是十分不利的。对民营企业来说，优化调整产业结构，就是要进一步明确产业定位，突出主业，实行专业化的经营发展战略选择，才能在生产产品的专业化市场上占有一席之地，巩固原有地区产品市场和开拓新的地区产品市场。因此，民营经济企业在资金及其他资源投入有限的情况下，即便是资金比较富裕，企业必须立足于市场的基础就是要扬长避短，通过在企业产业结构的优化调整中，实行专业化经营发展战略，确保企业在激烈的市场竞争中立于不败之地。

三是民营经济的产业结构调整是一个循序渐进的过程，这不仅要提高民营企业主自身的素质，解决文化水平不高，技术知识创新不足，对新的行业不熟悉等问题，而且在加强学习提高自身素质的同时，还要花大力气对外引进高新技术和管理人才，通过学习先进地区的管理经验，不断优化调整企业产业结构，实现把企业做大做强的发展目标。

2. 企业组织结构调整及其效果

一是企业组织结构调整的必要性。所谓企业组织结构是指企业在特定的发展目标下，对实现该目标所必需的活动加以分工和协调而呈现出来的企业生产格局或组织形式。但企业的组织结构是受众多因素影响的，例如企业组织的目标、产权制度的安排、组织规模大小、生产技术状况、环境影响因素等。由于企业的组织结构是民营经济发展的载体，没有一个健全的组织结构，就不会有民营经济的健康发展。这意味着企业组织结构的调整十分重要。(1) 由于相当多的民营经济企业经营规模难以达到由该产业经济技术决定的规模经济，因此，在规范的市场竞争条件下，要实现盈亏保本面临着重重困难，企业经营的资金调度常处于捉襟见肘的境地。(2) 对于经营规模较小且效益效益较差的民营经济企业，除通过金融市场融入资金外，主要依赖“资本积聚”来逐渐扩大资金规模和经营规模，但由于吸纳资金的过程缓慢，制约了企业的技术进步和生产经营发展。所以，要在一段时间内成长为一个产业市场中的“领头”企业或主导企业极为困难。要改变这种市场中的被动局面，就必须有计划、有步骤地进行企业的组织结构调整，通过企业组织的聚集，发展成为地区大中型骨干企业和民营企业集团。

二是通过组织结构调整，实现地区规模化、专业化、系列化，分工合理、密切协作的组织结构，为地区组建民营企业集团提供条件。(1) 调整民营经济的规模结构。要根据行业性质，市场状况，企业资本、技术和管理能力，宜大则大，宜小则小，注重实现企业资产的统一并购。(2) 推进现有的民营企业改组为有限责任公司和股份有限公司，让更多的符合条件的民营企业改组为上市公司，借壳或买壳上市，允许和鼓励民营企业发展企业债券。(3) 打破地区产权界限，实现行业资本重组。鼓励开展民营企业之间及民营企业与其他类型企业之间的收购、兼并、重组和联合，扩大企业生产经济规模，组建民营企业集团新型的团队组织，增强参与国内外产品的市场竞争。

三是通过企业组织结构调整，提高企业核心竞争力。(1) 企业的核心竞争力是指企业相对于竞争对手的竞争强势或优势而言，如企业的技术优势、人才优势、管理优势、营销优势、产品优势、品牌优势以及企业形象优势等，表现为企业通过进入市场的潜力，最终为地区经济社会发展和消费者利益作出突出贡献。实践证明，核心竞争力是企业在激烈市场竞争中得以生存和发展的重要保证。优秀企业无不拥有自己独特的核心竞争力。(2) 改革开放以来，各个地区和行业出现了一批民营经济企业，但它们往往是昙花一现。其原因固然是多方面的，但其共同点是缺乏企业核心竞争力。但也有创业至今始终坚持打造企业核心竞争力的企业，通过大力开发核心产品和核心技术，从小到大，不断成长，在本行业中形成产业竞争优势，成为民营经济企业中的佼佼者。因此，核心竞争力是企业获得长期稳定发展的基础。企业要求生存、谋发展，就必须精心培育和增强企业的核心竞争力。(3) 企业的核心竞争力并非一蹴而就，需要持之以恒和不懈的努力。第一，要有长远的战略发展目标，要规避和克服急功近利的心态和盲目扩张的做法。第二，要对企业进行正确定位，在预测分析行业发展前景的基础上，正确判断企业所处的发展阶段，确定和培育企业的核心产品，创建企业的技术体系、管理体系和营销体系。第三，要以市场为导向，整合各种资源，努力创造条件，引进先进技术和管理人才。同时，要加强与大专院校、科研单位的长期合作，走产、学、研一体化道路，提高企业产品的科技含量。第四，要重视对企业内部人力资源的开发，建立和完善员工培养制度，营造浓厚的学习氛围，把企业办成学习型组织，使企业的整体素质得到全面提高。这些都是打造和增强核心竞争力不可或缺的基础和条件。

（二）促进区域经济协调发展

改革开放以来，民营经济发展在我国不同地区之间出现了严重的结构性失衡。东部地区民营经济发展得早，发展得快，发展得多，发展得好，并在东部国民经济中占主体地位。中西部地区尤其是西部地区民营经济发展得迟，发展得慢，发展得少，发展得差，并在国民经济中占次要地位。东部省区民营经济的比重一般都达到了70%～80%，甚至90%，而西部省区一般只有30%～40%，最多的50%左右。由此导致了我国区域经济发展的严重不平衡。调查研究表明，中西部地区特别是西部地区国有经济比重大和相对的民营经济比重太小，是经济发展缓慢的一个重要原因。因此，应加快西部地区民营经济的发展，提高其在地区经济中的比重。这既是西部民营经济结构调整的需要，也是促进区域经济协调发展的要求[①]。

1. 东西部民营企业发展面临着不同的任务

目前，东部沿海地区民营企业发展已经达到这样一个高度，即主要从量的扩张到主要是质的提高。而西部地区民营企业发展主要解决的还是量的扩张的问题，面临的任务甚至是迅速跟进的问题。所以，必须抓住新一轮西部大开发这个千载难逢的机遇，进一步创新思维方式，在创新制度、体制、政策、手段和方法上，使民营经济更快更多地发展起来，从而缩小东西部发展之间的差距，缓解地区之间经济结构失衡的问题。为此，西部地区各级政府部门要充分发挥改善环境、搞好服务的职能，推动民营经取得突破性发展。(1) 要进一步解放思想，更新观念，消除社会偏见，真正把发展民营经济当作社会主义市场经济的重要组成部分，将其纳入国民经济和社会发展的总体规划，从多方面鼓励和支持其发展。(2) 政府部门要努力创造良好的政策环境，注重落实解决民营企业的“国民待遇”问题，使民营企业以平等的主体身份进入市场，真正做到对各类企业一视同仁。对目前尚未允许民营经济进入的部门，除关系到国家安全等少数部门外，在新一轮西部大开发中应允许民营经济企业进入。(3) 积极鼓励支持民营企业参与国有企业改革和国有经济的战略性调整。要充分发挥民营企业灵活的经营机制，鼓励民营企业通过收购、兼并、参股、控股、承包等多种形式，参与国有企业的改革、改组和改造，推动地区国有经济和民营经济相互促进，共同发展。(4) 切实转换政府职能，提高

---

① 王龙：《积极推进西部大开发战略，促进区域经济协调发展》，载本书编写组编《十六大报告辅导读本》，人民出版社，2002。

服务意识。通过大力改善投资环境，努力营造一个适宜民营经济企业健康发展的硬环境和软环境。同时，加快管理体制改革，增强政府部门的规划、引导、协调、服务和监督等职能。加强对民营经济发展问题的研究，及时提供和发布有关信息，以及加强宏观调控和引导，减少民营经济发展中的决策失误。

2. 提升贵州民营企业技术创新的途径

一是引进先进技术，提升企业技术水平。我省民营经济企业发展的实践充分证明，技术引进是加快经济发展的一条简捷而有效的途径。对于贵州民营企业来说，引进先进技术的重要作用主要表现在：(1) 可以节约大量的研制费用和时间，减少和克服投资高、费时工、见效慢的风险和困难。(2)通过引进项目，高效、可靠、水平一步到位，可以尽快缩短与国内外先进水平的差距。(3) 引进先进技术的同时，加强引进企业的管理方法和市场竞争机制。从提升贵州民营企业技术创新的途径上看，一方面，可以引进先进的设备或部件，新型的优质的材料，新的原理、数据和配方，新的工艺和科学的操作规程，先进的经营管理方法等。另一方面，既可以通过从国外直接进口，也可以通过与外商合资、合作经营，还可以通过开展学术交流，聘请外国专家讲学、派人出国留学、考察、实习等获得。

二是在提升贵州民营企业技术创新的过程中，必须有目的、有计划、有选择地引进适用的先进技术，并与企业的技术改造有机结合起来。(1) 要充分利用原有生产要素，积极采用国内外先进技术和管理经验，改造企业落后技术，迅速提高新的生产能力，使企业迅速在技术上达到新的水平。(2) 引进技术必须同企业自主创新相结合，必须加强引进先进技术的消化、吸收、运用和创新，促进技术创新能力得到实质性的提高。防止陷入“引进—落后—再引进—再落后”的恶性循环之中，克服和防止企业自身成为购进外国先进技术设备的消费者，而不能成为真正的消化、吸收的创造者。

3. 推进企业技术创新，提高自主创新开发能力

技术创新是指应用创新的新知识和新技术、新工艺，采用新的生产方式和经营管理模式，提高产品质量，开发生产新的产品，提供新的服务，占据市场并实现市场价值。技术创新是企业发展的灵魂，是企业竞争力的核心。随着科学技术的迅猛发展，技术创新能力已经成为企业取胜市场的决定性因素。为缩小西部地区与东部地区经济发展的差距，我省民营企业要推进技术创新，提高自主创新开发能力。这既是全省和地区民营经济结构调整的需要，也是促进区域经济协调发展的要求。

一是要建立技术创新机制，为技术创新提供根本保证。技术创新需要有强烈

的愿望，有持久的动力。为此，民营企业要建立内部激励机制，强化企业的创新动力。民营企业除有产权动力和事业动力外，还要把这种动力转化为企业骨干成员乃至全体成员的巨大动力。要切实做好技术入股、管理入股工作，这是搞好技术创新的核心生产因素。要把技术创新作为管理目标和对象，把分配、激励机制同企业和员工的技术创新业绩紧密联系在一起，形成创新的环境和氛围，最大限度地开发和刺激员工中蕴藏的巨大创造性潜力。

二是要积极实施技术创新工程。当今时代，是信息创新时代，新技术新产品层出不穷。大中型民营企业应建立不同类型的科研开发机构，专门研究开发新技术新产品。通过加强产学研联合，形成技术创新体系，使科研院所成为企业的重要技术源。民营企业技术创新的方向，除了发展高新技术产业外，还要运用高新技术和先进适用技术改造提升传统产业，发展产品深加工、精加工，生产高附加值产品。同时，坚持以市场为导向，以经济效益为中心，不断地进行技术创新和产品创新，通过推出新产品，做到既有新产品在生产，又有新产品在储备和研制之中。总之，要通过自主创新和引进改造与再创新相结合，实现技术上的跨越式发展，努力开发一批拥有自主知识产权的高新技术产品，促进企业集团形成自己的主导产品、名牌产品和关键技术，推动民营经济向更高层次方向发展。

三是贵州民营企业必须切实加大人力资源的开发力度，建立与之相适应的技术队伍和人才结构，这是实现全省和地区民营企业技术创新的根本保证。(1) 要适应发展的需要，重视人才培养。从长远发展的角度考虑，加大对员工的教育投资力度。除大力鼓励员工自学成才外，要切实加强培训，全面提高员工队伍的综合素质。改进培训的途径和方法，通过企业自办培训、委托培训等方式，培养出一批具有科技知识的员工和管理人才。(2) 要积极招聘社会上的优秀人才参加民营事业发展。通过采取各种交流方式，向社会广泛招揽人才。根据企业目前和将来对人才的需求，积极招聘和储备各种高素质人才，吸收大中专毕业生、科技人员、管理人员和专业技术人员，为企业发展注入新的活力。(3) 要制定优惠的人才政策，建立更为灵活有效的用人机制。为此，企业经营者要彻底转变家族管理模式下的用人观念，摆脱任人唯亲、血缘、地缘关系的束缚，代之以任人唯贤的新观念。一方面要根据人才的特长和爱好，做到知人善用，合理配置，优化组合。另一方面，要提高员工工资待遇和工作条件，建立合理的公平的绩效评估制度和晋升制度。通过实行有效的人才使用和激励政策，吸引优秀人才进入民营经济企业，有效地推进民营企业的改革创新和科技进步。

第七章　贵州民营科技企业发展研究

2018年11月15日，中共贵州省委副书记、省长谌贻琴在贵阳主持召开全省民营企业座谈会，会议深入学习贯彻习近平总书记在民营企业座谈会上的重要讲话精神，听取民营企业家对我省民营经济发展的意见和建议。会上，来自全省的满帮集团、航瑞科技、苗姑娘控股、煌缔科技、威门药业、贵州广铝、黔粹行、中伟集团、众一金彩黔矿业、兰馨茶业、晨春石业、国台酒业等12家民营企业负责人发言表示，习近平总书记在北京主持召开全国民营企业座谈会强调对民营企业的“三个没有变”“两个毫不动摇”和6个方面的政策举措，不仅让全国的民营企业吃下“定心丸”，而且为贵州民营企业的前进和发展指明了方向。当前，在全国民营经济发展的视野下，如何加快贵州民营科技企业的发展，已成为我省民营经济发展关注的重要内容之一，值得加以认真地研究。

一、全国民营科技企业的发展回顾

1995年《中共中央 国务院关于加速科学技术进步的决定》中指出：“民营科技企业是发展我国高技术产业的一支有生力量，要继续鼓励和引导其健康发展。”这是中央文件中首次使用民营科技企业的概念。民营科技企业是改革开放的产物，是我国科技人员在邓小平“科学技术是第一生产力”理论指导下的伟大创造。民营科技企业诞生于20世纪80年代中期，从无到有发展至今，不仅包括以科技人员为主体创办的，实行集体经济、合作经济、股份制经济和个体经济、私营经济的民办科技机构，而且包括由国有科研院所、大专院校、大中型企业创办的，实行国有民营的科技型企业。改革开放40多年来，民营科技企业从单纯生产或销售初级产品，到提供一般技术服务到研制开发高新技术产品，经过了三个不平凡的发展阶段。

（一）民营科技企业发展的三个阶段

1. 1979—1985年（第一阶段）

党的十一届三中全会，决定把工作的重点转移到以经济建设为中心。从1979年到1980年开始，北京、云南、四川等地的一些科技人员走出了研究所，如中国科学院物理研究所研究员陈春先等科技人员，探索类似美国硅谷和128号公路的“技术扩散”模式。到1985年中央公布科技体制改革决定时，北京中关村地区的科技人员陆续走出科研院所办科技企业，从1983年的11家民营科技企业，到1984年有40多家，1985年达到90多家。

2. 1985—1992年（第二阶段）

1985年3月，《中共中央关于科学技术体制改革的决定》[①]（以下简称《决定》）。《决定》指出“允许集体或个人建立科学研究或技术服务机构。地方政府要对它们进行管理，给予指导和帮助”。“必须改变积压、浪费人才的状况，促使科学技术人员合理流动”。“在人事制度方面，要克服‘左’的影响，扭转对科学技术人员限制过多、人才不能合理流动、智力劳动得不到应有尊重的局面，造成人才辈出、人尽其才的良好环境。”决定还指出“应当充分认识和评价智力劳动所创造的价值。”在《决定》的鼓舞下，北京中关村发展成为全国远近闻名的电子一条街。1986年民营科技企业已经突破100家，1987年达到140多家，营业额从1984年的1 800多万元增加到7亿元。

3. 1992年至今（第三阶段）

1992年邓小平南方重要讲话，消除和解决了姓“资”姓“社”的问题。党的十四大报告指出要在全社会形成尊重知识、尊重人才的良好风尚。表明了我们党要下更大的决心为知识分子创造发挥作用的好环境，为广大科技人员提供施展才华的广阔舞台。据统计，1997年与1992年相比，民营科技企业总数增长了2.5倍，从业人员增加了8倍，科技人员增长了4倍。1997年民营科技企业技工贸总收入、实现利润和上缴税金分别是1992年的18倍、14倍和22倍。《中国民营科技企业发展报告（2006—2010年）》显示，在过去的五年里全球遭受金融危机影响，中国民营科技企业的发展虽然遭遇了较大的困难，但仍然保持持续健康发展的势头[②]。改革

① 《中共中央关于科学技术体制改革的决定》，1985。

② 林泽炎：《2013～2014年中国民营经济分析报告》，载王钦敏主编《中国民营经济发展报告No.11（2013～2014）》，社会科学文献出版社，2015。

开放以来，中国民营科技企业造就了一大批科技企业家和国内外知名的企业集团（公司），包括：联想集团、华为公司、时代集团、万向集团、正泰集团、德力西集团、吉利集团和力帆集团等。据不完全统计，截至 2010 年年底，民营科技企业总数已超过 19 万家，从业人员超过 2 100 万，企业总资产和技工贸总收入超过 15 万亿元，上缴国家税金超过 7 000 亿元。其增加值和上缴税金分别约占国内生产总值和国家总税收的 8% 和 10%。

（二）民营科技企业的地位和作用

民营科技企业成立以来，按照“四自原则”运行，即自筹经费、自由组合、自主经营、自负盈亏，以提高科技含量为特征，在发展中不断提高管理水平，包含了现代企业制度的主要特征，为全国和各省区的经济社会发展作出了重要贡献。

1. 成为高新技术产业发展中的一支主力军

改革开放以来，民营科技企业从无到有，从小到大，经济活动覆盖了电子、通信、计算机、生物制品、仪表、机械、化工、环保等领域，国家级的高新区 53 个。据 1998 年对 52 个国家级高新区（陕西杨凌农业示范区除外）统计，技工贸总收入达到 4 800 亿元，成为国营高新技术产业主力军之外的另一支主力军。民营科技企业发展很快，每年以平均比国民经济发展速度高过 10 个百分点增长，在某些生产领域发挥十分重要的作用。

2. 全国和地方经济发展增长的重要支柱

改革开放以来，全国平均每年以 8% 左右的速度增长中，民营科技企业的速度是最快的。进入 20 世纪 90 年代，民营科技企业对全国和地方经济社会的贡献十分显著，到 1997 年民营科技企业出口创汇接近 90 亿元，是 1992 年的 45 倍，其中超过 10 亿元的有 64 家。北京联想集团达 120 亿元，成为第一家超百亿元的民营科技企业，1998 年联想集团又创新高达 174 亿元。

3. 民营科技企业是最具活力的企业群体

由于民营科技企业具有比较灵活的机制，民营科技企业研究开发费用占全年平均使用经费的 6%。据统计，1992 年民营科技企业上缴的税金仅 12 亿元，占当年税收总额的 0.36%，1997 年增加到 266 亿元，占全国税收总额的 3.41%，人均纳税 8 400 元。民营科技企业还具有较高的劳动生产率，1997 年人均销售收入为 17.6 万元，大大高于传统产业。

4. 民营科技企业在经济社会发展中发挥了积极作用

与国有企业相比，国企改革的难点之一是冗员过多，下岗和再就业是一个突出的问题。而民营科技企业不要政府划拨就业指标，却能提供大量的就业岗位，在经济社会稳定中发挥了积极作用。据对北京、天津等 13 个省市民营科技企业的调查，从 1992 年到 1997 年，民营科技企业从业人员增加了 7 倍，达 214 万人。同时，民营科技企业通过与国企实行嫁接，组成股份公司，实行强强联合，以及在通过收购、兼并中小型国企上，不仅发挥了重要作用，也使这些企业焕发了新的生机和活力。

（三）民营科技企业的地区分布

1. 民营科技企业分布不平衡性比较显著

总体趋势是东部地区和沿海地区发展较快，中部地区和西部地区发展较慢。从广大地区民营科技企业机构数所占总数的比例来看，华东地区占 31%，华北地区占 19%，华南地区占 17%，东北地区占 15%，西北地区占 13%，西南地区占 5%。由科技日报社主办、中国科技网承办的“创新中国 · 2018 年度评选”颁奖典礼上，“创新中国民营科技企业创新 500 强”榜单显示，全国民营科技企业集中在轻工纺织等传统优势产业，在新一代信息技术、人工智能、智能装备等新兴产业领域的占比比较突出[①]。在智能装备领域，我国民营科技企业创新 500 强的占比为 25.20%，在轻工纺织等传统行业的占比为 13%。从区域分布上看，民营科技企业创新 500 强主要分布在东部沿海地区，广东、北京、浙江等省份民营科技企业上榜数量最多，分别占上榜数的 31%、14% 和 12%，合计占 500 强的 57%。从区域来看广东省一枝独秀，占 50%，北京次之。

2. 从总收入比较高地区及所占总数比例来看

从全国技工贸总收入来看，山东省占 12%，广东省占 12%，江苏省占 11%，北京市占 8%，上海市占 8%，四川省占 5%，河北省占 5%，辽宁省占 5%，其他地区占 34%。从出口创汇比较高地区所占总数比例来看，广东省占 23%，江苏省占 21%，上海市占 11%，山东省占 7%，河北省占 3%，天津市占 5%，福建省占 4%，北京市占 4%，其他地区占 20%。全国民营科技企业的地区分布，主要是受地区区位优势的影响，以及改革开放由东向西，与沿海向内地梯度推进有关。

---

① 全国工商联：《创新 2018 年中国民营企业创新 500 强》，2018 年 8 月 29 日。

二、贵州民营科技企业的发展现状和特点

党的十五大报告指出："公有制为主体，多种所有制经济共同发展，是我国社会主义初级阶段的一项基本经济制度。"这一论断不仅极大地鼓舞了民营经济的发展，而且为民营科技企业的发展迎来了新的时期。改革开放以来，东部沿海地区率先打破了计划经济下单一经济成分的僵化模式，鼓励发展包括个体、私营经济在内的多种所有制经济，促进了地区经济的发展，其中一条重要的经验，就是努力发展民营科技企业。在改革大潮中应运而生的民营科技企业，以其特有的活力和蓬勃的生机呈现于民营经济领域，成为地区经济发展中的佼佼者。在东部沿海地区，不仅涌现了如希望、东方、杉杉、海王、红桃K、娃哈哈、联想等一大批民营科技知名企业，在贵州也出现了神奇、益佰、汉方、老干妈等为代表的一批明星企业，成为地区国民经济发展新的增长点。

（一）贵州民营科技企业的发展现状

贵州民营科技企业诞生于20世纪80年代中期，同全国民营科技企业一样，走过了30多年的风雨历程，从无到有发展壮大，形成了以实现科技成果多样化为主要特征，实行"自筹资金，自愿组合，自主经营，自负盈亏"的全新经营机制的企业群体。从单纯生产或销售初级产品，到提供一般技术服务到研制开发高新技术产品，企业的发展规模和经济效益不断提高。

1. 企业发展速度快，经济效益好

根据2004年贵州省科技厅对全省309户民营科技企业年报的统计（下同），贵州省民营企业技工贸总收入为50.38亿元，资产总额64.65亿元，其中年技工贸总收入超过1 000万元的企业有76户，超过1亿元的有8户。出现了一批民营科技企业和企业集团，成为深化科技体制改革、推动科技进步的一支重要力量和发展高新技术产业的主力军①。同时，民营科技企业还积极参与国有企业的改革，有力地推动了经济结构和产业结构的调整，成为全省经济新的增长点和造就科技型企业家、优秀人才的重要基地。同年，全省民营科技企业从业人员2.53万人，比1995年增长88.9%，比2000年增长16.2%；实现利润3.03亿元，比1995年增长

---

① 贵州省科技厅对全省309户民营科技企业年报，2004年度。

982.1%，比2000年增长40.3%；上缴税金2.95亿元，比1995年增长776.5%，比2000年增长65.7%。出现了同济堂制药有限公司、贵州信邦制药股份有限公司、贵州龙里龙腾铁合金有限责任公司、贵州清镇龙腾铁合金有限责任公司、贵阳南明老干妈风味食品有限责任公司、贵阳高新宏裕发展有限公司等8家技工贸总收入超过1亿元的民营科技企业。

2.民营IT企业发展呈上升趋势

根据《贵州科技统计年鉴》，2013年贵州省规模以上民营科技企业总产值3 207 060.4万元、总资产8 499 362.7万元、净利润335 296.8万元。其中，民营IT企业分别为35 427.6万元、29 116.3万元、3 752.5万元。IT是信息技术的简称。IT行业可分为以计算机制造为主的硬件制造业和以软件开发为主的信息技术服务业。2010年以来，在大数据产业发展的背景下，民营IT企业发展呈上升趋势。2013年全省规模以上民营科技企业从业人员47 452人、总收入2 515 302.4万元。其中，民营IT企业分别为1 206人、17 926.5万元。同年，民营IT企业业务领域逐渐扩大，形成全方位、多种类的服务体系。在企业技术创新投入上，科技机构由2009年的13个上升到2013年的17个、R&D经费支出由2009年的102.6万元上升到2013年的2 372.8万元；在技术创新产出上，产品销售收入由2009年的6 409.2万元增加到2013年的9 777.3万元、专利申请数由2009年的15个增加到2013年的82个。此外，民营IT企业对全省和地区发展的贡献不断加大。全省规模以上民营科技企业从业人员，从2009年的724人增加到2013年的1 206人，增长67%；上缴税金总额，从2009年的717.7万元增加到2013年的922.8万元，增长29%，表明民营IT企业竞争力不断加强，推动了全省和地区的发展和进步。

（二）贵州民营科技企业发展的特点

1. 产业分布较为合理，一批规模化企业集团初步形成

省有关部门1998年对全省345家民营科技企业的调查表明，国有民营、集体经济和联合经济等公有经济成分占调查企业总数的41.74%；私营、个体及外商、港澳台投资的经济成分占总数的26.09%；股份合作与有限责任经济成分占总数的30.72%。在所调查的25.14亿元资产总额中，股份合作与有限责任企业的资产占总额的三分之二，国有、集体经济资产占总额的20.60%，私营、个体经济资产占总额的5%。全年实现的利润中，有限责任和股份有限经济成分实现的利税占79.54%，集体经济成分实现的利税占8.9%，股份合作制经济成分实现的利税

占 6.12%。民营科技企业的分布主要集中在生物医药、轻纺食品、机械电子、矿产加工、化工等五个行业。据省科技厅 1998 年统计年报，在 93 个年技工贸收入在 100 万元以上的民营科技企业中，从事生物技术和医药卫生的行业占 24%，轻纺食品行业占 15%，机械电子占 12%，矿产加工占 10%，化工占 20%，农业及其他行业占 19%。

调查还表明，1998 年全省民营科技企业技工贸总收入达 14 亿元，实现总产值 9.6 亿元和利税 2 亿元，这三项主要经济指标分别是 1992 年的 25 倍、26 倍和 87 倍，年平均增长速度分别达到 71%、72%、95%。随着民营科技企业自我积累的迅速增加，已逐步进入以"产业规模化、资本股份化、组织集团化、市场国际化"为特点的二次创业阶段。据统计，截至 1998 年年底，我省民营科技企业年技工贸收入上千万元以上的企业猛增至 30 家，其中超亿元的企业 4 家。尤其以生物医药产业为主体的一批规模化企业集团初步形成，成为全省国民经济发展中的支柱产业。贵州神奇制药有限公司、中腾股份有限公司、巨星集团、长寿长乐集团、东伟实业股份有限公司、科晖药业公司等成为民营科技企业中的典型代表，对全省民营经济的发展起着举足轻重的作用。

2. 经营机制灵活，企业产权清晰

改革开放以来，贵州民营科技企业从生存到发展，在非公有制经济中发挥重要作用，主要在于经营机制比较灵活。通过建立"自筹资金、自愿组合、自主经营、自负盈亏"的经营方式，适应了市场经济的发展规律。据贵州省委政研室和省科技厅联合课题组的相关调查，全省有 73.08% 的民营科技企业，不仅靠自筹资金逐步扩大发展企业的生产规模，而且从一开始步入市场就与省（内）外同行展开了激烈的市场竞争[①]。根据市场的需求，不断加强企业的生产、经营和管理活动。例如贵州神奇药业 98.8% 的产品、贵州黄果树立爽药业 97% 的产品和贵州东伟药业 85% 的产品及老干妈 92% 的产品都是销往省外（国外）的。即使企业发生了经营亏损、企业员工下岗、失业等情况时都能内部消化，没有对政府、对社会形成压力。由于民营科技企业主要靠自筹资金、滚动发展起来的，企业具有产权清晰的特点。所以，企业往往能够在激烈的市场竞争中抓住时机，进行风险决策和风险投资获得成功。如贵州神奇制药有限公司、贵州东伟实业股份有限公司，在股份制改造上迈出了坚实的步伐，开始了"二次创业"。还有全省年技工贸总收入在 5 000 万

① 贵州省委政研室、省科技厅联合课题组：《对全省 345 家民营科技企业统计》，1998。

元以上的 11 家企业，和年技工贸总收入超 1 亿元的 5 家企业，这些年来都在所有权和经营权上进行了改革，逐步实行了产权清晰的分离，也获得了成功，步入了“二次创业”的行业。

3. 重视企业技术创新，推进高新技术产业

据 1998 年对 345 家民营科技企业统计，当年从业的 16 018 人中，具有高中级职称人员 2 992 人，占从业人员总数的 18.68%。一批高素质的科技人才，在民营科技企业，尤其是高科技显示出勃勃生机的巨大吸引下，源源不断地向民营科技企业流动。由于民营科技企业重视引进先进的技术设备，依托高新技术生产新产品，增强了企业的市场竞争力。如圣泉公司投资 350 万美元，引进意大利波利泰的一条七色凹印联动模切生产线和德国无版数码印刷机，一举使企业的彩印技术和整体水平达到省内外先进水平。贵州黄果树立爽药业有限公司生产的“咽立爽”口含滴丸，把贵州南部苗族、布依族地区流传数百年的验方，通过提取艾纳香油，与先进的滴丸制剂的生产技术研制而成。由于产品科技含量高、疗效好，深受广大消费者的欢迎，产品销往全国 28 个省、自治区、直辖市及香港地区。有的企业以科技为动力，以市场为导向，提高了企业的自主创新能力。

据统计，2000 年贵州省民营科技企业共投入研究开发经费 1.16 亿元，占企业销售收入 4.2%，不仅高于国有企业 3.2 个百分点，而且占当年全省研发经费 4.18 亿元的 27.75%。例如获得科技部“中国民营科技企业创新奖”的贵州神奇制药有限公司和贵阳天龙魔芋食品有限公司。前者 1996 年至 2000 年共投入研究与开发经费 1.88 亿元，已能生产 16 个剂型、170 多个品种。公司下属的 5 家制药厂已通过国家 GMP 认证，公司已拥有 19 种产品的自主知识产权，2001 年申报的专利有 20 个已被审批，抵御市场风险的能力进一步增大。后者“九五”期间投入 633 万元资金进行开发研究，获得 4 项国家发明专利。遵义天阳食品有限公司与广州生物制品研究所、遵义医学院等单位合作，利用动物脾脏生产的“冻干转移因子胶囊”和“胎盘肽冻干胶囊”，列入国家农业部“两高一优”项目。由于重视技术创新，推进高新技术产业化，增强了民营科技企业技术创新的能力，开发的高新技术产品，如“生精散”“前列舒乐”“雪胆胶囊”“咽立爽”“因特网共享器”“GF 系列分体式净水器”等高新技术产品已销往全国 20 多个省市，取得比较显著的经济效益。

4. 提供再就业机会，为社会作出积极贡献

由于民营科技企业具有比较灵活有效的机制，吸引了党政机关、事业单位改革分流人员及厂矿企业下岗职工，并为待业青年提供了再就业机会。据统计，2000

年全省 353 家民营科技企业从业人员 2.18 万人，上缴税金 1.8 亿元。贵阳高新技术产业区内 21 家民营科技企业提供了 1 254 个就业机会，占高新区新增就业人员的 80% 以上，同时还吸纳下岗职工 2 160 人。其中，贵州神奇制药有限公司就缴税 3 800 万元，安排 3 000 多人就业，当年缴税 2 464 万元，成为南明区第一纳税大户。另据 1997 年、1998 年统计，我省 506 家民营科技企业实现技工贸收入 21 亿元，上缴税金 1.12 亿元。仅贵州神奇制药有限公司 1997 年、1998 年两年就实现销售收入 6.3 亿元，上缴税金 2 994 万元，为地方财政增添新税源作出了积极贡献。

此外，不少民营科技企业在发展中不忘回报社会，积极参与光彩事业支援灾区，投入社会公益事业，为社会作出贡献。

（三）贵州民营科技企业的发展态势

1. 民营科技企业不断发展壮大，成为新的经济增长点

贵州民营企业始于 1984 年，当年全省只有 3 家，1992 年党的十三大后达到 136 家，1995 年已经发展到 846 家，2000 年我省经年审登记注册的民营科技企业共有 1 058 家（其中纳入科技部统计的有 178 家，企业技工贸总收入 5.83 亿元），整体呈阶梯状发展态势，呈现出良好的发展前景。据对 2000 年 353 家民营科技企业年报的统计：从业人员 2.18 万人，比 1995 年增长 2.5 倍；技工贸总收入 27.6 亿元，比 1995 年增长约 5 倍；实现利润 2.3 亿元，比 1995 年增长约 7.2 倍；上缴税金 1.8 亿元，比 1995 年增长 5 倍；研发投入 1.16 亿元，比 1995 年增长约 2 倍[①]。

一是一批知名民营科技企业正在不断发展壮大，朝着产业规模化、组织集团化、技术创新化、运营现代化的方向发展。(1) 在贵州全省 220 家医药企业中，民营企业占 90%。2000 年，全省 30 多亿元的医药工业产值中，90% 是民营企业创造的。(2) 在全省 100 多家环保企业中，民营科技企业占 80%；贵阳高新技术产业开发区 94 家企业中，民营科技企业占 60%；(3) 在招商入驻“贵阳软件园”“金阳科技园”的企业中，具有一定规模的企业中民营科技企业占有较大比例。

二是在市场具有相当竞争力的企业，成为我省发展市场经济的排头兵。(1) 1999 年度全省有 382 家民营科技企业申请的专利受理 43 项，其中申请专利授权 39 项，实施专利 56 项。到 2000 年度，全省 353 家民营科技企业申请的专利受理

① 张美涛等：《贵州省民营经济发展现状与趋势分析》，载杨静、吴大华主编《贵州民营经济发展报告（2015）》，社会科学文献出版社，2016。

77 项，其中申请专利授权 56 项，实施专利 65 项；此外，353 家民营科技企业的无形资产已达 4.96 亿元，占企业总资产的 7.5%。(2) 由于民营科技企业经营机制科学合理，使企业在生产、经营、决策和分配等方面赢得了市场竞争的主动权。如贵州神奇制药公司和贵州东伟实业公司，已开始进入“产业规模化、资本股份化、组织集团化”的“二次创业”阶段，企业正朝着做大做强方向发展。(3) 全省民营科技企业中，聚集着一大批优秀的科技人员和管理人员，企业使他们有了用武之地，他们也给企业增添了竞争实力。如 2000 年贵州省 353 个民营科技企业中，拥有研究生 105 人、本科生 2 167 人、大专生 2 552 人、中专生 2 633 人，占到企业职工总数的 41.9%；其中，拥有高级、中级和初级职称的科技人员分别为 464 人、1 531 人和 2 181 人，占到企业职工总数的 23.3%。

三是民营科技企业呈现稳步发展态势。根据国家科技部《关于开展 2001 年度民营科技企业统计年报工作的通知》要求，有关部门对贵州全省 1 193 家民营科技企业进行了抽样调查，对 328 家抽样调查结果表明：国有经济性质的企业 6 家，占企业总数的 1.83%；集体企业 64 家，占 19.5%；股份合作制企业 17 家，占 5.18%；联营企业 5 家，占 1.52%；有限责任和股份公司 133 家，占 40.55%；私营和个体企业 99 家，占 30.18%；外商及港澳台投资企业 4 家，占 1.22%。被调查的 328 家民营科技企业共有职工 24 409 人，其中，具有中、高级职称的人员 3 290 人，占职工总数的 13.48%。2001 年，328 家民营科技企业实现总产值 35.08 亿元，技工贸总收入 29.94 亿元。其中，超亿元企业 6 家，超千万元企业 49 家，超百万元企业 135 家。全年实现利润总额 6.79 亿元。总产值、技工贸总收入、利润总额三项主要经济指标，分别比上年增长 6%、7.1% 和 70%，表明全省民营科技企业呈现稳步发展态势。

三、贵州民营企业 100 强及其案例分析

为认真贯彻落实党的十九大精神及中共贵州省委、贵州省人民政府《关于营造企业家健康成长环境 弘扬优秀企业家精神更好发挥企业家作用的实施意见》(黔党发〔2018〕3 号)，促进我省企业做大做强做优，提高企业竞争力，并为党委和政府有关部门及社会各界提供全省大企业发展的相关数据和意见信息，贵州省企业联合会、贵州省企业家协会在连续 13 年成功发布贵州百强企业的基础上，在省相关部门和有关企业的大力支持下，参照国际惯例和中国企业联合会关于中国企业 500 强排序规则，以 2017 年企业营业总收入为入围标准，经专家团审定，推出

了 2018 年贵州民营企业 100 强[①]。

（一）贵州民营企业100强排行榜

2019 年 9 月 6 日贵州省企业联合会、贵州省企业家协会联合发布了 2018 年贵州民营企业 100 强名单，100 强企业营业收入总计 1 571.81 亿元，其中，贵州通源集团以年度 234.04 亿元的营业收入总额位列第一位，贵州宏立城集团、贵州信邦制药股份有限公司分别位居第二位和第三位。排行榜的前十企业总营业收入为 677.96 亿元，占总营业收入 4 成，分别为：贵州通源集团、贵州宏立城集团、贵州信邦制药股份有限公司、贵州财富之舟科技有限公司、贵州麒龙房地产开发集团有限公司、贵阳南明老干妈风味食品有限责任公司、贵州中伟投资集团有限公司、贵阳星力百货集团有限公司、贵州益佰制药股份有限公司、贵州康心药业有限公司。100 强排行榜如下：

2018 年贵州民营企业 100 强排行榜

序号	企业名称	营业收入 / 万元
1	贵州通源集团	2 340 413
2	贵州宏立城集团	741 026
3	贵州信邦制药股份有限公司	658 028
4	贵州财富之舟科技有限公司	551 838
5	贵州麒龙房地产开发集团有限公司	514 800
6	贵阳南明老干妈风味食品有限责任公司	438 900
7	贵州中伟投资集团有限公司	415 467
8	贵阳星力百货集团有限公司	412 197
9	贵州益佰制药股份有限公司	388 286
10	贵州康心药业有限公司	318 600
11	贵州邦达能源开发有限公司	313 830
12	贵州百灵企业集团制药股份有限公司	313 684
13	毕节市力帆骏马振兴车辆有限公司	310 759
14	贵州其亚铝业有限公司	301 281
15	遵义福鑫特殊钢装备制造有限公司	250 358

① 贵州省企业联合会、贵州省企业家协会：《2018 年贵州民营企业 100 强名单》，2019 年 9 月 6 日。

续表

序号	企业名称	营业收入 / 万元
16	贵州一树连锁药业有限公司	243 150
17	贵州国台酒业有限公司	240 800
18	贵州源翼矿业集团有限公司	228 747
19	玉蝶控股集团有限公司	220 691
20	贵州神奇药业有限公司	215 864
21	贵州省交通规划勘察设计研究院股份有限公司	215 158
22	贵州贵能投资股份有限公司	204 120
23	贵州花溪农村商业银行股份有限公司	196 295
24	贵州健兴药业有限公司	195 945
25	贵阳闽达钢铁有限公司	188 210
26	金正大诺泰尔化学有限公司	168 004
27	黔西南州聚鑫工贸总公司	161 698
28	贵州固达电缆有限公司	157 756
29	贵州西洋实业有限公司	157 119
30	贵州赤天化纸业股份有限公司	154 792
31	贵州翰瑞电子有限公司	154 360
32	大西南投资集团有限责任公司	151 258
33	遵义恒佳铝业有限公司	146 525
34	联塑科技发展（贵阳）有限公司	139 419
35	贵州广铝氧化铝有限公司	135 435
36	贵州正合可来金科技有限责任公司	129 848
37	贵州川恒化工股份有限公司	129 028
38	贵州泰邦生物制品有限公司	122 223
39	贵州紫森源集团投资有限公司	119 898
40	贵阳娃哈哈昌盛饮料有限公司	109 759
41	贵州白山云科技股份有限公司	105 164
42	贵州易广建设集团有限公司	103 893
43	贵州豪龙水泥有限公司	101 810
44	贵州省朗月矿业投资有限公司	99 690
45	贵州景峰注射剂有限公司	95 829
46	贵州华耀科创科技（集团）股份有限公司	95 000
47	六盘水恒鼎实业有限公司	87 026

续表

序号	企业名称	营业收入 / 万元
48	贵州富民村镇银行	81 674
49	贵州长通集团有限公司	77 663
50	贵州汇景纸业有限公司	75 594
51	贵州三力制药股份有限公司	72 235
52	贵州久泰邦达能源开发有限公司	72 064
53	贵阳新天药业股份有限公司	69 441
54	贵州圣济堂制药有限公司	68 521
55	毕节明钧玻璃股份有限公司	65 581
56	贵州安达科技能源股份有限公司	64 900
57	凯里闽源锰业有限公司	64 683
58	贵州路发实业有限公司	62 400
59	贵州省贵阳汽车客运有限公司	59 103
60	贵州省施达房地产开发(集团)有限责任公司	57 950
61	镇远县贵梅冶金炉料有限公司	56 000
62	贵州湾田煤业集团有限公司盘县乡湾田煤矿	55 357
63	贵州瑞和制药有限公司	54 011
64	贵州亿祥矿业(集团)镇远润达有限公司	53 601
65	遵义天磁锰业集团有限公司	53 389
66	贵阳新希望农业科技有限公司	52 287
67	贵州东峰锑业股份有限公司	49 230
68	贵州茅贡米业有限公司	48 516
69	贵州本元利科技有限公司	47 793
70	遵义市大地和电气有限公司	47 776
71	贵州省湄潭县竹香米业有限责任公司	46 367
72	贵阳朗玛信息技术股份有限公司	45 811
73	贵州清酒集团有限责任公司	45 287
74	贵州省仁怀市茅台镇糊涂酒业(集团)有限公司	45 240
75	贵州新蒲几米电子科技有限公司	45 173
76	凤冈县西部水泥有限公司	43 708
77	贵州永吉印务股份有限公司	43 198
78	世纪恒通科技股份有限公司	43 159
79	贵州金杨油脂有限公司	42 573

续表

序号	企业名称	营业收入 / 万元
80	水城县鑫新碳素有限责任公司	42 458
81	贵州威门药业股份有限公司	39 874
82	贵州华星酒业（集团）有限公司	38 996
83	松桃三和锰业集团有限责任公司	35 714
84	贵阳特驱希望农业科技有限公司	33 834
85	贵州兴富祥立健机械有限公司	33 021
86	贵州五星酒业集团茅台镇五星酒厂	32 564
87	贵州华兴玻璃有限公司	32 386
88	贵州天安药业股份有限公司	31 952
89	贵州大龙汇成新材料有限公司	31 815
90	贵州景诚制药有限公司	31 687
91	贵州重力科技环保有限公司	31 662
92	贵州利美康外科医院股份有限公司	31 457
93	贵州酒中酒（集团）有限责任公司	29 986
94	贵州爽净投资（集团）有限责任公司	29 805
95	贵州三仁堂药业有限公司	28 041
96	贵州华旭光电技术有限公司	27 570
97	遵义市黔兴油脂有限责任公司	27 439
98	贵州维康子帆药业股份有限公司	25 468
99	贵州双龙实业集团有限公司	25 120
100	贵州永红食品有限公司	23 003

（二）贵州民营科技企业的案例分析

本课题研究组通过对贵州省具有代表性的民营科技企业进行调查，包括分析和研究他们取得的成绩和今后五年的发展战略。

1. 贵州天安药业股份有限公司

贵州天安药业股份有限公司系博雅生物集团（股票代码：300294）旗下的一家集研发、生产、销售与健康服务为一体的高新技术企业。公司致力于糖尿病药物的深度开发和研究，是糖尿病药物的专业化制药企业，建有省级企业技术中心，荣获“贵州省民营企业 100 强”“贵州省十大药业”“贵州省大国匠心企业”“贵州省科技型企业”“贵阳市创新型企业”“先进纳税企业”等荣誉称号。

(1) 二甲双胍是2型糖尿病的基础用药，用于糖尿病治疗的全过程。公司现有品种19个，其中主打产品有：“安多维”盐酸二甲双胍片、“安多可”盐酸二甲双胍肠溶片、“安多明”羟苯磺酸钙胶囊、“安多美”格列美脲片、“安多健”盐酸吡格列酮分散片，都是抗糖尿病药的基础用药，列入《国家基本药物目录》，均为治疗糖尿病的一线产品，分别多次荣获省级和市级名牌产品荣誉称号；“安多可”盐酸二甲双胍肠溶片的质量标准被《中国药典》收载，“盐酸二甲双胍肠溶片的质量控制方法”获国家发明专利证书。据南方医药经济研究所等权威机构统计，“安多可”盐酸二甲双胍肠溶片在城市零售板块市场占有率排名第一，天安药业位列中国零售药店口服降糖药十强榜单。公司投入1.2亿元开展仿制药一致性评价工作，其中：“安多维”盐酸二甲双胍片于2019年2月通过仿制药一致性评价，成为贵州省首家通过一致性评价的企业。

(2) 天安人为了履行社会责任，更好地为慢病患者提供优质健康服务，公司投资8 000多万元构建“天安之家慢病管理云平台”等服务体系，建立互联网＋大数据大健康云平台，创建“线上＋线下”“软件＋硬件”“产品＋服务”的糖尿病慢病管理整体解决方案，拥有强大的糖尿病专家团队和专业健康服务队伍，为患者提供慢病管理O2O服务，遍布全国的千余名健康顾问为糖尿病患者会员提供免费检测血糖与血压、健康教育、用药指导、健康咨询等服务，平台会员向百万迈进并逐步壮大。

(3) 天安因为专注，所以专业！天安的愿景是做中国最优秀的糖尿病专业化制药及健康服务企业！公司未来五年战略目标：将积极融入贵州大健康生态圈，打造天安糖尿病产业链，立足糖尿病专业制药，拓展中药品种，开发糖尿病相关保健食品，在糖尿病药品供应及健康服务领域形成具有较大影响力的综合性健康服务提供商。天安做中国最优秀的糖尿病专业化制药及健康服务企业！天安一切为了天下人幸福平安！天安核心价值观：忠诚、开放、创新、精进、当责、共享。

2. 贵州神奇药业有限公司

(1) 贵州神奇制药有限公司是专业从事抗肿瘤、心脑血管、感冒止咳、儿童用药和抗真菌等类药品的研发、生产和销售的企业，公司拥有的“神奇”品牌，有超过20年的经营历史，在2002年被国家工商总局评定为“中国驰名商标”。2010年，“贵州神奇”荣获2009—2010年度“多彩贵州十大品牌”荣誉称号，神奇药业被评为“贵州优秀民营企业”。“神奇”品牌在经销商和消费者中有较高知名度和美誉度。最近几年推出的子品牌"速可停""神奇娃娃"也获得较好的品牌认知。2010年"枇杷止咳胶囊"荣获2009—2010年度"多彩贵州十大名药"荣誉称号；斑蝥酸钠维生素 B_6 注射液，在2011年中国首届化学制药行业品牌峰会上被评为抗肿瘤产品品牌十强；全天麻胶囊被评为国家优质优价药品。

(2) 公司现有贵阳和龙里两大生产基地五个厂区，占地面积约600亩(40公顷)，目前拥有"片剂、胶囊剂、喷雾剂、膜剂、颗粒剂、糖浆剂、酊剂、针剂"等剂型生产线42条，均已通过了国家和省的GMP认证。目前，正在贵阳国家高新技术产业开发区投资建设的新厂区占地300亩(20公顷)，计划3～5年建成投产。公司在研发和技术创新方面的能力得到广泛的认可。拥有贵州苗药工程技术中心。同时还与国内外著名药物研究机构建立了长期的合作关系。现已开发独立知识产权的民族药8个，国家发明专利75项。贵州神奇药业有限公司系国家制造业信息化示范企业和贵州省知识产权试点示范工作先进单位。公司拥有药品批准文号145个，有很好的产品质量、产品规划及产品结构搭配，得以保障其盈利水平可持续增长。其中止咳系列产品是国内呼吸类用药的领导品牌，拥有的斑蝥酸钠原料药和注射剂为全国独家产品，是具有刺激骨髓造血功能和升高白细胞功效的新型抗肿瘤药。公司的产品兼具OTC和处方药品种，主要在销品种有枇杷止咳颗粒 、强力枇杷露 、枇杷止咳胶囊、小儿氨酚烷胺颗粒、小儿咽扁颗粒、小儿清毒糖浆、银盏心脉滴丸、银丹心泰滴丸、珊瑚癣净、斑蝥酸钠注射液、斑蝥酸钠维生素 B_6 注射液、人参多糖注射液、金乌骨通胶囊、精乌胶囊、全天麻胶囊等，有35个产品已进入医保目录或基本药物目录，公司在全国31个省(自治区、直辖市)100多个地级以上城市设有销售网络。

(3) 公司在企业发展壮大的同时始终保持着强烈的社会责任感，也不忘回报社会。先后捐资2亿多元在贵州铺路架桥、立足贵州实际情况扶助贫困地区农民发展生产、修建中小学校和青少年活动中心，并出资在北京中医药大学、沈阳药科大学和贵州民族学院设立"贫困学生助学金"，帮助贫困学生完成学业。并在2002年3月通过卫生部向非洲及西部12个贫困县无偿提供1.2亿元的抗结核药品，实施"光彩康复工程"。公司以医药投资为战略发展方向，坚持"做实、做强、做大、做透"的战略方针；借助资本市场的力量，通过投资、合作、兼并、收购、重组等方式，整合组织、模式、资源、品牌与文化，做大做强医药产业 ，致力于发展成为国内制药行业领先、以现代特色中成药为核心的大健康产业集群。

3. 贵州益佰制药股份有限公司

（1）贵州益佰制药股份有限公司是一家集新型药品的研究、开发、生产和销售为一体的高新技术企业。公司创建于 1995 年 6 月 12 日，经过历年不断地发展壮大，在国家及省、市各级政府的大力扶持下，公司于 2000 年顺利完成股份制改造，并于 2004 年 3 月 8 日在上海证券交易所成功上市（股票代码：600594），成为贵州省首家上市的民营企业。公司现占地面积近 48.44 万平方米，建有符合国家药品生产质量管理规范（GMP）的生产厂房 4.12 万平方米，厂区绿化面积 6.87 万平方米。公司拥有的胶囊剂、片剂、颗粒剂、糖浆剂、小容量注射剂、冻干粉针剂、滴丸剂、口服溶液剂等生产线均通过国家 GMP 认证，所有生产线均达到国内先进水平。益佰制药实施集团化运作模式，优化企业管理。目前益佰制药旗下有 7 家生产企业：贵州益佰制药股份有限公司、海南长安国际制药有限公司、云南南诏药业有限公司、天津中盛海天制药有限公司、北京爱德药业有限公司、贵州民族药业股份有限公司、贵州益佰女子大药厂有限责任公司。益佰医疗板块已拥有 5 家医院：灌南县人民医院、绵阳富临医院、毕节市肿瘤医院、黑龙江华澳医院管理有限公司、辽阳市中奥肿瘤医院。

（2）2018 年，公司实现工业产值 31.83 亿元，销售收入 38.83 亿元，纳税 5.27 亿元。公司上市至今，累计向国家纳税 53.77 亿元。公司现有员工 8 000 余人，其中大专以上学历人员占总人数的 56%。2004 年 3 月，公司动用 1 200 万元学习资金与上海交通大学安泰管理学院联合办学，成立了上海交通大学安泰管理学院贵阳班，公司 50 名中层管理干部成了该班级 EMBA 学员，为公司的发展储备管理后继力量。公司还将专业技术人员送往相关药学院进行专业培训，注重提高公司技术实力和培养创新精神；坚持工人培训制度，不断加强工人文化素质、修养、技术技能的提高，全公司员工严格按每年 300 个以上学时进行相应培训。

公司目前的主要产品有注射用洛铂、艾迪注射液、银杏达莫注射液（杏丁注射液）、复方斑蝥胶囊（康赛迪胶囊）、克咳胶囊、感冒止咳糖浆、疏肝益阳胶囊、金骨莲胶囊等，已形成企业优势系列产品。其中，注射用洛铂为肿瘤化疗的第三代铂类抗肿瘤药，与其他铂类抗肿瘤药相比具有无肾毒性、耳毒性、神经毒性的优点，同时与其他铂类无交叉耐药；艾迪注射液和康赛迪复方斑蝥胶囊为双相抗肿瘤新药，复方中药针剂——艾迪注射液的研究已达到基因水平；第四代银杏制剂——银杏达莫注射液（杏丁注射液），是心、脑血管及外周循环障碍的有效治疗药物，其开发投产为公司注入了新的活力。

(3) 长期以来公司一直非常重视技术创新和科技研发对企业的推动作用，强调“科技是公司前进的原动力”。2005 年公司获“全国优秀民营科技创新企业”称号。2006 年经国家发改委、国家科技部、国家财政部、国家海关总署、国家税务局等五部委授予我公司“国家认证企业技术中心”。该中心在中药注射剂、口服液体制剂，以及固体制剂新剂型如：口腔崩解片、泡腾片、缓控释制剂等新产品的研究开发和生产方面均取得了一些成绩，在行业中具有很大的优势。2006 年公司获国家人事部批准为企业博士后工作站。2007 年经贵州省科技厅批准，我公司获建了贵州省新型释药系统工程技术研究中心。2008 年获批为国家级创新型试点企业，同年还被评为贵州省高新技术企业。2008 年经贵州省发改委批准，我公司还获得了贵州省民族药新型制剂工程技术中心，得到了国家资金及技术方面的支持。2009 年公司获批为国家级创新型企业，同年被国家发改委授以“西南民族药新型制剂国家地方联合工程技术研究中心”。2014 年 10 月国家科技部正式批准成立“国家苗药工程技术研究中心”，该中心目前是我国唯一的民族药国家工程技术研究中心。在这些基础之上，公司正积极加大产品研发力度，在新产品开发和改剂型上多项目有序进行。目前公司共拥有各类在研品种共 41 个，其中包括心脑血管类 13 个，抗肿瘤类 4 个，感冒咳嗽、清热解毒类 9 个。公司开发的独家苗药 6 类新药，其中“珍珠滴丸”已进入三期临床阶段，该成果将成为今后公司新的利润增长点，为公司不断注入新的活力。

(4) 一直以来，公司十分重视知识产权的保护工作，2004 年就成立了专门的知识产权部门，并采取了申请专利保护及创建驰名商标等措施，注重发展核心技术，提升企业自主创新能力。公司共申请了专利 340 件，已授权并维持有效 159 件，其中发明专利 124 件，外观设计专利 42 件；申请商标 348 件，获证 313 件，并且将“益佰”“做足益佰”“克刻”三个主商标向美国、加拿大、英国和中国台湾等国家和地区提出了马德里注册，共计获得 37 个国际商标注册证。“益佰”“KEKE 克刻”两个商标荣获中国驰名商标，“做足益佰”“杏丁”“康赛迪”“益佰艾迪”荣获贵州省著名商标。艾迪注射液、金骨莲胶囊、注射用洛铂 3 项专利荣获全国专利优秀奖。2009 年被评为“全国企事业知识产权试点单位”，2012 年被评为贵州省第一批“知识产权优势企业”，2015 年被评为“国家知识产权示范企业”。公司还建立有知识产权管理体系，并于 2015 年取得了“知识产权管理体系认证证书”。专利申请量和商标申请量居省内同行业第一名，居国内同行业领先地位。

(5) 益佰制药也始终投身公益事业，在 2008 年年初的凝冻灾害中益佰第一时间向灾区人民发出慰问，并捐赠60万元，支援灾区；2008年5月四川汶川地震灾害中，公司冲锋在前，向灾区受难的同胞捐赠了共计124万元的现金和价值100万元的药品；在2011年年初的贵州干旱灾情中，捐赠现金280万元。公司以“卓越的医药产品提供者，优秀的健康医疗服务领航者”为使命，在经济市场大潮中，恪守“健康100、品质100、感恩100、创新100”价值观，为客户提供优质高效符合环保要求的产品，为投资者创造最大的财富，为社会创造最大的价值。向“成为中国医药产业受尊敬的、具有持续经营潜力的公司”愿景不断迈进！

（三）贵州民营科技企业的先进典范

贵州省民营科技企业在发展过程中，涌现了许多先进典范。他们在工作中取得的成绩和作出的贡献，值得学习和借鉴。

1. 林光进董事长

林光进董事长生于1963年，福建省莆田市人。1993年来到贵州，先后创办了贵州新寅科技发展有限公司（旗下有贵阳仁爱医院、黔南妇产医院、松桃九洲医院、黔东南妇产医院、铜仁协和医院等10多家医院）、铜仁市黔林洲科技企业孵化中心、贵州黔林洲新农村建设工程有限公司、贵州黔林洲环保能源科技有限公司、贵州省铜仁市生产力促进中心、贵州恒生不孕不育技术研究所、贵州省灵峰科技产业园有限公司、贵州贵台红制茶科技有限公司、贵州锦江红茶业科技有限公司等20多家企业，林光进现为黔林洲企业集团（香港）有限公司法人代表、董事长、总裁。

经过20多年的努力打造，集团的“清洁能源、便捷医疗、科技创新”三大支柱产业平台已基本形成，并获得了各级党政领导及大专院校，国际、国内组织和社会团体的认可。

林光进董事长拥护党的领导，思想进步，政治坚定。林光进现为中共中央统战部党外知识分子信息联络员、中华人民共和国海外同胞史编辑委员会副秘书长、中共贵州省委统战部党外知识分子信息联络员、贵州省政协委员、中国农工民主党贵州省科技教育委员会委员、农工党贵州省委直属工程支部主任委员、贵州省大健康产业联合会会长、贵州省科学与健康协会会长、贵州省莆田国际商会会长、贵州省扶贫开发协会会长、贵州省福建总商会名誉会长、贵州省食品药品安全建设发展促进会常务副会长、贵州省食品药品安全建设发展促进会常务副会长、福建省人民政府发展研究中心第二届发展研究理事会理事、贵州省工商联福建商会常务副会长、贵州省旅游经济研究所研究员、贵州省资源节约综合利用协会常务理事、贵州省晴隆县人民政府经济社会发展顾问、贵阳学院生态文明城市建设研究中心研究员、中华绿色版图工程铜仁生态示范基地主任、亚太环境保护协会铜仁办事处主任、中国农村发展促进工程西部（铜仁）基地主任、贵州省泉州商会顾问和贵阳市科技特派员。

作为贵州省政协委员、中共中央统战部和中共贵州省委统战部的党外知识分子信息联络员及农工党贵州省委直属工程支部的主委，林光进董事长在履行职责的过程中，先后发表有《发展农村畜牧生态循环经济，有效促进贵州新农村建设》《大力发展农村沼气，促进沅江流域生态文明建设》等论文及《贵州民营科技孵化器发展研究》（2007 年贵州人民出版社出版）、《农村沼气池基础知识》（2008 年贵州人民出版社出版）、《多彩魅力贵州——贵州旅游经济发展研究》（2010 年北方文艺出版社出版）等论著；并向中共中央统战部、中共贵州省委统战部以及贵州省政协提交有关西部人才建设、产业园区建设、茶产业发展、循环经济、环保能源、民营医院管理、新农村建设、三农问题、社会老年问题等方面的调研报告、社情民意信息、政协大会发言、政协提案等 80 多篇。其中，多个社情民意信息或建议被中央及地方采用，得到相关部门及领导的重视；多篇调研报告及提案在农工党中央《调研报告摘报》、贵州省政协《省政协大会发言》等刊物上刊登，2009 年林光进撰写的《建议对民营医院要合理配置加强监管》被中共中央统战部采用，并受到中共中央统战部的表扬；2010 年林光进撰写的《关于贵州省民营医院管理现状及发展对策的调研报告》，在农工党中央《调研报告摘报》2010 年第 13 期上刊登，此调研报告不仅被农工党中央采用，还荣获“农工党中央 2010 年优秀调研报告三等奖”；《关于有效治理贵州两湖一库水污染的建议》受到贵州省委常委、贵阳市委李军书记的重视；《完善养老保障制度建设 科学规划老年事业发展》等多篇文章在《贵州日报》《贵州政协报》《贵阳晚报》等报刊刊登，受到媒体广泛关注。2014 年 12 月林光进所撰写的《推进我省茶产业快速发展的调研报告》被中共贵州省委政策研究室、贵州省茶产业发展联席会议办公室评为优秀调研报告。林光进也先后多次获得中共中央统战部“优秀党外知识分子建言献策信息员”、农工党中央“优秀调研报告”撰稿人及省政协“为我省政协工作作出了积极贡献”等表彰。

作为民营企业家，林光进董事长不忘为国家和人民尽一份社会责任，积极参加社会公益事业。1995 年就为邓小平家乡捐款建希望小学；为改变贵州农村农民生活状况，积极参与开展社会服务工作，多次赴毕节地区大方县，安顺地区普定、紫云县，铜仁地区江口、松桃、德江等地开展考察、调研及帮扶工作；先后向贵州山区学校、贫困孩子、留守儿童、凝冻灾区、旱灾地区、新农合困难参合人员、贵州省红十字会、贵州地方建设，“台湾风灾”受灾地区，四川地震灾区捐款、捐物；以及免费为下岗职工体检，为困难职工免费手术等共计花费数百万元；公司以龙头企业为平台，帮助黔南二十多个村几百户农民脱贫，有力助推产业精准扶贫战略。为此，林光进先生先后荣获中国农工民主党中央委员会“抗震救灾优秀党员”荣誉称号、农工党贵州省委“2007 至 2008 年度中国农工民主党贵州省社会服务先进个人”荣誉称号和被农工党贵州省委评为“纪念中国农工民主党建党 80 周年先进个人”及贵州省红十字会授予的“人道、博爱、奉献”等中央及地方的多项荣誉称号及表彰；2014 年 8 月，林光进被“品牌中国人物”年度组委会评为 2014 贵州十大品牌人物。

林光进研究员认为，为加速贵州省科技创新体系建设，构筑和完善科技孵化体系，促进科技成果转化和高新技术产业化，推动科技与经济的有效结合，培育新的经济增长点，提出了如下加速贵州省科技企业孵化器建设与发展的建议：

（1）贵州省科技企业孵化器建设的总体目标是：通过政府引导，整合社会资源，提高我省现有孵化器的服务功能与服务水平；建立面向各项贵州省科技企业孵化器建的专业孵化器群和面向区域经济的特色产业孵化器群。重点建设公共建设配套支撑服务体系，积极推进科技成果转化和产业化，为高新技术企业提供先进、开放、配套的技术支撑平台，为高新技术企业营造良好的基础发展环境；围绕创新、创业，提供优良的服务。帮助在孵高新技术企业提高技术水平、管理能力和综合素质；结合贵州省经济发展和产业布局，充分运用风险投资机制，培养一批高新技术企业，加大科技对经济发展的贡献。

（2）主要措施：一是省主管部门设立支持孵化器建设和发展的引导资金，重点支持符合贵州省孵化器建设总体布局和与贵州省重点支柱产业结合紧密的孵化器公共服务平台、信息网络等共享设施的建设。统筹科技资金，集中财力对孵化能力强、政策鼓励范围内的孵化器给予重点资金支持。对经省有关部门认定和年度考核合格的孵化器，三年内给予税收扶持政策。设立省科技企业孵化器贷款担保代偿金，在孵化企业发生还贷风险时，可由省有关部门给予部分风险代偿补贴。二是符合总体布局要求并经专家论证通过的新建孵化器，省级共建，即在省、市政府对孵化器予以政策和资金支持的基础上，省科技主管部门给予一定的启动资金的支持。三是经认定的省级孵化器，省科技主管部门赋予其对在孵企业申报省科技发展计划的初审受理权。同时对于在孵企业中申报的项目，同等条件下优先考虑立项。对于在孵企业获得国家有关计划资助的，优先予以匹配资助。四是孵化器内的在孵企业经认定可享受贵州省高新技术有关优惠政策；孵化器内的软件企业经认定可享受贵州省软件企业有关优惠政策。五是孵化器通过各种形式，定期发布在孵企业优秀项目，吸引金融资本进入，帮助在孵企业畅通融资渠道。在孵企业经省科技主管部门择优对其承担的科技项目予以支持，并帮助协调投融资和信贷支持。要引导研究院所、高校、相关企业、跨国公司的技术中心或实验室进驻孵化器，形成先进的技术开发、实验和检测平台，帮助高新技术企业提高在技术研究和开发方面的创新能力，降低开发成本。六是省孵化器通过行业协会，加强孵化器行业自律，定期举办孵化器行业发展论坛，促进孵化器经验与信息交流、合作与发展。充分利用贵州省高校及科研院所的优势，组织对孵化器经营管理人才的培训，提高其管理水平。启动贵州省孵化器综合服务信息网络的建设，形成综合服务信息网络，以信息化促进孵化器快速发展，建立孵化器和相关服务网页，为孵化企业提供便捷的信息服务，把孵化器建成产业信息平台，正在建立新基建、智慧农业、消费者平台、区块链，将有力地推动贵州省茶产业，以及农业产业的发展。

2. 袁建华（贵州南方茶叶有限公司总经理）高级（一级）评茶师和高级工程师

(1)“茶者，南方之嘉木也（《茶经》）”，“采得仙茶八株”（吴理真），这就是“南方采仙”著名商标名称的出处。“南方采仙”经过袁建华 26 年来的潜心打造，由一个不知名的品牌，勇夺世界绿茶最高奖项，实现二连冠，为国争光，成为为贵州茶产业争光的知名企业[①]。

(2) 袁建华认为，贵州高海拔、低纬度、寡日照、无污染的自然条件下，自古出好茶，加之现在贵州省政府对贵州茶产业的高度重视，助推了全省各地区名优好茶的发展。在 2004 年贵州省贵阳市举办的“南明斗茶会”，“南方采仙”翠芽茶荣获了唯一的“三星奖”，“南方采仙”毛尖茶获得“优质奖”；2007 年，贵州省茶叶协会组织推荐贵州名优茶、参加由中国茶叶流通协会组办的日本世界绿茶大赛中国选区“南天玉叶”杯全国名优茶大赛，茶协会推荐了“湄潭翠芽”、“都匀毛尖”、“云雾贡茶”、“石阡苔茶”、“南方采仙”翠芽、“南方采仙”毛尖等贵州绿茶参加此次大赛。全国茶叶专家云集在河南信阳，对中国名优茶进行积分制评比，“南方采仙”

① 马贤惠：《贵州茶叶产业的开发与应用》，贵州科技出版社，1996。

翠芽取得高分脱颖而出，荣获了“蓝天玉叶”杯金奖，“南方采仙”毛尖荣获了银奖。“南方采仙”翠芽因获得金奖，取得了 2007 年参加日本第一届世界绿茶大赛的资格，被中国茶叶流通协会送往日本静冈代表中国绿茶参赛。此次大赛全世界共有 179 个国家参加，共 273 个茶参加评比。第一届世界绿茶大赛由中国专家、日本专家、印度专家等各国绿茶专家组成的专家组对来自全世界产茶各国的绿茶进行打分制评比，大赛评选的茶叶都是各个国家选送的名优茶，规模之高可想而知。在此次大赛中，“南方采仙”翠芽脱颖而出，获得专家们的一致好评，给专家们留下深刻的印象，最终以最高分荣获了世界绿茶金奖，使贵州绿茶登上了世界的领奖台上。世界绿茶评比专家组给予“南方采仙”翠芽最高评语：“‘南方采仙’翠芽茶外形均整，色泽翠绿鲜亮，汤色碧绿透明，清香浓郁，滋味甘醇，经久耐泡，是绿茶中的精品。”能从 179 个国家的评选中得到如此高度的赞扬，为贵州绿茶飘香世界争得了最高荣誉，为中国绿茶站到世界最高领奖台争得了一席之位。在“南方采仙”翠芽茶取得世界第一届绿茶大赛金奖后，时隔三年又在 2010 年第二届日本世界绿茶大赛上荣获了最高奖，实现了二连冠，让世界茶专家刮目相看。

(3) 贵州“南方采仙”翠芽茶从选择种植区域、种植土壤的结构到选种、加工都有着科学的生产加工技术执行标准。首先，在区域海拔较高、生态环境良好、土壤结构无污染的地区科学规划种植；其次，土壤的锌、硒含量较高，对此，贵州南方茶叶有限公司经过多年研究，如何使该茶氨基酸含量高、口感鲜爽，从而达到有利于人体健康，在采摘时间上严格按照企业标准执行；最后，在加工过程中根据茶叶的情况，严格控制火温，使其从色泽和口感上都优于西湖龙井。在此次日本世界绿茶大赛中，浙江狮牌西湖龙井荣获了银奖。而我们贵州绿茶——“南方采仙”翠芽连续两届荣获最高奖项，就不难得知，“南方采仙”茶掌门人袁建华对茶叶的开发创新研究的独到之处。继贵州都匀毛尖茶在 1915 年巴拿马博览会上荣获金奖后，2007 年和 2010 年“南方采仙”翠芽茶连续两届在世界绿茶大赛中荣获金奖，实现世界名优茶高规格比赛二连冠。“南方采仙”茶为贵州绿茶作出了突出的贡献，也展现了“南方采仙”茶的风采，更彰显和证明了贵州绿茶的优秀品质，成为贵州茶产业走向世界亮丽的风景线和标杆。贵州茶产业的发展离不开政府政策的支持和茶协会的组织指导协调，体现了政府搭台、企业唱戏、专家创新的和谐完美的“三结合”。

(4) 贵州南方茶叶有限公司创建于 1988 年，公司总经理袁建华率先在贵州经济转型时期创建了贵阳市最早的茶叶民营企业之一。一是 1991 年公司注册了“南方采仙”商标，20 多年全身心致力于茶产业的发展，积极参加全国和省内外茶叶学术会议和企业活动，广交茶叶专家和企业朋友，加深对茶叶市场发展的研究，提升自己的茶叶专业知识和企业管理水平。二是每年深入到全省产茶地区和产茶重点县，对贵州特色的富硒（锌）优质绿茶、地区名优品种，有机绿茶的生产与加工等问题进行调查研究，不断总结经验，促进企业发展。三是树立“质量为先，诚信为本，服务至上”的企业文化理念，探索“公司＋基地＋茶农＋销售＝茶文化”的经营模式。功夫不负有心人，1996 年“南方采仙”由原来的单一产品发展为有自主知识产权的“南方采仙”系列茶，被贵州省工商行政管理局多次评为贵州省著名商标。同时，也被评为全国茶叶知名品牌。2004 年，公司荣获“全国茶叶行业质量、信誉双保险示范单位”，成为中国茶叶流通协会会员单位、贵州茶叶协会常务理事单位。袁建华担任贵州茶叶商会秘书长、贵州省投融资促进会常务理事、贵州省技术经济学会副秘书长、贵州省农业工程学会常务理事。2012 年和 2014 年先后被评定为高级（一级）评茶师和高级工程师。

（5）贵州南方茶叶有限公司经过不断的建设和发展，现已拥有国家高级评茶师 1 名、评茶员 2 名、中级茶艺师 2 名、茶技师 1 名。经营品种由最初的 5 个发展到现在的几十个。公司牢固树立“质量为先，诚信为本，服务至上”的企业文化理念，探索“公司＋基地＋茶农＋销售＝茶文化”的经营模式，不断发扬光大“南方采仙”成为中国名牌及世界名牌的优势，生产高产、优质、高效、生态、安全的黔茶产品，为广大消费者的需求服务，为贵州茶产业的加快发展作出贡献。

3. 熊师辉（贵州源之素旅游产业开发有限公司法人代表，高级工程师）

（1）贵州源之素旅游产业开发有限公司于 2013 年创办，注册资金 3 000 万元。公司成立以来，一是树立“诚信、高效、务实、奉献”的公司精神和“产品开发、铸就品牌、优质服务、赢得市场”的经营理念，以“做大做强贵州本土文化”为方向，以“开发贵州生态旅游业和贵州特色农产品”为依托，以“奉献社会，回报大众”为目标，积极为发展和繁荣贵州地方经济作出更大的贡献。二是公司发挥在旅游地产、旅游景区、特色医疗研究院、碳减排项目上进行碳核证、碳排查、节能评估、能源审计等优势，不仅成立了具有贵州特色的健康、生态、环保产业开发公司，促进了企业健康发展，而且拥有从事旅游景区投资与开发、旅游商品研发与销售、旅游文化产业咨询服务、农副土特产经营、生态产品研发、民族文化产业开发、健康养老产业开发等业务的 4 家子公司。三是公司重视自身技术队伍的建设，现有博士 2 人、硕士 5 人、大学学历人员 20 人、中专学历人员 10 人、各类专业技术人员 20 人。

四是公司以“黔茶国红、黔饮国翠、一片树叶的故事、一尖湄、壮红飞”为品牌的绿茶、红茶、白茶为主的系列产品，于2014年获得贵州最具公众影响力“五张名片”杰出品牌称号。公司还发挥贵州有机生态环境的优势，生产了“御贡金穗品牌”有机大米，以及开发了生态有机养殖产业，生产了“贵山虫草鸡”等系列产品。五是公司生产的“黔茶国红品牌”红茶，不仅作为2014年第17届亚洲运动会国礼茶，而且是第53届（2015年）世界乒乓球锦标赛指定用茶。六是公司下属的贵州源之素金沙三丈水生态产业公司是毕节市市级龙头企业，2014年已申报贵州省龙头企业。

(2) 贵州源之素旅游产业开发有限公司领军人物——熊师辉，男，民革党员，贵州源之素旅游产业开发有限公司法人代表，高级工程师，民革贵州省委黔台两地杰出青年经贸合作产业示范园主任。从事和主持贵州省旅游产业规划、生态农业开发规划、景区景点的规划设计与产业策划80多项，自主创建贵州源之素旅游产业开发有限公司，拥有生态有机茶园2万亩，自主品牌7个。贵州源之素旅游产业开发有限公司在熊师辉的带领下，与时俱进，经过十多年的建设和发展，不仅拥有都匀市“中国东方斗牛城”（面积达3 000亩）、岑巩县“金坛生态度假湾旅游区”（面积达400亩）、金沙县后山古镇有机茶园（种植面积上万亩）、湄潭县“中国茶海”1万亩的茶园开发权和经营权，同时，公司还与国内外多家企业和财团建立了战略合作伙伴关系，坚持“政府主导，行业主管、企业主体”的基本原则，着力打造公司成为贵州名优茶开发的楷模①。

四、贵州民营科技企业发展环境优化及特色产业发展展望

“十二五”以来，特别是贵州省出台《贵州省民营经济倍增计划》和《贵州省提高民营经济比重五年行动计划》以来，全省民营科技企业以三年倍增和提高比重为目标，呈现出发展环境不断优化，特色产业不断创新的发展态势。

（一）民营科技企业发展环境优化

1. 倍增计划提出创新发展思路，优化发展机制

一是以加快转变民营经济发展方式为主线，紧紧围绕加速发展、加快转型、推

① 马贤惠：《贵州省茶产业发展研究》，贵州大学出版社，2015。

动跨越的总体思路，以民营经济发展倍增为目标，创新发展思路，优化发展机制，提升服务环境，不断壮大民营经济规模，提高民营科技企业的综合竞争力和可持续发展能力，增强民营经济成为全省和地方经济社会发展的主体力量。

二是倍增发展具体目标：(1) 主体倍增。到 2013 年年底，全省民营企业超过 15 万户，个体工商户超过 129 万户，注册资本达到 4 000 亿元。(2) 总量倍增。全省民营经济年均增速超过 26%，实现增加值 3 200 亿元，占全省生产总值的比重提高到 40%。(3) 就业倍增。全省民营经济新增就业人员 30 万人，占全省的比重提高到 70%。(4) 创新能力倍增。全省民营企业拥有国家级、省级企业技术中心 70 个以上。

三是产业发展重点：(1) 能源产业。到 2013 年年底，围绕将贵州省建成国家重要能源基地的目标，累计完成投资 900 亿元，实现总产值 1 000 亿元。其中，煤炭实现总产值 800 亿元、电力实现总产值 50 亿元。(2) 原材料工业。围绕将贵州省建成国家资源深加工基地的目标，累计完成投资 900 亿元，实现总产值 1 500 亿元。其中，化工实现总产值 500 亿元、冶金实现总产值 300 亿元、建材实现总产值 300 亿元。(3) 新兴产业。围绕将贵州省建成国家重要战略性新兴产业基地的目标，累计完成投资 125 亿元，实现总产值 140 亿元。其中，新材料实现总产值 36 亿元、先进制造业实现总产值 38 亿元、电子及新一代信息技术实现总产值 22 亿元。(4) 民族制药。到 2013 年年底围绕发展民族制药等特色优势产业，累计完成投资 200 亿元，实现总产值 600 亿元。其中，民族制药实现总产值 300 亿元、特色食品实现总产值 250 亿元。(5) 其他产业重点(略)。

2. 五年行动计划提出提高民营经济在全省经济中的比重，发挥民营经济支撑作用[①]

一是着力培育和壮大市场主体，优化发展环境，推动民营经济比重不断提高，到 2017 年，民营经济占全省生产总值比重达到 55%，呈现活力增强、规模扩大、产业提升、效益显著、贡献突出的良好局面。

二是倍增提高比重的发展目标：(1) 民营经济增加值有较大突破。到 2017 年，民营经济增加值突破 8 250 亿元，力争达到 9 000 亿元。(2) 市场主体有较大突破。到 2017 年，民营经济市场主体突破 330 万户，力争达到 350 万户。(3) 注册资金有较大突破。到 2017 年，注册资金突破 10 000 亿元，力争达到 12 000 亿

① 贵州省人民政府：《贵州省提高民营经济比重五年行动计划》，2013 年 8 月 1 日。

元。(4) 全社会民间投资有较大突破。到 2017 年，全社会民间投资全社会民间投资总额突破 10 000 亿元，力争达到 12 000 亿元。(5) 新增就业有较大突破。到 2017 年，民营经济年新增就业突破 100 万人，力争达到 110 万人。

三是基本原则：(1) 坚持解放思想、创新发展。冲破传统观念障碍，突破利益固化藩篱，推进体制创新、管理创新，更好地发挥市场机制作用，为民营经济最大限度地释放改革开放的伟力。(2) 坚持分类指导、分级推进。注重培养大型企业。着重壮大中型企业，促进小型企业上规模，扶持微型企业发展，推动全民创业，壮大市场主体，做大经济总量，加快转型升级。(3) 坚持集群发展、专精特新。鼓励民营企业集群集约，走具有贵州特色和产业优势的专、精、特、新发展道路。(4) 坚持优化环境、主体自强。转化政府职能，提高服务效能，优化发展环境，增强民营市场主体现代管理意识、市场开拓意识、诚信经营意识，促进创新发展，不断提高整体竞争力。

（二）民营科技特色产业发展展望

1. 贵州省民营IT企业发展实力逐渐增强

一是 IT 企业实力逐渐增强。“十二五”以来，在贵州大数据产业不断发展的背景下，民营 IT 企业在许多方面的实力逐渐增强。根据《贵州科技统计年鉴》，2009—2011 年全省规模以上民营科技企业年末从业人员分别为 32 508 人、37 529 人和 37 016 人，其中民营 IT 企业从业人员分别为 724 人、360 人和 511 人。同期，全省规模以上民营科技企业总收入分别为 1 332 868.7 万元、1 512 675 万元和 1 703 585.3 万元，其中民营 IT 企业总收入分别为 17 916 万元、7 603.9 万元和 12 479.6 万元。表明贵州省民营 IT 企业发展呈现上升趋势[①]。

二是 IT 企业技术创新能力逐渐提升。IT 企业本科以上学历从业人员由 2009 年的 138 人上升到 2013 年的 530 人，中级以上职称从业人员由 2009 年的 21 人上升到 2013 年的 176 人，企业从业人员的文化水平和专业素质逐渐提升。同期，企业 R&D 的经费投入由 2009 年的 102.6 万元上升到 2013 年的 2 372.8 万元，提升了 20 多倍。企业对外技术引进和改造支出逐年增加，2013 年达到 136.2 万元，加快了 IT 企业技术创新能力的逐渐提升。

① 贵州省科学技术厅(贵州省知识产权局)、贵州省统计局:《贵州科技统计年鉴(2014)》，贵州科技出版社，2014。

三是预测表明，在贵州大数据产业不断发展的背景下，IT 企业将拥有更大的发展空间和更广阔的发展平台。随着企业规模的扩大，预计企业的总产值和总资产将以 20% 的速度增长，企业的知名度和净利润也将有大幅度的提高。全省和地区民营经济企业以中小企业为主、实力较弱的现状将随着优秀企业及专业人才的进入而发生改变，预计规模以上民营 IT 企业数量将不断增加。预计“十四五”期间，全省和地区 IT 企业通过对硬实力的提升和软实力的打造，企业总体收入增长率将达到 50%，企业的知名品牌数量也将不断增加。

2. 贵州新医药大健康产业发展呈现鲜明特色

一是《贵州省关于加快推进新医药产业发展的指导意见》与《贵州省新医药产业发展规划（2014—2017 年）》[①]，根据全省各地中药材资源分布情况，将在 38 个中药材资源丰富的县（市、区）打造规范种植及良种繁育的规范性、现代化的药材基地。目前，以贵州苗药为代表的具有自主知识产权的民族医药独家品种 154 个，占全省药品品种总数 16%。“十二五”以来，全省新医药产业通过龙头企业示范效应，不仅各中药、化学药、生物制药、保健品、民族药等领域的中小企业都在研发、孵化与生产方面加大投入，而且贵阳益佰医药工业园、乌当医药产业园、修文医药产业园、龙里医药产业园等已逐渐呈现出现代医药研发与制造的集群效应。

二是《贵州省国民经济和社会发展第十三个五年规划纲要》提出，大力发展大健康产业，促进人口均衡的发展。通过构建大健康养生产业体系，做大健康养生产业，大力发展休闲养生、滋补养生、康体养生、温泉养生等业态。加强大健康养生产业发展平台建设，着力打造一批大健康医药产业示范区，规划建设一批大健康医药产业基地，争取国家将我省列为国家大健康医药产业示范区。到 2020 年，打造和形成具有贵州特色、布局合理、创新力强的“医、养、健、管、食”的大健康产业体系，建成全省和地方“一核一带四区多点”的大健康产业发展布局。同时，实现贵州大健康产业发展能力、创新能力、融合能力、脱贫带动力、综合实力显著增强，发展水平走在全国前列的总体目标。在产业规模上，全省大健康产业增加值突破 1 800 亿元；年产值 100 亿元的企业 1 家、50 亿元的企业 5 家、30 亿元的企业 10 家以上。建成国家级大健康产业研发创新平台 5 个、省级大健康产业示范集聚区 30 个和示范区（县、市）20 个。在产业特色上，形成一批在智慧健康、康养

① 贵州省人民政府：《贵州省关于加快推进新医药产业发展的指导意见》《贵州省新医药产业发展规划（2014—2017 年）》，2014。

旅游、健康运动、医养结合等领域，具有知名品牌和创新技术，在国内外具有市场竞争力和比较优势的领先企业。

五、民营科技企业发展模式及科技企业孵化器发展思考

贵州民营科技企业“十一五”以来，随着全省和地区企业发展环境不断优化，在民营科技企业的创业和发展过程中，形成了三种不同的发展模式和不同的路径供企业进行选择。同时，科技企业孵化器潜在的巨大市场需求和发展前景，引起企业对打造科技孵化器的广泛关注和思考。

（一）民营科技企业发展模式

1. 研发驱动型的发展模式

一是，该模式立足于本地区丰富的科技资源，通过将专家研发智力成果演变为市场化导向的科技成果，再逐渐演变为高科技中小企业运用的科技成果，最后进而发展为高科技大企业的科技成果。二是，该模式的突出特点最初是由众多的民营科技企业的科技人员“下海”开始，凭借科技人员拥有和发挥丰富的科技教育资源，科技创新能力比较强的优势，同时企业就是以市场导向与技术牵引相结合，长期坚持自主研发与自主创新，依靠自己研发的新技术、新产品和新工艺占领市场、开拓市场，取得竞争优势，不断发展和壮大自身的科技企业。三是，采用研发驱动型发展模式的企业，其研发投入强度一般在 5% 以上，有的甚至 10% 以上。四是，研发驱动型的发展模式在欠发达地区的企业中应用数量偏少，具有普遍推广的实践意义。例如贵阳市民营科技企业大多采用这种发展模式。但由于在政策环境、资金融通、创业文化、中介服务体系建设等方面的亟待加强，企业的资金融通渠道亟待拓宽、政策扶持力度亟待加大、市场服务体系亟待健全和企业管理体制亟待完善。

2. 市场驱动型的发展模式

一是该模式在本地区科技资源短缺的情况下，借助发展环境和市场机制的优势，吸引地区内外的科技人才和推广应用科技成果，实现发展民营科技企业的战略目标。二是采用市场驱动型发展模式的企业，不仅有较强的研发力量和新技术、新产品、新工艺等，而且企业通过市场的“贸工技”或“技工贸”二者之间的有机结合，提升和加强了企业对民营企业机制与市场经营理念的认识和提高。三是在市

场驱动的前提下，企业积极探索促进民营经济发展的新路径和新方法，通过地区部门加强政策引导，完善体制机制，健全服务体系，为地区民营经济企业特别是民营科技企业创业、发展打造一个良好的平台。四是研究表明，由于市场的驱动和企业发展的需要，凡研发投入占市场产品销售收入 1% 以下的企业，是比较难以生存的企业；研发投入占 2% 的企业只能是勉强维持生存的企业；只有当研发投入占市场产品销售收入超过 5% 的企业，才是具有一定发展前途的企业。

3. 资本驱动型的发展模式

一是，对于从事传统产业和产品生产的民营企业而言，企业在发展过程中经过不断地生产经营和在资本集聚的基础上，通过产品市场的拉动和资本集聚的直接拉动，促进和加快企业大力实施技术改造和产业升级，进而实现向科技型企业的转化。二是，民营科技企业在发展中一个普遍面临的共性问题是寻求资本积累。融资难的症结在于企业诚信体系不完善，由于企业的诚信得不到证明，所以银行自然就不敢放款。民营科技企业融资渠道不畅，不仅在较大程度上延缓了企业资本驱动作用的发挥，而且成为企业规模化发展的瓶颈。三是，为寻求资本的积累和发挥资本的驱动作用，民营科技企业应通过建立企业的信用信息库，将企业信息与工商、税务、法院、检察院对单位和部门的信息定期在网上发布，作为金融机构资信评估、提供担保、发放贷款的重要依据。并通过扩大信用信息库的涵盖范围，打造成为企业的信息平台，进一步发挥企业资本的驱动作用。

总之，民营科技企业经过不断的发展，特别是在抵抗金融危机的过程中，很多企业的“掌门人”已经认识和强化了对研发驱动、市场驱动和资本驱动的重要性，一方面加快转变发展方式，把技术创新放在企业发展模式最主要的位置；另一方面，根据企业科技发展的实际情况，对以上三种不同的发展模式进行了合理选择。

（二）科技企业孵化器发展思考[①]

1. 科技企业孵化器的运营特点

科技企业孵化器是一种新型的创业服务组织，通过为新创企业提供基础设施、技术服务和管理服务等支持，帮助新创企业创业成功。由于科技企业孵化器潜在的巨大市场需求和产业化前景引起我省和地区民营经济企业的广泛关注，出现了一批由企业或民间组织投资创办的民营科技企业孵化器。孵化器的运营特

---

① 林光进、肖进源：《贵州民营科技孵化器发展研究》，贵州人民出版社，2007。

点：一是投资主体多元化。除以民营科技企业为主的投资主体外，还可以是生产企业、高等院校、科研机构、民间组织以及国外资本等参与构成。二是民营科技企业孵化器具有较为严格的企业制度，包括明确的产权主体和经营管理主体，以及孵化器的战略制定、管理团队、组织机构和激励约束机制。三是孵化器的企业性质决定了实现企业价值最大化作为孵化器的出发点，是为企业提供创业服务，帮助其创业成功，实现其自身的价值增值。四是孵化器创新功能成功与否，取决于企业能否具有创新的内在驱动力。打造民营科技企业孵化器，企业除着眼于当地市场，选择一批熟悉当地市场和社会文化的经营管理人才，以及提高企业孵化器的成功率外，还应鼓励和发挥员工的积极性，建立和形成创新的企业文化，降低和减少孵化企业的创新风险。

2. 科技企业孵化器认识上的误区

我国的科技企业孵化器事业始于 1987 年，30 多年来，全国各地成立了各种类型的科技企业孵化器。在国家科技部及相关部门以及各省、市、区科技部门的支持帮助下，把科技企业孵化器纳入科技发展规划，全国（包括国家高新技术创新服务中心、大学科技园、留学人员创业园、国家火炬计划软件园）建成各种类型的孵化器 1 500 余个，如我省启动了农业科技企业孵化器建设工程、贵阳高新技术开发区为中心的科技孵化器密集区等，逐步形成满足社会需求的孵化器网络系统。但由于对孵化器的科学内涵缺乏正确的理解，一些地区和单位在实际的操作中尚存在认识上的误区，直接影响着科技企业孵化器的健康发展。

一是错误地认为任何机构和组织都可以称为孵化器。真正意义上的科技企业孵化器，不是自封的，也不是专门界定的，而是需要政府有关部门认定的。一方面，科技企业孵化器不仅本身要按照市场经济规律运行，而且在孵化器企业要创造一个符合市场经济规律的发展环境，这是科技企业孵化器发展的方向和宗旨。另一方面，科技企业孵化器的建设需要一定的内部和外部发展条件。前者包括孵化场地、公共服务设施、孵化管理队伍、孵化资金等。后者包括基础设施、人才交流、社会保障、示范效应等。

二是错误地认为孵化器是风险投资机构。风险投资机构的设立是在寻求风险投资上资金的支持和帮助。而科技企业孵化器不是典型意义上的风险投资机构，除具有风险投资的支持手段和途径外，还要有其他的业务功能。前者以风险投资的资本方式培育企业，而后者则注重企业的创业基础、发展环境和提供服务，并对入驻企业的资金进行支持。所以，二者的业务功能、主要作用、价值取向等都是有很大区别的。

三是错误地认为无论什么部门都可以通过孵化器招商引资。科技企业孵化器的建设和运作良好，无疑能推动和促进地区的招商引资工作。但科技企业孵化器的本质是招商引智，而不是一般意义上的招商引资。国家对孵化器的评价主要是科技成果的绩效、财务上能独立生存的在孵企业数量、能够独立走向市场拥有自身产品的毕业企业数量等。如果把合同利用外资、实际到位外资、外资项目数量等作为对孵化器的考核要求，那么企业管理者实际上就偏离了孵化器建设的目标和宗旨。

四是错误地认为对孵化器可以进行多头管理。虽然投资多元化、形式多样化是孵化器发展的必然趋势，孵化器可以有各种投资主体、各种形式和各种规模，采用不同的管理模式，但从政府宏观管理要求上讲，就不能进行多头管理。孵化器科技成果的转化、科技计划的组织、科技项目的评审、科技企业孵化器的认定、科技公共服务平台的建设等是专业性、政策性、连续性都很强的管理工作，只能有一个牵头管理部门，不能什么部门都可以来管。

产生以上这些认识上误区的原因，主要是对孵化器的科学内涵缺乏正确的理解，在实际操作中还有一些误区，如错误地把科技企业孵化器当作安排人员的好去处和作为“形象、政绩工程”，以及把一般的培训中心当作是孵化器等。所以，只有纠正和防止这些错误认识的产生，才能进一步促进科技企业孵化器事业的健康发展。

3. 科技企业孵化器发展的思考

为深入贯彻落实《中共中央 国务院关于加强技术创新、发展高科技、实现产业化的决定》和《中华人民共和国国民经济和社会发展第十三个五年规划纲要》，进一步加强孵化器建设，大力促进科技成果转化和产业化，努力培育新兴科技企业和新的经济增长点，对科技企业孵化器发展提出如下思考：

一是大力发展科技企业孵化器，为科技人员提供更加广阔的舞台。建议在根据我省《国民经济和社会发展第十三个五年规划纲要》目标要求的基础上，加大引进和扶持力度，促进全省和地区科技企业孵化器数量增加和质量提高，积极支持国家在我省高新技术产业开发区和国家火炬计划软件园等示范性孵化器建设。同时全省和地区结合当地发展实际，把推进孵化器建设纳入国民经济和社会发展规划重要内容，打造和形成能够不断满足全省和地区社会经济和科技创业需求的孵化器网络体系，为科技人员提供更加广阔的舞台。

二是在统筹规划的基础上，推进专业性孵化器建设。目前，全国已有一批专业性孵化器开始运行，包括已建立的软件企业孵化器、集成电路设计企业孵化器、光电信息技术企业孵化器等。实践证明，这些专业性孵化器对促进相关建设领域的成果转化、企业培育、产业发展发挥了重要作用。建议我省和地区在“十三五”统筹规划的基础上，具有一定科技实力的大中城市，选择人才、技术产业基础较好的单位和企业至少建立一个综合性孵化器，推动建立软件、集成电路设计、新材料、光电子、生物医药等各个领域的专业性孵化器建设。

三是加大支持力度，对孵化器建设提供支持。除省的有关部门要加大对各类孵化器公共服务条件建设的支持力度外，各个地区也要采取切实措施，从政策、资金等各个方面对孵化器建设提供支持。一方面，通过发挥各级政府部门的导向作用，大力促进企业、高等院校、科研单位、金融投资机构的结合，积极引导社会力量参与孵化器的投资、建设和管理。另一方面，把孵化器建设成为转化科技成果的基地、培养创新创业人才的学校，不断为全省和地区培养输送更多的具有良好素质的孵化器管理人才、新型企业家，以及具有发展地区特色产业和产品的中小科技企业。

四是加强资源整合，因地制宜地建设孵化器。建立孵化器的根本目的，是为科技成果转化、科技人员创新创业营造环境，提供平台。全省各地在推进孵化器建设的过程中，要紧紧把握好这个根本目标，因地制宜，量力而行。建议全省各地把孵化器建设在高新技术产业开发区或经济技术开发区，通过统筹规划、合理利用当地高等院校、科研机构、企业中的技术开发条件和试验设施，注意节约开发。对于孵化成功后进入社会的企业，还要充分发挥生产力促进中心等中小企业中介服务机构的作用，继续为它们成长壮大提供帮助。

五是加强宏观指导，发挥科技人员的创新积极性。科技企业孵化器离不开各级政府部门的正确引导和支持。建议各级政府部门进一步加强宏观指导，把转化科技成果、培育高新技术企业、培养创新创业人才作为孵化器的中心任务。选调政治觉悟高、创新和服务意识强、富于敬业精神的优秀干部从事孵化器管理和服务工作。要坚持按市场化要求建设和发展孵化器，通过企业化或事业化的运作方式，不断强化服务功能，提高服务质量和效率。同时要按照兼顾国家、集体和个人利益的原则，正确处理分配关系，积极探索新的分配机制和分配形式，充分调动和发挥科技人员的创新积极性。

六是大力推进我省孵化器建设，为全面建成小康社会贡献力量。各类孵化器不仅具有共同的功能定位和发展方向，而且也具有各自的服务特色和资源优势。

所以，要积极创造条件，通过加强各类孵化器之间的联系、交流与合作，促进优势互补和资源共享。大力推进全省和地区科技企业孵化器建设，加快和实现科技企业之间优势互补和资源共享。当前和今后一个时期全省和地区科技发展的一项重要任务，就是要切实采取措施，把建设孵化器的工作抓紧抓好，抓出成效。在推进各类孵化器信息交流，促进优势互补和资源共享的同时，为加快贵州科学技术事业的发展，为实现贵州经济社会跨越式发展，与全国同步全面建成小康社会的目标贡献更大的力量。

第八章　贵州民营经济综合发展研究

当前，以贯彻落实党的十八大、十八届三中全会和省委十一届四次、五次全会和习近平总书记系列重要讲话精神为指导，应用理论与实践、定性与定量、经济转型和产业升级相结合的研究方法，对有关贵州民营经济历史沿革；贵州与邻省市民营经济横向比较，发展上的差距和制约因素；贵州民营经济转型升级等问题展开研究，并针对当前我省民营经济发展中存在的问题，提出卓有成效的对策和建议，这对于“十四五”时期以及今后几年内，进一步促进和加快贵州省民营经济发展，具有十分重要的战略意义、理论价值和现实作用。

一、贵州民营经济发展的历史沿革和重要作用

（一）贵州民营经济发展的历史沿革

贵州是我国西部地区的一个省，也是全国主要的少数民族地区之一。贵州民营经济的发展，是在国家对所有制经济政策指导下进行的。贵州民营经济的历史沿革，可分为以下几个重要时期。

1. 从新中国成立初期到党的十一届三中全会之前

“一五”期间，经过“三大”改造，我国形成了以公有制经济为主，同时其他经济成分发挥补充作用的所有制格局。主要政策是“扶植、利用、限制”。1956 年之后，直至“文革”结束，由于受极“左”思想的影响，非公有制经济几乎荡然无存，政策上呈现“真空期”，致使所有制结构趋向单一，市场发展缺乏活力，给国民经济的发展带来极大的负面影响。到党的十一届三中全会之前，贵州与全国一样，在计划经济体制下，多种经济成分并存的所有制结构变成形式单一、决策集中、机制僵化的

单纯公有制经济模式，农业、手工业的个体生产经营活动被完全取缔，私营经济成为不能涉足的禁区。当时，全省城乡饮食服务网点屈指可数，供应品种单一，服务项目少，传统名点小吃几乎绝迹。

2. 从1978年至1992年，民营经济处于恢复成长期

党的十一届三中全会总结了过去制约经济发展的所有制结构问题的经验教训，运用邓小平社会主义初级阶段的理论，对所有制结构中各种经济成分进行了调整。从政策上允许个人（主要是个体经营）办企业，这是一次政策的重大突破。

邓小平在总结以往经验时指出："现在我们正在总结建国三十年的经验。总起来说，第一，不要离开现实和超越阶段采取一些'左'的办法，这样是搞不成社会主义的。我们过去就是吃'左'的亏。第二，不管你搞什么，一定要有利于发展生产力。①"正是邓小平以马克思主义者的理论胆略和无产阶级革命家的超凡勇气，率领全党认真总结新中国成立以来在所有制实践上正反两方面的经验，为确立"公有制为主体，多种所有制经济共同发展"的社会主义初级阶段的基本经济制度奠定了理论基础。1982 年 9 月，在中共十二大报告中明确提出鼓励个体经济的发展。

同年 12 月，五届全国人大五次会议通过的《中华人民共和国宪法》第十一条规定："在法律规定范围内的城乡劳动者个体经济，是社会主义公有制经济的补充。"

1984 年，《中共中央关于经济体制改革的决定》中第一次系统阐述了党在现阶段对发展个体经济的基本指导方针。据统计，1984 年贵州全省城乡共有个体工商户 196 443 户，从业人员 227 357 人，比 1983 年增加了 52 740 户、71 470 人。至此，全省非公有制经济开始了新的起步。

3. 1992年以来，民营经济处于迅速发展时期

1992 年初春，邓小平南方谈话冲破了长期困扰人们的关于姓"资"姓"社"问题的争论，提出了"三个有利于"的标准。凡符合"三个有利于"的所有制形式，无论是公有制经济还是非公有制经济，都应该得到发展，都应该利用它来为社会主义服务②。党的十四大进一步指出："在所有制结构上，以公有制包括全民所有制和集体所有制为主体，个体经济、私营经济、外资经济为补充，多种经济成分共同发展。"为全国个体、私营经济注入了巨大活力，出现了前所未有的发展势头。贵州省继

---

① 邓小平：《邓小平文选（第 3 卷）》，人民出版社，1993，第 243 页。

② 本书编写组：《十六大报告辅导读本》，人民出版社，2002，第 23 页。

1994 年颁布《关于加快发展非公有制经济发展的意见》后，1996 年又颁布了《关于进一步加快非公有制经济发展的决定》，使全省非公有制经济步入了快车道。1997 年，全省非公有制经济创造工业增加值 62.35 亿元，占全部工业增加值的 30.5%，非公有制经济工业增加值增幅在 26%～75% 之间，快于国有工业的增长速度。

4. 1998年以后，非公有制经济处于快速发展时期

党的十五大高举邓小平理论伟大旗帜，承前启后，继往开来，沿着邓小平理论指引的方向，在新世纪全面开创我国社会主义现代化建设的新局面。江泽民在党的十五大报告中明确提出，继续调整和完善所有制结构，进一步解放和发展生产力，是我国经济体制改革的重大任务，并郑重宣布把“公有制为主体、多种所有制经济共同发展”，作为我国社会主义初级阶段的一项基本经济制度加以确定下来，并长期坚持下去。这是我们党在总结新中国成立以来，特别是改革开放 20 多年来经验的基础上，作出的一项重大经济决策，为我国非公有制经济的发展和采取多种形式与国有经济合作提供了理论依据，进一步拓宽了非公有制发展的实践空间。

2000 年 2 月，江泽民在广东考察工作时提出“三个代表”的重要思想。党的十六大高举邓小平理论伟大旗帜，全面贯彻“三个代表”重要思想，继往开来，与时俱进，提出了在新世纪头 20 年全面建设小康社会，开创中国特色社会主义事业新局面的奋斗目标。江泽民在十六大报告中更加鲜明地指出：根据解放和发展生产力的要求，坚持和完善公有制为主体，多种所有制经济共同发展的基本经济制度。一是必须毫不动摇地巩固和发展公有制经济。二是必须毫不动摇鼓励、支持和引导非公有制经济发展。三是坚持公有制为主体，促进非公有制经济发展，统一于社会主义现代化建设的进程中，不能把这两者对立起来。各种所有制经济完全可以在市场竞争中发挥各自优势，相互促进，共同发展。十六届三中全会根据邓小平理论和“三个代表”重要思想，提出非公有制是促进我国社会生产力发展的重要力量，这是理论上的新发展。十届全国人大二次会议通过的《中华人民共和国宪法修正案》明确规定：“国家保护个体经济、私营经济等非公有制的合法的权利和利益。国家鼓励、支持和引导非公有制经济的发展，并对非公有制经济依法实行监督和管理”，“公民的合法的私有财产不受侵犯。国家依照法律规定保护公民的私有财产权和继承权。国家为了公共利益的需要，可以依照法律规定对公民的私有财产实行征收或者征用并给予补偿”①。2005 年 2 月 19 日，《国务院关于鼓励支持和引导

① 何家有：《公民合法的私有财产不受侵犯》，《贵州日报》2004 年 3 月 16 日。

个体私营等非公有制经济发展的若干意见》(国发〔2005〕3 号) 文件发布。

为贯彻落实国发〔2005〕3 号文件精神，充分发挥非公有制经济在贵州经济社会发展中的重要作用，贵州省人民政府发布了《关于贯彻国务院鼓励支持和引导个体私营等非公有制经济发展若干意见的意见》(黔府发〔2006〕14 号) 文件。这是改革开放以来贵州省最为全面最为系统的一部关于促进非公有制经济发展的政策性文件。文件的发布和实施，是贵州省非公有制经济发展重要的里程碑。到 2005 年年底，贵州非公有制经济在全省经济总量中的比例已达 27.8%；非公有制经济纳税占全省税收的三分之一以上，在全省新增税收中，非公有制经济贡献率接近 50%；非公有制经济新增就业岗位占全省新增就业岗位的 80%，而且每年都有数十万个新增就业劳动力从事非公有制经济工作。实践表明，加快发展非公有制经济，对实现贵州全面建设小康社会和加快社会主义现代化进程，具有重要的现实意义和重大战略意义。

2007 年 10 月 15 日，胡锦涛在党的第十七次全国代表大会上发表的题为《高举中国特色社会主义伟大旗帜，为夺取全面建设小康社会新胜利而奋斗》报告中强调指出：促进国民经济又好又快的发展，实现未来经济发展目标，关键要在加快转变经济发展方式、完善社会主义市场经济体制方面取得重大进展[①]。

公有制为主体、多种所有制经济共同发展，是我国社会主义初级阶段的基本经济制度。党的十七大报告再次重申了这一制度，强调要形成各种所有制经济平等竞争、相互促进的新格局。这就为优化我国所有制结构进一步指明了方向。一是要坚持公有制经济为主体，毫不动摇地巩固和发展公有制经济。要发挥国有经济在国民经济中的主导作用，促进社会主义市场经济健康发展。二是要毫不动摇地鼓励、支持、引导非公有制经济发展。个体、私营等非公有制经济是我国社会主义市场经济的有机组成部分，是我国重要的经济增长点，是提供新就业岗位的主要渠道，是满足全国人民不断增长的多样化的物质和文化生活需要的生力军，必须继续毫不动摇地鼓励、支持、引导它们健康发展。三是要坚持平等保护物权，形成各种所有制经济平等竞争、相互促进的新格局。四是推进集体企业改革，发展多种形式的集体经济、合作经济。

推进公平准入，改善融资条件，破除体制障碍，促进个体、私营经济和中小企

① 胡锦涛:《高举中国特色社会主义伟大旗帜，为夺取全面建设小康社会新胜利而奋斗——在中国共产党第十七次全国代表大会上的报告》，2007 年 10 月 15 日。

业发展。以现代产权制度为基础，发展混合所有制经济。为全面贯彻党的十七大精神，深入贯彻落实科学发展观，促进贵州非公有制经济又好又快发展，加快实现经济社会发展的历史性跨越。

2009 年 7 月 24 日，中共贵州省委、贵州省人民政府制定了《关于大力推进个体私营等非公有制经济又好又快发展的意见》（以下简称《意见》）。《意见》明确提出：到 2012 年，非公有制经济占全省生产总值的比重达到 40%，个体工商户超过 60 万户，私营企业超过 10 万户；到 2015 年，非公有制经济占全省生产总值的比重达到 45% 左右，个体工商户超过 80 万户，私营企业超过 20 万户；到 2020 年，非公有制经济占全省生产总值的比重达到 50%，个体工商户超过 100 万户，私营企业超过 40 万户[①]。《意见》强调，全省各级党委、政府要充分认识发展非公有制经济的重要性和紧迫性，牢固树立抓非公有制经济发展，进一步增强紧迫感、责任感和使命感，努力使贵州成为非公有制经济发展的沃土和企业家创业的乐园，促进全省非公有制经济的大发展。

2013 年 8 月，贵州省第十二届人民政府第 9 次常务会议专题研究部署和审议通过了《贵州省提高民营经济比重五年行动计划》，进一步强调积极发展个体私营等民营经济，有利于繁荣城乡经济，增加财政收入；有利于扩大社会就业，改善人民生活；有利于优化经济结构，促进经济发展，对全面建设小康社会和实现我省经济社会发展的历史性跨越具有重要意义。据统计，2013 年，贵州省私营企业、个体工商户数分别达到 19.55 万户、106.06 万户，同比增长了 35.84%、17.96%。民营经济注册资本达到 5 572 亿元，同比增长 46.95%。民营经济实现增加值 3 430 亿元，同比增长 31.92%；占全省生产总值的比重达到 43%，较上年提高 3 个百分点。全社会民间投资总额完成 5 000 亿元。民营经济年新增就业 60 万人。

（二）贵州民营经济发展的重要作用

改革开放以来，贵州民营经济从无到有，从小到大，从弱到强，经历了一个兴起和发展的过程。民营经济作为社会主义市场经济的重要组成部分，不仅成为新的经济增长点，财政收入的重要来源，而且成为解决就业与再就业的重要渠道，促进了国有企业的改革和产业结构的调整，在全省国民经济中发挥越来越重要的作

① 中共贵州省委、贵州省人民政府：《关于大力推进个体私营等非公有制经济又好又快发展的意见》，2009 年 7 月 24 日。

用，主要体现在以下方面：

1. 民营经济在国民经济发展中的作用

2001 年，贵州非国有工业总产值达 160.65 亿元（现价），占全省工业总产值的比重达 23.1%，分别比 1997 年增加 1.08 倍和 10.25 个百分点。2001 年年底，全省共有规模以上非国有经济工业企业 785 个，占全部规模以上工业企业单位数的比重为 38.2%。其中，集体企业 226 个，股份合作企业 68 个，外商及港、澳、台投资企业 76 个，私营企业和其他企业 415 个。批发、零售、贸易、餐饮业网点中，非国有经济已占绝对优势。年末，非国有经济单位在岗职工达 41 万余人，占全部在岗职工的 20.8%。另从贵州省社会消费品零售总额及构成来看，1998 年，非国有经济在全省社会消费品零售总额中的比重约为 81.03％，达到 234.93 亿元，其中个体经济就达到 144.45 亿元，占全部社会消费品零售总额 289.92 亿元的 49.82％，分别为国有经济和集体经济的 2.63 倍和 3.89 倍，体现出民营经济在国民经济发展中的作用（见表 8.1）。

表 8.1　贵州省工业经济类型构成情况

（单位：亿元）

年份	工业总产值	国有经济	非国有经济	非国有经济占总产值比重 /%
1996	514.10	393.92	120.18	23.38
1997	488.63	425.86	62.77	12.85
1998	507.91	423.81	84.10	16.56
1999	551.93	453.49	98.44	17.84
2000	631.64	500.76	130.88	20.72
2001	695.45	534.80	160.65	23.1

资料来源：据《贵州统计年鉴》（1996—2002 年）整理。

2. 民营经济对经济增长贡献的作用

“十一五”以来，贵州省民营经济呈现出健康、快速发展的态势，体现出对经济增长贡献的作用不断加大[①]。2004—2010 年，我省非公有制经济增长速度高于同期全省经济增长水平，生产总值增加值从 460.63 亿元增加到 1 607.89 亿元，占全省生产总值增加值构成从 27.5% 提高到 35.0%，增加了 7.5 个百分点（同期公有制

① 贵州省人民政府发展研究中心、贵州省人民政府研究室：《贵州经济形势分析与预测》，贵州人民出版社，2011。

经济减少了 7.5 个百分点)。2010 年，全省民营经济单位注册资本 1 862 亿元，是 2005 年的 3.2 倍，年均增长 44%；登记在册的私营企业和个体工商户分别达 7.8 万户和 64.7 万户，比 2005 年增长 87.5%和 50%。2010 年，全省规模以上工业非公有制企业户数达到 2 591 户，占全部规模以上工业企业的 85.1%。在行业分布上，非公有制经济从以制造、建筑、运输、商贸和服务业等领域为主，开始向基础设施、公用事业、重化工等领域拓展，促进了产业结构的升级。在规模结构上，在以劳动密集型企业、中小企业为主的基础上，出现了一批资本密集、技术密集的骨干企业和集团，催生了信息技术、旅游商品等新兴产业。工业园区、开发区、高新区成为非公有制企业发展的重要载体，在医药、化工、酿酒、食品等行业，正逐步形成一批以专业化、规模经营为特征的产业集群和集聚区，如贵州龙里工业园区、仁怀名酒工业园区、遵义市绿色食品工业园区、清镇医药工业园区等。

3. 民营经济上缴税收的作用

“十五”以来，贵州非国有经济上缴的税收已成为地方财政收入的重要来源[①]。据统计，2001 年全省非国有制企业实现税收 76.38 亿元。其中，上缴国税 46.70 亿元，地税 29.68 亿元。其纳税额占全省企业税收总额 145.91 亿元的 52.3% 。随着企业经济效益的提高，2001 年，非国有企业上缴税收 76.38 亿元，比上年增长 30.05%。其中，股份制企业纳税 41.66 亿元，比上年增长 45%；私营企业纳税 2.69 亿元，比上年增长 38.2%；外商投资企业纳税 1.08 亿元，比上年增长 35.8%。同期，全省乡镇企业总产值已超过农业总产值，乡镇工业增加值已占全省工业增加值的 30%，乡镇企业对全省财政收入特别是县级财政收入的贡献突出。“十一五”期间，全省民营经济累计上缴税金 1 549 亿元，年均增长 30.2%，占全省税收总额和财政总收入的 52.7%和 45.2%，分别比“十五”时期提高 12.2 个和 11 个百分点。民营经济已成为财政收入的重要来源。同时，民营经济对财政收入的贡献，还表现在对国家财政的依赖度很小。大多数个体、私营企业都是自筹资金和合伙集资创办的，不要或基本不要国家和集体投资。因此，民营经济的发展不会对财政赤字的形成构成压力。

4. 民营经济解决就业与再就业发挥的作用

据统计，贵州省个体工商户的户数、从业人员、注册资金，由 1995 年的 370 928

---

① 吴春华:《贵州省民营经济发展形势分析》，载黄孟复主编《中国民营经济发展报告 No.1 (2003)》，社会科学文献出版社，2004。

户、514 542 人、188 739 万元，上升到 2001 年的 394 124 户、579 231 人、477 739 万元，分别增加 23 196 人、64 689 人、289 000 万元。私营企业的户数、雇工人数、注册资金，由 1995 年的 7 371 户、105 194 人、210 875 万元，上升到 2001 年的 22 248 户、219 719 人、2 116 941 万元，分别增加 14 877 户、114 525 人、1 906 066 万元。非国有经济在全省社会就业上的贡献明显增加，其中私营企业注册资金的年递增率还高于个体工商户注册资金的年递增率。“十一五”期间，全省民营经济累计新提供 60.1 万个城镇就业岗位，占城镇新增就业岗位的 62.9%，在城镇就业的农村劳动力有一半左右在民营企业就业。2010 年，规模以上民营工业企业从业人员达到 35.6 万人，占规模以上工业企业从业人员的 45.4%，分别比 2005 年提高了 50.8 个和 10.7 个百分点。

由于民营经济具有劳动密集型的特点，民营经济企业在发展扩大生产的同时，就在创造着就业机会，对劳动力的需求将不断增加。由于大多数国有企业需要减员增效，下岗分流，在总量上无法再增加新的职工，因此，对于那些从国有企业退下来的有一定技能的工人，以及那些身体健康有工作能力和愿意工作的劳动者来讲，民营经济企业的发展为他们提供了广阔的就业和再就业渠道。所以，在今后很长一个时期，民营经济将成为增加就业的重要场所，对促进国企改革和地区产业结构调整，以及社会稳定具有重要的作用。

5. 民营经济成为投资重要主体的作用

“十一五”以来，民营经济已成为扩大投资的重要主体[①]。2006 年至 2010 年，全省民营经济累计完成投资 5 007 亿元，其中 2010 年投资 1 551 亿元，是 2005 年的 3.4 倍，占全社会固定资产投资的比重达到 48.7%。尤其在房地产业、批发零售业、住宿餐饮业、租赁和商务服务业、居民服务和其他服务业中，民营经济投资比重均超过 70%。

贵州民营科技企业具有以下特点：一是经营机制比较灵活，采用“自筹资金、自愿组合、自主经营、自负盈亏”的经营方式，既能吸引科技人才，又能适应市场发展需要，抓住市场机遇，规避市场风险。二是企业发展主要靠自筹资金滚动发展，具有产权明晰的鲜明特点。三是重视引进先进的技术设备和依靠高新技术，开拓新产品，增加企业产品市场竞争力，获得较高的经济效益。四是以科技为动力和

① 贵州省政府发展研究中心、贵州省政府研究室：《新世纪贵州非公有制经济》，内部印刷，2011。

以市场为导向，通过技工贸、技农贸一体化经营，不断开拓新市场，发展新产业。

6. 民营经济促进国企改革和发展的作用

贵州省民营经济中的个体、私营企业在发展初期，企业资金的来源主要是企业主自己出资或合伙筹集，称为独资企业、合伙企业。随着经济体制改革和企业改革的不断深入发展，涌现出一批按照现代企业制度运作的新型股份制企业实体，如贵州神奇制药有限公司、贵州永吉印务有限公司、贵州汉方（集团）有限公司、贵阳南明老干妈风味食品有限公司、贵州益佰制药股份有限公司、贵阳新天药业股份有限公司、贵州久美企业有限责任公司、贵州雅园饮食娱乐有限责任公司等。这些新型股份制企业不仅是我省民营经济的重点骨干企业，而且体制较新，起点较高，产业取向合理，企业发展较快。以贵阳南明老干妈风味食品有限公司为例，公司1996年成立以来，相继被授予"贵阳市十强民营企业"和"贵州省非公有制经济明星企业"。2000年国家外经贸部赋予公司自营进出口权，企业产品远销西欧等国际市场。

随着民营经济的组织形式日趋改善和不断创新，在第三产业中的比例逐步加大。特别是民营经济灵活的经营方式、敏捷的市场反应、热情周到服务的特点，对国有企业改革提供了有益的启示。一是推动了国有企业加快改革的步伐。国有企业在转变经营机制的过程中，吸收了民营经济企业的一些做法，调动了国有企业职工生产和经营的积极性，促进了国有企业的内在活力。二是民营经济作为兼并、收购国有亏损小企业的一支重要力量，为一部分中小型国有企业和其他公有制企业的联合、兼并、嫁接、租赁和拍卖等提供了有效途径。三是民营经济不仅在第三产业中增加了社会的有效供给和服务，方便了群众的日常生活，而且促进了产业结构的调整和优化。据统计，个体经济中的80%，私营经济中的一半以上是经营第三产业的，适应了我省大力发展第三产业的需要，并为企业和社会造就了大批的经营管理人才。

二、贵州与西南和东部民营经济发展比较

2013年，党的十八届三中全会胜利召开，拉开了全面深化改革的序幕。全会深刻分析了我国改革发展面临的重大理论和实践问题，提出了全面深化改革的指导思想、目标任务、重大原则。为全国经济社会全面深化改革指明了方向，同时为西南四省市民营经济发展营造了良好的发展环境。

（一）贵州与西南三省市民营经济发展比较

1. 民营经济GDP增加值比较

2013 年，重庆、四川、贵州、云南等西南四省市的民营经济在全国经济发展的大背景下，继续保持发展的态势，在深化改革中把握机遇，应对挑战，实现了较高质量的快速发展[①]（见表 8.2）。

表 8.2　2013 年西南四省市民营经济（GDP）发展比较

地区	民营经济 GDP 增加值比较			
	总额 / 亿元	同比增长 /%	占本地区 GDP 比重 /%	对本地区经济增长贡献率 /%
重庆	6 201.9	14.5	49	48
四川	15 689.9	12.1	60	71
贵州	3 442.0	27.5	43	57
云南	5 397.5	19.4	46	69

资料来源：根据 2014 年西南四省市民营经济发展报告整理。

2. 西南四省市民营经济总量和贡献率大幅提高

一是经济总量持续攀升。截至 2013 年年底，西南四省市民营经济增加值达 30 731.3 亿元，较 2012 年增加 4 099.1 亿元，同比增长 15.4%，民营经济占本地区生产总值的比重达到 52%，对本地区经济增长贡献率为 62.9%。其中，贵州民营经济增加值 2012 年为 2 700 亿元，2013 年为 3 442 亿元，增加 742 亿元，同比增长 27.5%。

二是企业数量继续增长。截至 2013 年年底，西南四省市实有民营经济主体 771.7 万户，其中，私营企业总数和个体工商户总数分别达 128.4 万户和 643.3 万户，同比增长 16.5% 和 11.7%。四省市中，重庆、四川、贵州、云南私营企业户数分别为 35.6 万户、50.4 万户、19 万户、22.9 万户；个体工商户户数分别为 111.5 万户、274.9 万户、106.1 万户、150.8 万户。四省市中，四川省增长最快，贵州省增长较慢。

三是企业规模不断扩大。截至 2013 年年底，西南四省市共有私营企业 128.4 万户，户均资本 253.26 万元，同比增长 17.42%。其中，重庆、四川、贵州、云南私营

---

① 李光金：《西南四省市民营经济发展报告》，载王钦敏主编《中国民营经济发展报告 No.10（2012～2013）》，社会科学文献出版社，2013。

企业户均资本分别为：189.72 万元、242.52 万元、260.79 万元、369.25 万元，同比增长 346%、32.30%、6.43%、17.06%。在 2013 年全国民营企业 500 强中，西南四省市共有 33 家企业入围，比上年增加 5 家。其中，重庆、四川、贵州、云南分别有 11 家、15 家、1 家、6 家企业入围，同比增加 1 家、2 家、0 家、2 家。

四是产业结构更趋合理。截至 2013 年年底，西南四省市私营企业中从事第一产业的有 9.9 万户、第二产业的有 25.4 万户、第三产业的有 93.5 万户，分别较上年增加 1.35 万户、3.20 万户、14.40 万户，同比增长 15.8%、14.4%、18.2%。三次产业结构比例由 2012 年的 7.8∶20.2∶72.0 转化为 2013 年的 7.7∶19.7∶72.6，从事第三产业的私营企业的比重有所增加。

五是民间投资稳健增长。2013 年年底，西南四省市民间资本十分活跃，投资总额稳健增长。四省市全年民间投资总额 25 232.2 亿元，同比增长 26%，占本地区全社会固定投资投资总额的比重为 48.3%。

六是对外开放步伐加快。2013 年，西南四省市民营企业累计实现外贸进出口额达 733.0 亿美元，比上年增长 160.1 亿美元，同比增长 27.9%，占地区进出口总额的 45.4%。其中，贵州民营企业外贸进出口额达 51.1 亿美元，同比增长 89.3%，占本地区进出口总额比重的 61.7%。

七是为缓解就业发挥作用。2013 年，西南四省市民营企业从业人员合计 2 742 万人，比上年增加 262 万人，同比增长 10.6%，约占本地区城镇就业总数的 37.7%。其中，贵州民营企业从业人员合计 347 万人，同比增长 25.4%，约占本地区城镇就业总数的 18.6%。

八是上缴税收贡献突出。2013 年，西南四省市民营企业创造税收达 4 172.2 亿元，比上年增加 453.9 亿元，同比增长 12.2%，占本地区税收总额的 49.4%。其中，贵州民营企业创造税收达 933.1 亿元，同比增长 14.3%，占本地区税收总额比重的 60.3%。

（二）西南地区民营经济与东部地区民营经济发展比较

“十一五”以来，西南地区民营经济发展取得了显著成绩，已成为区域经济发展的重要组成部分和促进地区生产力发展的重要力量。但由于受观念落后、人才缺失、科技薄弱和区位劣势等因素的影响，目前，西南地区民营经济总体发展水平与东部发达地区民营经济相比，仍存在以下差距。

1. 民营经济主体偏少，数量不足

2013 年，四川省民营经济市场主体有 325.3 万户，平均每万人拥有 401 户，在西南四省市中排名第 2，但与东部发达地区相比差距不小：比广东省少 128 户，比上海市少 140 户，比浙江省少 241 户，比江苏省少 259 户。

2. 企业规模偏小，实力相对较弱

同期，重庆市在全国民营制造业 500 强中，有 14 家企业上榜，居全国第 11 位，其规模最大的隆鑫控股有限公司年营业收入 224.7 亿元，仅为居全国首位的联想控股股份有限公司的 10%。同时，在 2013 年全国民营企业 500 强中，重庆市有 11 家上榜，居全国第 12 位，其规模最大的龙湖企业拓展有限公司年营业收入 292 亿元，仅为居全国首位的苏宁电器集团的 12.5%。

3. 企业对资源依赖程度较高，产业结构失衡问题较突出

同期，贵州民营企业在第三产业中分布较为密集的行业依次是批发和零售业（56 257 户，占总数的 42.82%），租赁和商务服务业（21 590 户，占总数的 16.43%），住宿和餐饮业（16 528 户，占总数的 12.58%），居民服务、修理和其他服务业（8 635 户，占总数的 6.57%），房地产业（8 360 户，占总数的 6.36%），信息传输、软件和信息技术服务业（5 005 户，占总数的 3.81%）。行业建设门槛普遍较低，高技术、高附加值的现代服务业和科、教、文、卫领域占比偏少。

4. 民营企业发展环境亟待改善

同期，民营企业特别是中小微民营企业，普遍存在固定资产不高、企业资信程度偏低，能通过资产抵押贷款和信贷的资金有限，银行“惜贷”现象较为突出，“融资难”问题仍难以解决。对于民营经济主体来说，仍存在市场主体机会不平等的难题，不仅投资领域受限，而且在民营资本参股国企资本时缺乏话语权，合法权益得不到保护，民营企业投资者顾虑较多，发展混合所有制的难度较大。

三、贵州民营经济转型升级问题研究

2013 年 11 月 12 日，党的十八届三中全会进一步把对民营经济“三个平等”（权利平等、机会平等、规则平等）的理念推向制度建设的新高度，提出“建立公平开放透明的市场规则，实行统一的市场准入制度，在制定负面清单基础上，各类市

场可依法平等进入清单之外领域。”[①] 贵州省委、省政府根据党的十八大和十八大三中全会精神，将加快民营经济发展作为全省经济发展主基调内容和实施经济社会发展战略的重要任务，连续召开了全省工业发展大会、全省经济工作会议，以及实施民营经济三年倍增计划等。2013 年 8 月，贵州省第十二届人民政府第 9 次常务会议还专题审议通过了《贵州省提高民营经济比重五年行动计划》，对加快民营经济转型升级问题进行了研究和讨论。随着有关民营经济发展的各项利好政策不断推出，贵州民营经济发展进入了转型升级的新阶段。

（一）贵州民营经济进入转型升级的新阶段

1. 转型升级的基础和特点

2013 年既是贵州全省实施民营经济三年倍增计划的最后一年，也是实施《贵州省提高民营经济比重五年行动计划》的第一年，全省 2013 年和 2014 年的各项主要指标如期完成，为民营经济的转型升级奠定了坚实基础（见表 8.3）。

表 8.3　2013 年和 2014 年贵州民营经济各项主要指标完成情况

分类	主要指标	2013 年完成	2014 年目标	2014 年		
				完成数	完成比例	增长 /%
市场主体	私营企业数 / 万户	19.55	25	26.25	105	34.28
	个体工商户数 / 万户	106.06	150	128	85.33	20.69
	民营经济注册资本 / 亿元	5 572	5 500	8 808.65	160.16	39.22
经济总量	民营经济增加值 / 亿元	3 430	4 200	4 200	100	24.9
	民营经济占 GDP 比重 /%	43%	46%	46%	100	3
	全社会民间投资总额 / 亿元	5 000	6 200	6 200	100	18.9
社会贡献	民营经济年新增就业 / 万人	60	70	85.28	121.83	42.13
创新能力	国家级、省级企业技术中心 / 户	75	100	139	139.00	85.33
	专利申请受理量件	5 737	6 000	14 240	237.33	148.21
	专利授权量件	3 953	4 600	8 702	189.17	255.62

资料来源：《中国民营经济发展报告 No.11 (2013～2014)。

① 林泽炎：《2013～2014 年中国民营经济分析报告》，载王钦敏主编《中国民营经济发展报告 No.11 (2013～2014)，社会科学文献出版社，2015。

表 8.3 数据显示，贵州民营经济通过转型升级，已成为全省数量最大的企业群体。私营企业数由 2013 年的 19.55 万户增加到 2014 年的 26.25 万户，比上年增长 34.28%；个体工商户数由 2013 年的 106.06 万户增加到 2014 年的 128 万户，比上年增长 20.67%；民营经济注册资本由 2013 年的 5 572 亿元增加到 2014 年的 8 808.65 亿元，比上年增长 39.22%；民营经济占 GDP 比重由 2013 年的 43% 增加到 2014 年的 46%，比上年增长 3 个百分点。这说明民营经济在整体实力不断增强的同时，个体实力也在不断壮大。同时，民营经济已成为我省吸纳社会就业的主要渠道。民营经济大多集中在劳动密集型产业，就业弹性和就业空间大，具有更强的吸纳就业的能力。民营企业年新增就业人员由 2013 年的 60 万人增加到 2014 年的 85.28 万人，比上年增长 42.13%。此外，民营经济作为国民经济发展中最具生命力和活力的重要组成部分，目前已成为我省规模最大的投资主体。民营企业的固定资产投资，由 2013 年的 3 458.49 亿元增加到 2014 年的 4 145.80 亿元，比上年增长 19.9%；分别占同期对应类别固定资产投资比重的 48.7% 和 47.2%。

“十二五”时期，贵州民营经济在产业升级、技术创新、管理升级和发展战略等方面，表现出强劲的转型升级特点①。一是产业优化工程稳步推进，加快特色优势产业发展。如特色食品和白酒产业 2014 年 1—9 月累计实现增加值均比上年同期增长 13.3%；通过着力扩大增量，促使贵州金正大生态工程公司、黔桂天能焦化有限公司等 12 个子项目建成投产；全省已形成以仁怀白酒、小河装备制造、乌当一龙里民族医药、湄潭茶产业、遵义县辣椒、施秉太子参、雷山银饰工艺品、盘县煤炭、福泉磷化工等为重点的特色优势产业集群 60 多个，产业集中度显著提高。二是民营企业培育工程初见成效。通过重点培育骨干企业，2014 年营业收入超过 10 亿元的民营企业已达到 26 户。计划 2017 年培育营业收入超过 10 亿元的民营企业达到 100 户。继贵州浦鑫集团通过境外红筹实现在香港联交所上市，成为我省首家在香港上市的企业外，贵州威门药业、安达科技等 157 家企业分别在全国中小企业股份转让系统、上海股权交易托管系统、贵州股权金融交易中心挂牌融资达 15 亿元。三是民营企业在创新能力建设上成效显著。国家级、省级企业技术中心由 2013 年的 75 户增加到 2014 年的 139 户，比上年增长 85.23%；专利申请受理量由 2013 年的 5 737 件增加到 2014 年的 14 240 件，比上年增长 148.21%；专利授权量由 2013 年的 3 953 件增加到 2014 年的 8 702 件，比上年增长 255.62%。到 2014 年 9 月全

① 刘峻岭：《贵州民营经济发展的分析》，《贵州信息与未来》2013 年第 4 期。

省已累计注册商标 58 317 件，其中，驰名商标 41 件、贵州著名商标 764 件，提前完成 2015 年著名商标 800 件的目标任务。四是加强民营经济人才队伍建设。全省依托“国家银河培训工程”和“贵州星光培训工程”，启动“优秀会员企业家成长计划”，2014 年免费培训民营企业各类人员 10 000 人次以上。全年民营经济 7 000 余人申报专业技术资格，有 857 人取得副高级技术职务任职资格，5 000 余人取得中、初级技术职务任职资格，为推动全省民营经济组织发展提供了人才支撑。

2. 转型升级的主要类型

一是产业上的升级。国内外产业升级的实践表明，产业上的升级主要有四种类型。(1)工艺升级[①]。通过新工艺、新技术、新流程的引入，提高生产效率。(2)产品升级。通过改进老产品，推出新的产品，提高产品附加值。(3) 功能升级。通过向上下游延伸价值链，由加工环节向设计、营销、品牌等环节延伸，提高产业附加值。(4) 链条升级。通过产业的一条价值链上的知识积累，跨越到另一条价值量更高的价值链（见表 8.4)。

表 8.4　产业升级的四种类型

类型	升级实践	升 级 表 现
工艺升级	过程变得更有效率	通过引进新工艺、采用新技术、新的组织方式或重组生产网络来提高生产效率，更高效地将投入转化为产出，降低产品成本，获取更多的价值
产品升级	新产品的研发，比对手更快的质量提升	提高产品的档次和品种，不断推出新功能和新款式，扩大新产品和新品牌的市场份额，提高单位产品(或服务)的附加值，以更好的质量、更低的价格与对手进行竞争，以获取更多的价值，从而提高产品竞争力
功能升级	改变自身在价值链中所处的位置	提升价值链中的位置，专注于价值量高的环节，把低价值的活动放弃或外包出去，如从简单的生产功能提升到设计和市场营销功能，由生产环节向设计和营销等利润丰厚的环节跨越
链条升级	移向价值量高的新的相关产业价值链	通过涉足高效益相关产业领域，将一种产业的专门技术知识应用于另一种产业，通过价值链转换提高竞争力，实现创新升级，以获得更多的价值

资料来源：《中国民营经济发展报告 No.11 (2013～2014)》。

我国著名经济学家吴敬琏总结了韩国和我国台湾地区产业升级的方式。他

① 刘健：《中国产业结构升级论》，中国言实出版社，2000。

认为韩国的方式在当时虽然发展速度较快，但成本太高。而我国台湾地区的方式强调中小企业在产业升级中的主体性，更能够发挥区域比较优势，产业升级的效率更高，这一方式具有较强的借鉴意义。所以，推进中小企业产业升级是加快经济转型的主要途径之一。产业升级的四种类型对于中小企业而言，可以结合地区企业的实践进行研究和采用。

二是治理结构上的优化。民营经济发展中的中小企业，不仅企业平均寿命短，而且成长为大企业的比率低，其最主要的原因在于企业治理结构不健全、不完善，普遍缺乏规范有效的制度性约束，这已成为制约民营企业发展的主要瓶颈。因此，治理结构的优化升级，是破解民营企业发展主要瓶颈，实现企业健康成长的制度性保障。对民营企业而言，公司治理结构的功能，主要集中体现在对合理配置公司的控制权，有效地对公司股东、董事会、经理人员等的权力、责任和利益进行制衡，以及通过设计一套科学的制度，对公司的代理人进行有效的激励与约束等方面。由于各国国情的差异，公司治理结构模式可分为三种，即：英美单层治理模式、日德双层治理模式、东南亚国家的家族治理模式。我国民营企业起源于改革开放初期，大多数是单人业主制的独资企业，采取所有权与经营权合一的产权结构。由于这些企业规模小、人数少、链条短，企业管理上升不到公司治理这样的层次高度与复杂程度。随着市场经济竞争的日益激烈，这种单一的产权结构很难把企业做大做强，企业发展步履维艰。所以，民营企业要想真正做大做强，必须进行公司制改造。截至 2012 年年底，我国登记注册的民营企业数量为 1 085.7 万户，占企业总数的近 80%，对 GDP 的贡献超过 60%，对就业的贡献超过 80%。随着市场经济的进一步发展和完善，我国民营企业的组织结构进一步优化，公司制企业发展迅速，民营有限责任公司和股份有限公司分别达到 906.6 万户和 3.9 万户，民营上市公司数量达到 1 288 家，占全部上市公司总量的 52.2%。应该说，这些完成了公司制改造的民营企业具有产权清晰、政府干预较少等优势，基本建立起一套独立、有效的股东监督和内部治理机制，公司治理结构不断得到完善。

三是企业管理上的升级。“十二五”时期以来，全国民营企业的外部环境发生了巨大变化，长期以来习惯的经营方式、管理方式、思想管理已无法保持企业往日的辉煌，企业管理升级势在必行。民营企业管理升级是一个复杂的系统工程，涉及企业全局性、整体性的问题，包括企业思维模式、运营管理体系、组织与人才队伍建设、管理信息化等内容，其核心是提高企业的竞争力，保持企业健康持续发展。实践表明，民营经济的企业管理升级，一是企业实现规模经济的需要。企业要想实现规模经济，必须通过管理升级，建立起与企业规模相适应的管理程序、管理方式，提高管理效率。二是企业对外部环境变化的必然选择。为了维持企业的生存和发展，企业要根据外部环境的变化，不断调整、制定相应的经营战略，实现管理升级，以避免危机的发生。三是管理升级是企业发展战略的重要组成部分。一个优秀的企业不但有明确的长远的发展，还要有阶段性的目标以及相应的战略手段、管理控制措施。管理升级已成为企业发展战略的重要组成部分之一。

应该指出，新世纪以来，现代企业管理呈现出许多新的发展趋势，一是更加重视战略管理。经营战略已成为企业生存和发展的头等管理问题。二是更加重视创新管理。越来越多的企业意识到：不断开发新产品、进行技术改造和管理创新，提高技术水平和市场竞争力，是企业发展的核心问题。三是更加重视系统管理。要求企业对产品生产实行全过程和全方位的系统管理。四是更加重视人本管理。通过建立以人为中心的管理，真正体现尊重人、理解人和关心人的精神，激发企业员工的潜能，去实现企业的战略目标。五是更加重视信息管理。管理信息化对现代企业应变能力的提高，对企业的创新能力和运行效率显得尤为重要。六是更加重视文化管理，实现由“小家文化”向“大家文化”转变。我国家族式民营企业创业阶段一个突出特点就是“小家文化”，即企业在生产、经营和管理上是用自己人、以家庭利益为中心。但这种带有浓厚“人情关系色彩”的文化很难适应现代企业管理的需要。现代民营企业要持续发展，必须进行企业文化的改良，实现由“小家文化”向“大家文化”转变。只有引进现代企业管理制度、管理方法，形成一种开放、包容、规范而又不乏温情的“大家文化”，才能为企业注入新的活力，促进企业持续发展。

四是技术创新上的升级。新世纪以来，随着科学技术的飞速发展，经济社会进入了知识经济时代，技术创新超越了资本、劳动力等生产要素，成为经济发展最主要的决定因素[①]。实践表明，生产率增长的60%～80%是依靠技术进步取得的。民营经济发展同样适用这个规律。所以，技术创新在民营企业的发展中具有重要地位。第一，技术水平提高使企业增加利润。民营企业通过直接对产品和生产工艺的研发和创新，开拓新的市场，从而提高企业的盈利能力。同时，企业通过对内部各种要素（包括资本、生产技术、人力资源、营销渠道、企业管理等）的重新设计和组合，降低企业生产各个环节的成本，取得增加企业的盈利效果。第二，技术创新增强企业的市场竞争力。市场竞争力指能够生产出满足市场需求的高质量产

① 本书编写组：《建设创新型国家实用手册》，中国方正出版社，2008。

品，做到效率最高、成本最低，塑造企业良好的形象和企业文化。对于民营企业来说，技术创新战略，包括产品的技术创新构成最直接的市场竞争力、管理创新、企业形象和企业文化，构建了企业市场竞争力的坚实基础。第三，技术进步是民营经济发展壮大的重要推动力。国家科技部资料显示，截至 2012 年，国家级和省级高新技术产业开发区的企业总数达 5.96 万家，开发区内 70% 以上的企业属于民营性质。民营企业的一个共同特征，就是研发投入占企业销售收入的比重很大。如：在北京、江苏、深圳等省、市，民营科技企业的研发投入占到当地研发总投入的 50% 以上，有的甚至超过九成。所以，技术进步是企业发展壮大的关键。民营经济企业要持续、快速、稳定地发展，必须制定和依靠技术创新战略。

四、贵州民营经济发展中存在的问题、差距和制约因素

（一）民营经济发展中存在的问题

改革开放以来，贵州民营经济虽然有了很大发展，但与先进省区相比仍存在较大差距和一些突出的问题。既有思想认识和服务工作不到位的原因，也有政策落实上和民营企业自身素质亟待提高的问题。

1. 思想上模糊认识

党的十一届三中全会以来，特别是党的十五大召开以后，我省民营经济有了很大的发展。但由于长期传统观念的影响，对民营经济仍存在一些模糊认识，总认为个体经济和私营经济的发展会动摇社会主义的经济基础。因此，民营经济的发展不能过快，不敢理直气壮地去组织个体、私营经济的发展。一些干部存在怕私、疑私、防私的观念，不敢与民营企业家交朋友，帮助他们解决实际问题。表现在政治地位、社会地位和经济地位上不能给予公平待遇，在有形无形的市场准入上限制依然较多。

2. 服务工作不到位

一些地方和部门对民营经济管理越位、服务缺位，重监管、轻服务，重检查、轻支持，服务工作不到位。一些地方和部门在融资担保、信息收集、法律咨询、财务管理等方面服务缺位，问题突出。个别部门和人员在执法过程中，存在“吃、拿、卡、要”的现象，严重损害民营企业的合法权益，挫伤了经营者的积极性。有的新闻媒体争相炒作民营经济发展中存在的一些问题，扰乱了企业正常的生产经营秩序。

3. 政策落实不到位

我省先后出台了《贵州省人民政府关于贯彻国务院鼓励支持和引导个体私营等非公有制经济发展若干意见的意见》《中共贵州省委 贵州省人民政府关于进一步加快民营经济发展的意见》等扶持民营经济发展的政策，但在实际落实中，由于政策落实不到位，如：企业申报项目补助资金不到位；企业业主的子女就学、从业人员的社会保障等方面的优惠政策得不到落实。一些地方领导不熟悉民营经济工作，有的新领导与上一届领导实行不同的政策，上届领导答应给企业办的事，领导变动后，在继任者那里就不办了。

4. 企业素质亟待提高

民营个体、私营经济尽管有了长足的进步，但总体上仍处于不成熟的发展阶段，突出地表现在一些个体户和私营业主的素质不高，存在自身行为不规范的问题。一些个体、私营企业为追逐高额利润和扩大市场份额，置国家的法律法规和行业的道德规范而不顾，采取种种不正当的竞争手段，如逃避监督管理，偷漏国家税收，倾销假冒伪劣产品，进行违法经营等。甚至有的个体户和私营业主，在经济暴富以后，追求腐朽的生活方式，大搞封建迷信活动，在社会上造成十分恶劣的影响。

（二）民营经济发展上存在的差距和制约因素

1. 发展起点上出现的差距

1999 年，全国 GDP 81 910.90 亿元，其中，东部地区 49 610.95 亿元（占 60.6%），西部地区 15 354.02 亿元（占 18.7%），东部高出西部 41.9 个百分点。这与西部拥有丰富的资源总量是极不相称的[①]。由于发展起点上的差距，截止到 2013 年西部地区实有私营企业 190.31 万户（占全国总户数的 15.18%），东部地区 808.02 万户（占全国总户数的 64.44%），东部高出西部 49.26 个百分点。同年，全国个体工商户数排在前 3 位的是广东（398.97 万户）、江苏（379.35 万户）、山东（312.21 万户）；私营企业排在前 3 位的是广东（152.97 万户）、江苏（145.07 万户）、山东（75.33 万户）。与之相比，贵州省个体工商户 106.06 万户和私营企业 19.55 万户，只占广东的 26.58% 和 12.78%。

一是对外经济贸易上的差距。西部民营经济基本上是个体私人投资，而东部

① 本书编写组：《以科学发展观统领经济社会发展全局——“十一五”规划建议学习读本》，中共党史出版社，2005。

除个体私人投资外，还有较多的外商投资。据统计，1999 年全国实际利用外商投资和其他投资为 3 993 482 万美元和 151 825 万美元，其中东部地区为 3 441 462 万美元（占 86%）和 144 157 万美元（占 95%）。西部地区为 183 735 万美元（占 5%）和 242 万美元（不足 0.2%）。2013 年，东部地区民营企业出口 7 234.4 亿美元，在全国的比重达到 78.9%，其中，广东、浙江、江苏的比重合计达到 54.7%，继续保持全国民营经济出口的前三位。同年，东部地区民营企业进口 5 172 亿美元，占全国民营企业进口的 89.8%。其中，广东进口金额 1 802.1 亿美元、浙江 398.2 亿美元、江苏 588.4 亿美元，分别占全国进口比重的 31.3%、6.9%、10.2%。2013 年，贵州民营企业出口金额为 50.8 亿美元、进口金额为 2.1 亿美元，分别只占全国民营企业出口和进口比重的 0.6% 和不足 0.1%。

二是产业结构上的差距。从行业分布看，西部民营经济主要从事劳动密集、资本技术构成低的行业，如原材料开采业、建筑业、餐饮等；东部主要从事技术密集、资金密集的信息、电机、装备制造业等行业[①]。2013 年，全国实有私营企业 1 253.86 万户，其中，从事第一产业 39.57 万户，占总户数的 3.16%；第二产业 320.32 万户，占总户数的 25.55%；第三产业 893.98 万户，占总户数的 71.30%。全国实有个体工商户 4 436.29 万户，其中，从事第一产业 93.36 万户，占总户数的 2.10%；第二产业 324.36 万户，占总户数的 7.31%；第三产业 4 018.57 万户，占总户数的 90.58%。以东部珠三角地区民营经济为例，2013 年，实现经济增加值 2.35 万亿元，其中，第一产业增加值 920 亿元、第二产业增加值 9 097.19 亿元、第三产业增加值 13 503.49 亿元，三次产业比为 3.91∶38.68∶57.42。长三角地区私营企业共计 252.88 万户，其中，江苏省私营企业达 145.1 万户，户数位居全国第二，民营经济一、二、三产的比例为 4∶51∶45。全省超百亿元的产业集聚区达到 152 个，超 500 亿元的有 14 个，超千亿元的有 2 个。2013 年，贵州生产总值 8 006.79 亿元，占全国生产总值 568 845 亿元的 1.4%。其中，第一产业 1 029.05 亿元、第二产业 3 243.70 亿元、第三产业 3 734.04 亿元，分别占全国的 1.8%、1.3%、1.4%。2013 年贵州民营经济企业 76 617 个，占全省企业单位数比重的 92.3%。其中，第一产业 9 520 个、第二产业 24 317 个、第三产业 42 780 个，分别占全省企业单位数比重的 11.5%、29.3%、51.6%。

三是经济总量上的差距。据统计，全国个体、私营经济总产值对 GDP 贡献率

---

① 张耀辉：《产业创新：新经济下的产业升级模式》，《数量经济技术经济研究》2002 年第 1 期。

由1995年的8.5%上升为1999年的18.3%,平均每年提高近两个百分点[①]。其中,东部地区个体、私营经济对地区GDP的贡献率由1995年的11.2%上升为1999年的21.8%,平均每年提高2.6个百分点,高于全国0.6个百分点。西部地区个体、私营经济对地区GDP的贡献率,由1995年的3.8%上升为1999年的7.5%,平均每年提高不到1个百分点,低于全国和东部地区的水平。2013年,全国民营经济贡献的GDP总量超过60%,至少有19个省级行政区的民营经济对当地GDP的贡献超过了50%,广东省更是超过了80%。2014年上半年,全国个体私营经济从业人员实有2.32亿人,比2013年年底增加1 303.46万人;全国登记注册私营企业达到1 377.9万户,同比增长28%;个体工商户达到4 648.7万户,同比增长12.4%。2014年,贵州民营企业从业人员245.50万人,占全省企业单位从业人员比重的68.4%,其中,私营企业从业人员123.66万人,同比增长33.1%;个体工商户达到128.004 8万户,同比增长20.7%。全省完成固定资产投资共计13 103.86亿元,同比增长26.5%,其中民营经济完成4 145.80亿元,同比增长19.9%。

四是企业家素质上的差距。民营经济企业家的素质是关系企业发展的一个重要问题[②]。对全国企业家的总体而言,西部企业家具有较大的封闭性,东部企业家则具有开放性和富于冒险精神,这是造成和影响东部与西部民营经济发展差距的主要因素之一。贵州的民营企业家普遍主导的是家族式的企业,企业往往热衷于眼前短期的利益,急功近利,小富即安的陈旧观念十分严重,市场生存空间日趋狭小,加上任人唯亲是企业最大的"内伤",制约着企业的发展。相对来说,东部民营企业家比较主动果断,工作效率高,能善于听取各种意见,企业发展比较顺利。当然,企业家的素质除需要经过较长时间的训练和实践外,还必须具备一定的专业知识和创新能力,富于冒险勇敢精神,既要把握产品生产的对外开放,又要把握市场风险的尺度,这样才能在市场的竞争中求得发展。

2. 民营经济发展中的制约因素

一是民营经济市场主体总量偏少,层次较低,市场竞争力弱[③]。2013年,全国共有民营市场主体5 690.15万户,贵州省125.61万户,仅占全国的2.21%。虽然

---

① 孙根紧:《区域自我发展能力:概念辨析构成要素与判断标准》,《区域经济评论》2015年第2期。

② 赵兰香、林生:《人力资本投资与比较优势升级》,《科学学研究》2004年第3期。

③ 贵州省人民政府:《贵州省国民经济和社会发展第十二个五年规划纲要》,2011年1月。

新增注册登记 69 万户，但与广东（110.8 万户）、湖北（109 万户）、江苏（96.7 万户）、浙江（71.9 万户）相比，主体总量偏少。2013 年，贵州省个体工商户与私营企业之比是 5.4∶1，高于全国 3.54∶1、江苏 2.6∶1、广东 2.61∶1、浙江 2.77∶1；贵州民营企业 3.6 户 / 万人，远低于江苏 183.2 户 / 万人、浙江 171.0 户 / 万人、广东 144.4 户 / 万人和全国平均 92.6 户 / 万人，层次较低。在 2013 年全国民营企业 500 强中，山东、江苏、浙江分别有 54 户、91 户、139 户入围；西南四省区市共有 33 家企业入围，其中四川、重庆、云南分别有 15 户、11 户、6 户入围，贵州仅有 1 户入围，进一步说明贵州民营企业实力较弱。由于贵州省民营企业大多以原材料初加工为主，产业层次较低，产业链条偏短，特别是受资金制约、市场风险、人才短缺等因素的影响，企业市场竞争力弱。

二是结构调整压力较大，科技创新动力不足。贵州民营企业对资源依赖大，产业结构失衡问题突出。2013 年，民营企业中资金密集行业（注册资本）依次是租赁和商业服务业（1 123.52 亿元，比重 22.04%）、批发和零售业（1 091.41 亿元，比重 21.41%）、房地产业（788.95 亿元，比重 15.48%），民间资本在高科技新兴产业投资较少；民营企业在第三产业中较为密集的行业依次是批发和零售业（5.625 7 万户，占总数的 42.82%），租赁和商业服务业（2.159 万户，占总数的 16.43%），住宿和餐饮业（1.652 8 万户，占总数的 12.58%），居民服务、修理和其他服务业（0.863 5 万户，占总数的 6.57%），房地产业（0.836 万户，占总数的 6.36%），信息传输、软件和信息技术服务业（0.500 5 万户，占总数的 3.81%），说明结构调整压力较大。民营企业基础薄弱，受资金、人才、市场风险等条件制约，技术创新层次不高，科技创新动力明显不足。此外，贵州民营企业品牌建设落后。表现为民营中小企业虽然拥有自有品牌，但驰名商标少，更缺乏著名商标，导致企业产品利润率低、市场占有率不高。

三是发展环境亟待改善，融资问题反应强烈。尽管我省先后出台了《中共贵州省委 贵州省人民政府关于进一步加快全省民营经济发展的意见》《贵州省民营经济倍增计划》等扶持民营经济发展的政策，但在实际落实中，很多政策措施缺乏细化可操作性的措施，实施效果不是很理想。对于民营经济融资难的问题，尤其是中小微企业反应强烈，突出表现为“融资难”和“融资贵”。一方面融资渠道狭窄，民营企业依赖银行（包括国有银行、地方性商业银行、农村信用社、民间借贷，以及风险投资等）进行融资，但国有商业银行贷款门槛偏高，存在“嫌小爱大”“惧贷、惜贷”现象和贷款手续繁杂的问题。另一方面，“玻璃门”“弹簧门”“旋转门”依然普遍存在，问题没有得到有效解决。对于民营经济主体来说，仍存在市场主体机会不平等的难题，不仅投资领域受限，而且在民营资本参股国企资本时缺乏话语权，合法权益得不到保护，民营企业投资者顾虑较多，发展混合所有制的难度较大。

四是服务存在缺位现象，统计工作有待加强。全省多数市（州）、县（市、区）没有专门为民营经济服务的对口部门，有关服务民营经济的事项主要在经信部门，导致信息、数据收集等工作不能及时、准确上报；政府措施宣传不到位，民营企业对资金扶持、税收奖励、项目资金补助等鼓励扶持民营经济发展的优惠政策缺少了解；中小企业公共服务平台不能及时提供全方位服务，与中小民营企业对于融资担保、人才交流、销售渠道拓宽、政策服务等需求不相适应。如2013年我省首次启动民营经济组织人才专业技术职称评定工作，由于多数县（市、区）经信部门受人员编制及服务意识等影响，没有认真宣传、组织好该项工作，致使申报的地方民营经济组织人员很少。目前，民营经济统计工作主要由省统计局、省民营经济发展局负责，尚未将其相关指标列入常规统计系列中，数据的收集主要源于省统计局、省发改委、省投资促进局三个部门，其中部分数据是从相关部门提供的数据中估算的，部分由各市（州）上报汇总得出，数据不一定准确、客观。有的地区甚至提供不出民间固定资产投资、民营经济新增就业等反映民营经济发展的数据。面对到来的大数据时代，统计体系不完备，不利于把握规律和判断形势，难以形成对民营经济发展科学决策的有力支撑。

五是营造公平公正的发展环境，仍是加强民营经济各项工作的重要工作。近几年来，我省一直致力于民营经济发展环境的改善，不断减少行政审批事项，加大受理涉企行政效能投诉力度，但民营经济发展环境公平公正的问题仍没有得到根本性改善。主要表现为：仍存在不能让民营企业平等使用各种生产要素的歧视性现象，部分民营企业存在缺水、缺电等问题得不到及时有效解决；土地供给上，国有企业可以不签合同、不交钱就能优先拿到土地使用权，民营企业则一项不能少；工商等部门负责执行省的“3个15万”“万户小老板工程”等政策，定期给予民营企业扶持和帮助，但林业、环保、卫生等部门却以规范执法的名义对民营企业特别是小微企业严查严审，增加了企业负担；银行虽然有鼓励民营企业发展的政策，但在贷款业务上仍存在嫌贫爱富现象，对民营企业贷款往往只作为政绩工程上的作秀，缺乏对其信贷业务的积极态度。此外，民营企业普遍受“招工难”问题困扰。从用工方面看，近70%的企业反映用工紧缺，缺口平均在20%左右。存在“高级人才难引进，普通工人难留住”的突出问题。民营企业中普遍存在中高层管理和科技人才任职时间平均不到3年的问题，频繁的人员跳槽流动，加重了企业用工成本和负担。

第九章　加快贵州民营经济发展的对策和建议

当前，如何加快贵州民营经济发展，迅速赶上全国和周边省（市）区民营经济的发展水平，已成为政府部门十分关注的经济社会发展问题。如果说，党的十八大以来全面建设小康社会的蓝图，为推进社会主义现代化指明了方向，那么，对于目前经济基础比较落后的贵州省来说，要实现经济和社会跨越发展，赶上东部先进省区的水平，加快民营经济发展是一条可选择的必由之路。

一、全面深化改革，促进民营经济又好又快发展

为认真贯彻落实中共贵州省委、省人民政府《关于进一步加快全省民营经济发展的意见》（黔党发〔2011〕10 号）文件精神，实现到 2020 年民营经济占全省生产总值的比重达到 50% 左右，个体工商户超过 100 万户，私营企业超过 40 万户的发展目标。当前和今后一个时期，我省民营经济发展的指导思想是：深入学习贯彻习近平新时代中国特色社会主义思想，坚持以邓小平理论和“三个代表”重要思想为指导，紧紧围绕科学发展这个主题和加快转变经济发展方式这条主线，全面深化改革，紧紧围绕加速发展、加快转型、推动跨越的主基调及工业强省和城镇化带动战略，把进一步加快民营经济发展摆在更加突出的战略位置，促进民营经济又好又快地发展。

一是深入学习贯彻习近平新时代中国特色社会主义思想，坚持以邓小平理论和“三个代表”重要思想为指导，促进民营经济迅速发展。只有用习近平新时代中国特色社会主义思想、邓小平理论和“三个代表”重要思想来统一思想认识，牢固树立新时代中国特色社会主义思想，坚持以公有制经济为主体，多种经济成分长期并存的方针，才能破除长期以来对民营经济的各种偏见和认识误区，消除发展

民营经济“威胁”国有经济地位的忧虑，充分认识民营经济是拉动国民经济增长的重要力量。民营经济不仅能为贵州和地区的经济发展作出贡献，成为经济发展的重要组成部分，而且在当前的国有经济企业改革和经济调整中，能参与国有经济企业的重组，对促进政企分开、建立公司法人治理结构、转换经营机制，实现国有经济企业和民营经济企业的优势互补推动市场化进程发挥重要作用。只有在公有制经济与民营经济相互促进的过程中，才能形成以公有制为主体，多种经济成分共同发展的格局。

二是加强领导，确保民营经济有序地发展。为深入贯彻落实党的十八大和十九大精神，为民营经济发展创造良好的环境和条件，建议将民营经济的发展列入全省和各地区国民经济和社会发展第十四个五年规划纲要之中，进一步明确民营经济发展的指导思想和总体思路，并根据国家产业政策的导向，发挥贵州资源优势，依靠科学技术进步，调整民营经济的产业结构和地区布局，加快发展第三产业，通过公有制经济与民营经济的重组联合，组建一批具有地区特色的企业集团，加快民营经济发展。为了确保全省和地区民营经济有序的发展，各级政府部门应切实加强领导，全面深化改革，加快转变政府职能。清理和修订与党的十八大和十九大精神不一致，影响民间投资活力的行政法规、部门规章及制度，制定清晰透明、公平公正、操作性强的市场准入规则，从思想上消除所有制偏见，彻底打破“玻璃门”“弹簧门”“旋转门”等隐性障碍。各级党委、政府要把发展民营经济列入重要议事日程，主要领导亲自抓，定期研究和协调解决民营经济发展中的重大问题，并加强同民营企业的沟通和联系。在理顺民营经济管理体制，搞好民营经济的发展规划、政策协调、日常管理和服务工作的同时，要把推进民营经济发展情况纳入对各地和各有关部门的目标绩效管理中，进行考核评价。

三是建议从“精简、放权、服务、高效”的要求出发，深入推行行政体制改革，加快转变政府职能。转变政府职能至关重要，要由直接管理向间接管理转变，由单纯监督向规范服务和监管转变。各级政府部门要真正把民营经济作为社会主义市场经济的重要组成部分，纳入国民经济和社会发展的总体规划，从多方面鼓励和支持其发展。通过深入研究行政体制改革的顶层设计和总体规划，并根据全省和地区民营经济发展目标，明确其发展的具体内容、任务和要求。各级政府部门要清晰界定在经济调节、市场监管和社会管理方面的职能，更多地把对民营经济的服务重点放在营造公平环境和提供公共服务上。明确界定对民营经济管理职能的部门分工，加强部门之间的协调与整合，使其能各司其职，各负其责。同时，加快推进政府政务公开和信息公开制度，努力实现政府权力“阳光化”运作，不断提升政府公信力。通过尽快形成各种所有制经济依法平等使用生产要素、公平参与市场竞争、同等受到法律保护的新格局，使企业能够一心一意谋发展。为完善生产要素市场，实现生产要素配置上的公平竞争，建议建立和完善包括土地使用、人才培育、市场开发、资本融通等生产要素市场。逐步消除各种形式的因素垄断，使民营经济主体能够在要素市场上参与公平竞争。

四是坚持权利平等、机会平等、规则平等。早在2005年《国务院关于鼓励支持和引导个体私营等非公有制经济发展的若干意见》，对民营经济发展所涉及的门类文件规定得非常清楚，即允许民营资本进入法律、法规未禁入的行业和领域；允许民营资本进入垄断行业和领域；允许民营资本进入公用事业和基础设施领域；允许民营资本进入社会事业领域；允许民营资本进入金融服务业；允许民营资本进入国防科技工业建设领域；允许民营经济参与国有经济结构调整和国有企业重组等，民营经济所涉及的行业和领域，几乎是国民经济的各个方面，只要有兴趣都可以进入。所以，我省和地区的有关部门应废除对民营经济各种形式的不合理规定，消除各种隐性壁垒，制定民营企业进入特许经营领域的具体办法。强调实行统一的市场准入制度，在制定负面清单的基础上，各类市场主体可依法平等进入清单之外的领域。在坚持发展与提高并重，促进民营经济总量增长的同时，着力优化产品和产业结构，进一步转变发展方式，提高民营企业的素质，不断增强民营经济发展的活力和市场竞争力。

五是进一步深化行政审批制度改革，加大取消、缩减核准的力度。为促进民营经济加快发展，各级主管部门应建立服务中心，以此为平台，连接法律、公安、土地、税务、金融、工商、科技等部门和协会，组成服务网络，为民营经济发展服务。一方面要全面梳理各部门职责，优化审批工作流程，特别是在项目核准、用地预审、环评审批、节能审批等方面同步下放权限；通过加强部门间的沟通协调，尽快建立项目审批的联合会商、一站式窗口服务等制度，将各部门独立审核的串联方式，改为各部门联动协同的并联模式。另一方面，要进一步加强对中介的管理和监督力度，规范其市场经营活动和中介行为，从制度上防止出现权力寻租和隐蔽审批；完善政策信息公开制度，畅通政企沟通渠道，提供政策解读和政务服务，为企业投资提供便利。此外，建议政府授权或委托专门的研究机构，制定评价企业核心竞争力的标准，引导民营经济健康发展。研究机构除政府职能部门的领导和专家外，还应吸纳一定比例体制外人员。根据评价标准对全省和地区有发展潜力的民营企业进行扶持，培育一批有经济实力和发展前途的大企业、大集团，促进全省和地区经济社会跨越式发展。

二、推进混合所有制经济发展，破解民营经济发展瓶颈

党的十五大报告提出，公有制实现形式可以而且应当多样化。股份制是现代化企业的一种资本组织形式，有利于所有权和经营权的分离，有利于提高企业和资本的运作效率，资本主义可以用，社会主义也可以用。2002 年，党的十六大报告提出：除极少数必须由国家独资经营的企业外，积极推行股份制，发展混合所有制经济。党的十七大报告进一步提出，以现代产权制度为基础，发展混合所有制经济。改革开放的理论和实践表明，我国实施允许国内民间资本和外资参与国有企业改组改革的政策，使国有资本和各类非国有资本相互渗透和融合，以股份制为主要形式的混合所有制经济迅速发展起来。贵州混合所有制经济由于起步较晚，发展缓慢，不仅一般企业规模小，而且布局分散，远远不能适应发展的需要。所以，当前贵州推进混合所有制经济发展的一个重要内容，就是破解民营企业在发展中资金、人才、土地等瓶颈问题，充分发挥市场在资源配置中的决定性作用，加强政策引导，加大扶持力度，提高要素资源配置效率。

一是破解资金瓶颈，提高资金保障能力。第一，要加大政策资金引导扶持力度。建议省级财政设立支持民营经济发展资金，重点用于技术改造创新、新产品开发、市场开拓等方面；重点支持各类处于初创期的高成长性、科技创新型、劳动密集型民营企业。同时，地方政府可根据自身财力状况，在年初预算中安排一部分资金，专项扶持民营经济发展。发展资金主要用于企业技术改造贷款贴息和信用担保、创业辅导、市场开拓等服务体系建设。第二，深化金融改革，创新金融服务，解决民营企业“融资难”“融资贵”问题。建议成立由民间资本发起设立自担风险的民营银行，大力发展农村村镇银行，放宽对融资性担保公司、资金互助合作社等小型金融机构的限制，推动民间融资阳光化、规范化发展，为小微企业提供多层次融资服务。第三，加大对民营金融机构的财税支持力度。全面落实支持小微企业发展的金融政策，加快小微企业信用担保体系建设，建立小微企业贷款风险补偿基金，提高对民营企业的担保增信能力。第四，依托行业协会、商会等组织。支持民间资本建立融资担保机构，探索设立“互助合作基金”“民营企业融资担保基金”等，增强民营企业信用保证，同时，建立风险共担制度，合理划分担保机构和承贷银行承担的贷款风险。

二是破解人才瓶颈，提高人才保障能力。阻碍贵州民营经济发展的一个重要原因，就是缺少人才。人才瓶颈问题的解决，是发展民营经济的关键。有了人才，就有了一切。有了人才，就有了技术；有了人才，就有了管理；有了人才，就有了民营经济的兴旺。第一，将民营企业人才工作纳入全省人才工作总体规划，作为各级党校、行政学院、社会主义学院的重要培训内容，培育一批有理想、有抱负、有创业精神的现代黔商。同时，聘请省内外优秀民营企业家担任省政府经济顾问，为贵州民营经济发展提供意见和建议。第二，加大对民营企业引进人才的政策、资金支持力度，建立柔性化引才机制，健全人才合理流动机制，创新人才引进方式，加强对民营企业技能培训力度。把企业家队伍建设作为重中之重，建立全省民营企业家信息库，加强跟踪考察和扶持培养，定期组织重点行业企业家走出去，拓宽视野，学习经验，建立个性化培训机制，开展"菜单式"培训。第三，建立健全职业经理人制度，创造有利于职业经理人生长的环境，积极培养和引进高素质职业经理人。加强高等院校和民营企业对接合作，共建高技能人才"订单式"培养示范基地。针对民营企业管理中的具体问题，配备财务人员，健全财务制度，加强对资金的管理，搞好资金运营，加速资金周转，提高资金效率。同时，搞好企业营销管理，做好市场调查，办好产品销售服务，催收货款，及时反馈产品推销中的问题，不断提高产品质量，完善销售服务工作，以及加快企业技术进步，研发新工艺、新设备、新产品，使企业产品优质高效、节能降耗和物美价廉，不断满足广大消费者的市场产品需求。第四，建议政府部门采取各种措施，制定相关的优惠政策，在防止人才外流的同时，积极引进人才，并通过举办各种不同层次、形式多样的技术培训班和管理培训班，促进全省和地区技术创新人才的迅速成长。进一步完善和落实民营企业科技人员政策，提高他们的政治和经济地位。发挥对科技人才的管理、调节作用，实现科技人才的优化配置。

三是破解土地瓶颈，鼓励节约集约用地。第一，建议加快推行土地使用权网上招拍挂，保证民营企业用地与国有、集体及其他企业享受同等待遇。在年度土地利用计划指标安排上，坚持对民营企业和其他各类投资业主一视同仁，统一调剂安排用地指标，更好地缓解民营企业用地难问题。第二，鼓励民营企业节约集约用地。建议采用土地优惠政策与集约用地挂钩的办法，引导民营企业提高土地利用率。通过健全税收分成、强化用地保障等激励措施，鼓励招商引资的新上工业项目集中连片建设、集群发展。第二，对于优先优惠配置给项目的土地，可采取先租后征的方式，先出租给企业，待企业使用若干年后，视其投入产出情况再决定是否出让，切实防止土地征而未用、浪费土地现象的发生。第四，支持民营企业平等进入土地市场，构建全省土地利用信息数据库，保障民营经济创业基地、创新平台等建设用地，加强对科技含量较高、规模较大的民间投资项目的用地支持。盘活城乡存量土地资源，支持有条件的民营企业进行厂房改建和扩建、进行内部土地整理，提高土地利用率。

四是抓住发展机遇，鼓励发展混合所有制经济。混合所有制经济是社会主义市场经济的重要内容，是中国特色社会主义所有制的有效实现形式。党的十五大最早提出发展混合所有制经济；党的十六大又明确提出，“积极推行股份制，发展混合所有制经济”；党的十六届三中全会提出“大力发展国有资本、集体资本和非公有资本等参股的混合所有制经济”。党的十八届三中全会通过的《中共中央关于全面深化改革若干重大问题的决定》提出，“鼓励发展非公有资本控股的混合所有制企业”，“鼓励有条件的私营企业建立现代企业制度”，促进民营经济企业构建与市场经济相适应的科学化、规范化的现代企业组织制度和管理制度，进一步提升民营经济的发展能力和水平，实现民营经济的持续健康发展。第一，要抓住国家鼓励发展混合所有制经济的机遇，鼓励发展民营资本控股的混合所有制企业，支持国有企业母公司通过出让股份、增资扩股、合资合作引入民营资本，推动混合所有制经济加快发展，为全省民营经济发展注入强大活力。第二，深化国有企业改革，降低门槛，放宽市场准入，及时发布国有企业改制重组招股招商信息，支持民营企业通过资产收购、产权受让、参股控股、合资合作等多种形式，全面参与国有企业的改制重组，开展与央企、外地国企的合资合作。第三，推动民营企业管理转型，建立现代企业制度，实现公司法人治理结构，为与国有资本良性合作奠定制度基础。发展混合所有制经济，要充分考虑民营经济人士的感受，坚持“效率优先、自觉自愿、互惠共赢”的原则，不搞“拉郎配”和“硬性摊派”。第四，加快国有资产置换和国有制经济的战略调整，有效地推进垄断行业改革实施资产重组，同时依法保护民营资本的参与权、话语权和企业收益，保证民营资本在混合所有制经济中不受侵犯。

三、鼓励科技创新，引导民营经济创新升级

贵州民营科技企业诞生于 20 世纪 80 年代中期，经过 30 多年的奋斗，民营科技企业已具备了一定的规模，技术水平、创新能力、经济实力有了显著的提高和增强，出现了一批民营科技企业和企业集团，成为深化科技体制改革、推动科技进步

的一支重要力量和发展高新技术产业的主力军。但目前贵州民营科技企业无论在发展数量、规模、速度上，还是在发展质量上，与全国先进地区相比都还存在较大的差距。所以，当前对于贵州民营经济发展的一个主要内容，就是鼓励科技创新，引导民营经济创新升级，提升全省和地区的整体经济实力和市场竞争力。

一是深化对民营科技企业地位和作用的认识。民营科技企业是民营经济中最具活力、最有发展前途的经济成分。只有深化对民营科技企业地位和作用的认识，才能促进民营科技企业的健康发展；只有正确认识民营科技企业的作用，充分重视民营科技企业的地位，才能调动和发挥民营科技企业的发展潜力，使之在推动经济社会发展中发挥应用的作用；只有正确认识多种经济成分互相依托、互为补充、良性竞争、共同发展的辩证关系，才能真正做到毫不动摇地鼓励、支持和引导民营科技企业的发展。当前，切实转变政府职能，提高履行公共职能的水平，是加快全省和地区民营科技企业发展的保障。要把大力发展民营经济作为事关全局的重大战略问题，纳入各级政府部门的议事日程，增强为民营科技企业服务的意识。通过深化科技体制改革和经济体制改革，增强现代企业制度意识和民营科技企业的发展后劲。而且要大力发展科技中介机构，为民营科技企业的发展提供专业化服务；通过建立科技服务共享平台，为民营科技企业的发展提供科学研究基础条件；利用政府公共信息平台，发挥技术市场的服务功能，为民营科技企业提供信息、咨询和技术交易服务。此外，要建立和完善有效的人才激励机制，不断强化知识产权保护意识，深化户籍、人事制度的改革，鼓励高素质的科技人员及经营管理人员凭借自己的创造性积极创业，吸引和促进科技人才合理流动，为民营科技企业的发展夯实人才基础。

二是在鼓励科技创新，引导民营经济创新升级方面。第一，要加大对民营科技企业的扶持力度，健全科技资源开放共享机制，完善支持民营经济科技发展和成果应用转化的财税、金融、产业技术和人才政策。通过加大支持民营企业产学研联合和技术难题诊断对接力度，积极推进中小企业与大企业、科研机构、高校的技术交流合作。第二，发挥贵州传统的军工科技优势，推进实施军民融合战略，开放军工领域，支持引导民间资本和民营企业积极参与军民两用技术的研发和转化，推进企业转化升级，将军工优势转化为经济优势。第三，实施民营经济引进高层次人才特殊支持计划，对企业用工在城市户籍准入、社会保障标准、职称评定、政府津贴、评优表彰等方面，给予与国有企业同等的政策待遇，为民营企业人才队伍建设提供政策支撑。第四，充分利用各类新闻媒体，大力宣传中央和我省促进民营经济发展的各项方针政策，营造出有利于民营企业健康发展的良好舆论氛围。全省和地区要及时制定出台产业战略发展规划，分类指导和引导民营企业加快发展。通过建立民营企业转型升级发展基金，适当增加政府中小企业转型升级项目的补贴比例，鼓励民营经济转型升级。在巩固和扩大民营企业发展成果的基础上，深入实施商会、大企业双带动战略，提速筹建中小企业创业孵化基地，促进和引导民营经济创新升级发展。

三是针对我省民营企业大多数是劳动密集型的中小型企业的现状，要提高全省和地区民营企业技术创新的整体水平，当前，大力发展科技含量高、技术人员素质高的民营高科技企业是一条可供选择的必由之路。由于贵州民营企业起步较晚，因此当前企业可采用“模仿创新”和“引进—消化—再创新”的模式。其优点是迅速缩小我省民营企业与先进地区技术水平的差距，缺点是受制于先进地区的技术来源，缺少本省核心技术的创新，呈现出“总是在追赶，永远无法超越”的被动局面。因此，通过自主创新，找到适合自己的创新模式，是贵州民营企业的当务之急。在采用“模仿创新”和“引进—消化—再创新”的模式中，一种可借鉴的模式是通过资本运作来实现企业之间的创新合作，使其产品的技术含量大大提高，占据了市场的主动。另一种模式是同一地域的企业通过技术联盟实现技术创新。方法是共同组建研发公司，聘请技术专家和招聘专业技术，合作开展“地域名牌”创新项目研制，分享成果带来的利润。再一种模式是通过加大企业的产业链“搭便车”创新。对于贵州的中小民营企业来说，除前两种模式外，可以通过加入大企业的产业链，利用大企业的技术输出，实现自身技术水平的迅速提升。为此，建议出台针对我省民营高科技企业的优惠政策。其一是对高科技企业创业人员提供帮助，充分发挥高新科技园区“孵化器”的作用；其二是加大减免高科技民营企业各种税费的力度，帮助企业度过创业初期阶段；其三是在人才招聘、职称评定、子女就业等方面提供保障，免除企业发展后顾之忧。

四是加强质量管理，坚持品牌创新。在当前市场品牌的博弈中，我省和地区民营企业的一项重要工作是进行ISO9000认证，切实推行全面质量管理。通过从产品设计、生产、检验直到用户服务的各个环节，控制不合格产品，拒绝劣质产品，促使企业产品和服务质量不断改进、提升，适应消费者需求，让消费者放心、安心使用。打造贵州民营企业的品牌，既需要技术创新来扩大自身产品与名牌产品的差异程度，提高和保持产品的竞争力，又需要依托管理制度创新来提高品牌资源的利用效率。所以，民营企业的领导者，要充分关注企业的技术创新，加大资金投入力度，通过自主开发或联合开发等方式，不断提高技术水平，巩固自身品牌优势。包括从品质、功能、外观、款式、包装、服务等方面不断地充实品牌的内涵，满足消费者不同的消费需求，企业品牌才能继续保持在消费者中的声誉。同时，要积极探索、引入适合本企业特点的先进管理制度和科学管理方法，打破发展桎梏，激发员工对贵州本土的激情、热情和创造力，提高企业资源整合能力，保持品牌的市场竞争力。针对贵州民营企业品牌竞争力不强的状况，应强化对民营企业品牌的危机管理。一方面要建立健全危机预警机制。通过开展危机分析预测、建立品牌自我检查制度以及对员工危机管理教育培训制度等，从根本上减少和消除品牌危机的发生。另一方面，危机爆发后，一切都要以消费者的利益为重，不回避问题和矛盾，及时向消费者说明事件处理的进展情况，只有态度诚恳，才能赢得消费者的信任和理解，从而有效维护企业的品牌形象。市场竞争中，企业品牌尤其是知名品牌，会遭到他人假冒企业商标、傍牌、擅自使用企业名称等非法侵害行为的威胁。企业应该尽快拿起法律武器维护自己的正当权益，维护企业品牌的声誉，以减少损失。

四、加强政策引导，建立民营经济的长效机制

改革开放的实践已经证明并将继续证明，民营经济是促进社会稳定发展，服务百姓生活、实现共同富裕的重要力量。在全国经济社会发展的大视野下，推进民营经济持续健康发展，关键是把党的十八大、十八届三中全会和十九大精神落到实处，全面深化改革，加快转变政府职能，加强政策引导，建立民营经济的长效机制，为加快民营经济发展和实现贵州经济社会又好又快发展贡献力量。

一是进一步提高对民营经济的重视程度，把政策措施落到实处。要深入贯彻落实党的十八届三中全会精神和习近平总书记一系列重要讲话精神，进一步解放思想，转变观念，深化对民营经济的认识，提高对民营经济工作的重视程度，推动思想上放心放胆，政策上加强引导，工作上放手放开。进一步深刻认识在中国特色社会主义现代化建设中，民营经济是一个不断成长、潜力巨大的经济成分，是社会主义市场经济的重要组成部分。此外，民营科技企业作为改革开放的产物，不仅对我省和地区的改革和发展至关重要，而且对充分调动社会各方面的积极性、加快生产力发展发挥着重要的作用。只有正确认识多种经济成分互相依托、互相补充、良性竞争、共同发展的辩证关系，才能真正做到毫不动摇地巩固和发展民营经济，毫不动摇地鼓励、支持和引导民营经济有序、健康的发展。应牢固树立发展

是硬道理、创业致富光荣的理念，消除对民营经济的各种歧视和偏见，弘扬敢闯敢试、爱拼会赢的创业精神，培养创新文化，激发创业热情，营造想创业、能创业、会创业的社会环境。进一步完善政策体系，鼓励吸引民营企业、商会组织参与政策的研讨和制定，增强政策的针对性和有效性。此外，加强和引导具备一定规模的民营企业，不断完善法人治理结构，逐步规范和落实股东制、董事会、监事会和经营管理层权责，建立和落实重大事项论证和决策机制、内部制衡和风险控制机制，切实降低投资风险，建立现代企业制度。

二是为了给民营企业发展创造更为宽松的空间，要进一步加强政策引导，放开产业限制，放宽对个体、私营经济的投资限制，降低准入门槛，扩大准入范围。通过简化审批程序，放宽个体、私营经济的经营资格主体、经营范围、经营方式的条件，鼓励和支持个体、私营经济从事咨询、信息、技术服务、运输、旅游、公用、卫生和开发性农业等第三产业。2014 年财政部、国家税务总局再度出台针对小微企业的“微刺激”减税政策，政策调整一是“降门槛”，享受优惠政策的小微企业年应纳税所得额从 6 万元扩展至 10 万元；二是切实减轻了小型微利企业的负担。针对民营经济现状，建议在增值税方面，允许企业自由选择一般纳税人资格，或者说一般纳税人可以选择简易征收办法，从而降低民营经济中小微企业的间接税成本。在营业税方面，营业税重复征税加重了纳税人的税收负担，因此，要加快“营改增”步伐，扩大“营改增”范围。在企业所得税方面，建议按照比区域行业平均应税所得率略高的标准确定核定征收企业所得税的应税所得率。同时，对于实行查账征收企业所得税的，要从企业内控下手，改变凭票税前扣除的做法。在行政规费方面，主要是国家财政向纳税人提供金税工程相关费用。一旦国家承担了这部分费用，采取这个措施，可以提高小微企业的“创业热情”。此外，着力扩大资产、品牌、技术、产品等产业链条，引导民营企业进入国有企业的发展体系，使民营企业通过与大企业之间形成协作配套关系，在专业化协作与社会化竞争中，不断发展壮大自己。政府有关部门还应定期发布具有指导性作用的《民营企业产业指导目录》，逐步优化民营企业组织结构和产业组织结构，避免低水平的重复建设和重复投入。在鼓励个体、私营企业以多种形式参与国有企业战略性调整与改组中，要积极推进个体、私营企业以市场为导向，按照优势互补、利益共享的原则，与国有企业进行多种形式的联合与协作，既参与国有企业的战略性调整与改组，又能接收国有企业的下岗、分流人员。

三是加强区域合作，促进产业发展，参与国内外市场竞争。在新一轮西部大开发战略中，通过加强西南四省市区域合作，依托国家政策实现自身发展。在努力争取国家对西南地区实施差异化措施的同时，构建跨区域协作机制，发挥综合优势和各自的独特作用，共同加强区域内经济贸易交流活动，引导民间资本积极参与区域经济互利协作，承接东部地区的产业战略转移，调整和优化产业结构，依托国家政策实现自身发展。随着经济全球化的发展，世界经济对我国和贵州经济发展影响越来越大。建议我省应尽快建立和完善对个体、私营企业的技术支持和服务体系，支持一批具有一定规模和实力的私营企业建立技术开发中心，大力发展科技型、外向型企业，进行产业升级，到境外投资办厂，参与国际竞争。如：对于符合国家产业政策，产品质量和技术水平在国内居领先地位的私营企业，应在技术开发、引进和新产品的销售等方面享受国家有关的支持政策。同时，鼓励个体、私营企业参与对外贸易和国际经济技术交流与合作，对符合条件的民营企业在出口信贷、出口退税、引进资金和技术等方面应给予支持外，有关政府部门在立项审批、股份制改造、户籍管理、法律保护、社会保障、专利申请、资产评估、信息沟通等方面，也应提供切实有效的服务。

四是把发展民营经济与加快农村脱贫致富和城市再就业工程结合起来。如何进一步加快农村的脱贫致富和城市的再就业工程，是我省经济发展中的一项重要任务，也是加快民营经济发展的一项重要内容。2014 年，全国贫困人口 7 017 万人，贫困发生率 7.2%；贵州有贫困人口 637 万人，贫困发生率 18.0%。由于自然条件恶劣，生态环境脆弱，脱贫致富十分艰巨。特别是众多的少数民族地区贫困人口比例较高，基础设施薄弱，经济和社会发展水平十分落后。这些都直接关系和影响到民族团结和社会稳定。所以，要通过加强引导，把发展民营经济作为一项重要措施，与我省农村脱贫致富结合起来。政府要从贫困地区的资源条件和实际情况出发，制定更加优惠的政策，鼓励和发展各类个体、私营经济，帮助民族贫困地区的广大农户找到一条脱贫致富奔小康的新路子。当前，要牢固树立科学治贫、精准扶贫、有效脱贫理念，通过实施大扶贫战略行动，举全省之力坚决打赢脱贫攻坚战。措施之一是加快形成脱贫攻坚强大的合力，建立更加明确的脱贫攻坚责任制、更加有效的大扶贫工作机制、更加有力的资金保障机制、更加科学严格的绩效考核机制。措施之二是深入推进精准扶贫精准脱贫，切实加强贫困人口精细化管理、抓好扶贫资源的精细化配置、做好贫困人口的精细化扶持、完善贫困区域有效退出机制。措施之三是全力打好六大脱贫攻坚战，包括：打好扶贫搬迁攻坚战、产业脱贫攻坚战、绿色贵州建设脱贫攻坚战、基础设施建设脱贫攻坚战、教育医疗脱贫攻坚战、社会保障兜底攻坚战。措施之四，对于全省和地区的广大城镇和农村的脱贫攻坚，包括：引导并帮助农民依托资源优势，按照市场需求，开发高附加值的名特稀优和无污染的“绿色食品”；组织规模经营和专业化生产，发展支柱性产业，兴办贸工农一体化、产供销一条龙的龙头企业和具有生产竞争力的乡镇企业，加快贫困地区迅速脱贫致富；鼓励和支持下岗职工和失业人员兴办个人、私营企业，实现再就业。通过加强就业培训，引导下岗职工转变择业观念，参加民营企业实现再就业；各级政府部门应鼓励和支持民营企业兴办投资少、见效快、劳动密集、为生产和生活服务的行业，对下岗职工和失业人员创办的个体、私营企业给予优惠和照顾，对作出贡献的应给予奖励。

五是加强对民营企业的管理，不断提高企业的整体素质。当前，政府部门应抓住西部大开发和全国民营经济发展的机遇，切实加强我省对民营经济工作的管理，不断提高企业的整体素质。第一，以地区资源为发展依托，建立具有地区特色的民营生产型企业和加工型基地。配合地区城乡小集镇的建设，发展个体、私营、联户和股份合作制企业，建设一批短、平、快的项目，通过市场建设与集镇建设的结合，为建立地区经济贸易区和开发区创造条件。大力发展乡镇企业，根据国家有关发展外向型企业的方针政策，对乡镇企业中的主要行业进行强化和完善，逐步形成我省的乡镇企业出口基地，通过开发名牌产品，出口增收创汇。第二，我省民营企业的负责人，在打造贵州民营企业的过程中，要把追求经济利益与遵循现代市场经济法则结合起来，把追求企业经济效益与实现社会效益结合起来，依法守法，合理经营，树立企业良好社会形象。并主动承担社会责任，为企业职工提供社会保障，改善劳动条件，构建和谐劳动关系。关心困难群体，参与公益事业，积极回报社会，争做守法经营、奉献社会的实践者。同时要加强学习、开阔视野，与时俱进，不断进步。大力培养企业创新精神、艰苦奋斗精神和团结协作精神，敢于追赶和超越省外乃至海外的优强企业，为加快贵州民营经济发展作出贡献。第三，继续深入开展理想教育实践活动，增强民营经济人士对中国特色社会主义的信念、对党和政府的信任、对自身企业发展的信心。依托工商联开展党政领导和部门负责人与民营企业家的直接对话和协商沟通机制。设立商会组织发展专项基金，不断扩大商会组织的覆盖面。第四，健全民营科技创新机制。鼓励民营经济专业技术人员从事科技成果的转化工作，大胆探索和实践科技成果转化的分配形式，充分体现贡献多少收获多少的原则，体现人才的市场价值。对科技创新有特殊贡献的研发机构和人员，同级政府可依据其作出的贡献给予重奖。第五，针对目前一些经营素质不高的个体工商户和私营业主经销假冒伪劣商品、偷漏税收、买空卖空、欺行霸市等坑害国家，损害消费者利益的违法行为，建议政府有关部门除加强法制的宣传教育外，应加大执法力度，严格市场管理，规范市场行为，完善监督手段，建立良好的社会主义市场经济秩序，不给违法违纪者以可乘之机，为贵州民营经济的健康提供保障。

六是针对贵州民营企业品牌竞争力不强的状况，应强化对民营企业品牌的危机管理。一方面要建立健全危机预警机制。通过开展危机分析预测、建立品牌自我检查制度以及对员工危机管理教育培训制度等，从根本上减少和消除品牌危机的发生。另一方面，企业一切都要以消费者的利益为重，不回避问题和矛盾，及时向消费者说明事件处理的进展情况，只有态度诚恳，才能赢得消费者的信任和理解，从而有效维护企业的品牌形象。同时，企业应该尽快拿起法律武器维护自己的正当权益，维护企业品牌的声誉减以少损失。

五、营造良好发展环境，促进民营企业健康发展

当前，努力为我省和地区民营经济营造良好发展环境是一项紧迫而长期的任务。为贯彻落实好国家和我省鼓励民营经济发展的各项政策措施，应全面总结和梳理各项政策在贯彻落实中存在的问题，抓好问题的整改，促进政策落实到位、执行公平公正、监管合理有序。通过转变政府职能，全面推行依法行政，营造良好发展环境，促进民营企业健康发展。为此，建议认真做好以下工作：

一是全面深化改革，进一步激发民营企业活力。全省和地区的有关部门，要深入贯彻落实党的十八届三中全会精神和习近平总书记一系列重要讲话精神，从思想上消除对民营企业的偏见，切实推出一批有利于激发民间投资活力的示范项目，充分考虑地区经济发展和民间资本的能力和需要，让民营企业真正进入一些符合地区产业发展、有投资预期、有利于转型升级的项目，形成示范带动效应，在推进全省和地区经济结构战略性调整中，大力发展混合所有制经济。通过实施创新驱动发展战略，促进民营企业转型升级。按照全省深化科技体制改革的部署，建立以企业为主体、市场为导向、产学研协同创新机制。加强全省和地区经济发展顶层设计，确立企业技术创新主体地位，破除资源条块分割和行政垄断，提高创新资源的配置效率。通过建立以创新质量、市场化全景和产业化成效为标准的科技成果评价体系，将企业家、企业科研人员和专业社会组织纳入技术创新成果评

估专家团队，降低技术成果转化与产业化的成本和投资的风险。通过优化创新环境，切实提升知识产权的保护力度和执法强度，健全技术创新激励机制。在扩大技国际协作与交流中，提升企业技术水平、产品质量和国际竞争力。

二是转变政府职能，为民营经济的发展创造良好的环境。各级政府要转变观念，真正把民营经济作为全省和地区改革和发展的重要组成部分，纳入总体发展规划，从各方面鼓励和支持其发展。进一步明确界定对民营经济有管理职能的部门分工，并加强部门之间的协调与配合，使各部门能各司其职，各负其责。要进一步完善政府部门的电子政务建设，提高政策透明度，为民营经济的发展创造公平的市场竞争环境。完善全省和地区各种生产要素市场，实现生产要素配置上的公平竞争。为形成要素配置的均等机会，应建立和完善包括土地使用、人才聘用、市场开发、资本融通及其其他资源使用在内的各种生产要素市场，用市场机制来配置生产要素。要逐步消除各种形式的要素垄断，使民营经济主体能够在要素市场上自由选择自己所需的各种资源，参与公平的市场竞争。建议全省和地方政府在培育金融市场、资本市场上，通过引进外地金融机构，加快贵州金融市场的发育，为民营经济企业的发展创造良好的金融环境。同时，要充分调动全省和地区民营经济的投资积极性。在已经开放的产业和领域，进一步消除存在的某些歧视，建立和完善公平竞争的有效机制和发展环境。通过不断增加和扩大能够进入的产业和领域，使全省和地区民营经济的发展从以第三产业为主，加快向第一、二产业协调发展。

三是实行普惠制税收政策，让民营企业普遍受惠。建议全省和地区采取阶段性、惠普式减免税收的方式，让企业有更多的资金开展技术创新，使小微企业普遍受惠。对于那些税负比高于平均数的高增值、创新型中小微企业，以及在“营改税”中税负加重的企业，建议实施与软件生产企业相同的即征即退政策，或加大可抵扣范围；允许企业按当年销售收入的一定比例，提取研发风险准备金并在所得税前扣除，已提取的准备金期满三年未投入研发的重新计入应纳税所得额；扩大企业技术研发费用税前加计扣除认定范围，并建立科技部门与税务部门的联审制度。要认真解决民营经济融资难的问题。要进一步加大财政和信贷支持力度，建立健全信贷担保体系和信贷担保机构，开辟多种渠道筹集担保资金。通过设立产业投资基金和风险投资基金，支持高科技、高风险、高收益的民营企业的运营和发展，促进产业升级，培育新的经济增长点，支持有条件的民营经济企业做大做强，又好又快地发展。同时，引入中介服务机构，加强有关部门培训。要将中介服务机构引入市场竞争，加强对市场中介组织的指导和监督管理，定期对市场中介机构进行审计，并向社会公布收费情况，对垄断性中介服务机构，探索推行限时、限价服务。并加强对省级及以下行政部门审批部门的培训，使其尽快适应投资改革新形势、新要求。切实承接好上级下放的审批权限；完善政策信息公开制度，畅通政企沟通渠道，多设路标，及时发布办理部门、具体操作流程、办事时间节点等详细信息，提供一站式政策解读和政务服务，为企业投资提供便利。

四是针对全省和地区民营经济企业在总体上规模小、资金缺、技术创新不足的问题，要营造良好的发展环境，引导民营经济企业不断提高自身素质加快发展，包括：要有计划、有步骤地组织个体、私营企业主及从业人员参加政策、业务学习和培训。(1) 引导民营经济人士爱国、敬业、守法，提高企业主的思想觉悟、职业道德、经营能力、管理水平、市场竞争能力和自我保护的法律意识等。(2) 增强民营经济企业的诚信意识。民营经济企业要从市场经济对自身的要求上找差距、创名牌，加快企业改革，不断推进专业分工协作与规模化发展，千方百计上规模、上档次、上水平；要强化企业诚信意识，坚持依法经营，遵守“公平、公正”的市场规则；要严格质量管理，依法履行纳税义务，切实维护消费者的利益。(3) 要完善私有财产保护制度，切实维护民营经济企业及其职工的合法权益。通过建立健全企业工会组织，充分发挥劳动仲裁机构和工会组织在维护职工合法权益中的积极作用。此外，全省和地区各级部门对民营经济进行政策指导和协调中，要建立健全工作协调机制和部门联席会议制度，加强服务意识，转变工作作风，改进服务方式，创新服务手段，切实帮助解决民营经济企业发展中的困难和问题，完善具体措施和配套办法，促进全省和地区民营经济又好又快地发展。

六、保障合法权益，提供民营经济法律援助

贵州全省和地方民营经济发展与省外先进地区相比比较缓慢，存在法制环境有待改善的问题。主要表现是提供民营经济法律援助中法律体系不健全。由于保护民营经济的法律法规和政策大多是原则性的规定，缺乏可操作性的实施细则和与之配套的具体措施，有的甚至相互冲突，难以落到实处。少数司法机关的执法行为缺乏监督制约机制，一些执法人员对受理民营经济企业及个体工商户投诉不积极，案件虽然作仲裁和判决，结果却得不到有效执行等，导致民营企业赢了官司输了钱的尴尬局面。一些行政执法部门只注重罚款收费，而不注重引导、教育；

只注重部门利益，而不注重全局利益；不严格依法办事，使企业不堪重负。针对“三乱”现象，应保障民营企业合法权益，提供民营经济法律援助。

一是认真贯彻党的十六大、十七大精神，成立法律援助中心。建设保障民营企业合法权益的法律援助体系，必须从加强社会主义民主法制、有利于全社会的长治久安，从不断推进社会生产力的发展，促进个体、私营等各种形式的民营经济的全面发展的高度，依照国务院发布的《法律援助条例》等相关法律，维护不同社会阶层和不同社会群体的合法权益。建议省工商联的领导下，组建成立专门为维护民营企业合法权益的法律援助中心，经注册登记后成为独立的事业法人，接受同级司法部门的组织协调和专业指导，并依靠社会专业法律服务机构，为符合条件的民营企业提供切实的法律援助服务。按照《法律援助条例》，对民营企业提供的法律援助范围包括：企业的资产重组、股权转让、债权债务、知识产权、劳动人事等方面的法律咨询服务；债权债务纠纷案件、破产纠纷案件；帮助审查合同、协议等法律事务文书，代办律师见证、资信调查等法律服务；等等。对民营企业从业人数的法律援助，包括：劳动争议、保险纠纷案件；依法请求国家赔偿案件；请求发给抚恤金、救济金，以及请求给付赡养费、抚养费等各种案件。

二是按照《法律援助条例》规定：“法律援助是政府的责任，县级以上人民政府应当采取积极措施推动法律援助工作，为法律援助提供财政支持，保障法律援助事业与经济、社会协调发展。”法律援助经费来源包括：政府拨款、社会捐助和行业奉献。同时，可以向社会募集资金，但必须是在完全自愿的基础上进行，切忌形成新的摊派和“三乱”。此外，还可以通过申请国际资助充实法律援助经费。以上所有经费都应进入“法律援助公共基金”专款专用。通过对这个公共基金的有效管理和使用，为法律援助活动提供可靠的经费保障。申请法律援助时，应遵守下列程序：一是申请。企业应填写“法律援助申请表”，同时向法律援助机构提交企业营业执照、有关部门或机构出具的经济状况证明；与申请援助事项有关的案情材料以及法律援助机构认为需要提供的其他材料。二是审查。法律援助机构接到法律援助申请后，应尽快对其进行审查，看是否符合法律援助条件。三是决定。法律援助中心自受理申请之日起，一般应在 15 日内作出是否予以法律援助的决定。对符合条件的签订“法律援助协议”；不符合的不予法律援助，若有异议，可要求重审。最后是提供援助和结案归档。

三是建设保障民营企业合法权益的法律援助体系，必须从加强社会主义民主法制、有利于全社会的长治久安，从不断推进社会生产力的发展，促进个体私营等各种形式的民营经济的全面发展的高度，依据《法律援助条例》等相关法律法规，维护不同社会阶层和不同社会群体的合法权益。如果没有组织机构的保障，就不可能有经常而规范的法律援助工作。建设保障民营企业合法权益的法律援助体系的组织机构是工商联系统。通过在全国工商联及我省工商联，组建成立专门为维护民营企业合法权益的法律援助中心，地区工商联根据需要和可能设立相应机构，如法律援助工作站。法律援助中心或工作站接受同级司法部门和法律援助中心的组织协调和专业指导，为符合条件的民营企业提供切实的法律援助服务。按照国务院发布的《法律援助条例》，经济困难的公民可以依法请求国家赔偿，请求给予社会保险待遇或者最低生活保障待遇，请求发给抚恤金、救济金，请求给付赡养费、抚养费，请求支付劳动报酬以及主张因见义勇为行为产生的民事权益等6种需要代理的民事、行政事项申请法律援助。同时，《法律援助条例》还规定，盲、聋、哑人等社会弱势群体在刑事诉讼中可以申请法律援助。

四是切实维护和保障民营科技企业及企业家合法权益和生命财产安全。从世界贸易组织的法律框架和民营经济本身应享受的国民待遇考虑，建立维护和保障民营科技企业参与竞争的法律体系，规范政府部门和社会各界的行为，在科技企业市场准入、项目申请、土地使用、筹资融资、成果转化、高新技术产业化、社会保险等方面，创造条件，给予与国有经济同等的待遇。整顿和规范执法队伍，假定对执法的督促检查力度，尤其要规范对民营科技企业的税费征收，有效遏制乱收费、乱罚款、乱摊派，切实减轻企业负担，改善民营科技企业的生存环境。一方面，要不断完善法律体系，抓紧清理现有相关法规，凡是不符合国家有关规定的应尽快修改、补充或废止。同时制定保护私有财产、维护市场公平竞争、确保投资权限的相关法律。另一方面，要借鉴国外发达地区“先立法、后开发”的经验，制定一些相关的地方性法规。此外，对民营经济的法律保护，应严格、公正执法。总之，民营经济作为市场经济主体之一，如果合法权益得不到有效保护，不仅不利于社会稳定，而且不利于市场经济的发展。建立保障民营企业合法权益的法律援助体系，对民营企业进行法律援助，既是法律援助的明确要求，更是有关社会团体的责任。因此，必须加大法律援助的力度，让民营经济企业感受到法律阳光的温暖。

七、开展民营企业家培训，提高民营经济发展水平

改革开放40多年来，全国和我省民营经济取得了长足的发展。发展和改革的理论和实践表明，企业家是自觉遵循市场经济规律，善于组合各种生产要素，为社会创造的创业者，是中国特色社会主义事业的建设者，是市场经济中极为重要、极为需求的人力资源。从狭义上说，民营企业家是指参与企业管理的私营企业主。从广义上说，民营企业家应当包括私营企业主，个体工商户，国有、集体企业改制后自然人和私营企业控股企业的法人以及公有资产被私营机制运行的企业经营管理者等。结合我省民营经济发展的情况来看，从严格意义上说，他们当中许多企业主还不是企业家。虽然他们在创业和企业经营的实践中积累了丰富的经验，具备了一些企业家的素质和能力，但是在文化素质和专业技术素质等方面，还需要政府部门对他们开展比较系统的学习和有针对性的培训，这对于促进我省和地区民营经济发展具有十分重要的意义。

一是培训工作的指导思想、培训原则和培训目标。培训工作以党的十八大、十九大精神和习近平新时代中国特色社会主义思想为指导，通过开展民营企业家培训，帮助民营企业管理人员在企业理念、理论知识、管理能力等方面有较大的提高和改进，促进他们从“老板”到企业家的转变，在全省和地区形成一支高素质的民营企业家队伍，加快民营经济企业进一步发展。培训原则包括政府有关部门加强对培训工作的指导和服务原则；通过对有代表性民营企业家的培训，发挥他们的示范作用，带动更多的民营企业重视和参与不同形式培训的重点原则；从需求原则出发，培训的内容和方式不是越多越好，而是根据企业发展的需求和企业家工作的需求来决定，有的放矢，学以致用。对已经具备一定管理知识和经验的民营企业家的培训，更要按照实事求是的原则进行；要让企业家通过培训切实学到所需要的知识和本领，有助于解决企业发展中遇到的问题。培训讲究实用性而不是学术性，注重应用性而不是理论性，要强调培训的实效原则；以及政府部门、企业家、社会团体和培训机构共同努力的合作原则，通过各方面的配合与协作和努力，达到培训的目的和取得实效。培训目标是注意对参加培训人员的创业能力、经营管理能力、学习能力、自律能力和责任能力素质的提高。

二是了解培训的需求和方向，加强培训工作的实施措施。全省和地区有关部门开展民营企业家的培训工作，工作前应对民营企业、培训机构、地区相关情况进

行调查研究，了解培训的需求和方向，确定培训的主题和培训的内容，并通过走访典型企业进行调查，进一步确定培训教材和课程的设置。与此同时，认真了解培训机构的培训能力、师资水平、培训设施等情况，为开展培训做好充分准备。同时，应加强全省和地区培训工作的制度化、规范化和科学化建设。通过制定相关的培训政策和法规，从制度上规定培训的宗旨、目标、原则和实施措施，确保培训工作的质量和效率。通过制定相关的培训程序，避免培训工作的随意性和重复性，从整体上保证培训的质量和效率。在培训内容上，培训的课程主要有：党和政府有关民营经济发展的方针政策；宏观经济理论；专业知识、业务技能和企业管理。根据我省和地区民营经济企业实际情况，培训的对象包括民营企业家、民营企业高层管理者及后备人员。针对小微民营企业的培训，可以从产品设计、品牌建设、市场营销、财务管理、企业文化、企业竞争策略、企业信息化、网络化建设、WTO 相关知识、大数据产业等方面进行有针对性的培训。

三是从企业实际需要出发，对培训工作进行组织实施。从我省和地区民营经济企业实际需要出发，对确定培训的人数、培训期限、培训地点、培训方法、培训机构和培训方案等，应组织省和地区的有关部门领导、专家、民营企业家、高等院校、科研院所和培训机构进行研究后组织实施。其中，培训方法主要包括：(1) 理论讲授。讲授是培训的最基本方法，也是最重要的方法。只有好的讲授，才能使培训学员充分接受到自己所需的知识和技能。(2) 案例分析。通过国内外企业典型分析，使培训学员加深理解所学的经营管理等方面的知识，提高分析和判断的综合应用能力。(3) 集体研讨。通过教员与培训学员、学员之间的讨论，不断加深对所学内容的理解，激发出新的学习思维。(4) 实地考察。有条件的培训情况下，组织培训学员实地考察，有助于理论学习结合实际应用。(5) 具体实施。根据企业实际培训需要，包括具体的培训人数、每年培训时间的长短，选择适宜的培训地点、培训方案、培训机构（如自主培训、合作培训和委托培训等）和培训手段（如课本、学习资料、录像、光盘、多媒体、互联网等）。

四是创造培训工作的支撑条件，保证培训工作的顺利开展。一是开展民营企业家培训，应作为我省各级政府支持全省和地区民营经济发展的工作重点。只有将培训工作列入政府的工作重点之一，才能有效地在各方面予以支持，这是启动政府部门主导的民营经济企业家培训工作的前提条件。二是培训经费的充足到位，是保证培训工作顺利开展的基本条件。经费的来源主要是政府拨款、企业承担、学员自给、社会资助。培训经费在使用中要精打细算，政府划拨的经费主要用于资助教师讲课费、资料费等。培训机构负责课程开发和组织费用。受训企业负担学员费用。三是师资力量的配置是决定培训效果的重要因素，应当切实保证师资力量的权威性、专业性和针对性。

八、依法进行引导和监管，促进民营经济健康发展

众所周知，在市场经济条件下，民营经济企业同样是以追求个人利益最大化为生产经营的目标。所以，需要对其生产经营依法进行引导和监督。民营经济企业主要依靠市场进行资源配置，但由于市场调节自身的弱点，使民营经济的生产经营活动必然受市场调节滞后性、盲目性的影响，需要通过国家的宏观调控，来保证民营经济健康、有序地发展。

一是要引导民营经济把企业发展与经济社会结合起来。改革开放以来，在党和政府领导下，国家制定了一系列促进民营经济发展的政策措施，民营经济从大到小，从弱到强，长足发展，成为我国市场经济的重要组成部分。民营经济作为全国老百姓自己从事的经济事业，是创造全社会财富的基本源泉，也是人民群众实现共同富裕的重要手段。在中国特色社会主义进入新时代的新形势下，要引导民营经济把企业发展与经济社会结合起来。要把企业发展与经济发展结合起来。引导民营经济人士爱国敬业，诚实劳动，守法经营。以不断创新的精神，把企业做大做强，用优异的成绩来报效国家，服务社会，回馈人民。要鼓励有条件的民营企业建立党的基础组织，开展党的活动，充分发挥党员的积极作用。要通过组织成立行业协会和专业协会，充分发挥这些自律组织的自我教育、自我管理、自我服务的功能，把爱国敬业、守法经营、乐于奉献变为经营者的自发行为；要把企业个人的富裕与人民群众共同富裕结合起来，把帮扶群众脱贫致富与企业做大做强结合起来。弘扬“光彩精神”，为国家、为社会、为人民作出更大的贡献。

二是要引导民营经济把民营经济投资与国家产业政策结合起来。在全国和全省经济发展和产业结构调整和优化的大背景下，要引导民营企业按照国家和我省产业政策，充分利用我省资源富集和劳动力成本低的优势，开发和经营农林牧副渔和促进农村产业化发展，加速广大农村城镇化进程；在新一轮西部大开发中，抓住东、中部优势产业向西部转移的机遇，引导民营经济与东、中部企业加强合作经营扩大规模，投资经营装备制造业、绿色能源产业、大数据产业，开发和经营山区农林牧副渔业和农村服务业，推动山区农村经济发展和加速农村城镇化建设；投资经

营信息咨询业、中介服务业、房地产社区服务业等；以及引导投资参与建设和经营地区交通、电力、电信等基础设施和基础产业政策项目。同时，引导民营经济依法投资办学，鼓励民间资本参与公办学校生活后勤设施建设；开发卫生医疗资源和卫生医疗市场，投资经营文化体育及其他公益性事业，举办旅行社等旅游企业。

三是要引导民营经济把发展外向型经济与提高企业竞争力结合起来。随着经济全球化的发展，世界经济对一国经济的影响越来越大。我国加入世界贸易组织后，国内经济进一步融入世界经济，不仅为我国直接投资营造了良好环境，也给民营经济带来许多新的机遇，有利于民营企业扩大出口和降低进口成本，以及在更高层次上参与国际分工。按照世界贸易组织的基本原则，各级部门应引导和鼓励民营企业发展外向型经济。在全省国民经济发展的总体规划中，制定完善政策、法规和配套措施，加强对民营企业业务指导和服务。同时，民营企业要完善内部治理结构，提高管理水平。站在国际市场的高度实施名牌战略，优化出口商品结构，尽快形成有效规模，提高产品科技含量，与提高企业市场竞争力结合起来。同时，要依法监管，把规范与促进民营经济健康发展结合起来。改革开放以来，民营经济作为国民经济的重要组成部分，对经济社会发展起到了巨大的推动作用。但同时应看到，民营经济在发展过程中还存在许多弊病和消极作用，只有依法监督和加强管理，才能兴其利抑其弊，促进民营经济继续沿着正确健康的方向发展。对民营经济依法监督和加强管理，就政府而言，除通过经济手段对民营经济进行宏观调控外，还需要通过行政手段和法律手段进行监管。

四是对于税收、工商、劳动、质检、国土资源、环保、卫生、海关、公安等作为运用行政手段和经济手段实施监管的行政部门，严格执法，依法行政，维护市场秩序，是义不容辞的责任。(1) 加强税收监管。税收管理是对民营经济实施监管的重要责任。税收不仅是国家经济建设的财源，而且是调节收入分配，消除两极分化的重要手段。所以，对民营经济的税收监管是非常必要的，必须加强对民营企业守法经营，照章纳税的教育，增加依法纳税意识；税务部门要规范税收运行的各个环节，对民营企业特别是税源大户实施依法监督；税务部门必须依法征税，规范执法，对各种偷税行为要从重查处，严厉打击，决不手软，使处罚真正起到惩戒作用。(2) 加强市场秩序监督。工商部门要加强对民营经济企业经营行为的监督，整顿和规范市场经济秩序。通过净化市场环境，保证市场主体符合国家法律、法规的要求，保证市场主体之间的交易安全。(3) 加强领导保障监督。劳动部门要按照《劳动法》的要求，加强对民营企业的用工管理和劳动管理。对不依法签订劳动合同或者不公平劳动合同，延长职工劳动时间，降低劳保待遇，虐待工人，克扣拖欠工人工资，劳动环境不符合国家要求等违法经营的企业，要坚决予以查处，切实维护广大职工的合法权益。(4) 加强环保监督。环境保护部门要按照《环境保护法》的要求，对那些破坏环境的民营企业进行查处。如一些地方打着经济发展的牌子，支持、包庇污染超标企业；有些民营企业生产出来的产品不符合国家的环保标准，影响使用安全。对此，各级环境保护部门必须加大执法力度，突破地方保护主义的干扰，严格按照国家要求的环境标准对企业进行检查，确保经济与环境协调发展。(5) 加强质量监督。质检部门要按照《产品质量法》的要求，严格规范民营企业产品质量，加强产品质量检查，严禁各种假冒伪劣商品流向社会。对生产假冒伪劣商品的民营企业要坚决打击，严厉查处制假大案，清除制假售假窝点；对生产危害人体健康和公共安全产品的民营企业，要移交司法机关查处，追究刑事责任。(6) 加强卫生监督。卫生部门要严格按照《食品安全法》的要求，加大对从事食品行业的民营企业的检查力度，确保广大消费者的身体健康和消费安全。(7) 加强矿产资源监管。矿产资源管理部门要按照《矿产资源法》的要求，对各类小矿山进行整治，对违法开采者进行严厉打击，实现矿业秩序的根本好转。

总之，加强对民营经济的再管理，目的不是限制民营经济的发展，而是要保证、促进民营经济的健康发展。政府部门要为民营企业创造一个平等竞争的良好市场环境、法律环境和舆论环境。同时，为民营企业提供信息服务，做经营上的参谋，帮助解决生产经营中的困难，维护他们的权益，提高他们的经营素质，寓管理于服务之中，使管理和服务很好地结合起来。

附　　录

中共贵州省委 贵州省人民政府
印发《关于进一步促进民营经济发展的政策措施》的通知

黔党发〔2018〕29 号

各市（自治州）党委和人民政府，贵安新区党工委和管委会，各县（市、区）党委和人民政府，省委各部委，省级国家机关各部门，省军区、省武警总队党委，各人民团体：

现将《关于进一步促进民营经济发展的政策措施》印发给你们，请结合实际认真贯彻落实。

中 共 贵 州 省 委
贵州省人民政府

（此件发至县）

2018 年 12 月 1 日

关于进一步促进民营经济发展的政策措施

为进一步深入贯彻落实习近平总书记关于民营经济发展的重要讲话重要指示精神和党中央、国务院决策部署，坚持“两个毫不动摇”，全力支持民营企业做大做强做优，推动全省民营经济高质量发展，特制定以下政策措施。

一、降低民营企业经营成本

（一）进一步降低企业用地成本，在法律法规范围内，根据实际探索工业用地先租后让、租让结合、弹性出让等制度，合理缩短工业用地出让年限。对符合产业政策、不改变工业用地用途、按程序提高土地容积率的，不再使其补交土地出让金。支持新产业，新业态用地，以先租后让等方式供应土地的，可在租赁供应时实施招标拍卖挂牌程序，租赁期满且符合条件的可转为出让土地。（责任单位：省自然资源厅，各市〔州〕政府、贵安新区管委会）

（二）进一步降低企业用能成本，完善电价形成机制，推进电力市场化交易，扩大直接交易范围，合理降低工商业用电目录电价，清理规范转供电主体加价行为，保持我省工商业用电价格处于全国较低水平。推广小微企业低压接电容量由100千伏安提升至200千伏安试点，降低小微企业接电成本。鼓励天然气大用户直供，整顿规范天然气输配企业收费行为，降低企业用气成本。（责任单位：省发展改革委、省能源局、贵州电网公司）

（三）进一步降低物流运输成本，推动取消高速公路省界收费站，试行高速公路差异化收费政策，继续对持有黔通卡通行全省高速公路的货运车辆通行费给予打折优惠。推进运输结构调整，对从事内河集装箱运输的船舶免收船闸过闸费，引导大宗货物向水运分流。（责任单位：省交通运输厅）

（四）严格落实国家和省出台的各项税收优惠和收费减免政策，贯彻政府性基金和行政事业性收费清理优惠政策，省级实行涉企行政事业“零收费”，政府部门委托的涉企技术性中介服务费用一律由政府部门支付并纳入部门预算。认真落实国家社保政策，降低社保缴费名义费率，稳定缴费方式，确保企业社保缴费实际负担实质性下降。（责任单位：省财政厅、省税务局、省人力资源社会保障厅）

二、缓解民营企业融资难题

（五）充分利用省工业和信息化发展专项资金、省工业及省属国有企业绿色发展基金，以及发展改革、科技、农业农村、商务、能源等部门涉及民营经济发展的各专项财政资金，按每年不低于 60% 的比例用于支持民营企业发展，帮助民营企业缓解经营发展中遇到的资金困难。（责任单位：省工业和信息化厅、省财政厅、省发展改革委、省科技厅、省农业农村厅、省商务厅、省能源局）

（六）落实国家对民营企业差异化信贷政策，逐步扩大我省银行业金融机构对民营企业贷款占新增公司类贷款的比例。鼓励各银行机构建立民营企业“白名单”、增配战略性信贷计划、单列小微企业信贷增长计划，为普惠金融业务配备专项规模，专款专用，并优化融资品种、期限、流程和模式。（责任单位：贵州银保监局、人行贵阳中心支行）

（七）建立金融机构授信尽职免责认定标准，鼓励金融机构适当下放授信审批权限，下沉小微企业信贷审批层级，构建以二级分行和重点一级支行为主的小微企业信贷审批体系。提高民营企业业务在金融机构全部业务中的考核权重，将小微企业贷款业务与内部考核等奖惩机制挂钩。对小微企业贷款基数大、占比高的金融机构，通过“黔微贷”“贵工贷”等融资政策产品给予适当正向激励。（责任单位：贵州银保监局）

（八）鼓励银行机构改进信用评价模型和信贷流程，提升差别化利率定价能力，合理控制民营企业贷款利率水平，探索建立贷款全流程限时制度，建立重点民营企业审查审批“绿色通道”，逐步推广模板化运作和批量化自动化审批，进一步压缩民营企业信贷审批时间。（责任单位：贵州银保监局）

（九）支持银行机构拓展增信方式和信用贷款范围，完善抵质押率相关制度，合理调整抵质押率，扩大可接受抵质押物范围。丰富信用贷款产品，扩大适用范围，对于符合国家产业政策、公司治理完善、信用记录良好、市场竞争力强的优质民营企业，可发放信用贷款。（责任单位：人行贵阳中心支行、贵州银保监局）

（十）鼓励各地设立过桥转贷资金，按照“专款专用、封闭运行”原则管理和使用。鼓励金融机构加强与转贷基金的合作，简化操作流程，以政府资金为主导的转贷基金使用费率原则上控制在同期银行贷款基准利率上浮 50% 以内。（责任单位：省财政厅、省地方金融监管局、贵州银保监局、各市〔州〕政府、贵安新区管委会）

（十一）支持金融机构简化续贷产品办理流程，改进贷款期限管理，开展“无还本续贷”业务，推行以新发放贷款结清已有贷款等业务。对暂时遇到经营困难，但产品有市场、项目有前景、技术有竞争力的民营企业，通过借新还旧和展期等方式帮助企业续贷，不得随意停贷、压贷、抽贷、断贷。（责任单位：贵州银保监局）

（十二）支持全省符合条件的金融机构发放民营、小微企业贷款，设立不低于30亿元支小再贷款、再贴现专项额度，支持符合条件的金融机构对授信3 000万元以下民营企业，以及小微企业发放贷款，利率必须低于同类同档次贷款利率。（责任单位：人行贵阳中心支行）

（十三）支持金融机构发行小微贷款资产支持证券，将小微企业贷款基础资产由单户授信100万元以下放宽至500万元以下。鼓励金融机构发行小微企业金融债券，放宽发行条件，将不低于AA级小微企业金融债券纳入再贷款合格担保品范围。推动有发债意愿、愿意参与信用风险缓释工具机制的民营企业积极运用该工具进行融资。（责任单位：人行贵阳中心支行、贵州银保监局）

（十四）设立省级融资担保基金，积极争取国家融资担保基金支持，进一步扩大民营企业融资担保覆盖面，引导政策性融资担保机构将担保费率控制在2%以内。（责任单位：省财政厅、省地方金融监管局）

（十五）加大民营企业上市支持力度，探索建立省级上市公司稳健发展支持基金，用于化解股权质押风险，支持上市公司健康发展。（责任单位：贵州证监局、省地方金融监管局、省财政厅）

三、全面放开民间投资限制

（十六）落实公平竞争审查制度，除法律法规明令禁止的外，不得以规范性文件、会议纪要等任何形式对民间资本设置附加条件和准入门槛。建立吸引民间资本投资重点领域项目库，形成项目储备、公开推介、进展调度的分层管理机制，定期发布向民间投资推介项目清单。（责任单位：省发展改革委、省市场监管局、省司法厅）

（十七）在产业园区开展审批手续前置办理试点，将部分具备条件的审批事项由政府提前集中统一办理，单个项目建设时不再办理相关手续。在“1+8”国家级开放创新平台开展企业投资项目承诺制改革试点，探索创新以政策条件引导、企业信用承诺、监管有效约束为核心的管理模式。（责任单位：省发展改革委、省工业和信息化厅、省商务厅、省科技厅）

（十八）鼓励民营企业积极参与我省“十百千万”计划和重点培育产业领域，参与国有企业重大投资项目、成果转化项目和资产整合项目，鼓励民营资本参股或组建相关产业投资基金、基础设施投资基金。（责任单位：省工业和信息化厅、省国资委）

（十九）鼓励民营资本参与国有企业改制重组或国有控股企业上市公司增资扩股以及企业经营管理，提高民营资本在混合所有制企业中的比重。（责任单位：省国资委）

（二十）政府投资优先支持引入社会资本的项目，根据不同项目情况，通过投资补助、基金注资、担保补贴、贷款贴息等方式，支持社会资本投资重点领域。（责任单位：省发展改革委、省财政厅）

（二十一）保障民营企业与其他类型企业按同等标准、同等待遇参与政府和社会资本合作（PPP）项目，不得以不合理的采购条件对潜在合作方实行差别待遇或歧视性待遇。（责任单位：省财政厅、省发展改革委）

四、推动民营企业转型升级

（二十二）深入推进“千企改造”工程、“万企融合”行动，“一企一策”推动规模以上民营工业企业加快实施转型升级，深化大数据、云计算、人工智能等新一代信息技术在民营经济中的创新融合。（责任单位：省工业和信息化厅、省大数据发展管理局）

（二十三）组织实施民营经济百亿企业培育行动，不断壮大民营企业规模，建立龙头企业动态管理机制，每年遴选一批省级重点龙头企业予以倾斜支持。（责任单位：省工业和信息化厅）

（二十四）大力实施中小企业“星光”行动，到2022年滚动培育成长潜力较大的中小企业10 000户以上，加大培育民营企业“个转企、企转规、规转股、股转上”，提升企业发展和市场竞争能力。（责任单位：省工业和信息化厅、省发展改革委、省财政厅、省市场监管局、省地方金融监管局）

五、优化公平高效市场环境

（二十五）依托政府门户网站建立跨部门涉企政策“一站式”网上发布平台，及时为民营企业提供政策信息服务。（责任单位：省政府办公厅、省工业和信息化厅）

（二十六）全面推行“最多跑一次”改革，2019年内力争实现90%以上的涉企审批事项“一次办成”。设立投资项目审批单一窗口，将投资项目审批事项全部纳入窗口集中办理，建立“一窗受理、集中审批”新模式。除按规定必须由省级办理的核准、备案手续外，民间资本投资项目一律下放到市、县两级办理。（责任单位：省政府办公厅、省发展改革委）

（二十七）全面深化“证照分离”改革，进一步扩大“多证合一”登记制度改革实施范围，推广应用无介质电子营业执照。进一步压缩企业开办时间，简化工商登记、刻章、申领发票等手续办理，将企业开办时间压缩到3个工作日。完善市场主体退出机制，简化注销办理程序，减少资料报送，解决民营企业“注销难”问题。（责任单位：省市场监管局）

（二十八）加快“电子税务局”建设，提供功能更加全面、办税更加便捷的网上办税系统，推进无纸化退税申报试点。继续推广“税务信用云”，联通税企银政四方共享数据资源以信换贷，促进民营企业“纳税信用”与“贷款信用”更有效结合。（责任单位：省税务局）

六、加强民营企业队伍建设

（二十九）鼓励民营企业申报技能大师工作室建设项目，对业绩贡献突出的民营企业高层次专业技术人才，允许通过“直通车”或“绿色通道”破格申报高级职称。（责任单位：省人力资源社会保障厅）

（三十）加大民营企业家管理能力培训补贴力度，每年组织一批民营企业家到国内“双一流”大学或省内大学培训学习，免费培训一批民营企业高层管理人员，加强企业员工技能培训。（责任单位：省工业和信息化厅、省人力资源社会保障厅）

（三十一）支持民营企业引进具有较高科研攻关能力或掌握关键技术和生产技能的高级技术人才，支持携带资金、项目、技术的优秀民营企业家、优秀人才及创新人才团队到我省创业。鼓励各地实施个性化人才奖补措施，柔性引进一批高层次人才。（责任单位：省委组织部、省人力资源社会保障厅、省科技厅、省发展改革委）

七、保护民营企业合法权益

（三十二）切实提高政府部门履职水平，在安监、环保等领域微观执法过程中避免简单化，坚持实事求是，一切从实际出发，不搞执行政策“一刀切”。（责任单位：省应急管理厅、省生态环境厅、省市场监管局，各市〔州〕政府、贵安新区管

委会）

（三十三）规范涉企执法检查活动，着力改善涉企执法环境，行政执法人员对企业进行执法检查实行备案制度。不得以各种借口到企业反复检查，违反规定任意对合法企业实施查封。对确实存在违法违规行为的企业，要“一企一策”依法依规查处整治，不得简单实施大面积停工停业停产等行为。（责任单位：省纪委省监委、省委政法委、省法院、省检察院、省公安厅、省生态环境厅、省市场监管局，各市〔州〕政府、贵安新区管委会）

（三十四）切实保护民营企业和经营者合法权益，加强民营企业产权保护，对民营企业和经营者的一般违法行为，依法慎用查封、扣押、冻结等措施。依法打击针对民营企业的不当竞争、侵犯知识产权、强迫交易等违法犯罪，依法打击侵犯民营企业财产权利和民营企业经营者人身权利等行为。妥善处理涉及民营企业的民商事、行政案件，依法支持民营企业合法诉求。持续推进解决执行难问题，加大生效判决执行力度，各级党政机关、国有企业带头执行法院生效判决，保障民营企业胜诉权益及时实现。建立完善涉民营企业及经营者冤假错案件甄别纠正常态工作机制。（责任单位：省委政法委、省法院、省检察院、省发展改革委、省公安厅，各市〔州〕政府、贵安新区管委会）

（三十五）政府部门要严格履行与民营企业签订的合法协议或合同，不得以政府换届、相关责任人更替等理由拒绝执行，依法追究行政机关拒不履行合法承诺和拖欠工程款等行为的法律责任。因国家利益、公共利益或其他法定事由需改变政府承诺和合同约定的，应当依照法定权限和程序进行，并对相关企业和投资人的财产损失依法予以补偿。（责任单位：省发展改革委，各市〔州〕政府、贵安新区管委会）

（三十六）建立政府部门、国有企业对民营企业欠款台账，开展专项清欠行动，签订还款协议，对欠款“限时清零”，严禁发生新的欠款。对欠款额度大、时间长、不按还款协议支付欠款的单位或部门列入失信“黑名单”。（责任单位：省工业和信息化厅、省国资委、省财政厅，各市〔州〕政府、贵安新区管委会）

八、构建亲清新型政商关系

（三十七）建立领导干部联系民营企业制度，各级党政机关干部要坦荡真诚同民营企业家交往，切实树立服务意识，了解企业经营情况，设身处地为企业着想，千方百计帮助企业解决实际困难，同企业家建立真诚互信、清白纯洁、良性互动的工作关系。对政商关系中的违规违纪行为“零容忍”，机关单位工作人员尤其是领导干部在与民营企业负责人交往中要遵规守纪、廉洁自律，不得利用职权干预和插手市场经济活动，为企业谋取不正当利益或损害其合法权益。（责任单位：省纪委省监委、省委统战部、省工业和信息化厅，各市〔州〕政府、贵安新区管委会）

（三十八）大力弘扬企业家精神，加大对优秀民营企业和企业家的宣传力度，营造尊重企业家、保护企业家、支持企业家的浓厚氛围，让企业家在社会上有地位、政治上有荣誉、工作上没有后顾之忧。鼓励民营企业家积极参与脱贫攻坚等公益事业，增强履行社会责任的荣誉感和使命感。（责任单位：省委宣传部、省委统战部、省工业和信息化厅，各市〔州〕政府、贵安新区管委会）

九、提升服务保障民营经济发展能力

（三十九）各级党委、政府要高度重视民营经济发展工作，切实加强组织领导，建立工作机制，明确牵头部门，细化目标任务，压实工作责任，狠抓工作落实，打通政策落实“最后一公里”，提高服务保障的针对性和实效性。（责任单位：省工业和信息化厅，各市〔州〕政府、贵安新区管委会）

（四十）大力开展政策落实专项行动、金融服务专项行动、降本减负专项行动、扩大民间投资专项行动、营商环境整治专项行动、领导干部联系服务企业专项行动等六大专项行动，为民营企业健康发展营造良好环境，切实解决民营企业发展中存在的问题和困难。定期对六大专项行动推进落实情况进行调度。（责任单位：省发展改革委、省工业和信息化厅、省地方金融监管局、省投资促进局，各市〔州〕政府、贵安新区管委会）

（四十一）探索组建民营企业律师服务团队，为省内重点民营企业进行免费法治体检，针对民营企业关注的法律问题，多发、易发的法律纠纷和潜在的法律风险，为企业提供精准、及时、有效的法律服务、帮助企业完善内部治理结构、防范化解风险等，提升企业治理法治水平。（责任单位：省司法厅）

（四十二）建立“服务民营企业省长直通车”平台，开通电话专线，倾听民营企业心声，受理和转办民营企业的政策咨询、投诉举报、建议意见等，及时反馈办理情况，提高政府部门履职水平，切实维护企业合法权益。（责任单位：省政府办公厅、省工业和信息化厅）

各地各有关部门要制定切实可行的细化配套政策，明确具体目标、实施步骤和保障措施，加大宣传力度，确保各项工作落到实处。

主要参考文献

[1] 本书编写组．十七大报告辅导读本[M]. 北京：人民出版社，2007.

[2] 本书编写组．十八大报告辅导读本[M]. 北京：人民出版社，2012.

[3] 本书编写组．党的十九大报告辅导读本[M]. 北京：人民出版社，2018.

[4] 《国务院关于进一步促进贵州经济社会又好又快发展的若干意见》（国发〔2012〕2 号）[Z]. 2012.1.12.

[5] 《中共中央关于制定国民经济和社会发展第十三个五年规划的建议》辅导读本[M]. 北京：人民出版社，2015.

[6] 贵州省人民政府．贵州省国民经济和社会发展第十三个五年规划纲要[Z].2016.2.

[7] 《中共中央关于全面深化改革若干重大问题的决定》辅导读本[M]. 北京：人民出版社，2013.

[8] 《中共贵州省委 贵州省人民政府关于进一步加快全省民营经济发展的意见》（黔党发〔2011〕10 号）.2011.3.28.

[9] 《贵州省民营经济倍增计划》（黔府发〔2011〕19 号）.2011.5.27.

[10] 贵州省科技厅，贵州省工商联《关于推动科技创新促进贵州省民营经济大发展的实施方案》.2011.8.26.

[11] 邓小平．邓小平文选：第 3 卷[M]. 北京：人民出版社，1993：243.

[12] 马凯．"十一五"规划战略研究（上、下）[M]. 北京：北京科学技术出版社，2006.

[13] 黄孟复．中国民营经济发展报告（2003）No.1[M]. 北京：社会科学文献出版社，2004.

[14] 王钦敏．中国民营经济发展报告（2003～2014）No.11[M]. 北京：社会科学文献出版社，2015.

[15] 杨静，吴大华．贵州民营经济发展报告（2015）[M]. 北京：社会科学文献出版社，2016.

[16] 中华人民共和国国家统计局．中国统计年鉴（2011～2015 年）[M]. 北京：中国统计出版社，

2016.

[17] 贵州省统计局．贵州统计年鉴(2015～2018 年)[M]. 北京：中国统计出版社，2018.

[18] 董辅礽．中华人民共和国经济史 [M]. 北京：科技经济出版社，1999.

[19] 郭冬乐．中国所有制问题探索与实践 [M]. 北京：中国物价出版社，1998.9.

[20] 涂文涛．当代中国所有制结构变迁研究 [M]. 成都：四川财经大学出版社，2002.

[21] 张兴茂．中国现阶段的基本经济制度 [M]. 北京：中国经济出版社，2003.

[22] 马贤惠．关于发展非公有制经济问题的思考 [M]. // 中国(海南) 改革发展研究院．西部大开发与非国有经济发展．北京：中国经济出版社，2001.

[23] 马贤惠．西部大开发与加入 WTO 后民营经济发展空间研究 [J]. 西部发展评论(季刊)，2003(3).

[24] 马贤惠．以邓小平理论和"三个代表"重要思想为指导 加快非公有制经济的发展 [M].// 全国邓小平生平和思想研讨会组织委员会．邓小平百周年纪念：全国邓小平生平和思想研讨会论文集(上)．北京：中央文献出版社，2005

[25] 马艺．对贵州省民营经济发展问题的思考 [M]// 曹安勇．新世纪贵州非公有制经济，内部印刷，2005.

[26] 马贤惠．关于加快非公有制经济发展问题的思考 [M]// 曹安勇．新世纪贵州非公有制经济，内部印刷，2005.

[27] 马贤惠．邓小平关于所有制问题的思想研究 [M]// 邓小平改革与发展思想学术研讨会组委会．邓小平改革与发展思想思想研究．四川人民出版社，2007.

[28] 林光进，肖进源．贵州民营科技孵化器发展研究 [M] 贵阳：贵州人民出版社，2007.

[29] 马艺．加快贵州民营经济发展的对策和建议 [J]. 贵州经济杂志，2017(1).

[30] 马艺．贵州省民营经济发展研究(上、下)[J]. 贵州信息与未来，2019(3-4).

[31] 谭亦先等．西南四省区市民营经济发展报告 [M]. 北京：社会科学出版社，2013.

[32] 吴有为．民营经济发展中若干问题之我见 [J]. 山西财经学院经济研究所，1997(10).

[33] 伍柏麟，席春迎．西方国有经济研究 [M]. 北京：高等教育出版社，1997.

[34] 全国工商联经济部．全国工商联上规模民营会员企业调研分析报告 [R].2002.7.

[35] 袁光耀，等．可持续发展概论 [M]. 北京：中国环境科学出版社，2001.

[36] 冯延超．中国民营企业政治关联与税收负担关系的研究 [J]. 管理评论，2012(6).

[37] 贾生华，疏礼兵，邬爱其．民营企业技术创新能力的影响因素及其差异分析——以浙江省为例 [J]. 管理学报，2016(1).

[38] 吴文洁，郭芳．基于民营企业发展的视角健全和完善行业协会 [J]. 集团经济研究，2007(11).

[39] 李春瑜 . 民营企业品牌竞争力与多元化战略 [J]. 河北经贸大学学报，2006(2).

[40] 张国云，刘利 . 以制度创新促进非公经济发展 [J]. 宏观经济研究，2006(9).

[41] 何精华，陈建华 . 民营经济发展与政府管理创新 [J]. 江汉论坛，2006(11).

[42] 王丽辉 . 发展中小金融机构，促进中小民营企业的发展 [J]. 经济师，2005(9).

[43] 苏文 . 民营企业人力资源管理研究 [D]. 太原理工大学，2011.

[44] 李全伦，叶生洪，吴宏 . 企业内部分工的产权解析 [J]. 中南财经政法大学，2002(3).

[45] 迟艳琴 . 浅析我国民营企业人力资源管理 [J]. 哈尔滨商业大学学报（社会科学版），2006(5).

[46] 本书编写组 . 加快经济发展方式转变 [M]. 北京：中国长安出版社，2010.5.

[47] 刘健 . 中国产业结构升级论 [M]. 北京：中国言实出版社，2000.

[48] 本书编辑组 . 建设创新型国家实用手册 [M]. 北京：中国方正出版社，2008.

[49] 何惠 . 管理学原理 [M]. 北京：中国人事出版社，2008.12.

[50] 本书编辑组 . 以科学发展观统领经济社会发展全局："十一五"规划建议学习读本 [M]. 北京：中国党史出版社，2005.10.

[51] 张耀辉 . 产业创新：新经济下的产业升级模式 [J]. 技术经济研究，2002(1).

[52] 赵兰香、林生 . 人力资本投资与比较优势升级 [J]. 科学学研究，2004(3).

[53] 孙根紧 . 区域自我发展能力：概念辨析、构成要素与判断标准 [J]. 区域经济评论，2015(2).